陕西非物质文化遗产概论

梁阿龙 著

陕西师范大学出版总社 西安

图书代号　JC24N1263

图书在版编目（CIP）数据

陕西非物质文化遗产概论 / 梁阿龙著. -- 西安：陕西师范大学出版总社有限公司，2024. 7. -- ISBN 978-7-5695-4550-0

Ⅰ. G127.41

中国国家版本馆 CIP 数据核字第 2024KR9507 号

陕西非物质文化遗产概论
SHAANXI FEIWUZHI WENHUA YICHAN GAILUN

梁阿龙　著

选题策划	曾学民
责任编辑	王红凯
责任校对	杨　凯
封面设计	鼎新设计
出版发行	陕西师范大学出版总社
	（西安市长安南路 199 号　邮编 710062）
网　　址	http://www.snupg.com
经　　销	新华书店
印　　刷	西安报业传媒集团
开　　本	787 mm×1092 mm　1/16
印　　张	20.75
字　　数	365 千
版　　次	2024 年 7 月第 1 版
印　　次	2024 年 7 月第 1 次印刷
书　　号	ISBN 978-7-5695-4550-0
定　　价	103.00 元

读者购书、书店添货或发现印刷装订问题，请与本社高等教育出版中心联系。
电　话：（029）85307864　85303622（传真）

前言

"泱泱中华，历史何其悠久，文明何其博大，这是我们的自信之基、力量之源。"[①]

目前中华民族正处于伟大复兴的关键时刻，有些国家很明显不愿意看到中华民族的伟大复兴，妄图从政治上、经济上、文化上对中国进行围剿，阻挠中国的复兴。他们一方面宣扬西方资本主义国家所谓的"平等、自由、博爱、人权"等"普世价值"；另一方面利用历史虚无主义的手段，不断质疑中国主流价值观念、否定中国传统文化、颠覆中国传统道德体系，并以此攻击诋毁我国取得的伟大成果，否定以马克思主义为指导的主流意识形态，攻击诋毁我们的社会主义制度。

面对意识形态领域的挑战，习近平总书记高屋建瓴地指出："意识形态工作是为国家立心、为民族立魂的工作。"[②]2016年5月17日，习近平总书记指出："我们说要坚定中国特色社会主义道路自信、理论自信、制度自信，说到底是要坚定文化自信。文化自信是更基本、更深沉、更持久的力量。"[③]

实现中华民族的伟大复兴，教育的地位和作用不可忽视。"教育是国之大计、党之

[①] 国家主席习近平发表二〇二四年新年贺词[N].人民日报，2024-01-01（1）.
[②] 习近平.高举中国特色社会主义伟大旗帜，为全面建设社会主义现代化国家而团结奋斗：在中国共产党第二十次全国代表大会上的报告[M].北京：人民出版社，2022：43.
[③] 习近平.在哲学社会科学工作座谈会上的讲话[J].中国文学年鉴，2017（1）：27.

大计。培养什么人、怎样培养人、为谁培养人是教育的根本问题。"[1]高等院校要秉持为党育人、为国育才的教育理念，培养德才兼备、全面发展、社会亟需的高水平人才，必须加强社会主义核心价值观教育，培养学生的道德判断力和文化素养。党的二十大报告指出要"用社会主义核心价值观铸魂育人，完善思想政治工作体系，推进大中小学思想政治教育一体化建设"[2]。非物质文化遗产是中华优秀传统文化的重要组成部分，是中华文明绵延传承的生动见证，是连结民族情感、维系国家统一的重要基础。保护好、传承好、利用好非物质文化遗产，对于延续历史文脉、坚定文化自信、推动文明交流互鉴、建设社会主义文化强国具有重要意义。习近平总书记强调"要加强对国粹传承和非物质文化遗产保护的支持和扶持，加强对少数民族历史文化的研究，铸牢中华民族共同体意识"[3]，"要加强非物质文化遗产保护传承，积极培养传承人"[4]。因此，将非物质文化遗产的传承与高校教学任务相结合，在高等院校开设非物质文化遗产类课程就显得尤为重要。高校开设非物质文化遗产课程有利于增进学生对非物质文化遗产的了解，激发学生对中华民族传统文化的了解和热爱，强化学生传承中华民族文化自觉和文化自信。通过课程的学习，培养具有良好的人文积淀与科学素质，能够使用专业语言讲好中国故事"一专多能"的复合型人才。塑造学生正确的三观，成为德、智、体、美、劳全面发展的高素质人才，能用所学的知识参与实践应用，有服务社会的意愿和能力。

党的十八大以来，以习近平同志为核心的党中央高度重视非物质文化遗产保护工作，从坚定文化自信、实现中华民族伟大复兴中国梦的全局和战略高度，作出一系列重大决策部署，非物质文化遗产保护事业出现前所未有的良好局面，非物质文化遗产的保护和传承也坐上了高速发展的列车。习近平总书记在各地调研和重大国事活动中，多次考察非物质文化遗产项目，多次对非物质文化遗产保护及传承作出重要指示、批

---

[1]习近平.高举中国特色社会主义伟大旗帜，为全面建设社会主义现代化国家而团结奋斗：在中国共产党第二十次全国代表大会上的报告[M].北京：人民出版社，2022：34.

[2]习近平.高举中国特色社会主义伟大旗帜，为全面建设社会主义现代化国家而团结奋斗：在中国共产党第二十次全国代表大会上的报告[M].北京：人民出版社，2022：44.

[3]习近平.在敦煌研究院座谈时的讲话[J].求是，2020（3）：06.

[4]学习语丨让非物质文化遗产绽放出更加迷人的光彩[EB/OL].（2024-04-17）.http://www.dangjian.cn/shouye/xuexiyu/202404/t20240417_6764717.shtml.

示，创造性提出"第二个结合"。"在五千多年中华文明深厚基础上开辟和发展中国特色社会主义，把马克思主义基本原理同中国具体实际、同中华优秀传统文化相结合是必由之路。这是我们在探索中国特色社会主义道路中得出的规律性认识。我们一直强调把马克思主义基本原理同中国具体实际相结合，现在我们又明确提出'第二个结合'。我说过，如果没有中华五千年文明，哪里有什么中国特色？如果不是中国特色，哪有我们今天这么成功的中国特色社会主义道路？只有立足波澜壮阔的中华五千多年文明史，才能真正理解中国道路的历史必然、文化内涵与独特优势。"[①]"第二个结合"是又一次的思想解放，是党和国家延续中华文脉、传承中华优秀传统文化的重大战略举措。"第二个结合"让我们能够在更广阔的文化空间中，充分运用中华优秀传统文化的宝贵资源，讲好中国故事，传播好中国声音。

2021年8月，中共中央办公厅、国务院办公厅印发了《关于进一步加强非物质文化遗产保护工作的意见》，非物质文化遗产保护传承发展更是提到了新的历史高度，迎来了前所未有的时代机遇。

2022年5月27日，中共中央政治局第三十九次集体学习，习近平总书记强调："要坚持守正创新，推动中华优秀传统文化同社会主义社会相适应，展示中华民族的独特精神标识，更好构筑中国精神、中国价值、中国力量。"[②]

党的二十大报告再次强调"加大文物和文化遗产保护力度"，提出"坚守中华文化立场，提炼展示中华文明的精神标识和文化精髓，加快构建中国话语和中国叙事体系，讲好中国故事、传播好中国声音，展现可信、可爱、可敬的中国形象"[③]的要求。

中国非物质文化遗产是中华文化的瑰宝，也是人类文明的重要组成部分。把非物质文化遗产精心守护好，让历史文脉更好地传承下去，需要健全非物质文化遗产保护传承体系。习近平总书记对非物质文化遗产的重要指示精神，为非物质文化遗产保护工作指明了方向，提供了根本遵循。全国文化工作者在党和国家的指示下，积极贯彻"保护为主、抢救第一、合理利用、传承发展"的工作方针，系统地开展非物质文化遗

---

① 习近平.在文化传承发展座谈会上的讲话[J].求是，2023（17）：6.
② 新华社.习近平在中共中央政治局第三十九次集体学习时强调把中国文明历史研究引向深入 推动增强历史自觉坚定文化自信[J].党建，2022（6）：5.
③ 习近平.高举中国特色社会主义伟大旗帜，为全面建设社会主义现代化国家而团结奋斗：在中国共产党第二十次全国代表大会上的报告[M].北京：人民出版社，2022：47.

产的调查、整理、保护和传承工作。在党和政府的重视下，中国非物质文化遗产保护工作取得了骄人的成就。目前我国已建立起具有中国特色的国家、省、市、县四级非物质文化遗产保护体系，共认定非物质文化遗产代表性项目10万余项，国家级非物质文化遗产代表性项目1557项。这表明我们传承发展中华优秀传统文化的能力和水平有了进一步提升。

陕西省委、省政府深入贯彻党中央精神，提出"要着力打造文化强省，牢牢掌握党对意识形态工作的领导权，广泛践行社会主义核心价值观，繁荣发展文化事业和文化产业，加大文物和文化遗产保护力度，切实担起推进文化自信自强的时代责任"[①]的目标，持续深化非物质文化遗产对赓续历史文脉、推进文化自信自强、提升中华文化影响力的认识，全力推动非物质文化遗产系统性保护、创造性转化、创新性发展，全面激活陕西非物质文化遗产在新时代的生命力。截至2022年12月20日，陕西省人民政府公布第七批非物质文化遗产名录（陕政函〔2022〕159号），陕西省共有4项人类非物质文化遗产、91项国家级非物质文化遗产、766项省级非物质文化遗产，国家级传承人78人、省级传承人681人、国家级文化生态保护区2处。

大学生是国家建设的储备力量和生力军，大学生对非物质文化遗产的态度，在某种意义上决定了非物质文化遗产的发展力与生命力。陕西省高校林立，高校数量在全国位列前茅。但是陕西高校中非物质文化遗产的课程设立却略显滞后，尤其是教材建设尤为薄弱。笔者长期主讲陕西非物质文化遗产概论课程，始终找不到一本适合陕西非物质文化遗产的教材，本教材的出版意在抛砖引玉，希望更多的学者投身到陕西非物质文化遗产教学和教材建设中来，出版更多高质量的教材，形成百花齐放的局面。同时，本教材的出版也是对笔者主讲的陕西非物质文化遗产概论课程长期教学工作的回顾和总结。

非物质文化遗产保护和传承，任重道远！

梁阿龙

2024年2月于西安

[①] 中共陕西省委十四届三次全会在西安举行[EB/OL].（2022-12-13）.http：//www.shaanxi.gov.cn/xw/sxyw/202212/t20221213_2268766.html.

目录

第一章 什么是非物质文化遗产 / 001

第一节 非物质文化遗产的定义 / 001

一、非物质文化遗产的字面解析 / 001

二、非物质文化遗产定义的前世今生 / 004

三、中国非物质文化遗产标识解读 / 008

第二节 非物质文化遗产保护的紧迫性 / 009

一、中国的非物质文化遗产流失严重 / 011

二、道德的滑坡导致非物质文化遗产的消亡 / 015

三、机器大生产挤压了部分非物质文化遗产的生存空间 / 015

四、社会结构的变化影响部分非物质文化遗产的存续 / 017

第三节 非物质文化遗产的价值 / 019

一、非物质文化遗产的史料价值 / 020

二、非物质文化遗产的科学价值 / 021

三、非物质文化遗产的精神价值 / 024

四、非物质文化遗产的道德价值 / 028

第四节 非物质文化遗产体现了民族文化的融合过程 / 031

第二章 陕西非物质文化遗产分类和名录 / 036

第一节 陕西非物质文化遗产的分类方法 / 036

第二节 陕西省非物质文化遗产名录 / 039

第三章 陕西民间文学 / 075

第一节 民间文学概述 / 075

一、非物质文化遗产中的民间文学 / 075

二、民间文学的特征 / 076

第二节 陕西民间文学的特征 / 086

一、陕西省民间文学分布地域广泛 / 086

二、陕西省民间文学地域特色鲜明 / 087

三、陕西省民间文学体裁丰富多样 / 092

第三节 陕西民间文学的价值 / 110

一、陕西民间文学的认知价值 / 110

二、陕西民间文学的精神价值 / 111

三、陕西民间文学的经济价值 / 112

第四章 陕西省传统音乐和曲艺 / 114

第一节 陕西省传统音乐和曲艺概况 / 114

一、陕西省传统音乐的演变过程 / 115

二、陕西省传统音乐和曲艺的地域分布 / 118

第二节　陕西省传统音乐的分类 / 122

一、民歌类 / 123

二、鼓吹乐类 / 138

三、弹拨类 / 145

四、佛道音乐类 / 148

第三节　陕西省曲艺的分类 / 151

一、曲子类 / 152

二、韵白快板类 / 158

三、说书类 / 161

四、劝善经韵类 / 167

五、道情（渔鼓）类 / 170

六、踏歌走唱类 / 174

第四节　西安鼓乐 / 178

一、西安鼓乐的历史发展 / 178

二、西安鼓乐的流派 / 180

三、西安鼓乐的演奏形式 / 181

四、西安鼓乐的曲目 / 182

第五章　陕西省传统戏剧 / 184

第一节　陕西省传统戏剧概论 / 184

一、陕西省传统戏剧的现状 / 184

二、陕西省传统戏剧的地域分布 / 186

第二节　秦腔 / 192

一、"秦"的由来 / 192

二、秦腔的流变：从秦风到秦腔 / 193

　　三、秦腔的特点 / 201

第三节　皮影戏和木偶戏 / 203

　　一、皮影戏 / 203

　　二、木偶戏 / 206

第六章　陕西省民俗 / 210

第一节　陕西省民俗概论 / 210

　　一、非物质文化遗产民俗概念的产生过程 / 210

　　二、陕西省民俗活动的分类 / 212

第二节　血社火（血故事）/ 233

第三节　民间城隍信仰 / 236

　　一、民间城隍信仰的流变 / 236

　　二、长安王曲城隍庙祭祀和庙会 / 239

　　三、鄠邑区北乡迎城隍 / 240

第七章　陕西民间美术 / 245

第一节　陕西民间美术概述 / 245

　　一、陕西民间美术产生的条件 / 245

　　二、陕西民间美术的特征　/ 248

　　三、陕西民间美术的分类 / 250

第二节　凤翔彩绘泥塑 / 262

　　一、凤翔彩绘泥塑溯源 / 262

　　二、凤翔彩绘泥塑的类型 / 265

三、凤翔彩绘泥塑的作用 / 267

　　四、凤翔彩绘泥塑的特点 / 268

　　五、凤翔彩绘泥塑的制作 / 269

第三节　凤翔木版年画 / 272

　　一、凤翔木版年画的历史 / 272

　　二、凤翔木版年画的分类 / 274

　　三、凤翔木版年画的制作流程 / 276

　　四、凤翔木版年画的艺术特色 / 277

第四节　陕西剪纸 / 278

　　一、旬邑彩贴剪纸 / 279

　　二、安塞剪纸 / 283

第八章　陕西省传统手工技艺 / 294

第一节　陕西省传统手工技艺概况 / 294

第二节　古法造纸 / 297

　　一、埃及莎草纸的前世今生 / 298

　　二、楮皮纸制作技艺 / 301

第三节　古法榨油技艺 / 306

　　一、古法榨油的历史 / 306

　　二、长安区沣峪口老油坊榨油技艺 / 308

　　三、古法榨油类非物质文化遗产的保护和传承 / 311

第四节　传统杆秤制作技艺 / 313

　　一、杆秤的发展历史 / 314

　　二、传统杆秤制作流程 / 316

第一章
什么是非物质文化遗产

第一节　非物质文化遗产的定义

一、非物质文化遗产的字面解析

按照汉语的构词方法,"非物质文化遗产"是个偏正结构的词语,是由"非物质""文化""遗产"三个词构成的一个词语。"非物质""文化"是对名词"遗产"的修饰和限定。"遗产"有两重含义:①公民死亡时遗留的个人合法财产。②历史遗留下的精神财富。如文学遗产、医学遗产。[1] 很显然,这里的遗产是第二重含义。

"文化",《辞海》中这样界定:"①广义指人类在社会实践过程中所获得的物质、精神生产能力和创造的物质、精神财富的总和。狭义指精神生产能力和精神产品。包括一切社会意识形态:自然科学、技术科学、社会意识形态。有时又专指教育、科学、文学、艺术、卫生、体育等方面的知识与设施。作为一种历史现象,文化的发展具有历史继承性;在阶级社会中,又具有阶级性,同时也具有民族性、地域性。不同民族、不同地域的文化又形成了人类文化的多样性。作为意识形态的文化,是一定社会的政治和经济的反映,同时又给予一定社会的政治和经济以巨大的影响。②泛指一般知识,包括语文知识。如:"学文化"即指学习文字和求取一般知识。又如对个人而言的"文

---

[1] 辞海编辑委员会.辞海[M].上海:上海辞书出版社,1999:3004.

化水平"，指一个人的语文和知识程度。③中国古代封建王朝所施的文治和教化的总称。"①

可以看出，《辞海》对文化的解释是非常全面的，从文化的本义、文化的特征进行了详细的描述。中华民族在悠久的历史长河中创造了灿烂的中华文化，并且不断延绵传承创新至今。但是"文化"这个词语却是一个古老而年轻的词语。说古老是因为"文化"这个词语从西汉就开始使用，"文化"在中国传统文化中的解释一直是"以文教化"；说它年轻是指"文化"的现代意义是从五四运动时才开始有的。中国的学者在译介西方语汇"culture"时，没有找到一个合适的词语来指代，于是借用中国固有的"文化"一词，赋予了"文化"一词我们现在理解的意义，原有的"以文教化"的词意反而逐渐萎缩。

在西汉之前，"文化"实际上是两个词语"文"和"化"，分别代表不同含义。"文"的本义是纹理和花纹。《易经·系辞下》中有这样一段话："物相杂，故曰文。古者包牺氏之王天下也，仰则观象于天，俯则观法于地，观鸟兽之文与地之宜。"②这里对"文"解释得非常清楚，"物相杂"就是说不同物体混在一起形成花纹。"观鸟兽之文"是观看鸟兽身上的花纹。《汉书·食货志下》记载："其一曰重八两，圜之，其文龙，名'白撰'，值三千；二曰以重养小，方之，其文马，值五百；三曰复小，橢之，其文龟，值三百"③，这段话的意思就是汉代铸造三种货币，分别用龙、马、龟的花纹装饰。随着词语的演化，"文"在"纹理、花纹"的基础上，又产生了许多引申意义。首先，引申为文字、文章。因为汉语是象形文字，因此很容易从"花纹"引申为"文字""文章"。如"甲骨文""钟鼎文"就是指代文字。如《世说新语·文字》中记载"潘文浅而净，陆文深而芜"④，是对潘岳和陆机的文章进行比较。潘岳的文章浅显而纯净，陆机的文章深沉而芜杂。其次，引申为古代的礼乐制度，在此基础上又引申为法令条文。如《论语·子罕》中记载："文王既没，文不在兹乎！"⑤"舞文弄墨"一词中的"文"就是法令条文的意思。《史记·酷吏列传》中记载："与赵禹共定诸律令，务

---

①辞海编辑委员会.辞海[M].上海：上海辞书出版社，1999：4365.
②陈戍国校.四书五经[M].长沙：岳麓书社，1991：201.
③安平秋，张传玺.二十四史全译·汉书[M].上海：汉语大词典出版社，2004：507.
④余嘉锡.世说新语笺疏[M].北京：中华书局，1983：225.
⑤杨伯峻.论语译注[M].北京：中华书局，2006：125.

在深文，拘守职之吏。"①意思就是张汤和赵禹制定法律的原则是苛刻地援引或制定法律条文罗织罪名，构陷于人。再者，引申为精神修养，在此基础上又引申为文采。如"温文尔雅""文质彬彬"。最后引申为"美""善""德"等优秀品质。如，古代君王的谥号"周文王""汉文帝"等。再如《论语·公冶长》中记载："子贡问曰：孔文子何以谓之'文'也？子曰：敏而好学，不耻下问，是以谓之'文'也。"②可见，文是对美、善、德等优秀品质的概括。"化"的本意有三层：一是变化，二是生成，三是造化。主要指事物动态变化的过程。《庄子·逍遥游》中"化而为鸟，其名为鹏"③，里面的"化"即指变化。《易经·系辞下》中"男女构精，万物化生"中的"化"即生成，化生即生成。古人说的"腐草化萤"中的化也指生成。在吴承恩小说《西游记》中有这么一段描写："石猴喜不自胜，忽抽身往外便走，复瞑目蹲身，跳出水外，打了两个呵呵道：'大造化！大造化！'众猴把他围住，问道：'里面怎么样？水有多深？'石猴道：'没水！没水！原来是一座铁板桥。桥那边是一座天造地设的家当。'"④这里直接用了"造化"一词。

西汉以后，"文"与"化"经常一起使用，后来渐渐合成为一个词，但并非现代意义上人们所理解的意思。按照古人的理解，"文化"就是"以文教化"。五四运动后，我们用"文化"来翻译"culture"，赋予"文化"新的意义。这时文化泛指人类创造的一切成果，但是精准表述却众说纷纭。其中影响最大的是冯天瑜先生对文化的定义："文化便是人与自然、主体和客体在实践中的对立统一物。"⑤按照冯天瑜先生的理解，人就是主体，自然就是客体。人通过改造自然来获得某种需求，这种能满足人的某种需求的改造就成为一种文化现象。比如原始人本来是吃生肉的，一个偶然机会捡到了山火烤熟的小动物，觉得烤熟的肉要好吃很多，于是人类学会了吃熟食，也学会了生火、用火，这就形成了饮食文化。同理，最初人们是赤身露体的，后来有人发现兽皮围在身上，不仅可以保暖，还可以防止身体受到伤害，于是大家纷纷效仿，有的人还在兽皮上镶嵌亮晶晶的石头，或者插上羽毛进行装饰，就形成了服饰文化。"非物

---

① 司马迁.史记[M].兰州：甘肃民族出版社，1997：900.
② 杨伯峻.论语译注[M].北京：中华书局，2006：67.
③ 孙通海.庄子[M].北京：中华书局，2007：4.
④ 吴承恩.西游记[M].长沙：岳麓书社出版社，1987：3.
⑤ 冯天瑜.中国文化史断想[M].武汉：华中理工大学出版社，1998：17.

质文化"产生于生产生活之中，最初也是为了满足人们某种需求而产生的，如"酿酒工艺""打铁工艺""木建构工艺""造纸工艺"等。

"非物质"是对"文化遗产"的修饰。也是"非物质文化遗产"词语中最具有区分度的一个词语。"非物质"是指这种文化遗产并不是以物质的形态存留，而是作为主体的人在一定的文化空间中进行的活态展示，它是一种感知、一个过程。它可以被看见，可以感知到，但是无法以实物的方式保存。影像技术的发展看似可以保存这个过程，然而展示主体的个人经验是无法用影像来保存的。比如造纸技艺中抄纸的手感，酿酒技艺中出酒的时机，打铁技艺中的温度和力度的控制，这些都全靠作为展示主体的人的个人经验，主体不同，最后的效果千差万别。提到非物质文化遗产，我们脑海中就浮现出诸多的意象，如剪纸、木版年画、彩绘泥塑、手工秤、竹篾子灯笼等等。实际上，这些并不是非物质文化遗产，因为这些东西都是以实物的形式存在，和非物质文化遗产的非物质性相悖。正如我们刚才说过的，非物质文化遗产是作为主体的人进行的一种"活态"展示，所以剪纸技艺、木版年画技艺、彩绘泥塑工艺、手工秤制作技艺、竹篾子灯笼制作技艺才是非物质文化遗产，它依托主体的人进行"活态"展示。比如鄠邑凉皮制作工艺入选陕西省第二批非物质文化遗产名录。我们吃了一碗鄠邑凉皮，不能说我们吃了一种非物质文化遗产。而剪纸、木版年画、彩绘泥塑、手工秤称、竹篾子灯笼是非物质文化遗产的衍生品，或者说是承载非物质文化遗产的产品，也是非物质文化遗产的终极目标。

二、非物质文化遗产定义的前世今生

这几年，随着党和政府对非物质文化遗产的高度重视，非物质文化遗产的保护和发展被提上了快车道，非物质文化遗产成了热门词汇。但是非物质文化遗产这个术语既不是中国学术界原有的，也不是外国学术界原有的，而是联合国教科文组织创造的，中外学者只是沿用了联合国教科文组织的学术概念来界定本国的非物质文化遗产。非物质文化遗产受到了联合国教科文组织文化遗产、日本学界无形文化财等概念的启发，于1982年左右形成非物质文化遗产的科学表述。非物质文化遗产进入中文语境是在21世纪初期。随着中国向联合国申报第一批人类口头和非物质文化遗产代表作项目，非物质文化遗产这个词汇才被中国学者所熟悉。因此，"非物质文化遗产"概念不论是在国外还是在国内都是一个比较新的术语。

非物质文化遗产进入人类的保护视角起源于20世纪60年代埃及修建阿斯旺水坝。阿斯旺水坝位于埃及境内的尼罗河（Nile）干流上，在首都开罗以南约800千米的阿斯旺城附近，是一座大型水利枢纽工程，具有灌溉、发电、防洪、航运、旅游等多种用途。阿斯旺水坝于1960年1月9日开工，按照计划蓄水后会淹没埃及努比亚遗址。努比亚遗址中最重要的是修建于公元前8世纪的拉姆西斯二世神庙和生殖女神艾西斯神庙。1960年，应埃及和苏丹两国政府的要求，联合国教科文组织展开了大规模的考古抢救工作，24项古迹被迁移或赠送他国，成功保护了努比亚遗址，也催生了1972年联合国教科文组织在巴黎通过的《保护世界文化和自然遗产公约》。

《保护世界文化和自然遗产公约》不仅明确地规定了各缔约国的权利和义务，还界定了"文化遗产"和"自然遗产"的范畴。在《保护世界文化和自然遗产公约》的第一条就界定了"文化遗产"的范畴：

> 在本公约中，以下各项为"文化遗产"。
>
> 文物：从历史、艺术或科学角度看，具有突出的普遍价值的建筑物、碑雕和碑画，具有考古性质成分或结构、铭文、窟洞以及联合体；
>
> 建筑群：从历史、艺术或科学角度看，在建筑式样、分布均匀或与环境景色结合方面，具有突出的普遍价值的单立或连接的建筑群；
>
> 遗址：从历史、审美、人种学或人类学角度看，具有突出普遍价值的人类工程或自然与人工联合工程以及考古地址等地方。[1]

可以看出，《保护世界文化和自然遗产公约》中对于文物、建筑群和遗址进行了明确的保护，而这三类则是物质形态的文化遗产。说明当时非物质文化遗产还没有进入学者的视野，非物质文化遗产的概念还没有成形。非物质文化遗产概念的直接来源是日本学界的无形文化财。"1950年5月，日本政府颁布了《文化财保护法》，首次以法律的形式规定了无形文化遗产的范畴，并把无形文化遗产确立为国家法律保护的对象。"[2] 1975年，日本政府修订了《文化财保护法》，"规定将有特别重要价值的风俗习

---

[1] 保护世界文化和自然遗产公约（1972）[EB/OL].1972-12-28.https://www.ihchina.cn/zhengce_details/15725.

[2] 王文章.非物质文化遗产概论[M].北京：文化艺术出版社，2006：22.

惯和民族表演艺术指定为'重要无形民俗文化财'加以保护。"[1]受到日本无形文化财概念的影响，1982年联合国教科文组织成立了非物质遗产的管理部门。1992年，非物质遗产管理部门更名为无形遗产部门。1989年11月，联合国教科文组织在巴黎通过了《保护传统文化和民俗的建议》，在这份议案中，特别指出了民俗的定义。"民俗（或传统的大众文化）是文化团体基于传统创造的全部，通过群体或个人表达出来，被认为是就文化和社会特性反映团体期望的方式；其标准和价值是通过模仿或其他方式口头流传的。其中，其形式包括语言、文学作品、音乐、舞蹈、游戏、神话、仪式、习俗、手工艺品、建筑及其他艺术。"[2]可以看出，这里对民俗的界定已经非常接近联合国教科文组织后来对非物质文化遗产的界定。1997年11月，联合国教科文组织通过的《人类口头和非物质文化遗产代表作申报书编写指南》中，"物质文化遗产"这个词语首次登上官方文件。联合国教科文组织对非物质文化遗产的界定基本沿用了《保护传统文化和民俗的建议》中民俗的定义。至此，非物质文化遗产的概念正式成型。2003年11月17日，联合国教科文组织在巴黎举行的第32届大会正式通过了《保护非物质文化遗产公约》，这是联合国迄今有关非物质文化遗产保护最为重要的法律文件，也是指导各缔约国非物质文化遗产保护的纲领性文件。文件对非物质文化遗产进行了科学、严谨的界定：

（一）非物质文化遗产，指被各社区、群体，有时是个人，视为其文化遗产组成部分的各种社会实践、观念表述、表现形式、知识、技能以及相关的工具、实物、手工艺品和文化场所。这种非物质文化遗产世代相传，在各社区和群体适应周围环境以及与自然和历史的互动中，被不断地再创造，为这些社区和群体提供认同感和持续感，从而增强对文化多样性和人类创造力的尊重。在本公约中，只考虑符合现有的国际人权文件，各社区、群体和个人之间相互尊重的需要和顺应可持续发展的非物质文化遗产。

（二）按上述第（一）项的定义，非物质文化遗产包括以下方面：

1. 口头传统和表现形式，包括作为非物质文化遗产媒介的语言；

---

[1]王文章.非物质文化遗产概论[M].北京：文化艺术出版社，2006：23.
[2]保护传统文化和民俗的建议（1989）[EB/OL].2010-04-21. https://www.ihchina.cn/zhengce_details/15720.

2. 表演艺术；

3. 社会实践、仪式、节庆活动；

4. 有关自然界和宇宙的知识和实践；

5. 传统手工艺。①

2011年2月25日，《中华人民共和国非物质文化遗产法》经第十一届全国人民代表大会常务委员会第十九次会议审议通过，从2011年6月1日起正式实施。

本法所称非物质文化遗产，是指各族人民世代相传并视为其文化遗产组成部分的各种传统文化表现形式，以及与传统文化表现形式相关的实物和场所。包括：

（一）传统口头文学以及作为其载体的语言；

（二）传统美术、书法、音乐、舞蹈、戏剧、曲艺和杂技；

（三）传统技艺、医药和历法；

（四）传统礼仪、节庆等民俗；

（五）传统体育和游艺；

（六）其他非物质文化遗产。

属于非物质文化遗产组成部分的实物和场所，凡属文物的，适用《中华人民共和国文物保护法》的有关规定。②

《中华人民共和国非物质文化遗产法》的实施表明中国非物质文化遗产的保护和发展上升到国家层面，中国的非物质文化遗产受到法律的保护。通过对比《保护非物质文化遗产公约》和《中华人民共和国非物质文化遗产法》对非物质文化遗产的定义，我们会发现联合国教科文组织关于非物质文化遗产的定义和我国对非物质文化遗产的定义大同小异，但我国对非物质文化遗产的定义更符合中国的国情，表述也更接地气。

---

① 保护非物质文化遗产公约（2003）.[EB/OL]. 2003-12-08.https：//www.ihchina.cn/zhengce_details/11668.

② 中华人民共和国非物质文化遗产法（主席令第四十二号）[EB/OL]. 2011-02-25.http：//www.gov.cn/flfg/2011-02/25/content_1857449.ht[M].

三、中国非物质文化遗产标识解读

为提高全社会的非物质文化遗产保护意识，促进中国非物质文化遗产保护工作健康有序发展，2006年3月底，中华人民共和国文化部[①]委托中国艺术研究院非物质文化遗产研究保护中心向海内外征集中国非物质文化遗产标识。通过网上征集、群众投票和数轮专家评议等流程，于2006年6月8日中国第一个文化遗产日前夕由中华人民共和国文化部在北京揭晓了中国非物质文化遗产标识（见图2.1）。中国非物质文化遗产标识是中国非物质文化遗产保护标志，主要用于研究、收藏、展示、出版等领域。

图 2.1　中国非物质文化遗产标识

（资料来源：中华人民共和国文化和旅游部网站）

图2.1是中国非物质文化遗产主标识形式。上方是简体中文"中国非物质文化遗产"；下方采用汉语拼音"ZHONGGUO FEIWUZHI WENHUA YICHAN"，各民族自治地区可使用当地少数民族文字，在对外交往工作中可使用英文"CHINA INTANGIBLE CULTURAL HERITAGE"或其他文字。

我们对中国非物质文化遗产主标识进行分解（见图2.2）。从外到内依次为图2.2（a）、图2.2（b）、图2.2（c）、图2.2（d）。

[①] 2018年3月21日，中共中央印发《深化党和国家机构改革方案》，把文化部、国家旅游局职责整合，成立文化和旅游部，不再保留文化部、国家旅游局。

第一章　什么是非物质文化遗产

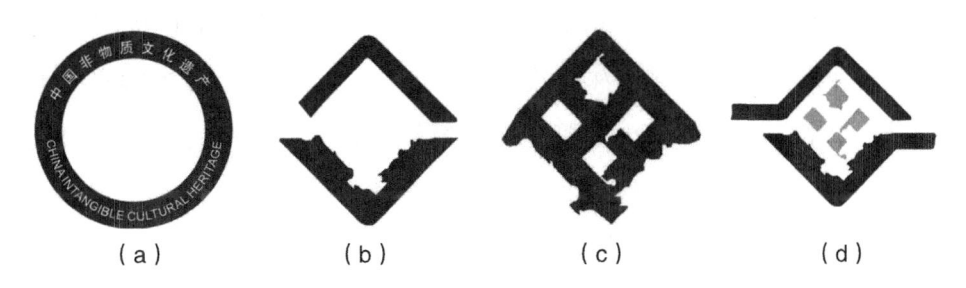

(a)　　　(b)　　　(c)　　　(d)

图 2.2　非物质文化遗产主标识分解图

（图片是本书作者对非物质文化遗产官方标志的分解）

图 2.2（a）是中国非物质文化遗产标识外部图形。为圆形，象征着循环和永不消失。图 2.2（b）是中国非物质文化遗产标识内部图形。为方形，与外圆对应，既暗合中国传统文化中天圆地方的观念，也表明非物质文化遗产存在空间有极大的广阔性。

图 2.2（c）为中国非物质文化遗产标识的中心造型。因为古陶最早出现的纹样之一有鱼纹，鱼纹隐含一个"文"字。"文"指非物质文化遗产，而鱼生于水，寓意中国非物质文化遗产源远流长、世代相传。

图 2.2（d）为中国非物质文化遗产标识的中心图案。用抽象的双手上下共护着"文"字，寓意团结、和谐、细心呵护和保护非物质文化遗产、守护精神家园。

图 2.2（b）、图 2.2（c）、图 2.2（d）图案残缺不全，传达出一种古朴感和质拙感，一方面反映了非物质文化遗产的生存现状不容乐观，另一方面彰显了中国政府和人民保护祖国非物质文化遗产的强烈责任心和使命感，表现出中华民族团结、奋进、向前的时代精神。

第二节　非物质文化遗产保护的紧迫性

非物质文化遗产是中华优秀传统文化的重要组成部分，是各族人民世代相承、与群众生活密切相关的各种传统文化表现形式和文化空间。它直观地反映了中华民族在社会发展过程中具有历史的、社会的、科技的、经济的和审美的价值，蕴含着中华民族特有的精神价值、思维方式、想象力和文化意识，是维护我国文化身份和文化主权的基本依据，也是连接民族情感的纽带和维系国家统一的基础。保护非物质文化遗产就是对中华五千年文明史的一种认同。"中华文明经历了5000多年的历史变迁，但始终一脉相承，积淀着中华民族最深层的精神追求，代表着中华民族独特的精神标识，为中华民族生生不息、发展壮大提供了丰厚滋养。"[1] 保护非物质文化遗产对于传承中华文明、讲好中国故事，建设社会主义先进文化、构筑和谐社会功不可没。植根于中国传统文化上的中国非物质文化遗产体现了中华文化的独特性和创造性，因此，"要扎实做好非物质文化遗产的系统性保护，更好满足人民日益增长的精神文化需求，推进文化自信自强。要推动中华优秀传统文化创造性转化、创新性发展，不断增强中华民族凝聚力和中华文化影响力，深化文明交流互鉴，讲好中华优秀传统文化故事，推动中华文化更好走向世界"[2]。

然而，非物质文化遗产的保护从全球的范围来看形势都很严峻。因为文化单一、战乱、经济畸形发展、农业人口外流、旅游业被冲击、价值观念相左等原因，大量的非物质文化遗产面临消亡，而这种情况在发展中国家更为突出。比如埃及为了发展经济修筑阿斯旺大坝，付出的代价是淹没努比亚遗址。虽然在联合国教科文组织的帮助下，24项古迹被迁移或赠送他国，看似成功保护了努比亚遗址，实则破坏了努比亚遗址的完整性。2001年，已有1500多年的历史，被联合国教科文组织列为世界文化遗产、深藏在阿富汗巴米扬山谷的巴米扬大佛被塔利班组织摧毁，同时摧毁的还有阿富汗的民族精神和民族信仰。奇葩的是，20年后塔利班组织在阿富汗建立了政权，却把自己炸毁的大佛遗址圈起来售票获取利益。

改革开放以来，中国经济进入高速发展阶段，经济建设的成果举世瞩目。经济的高速发展引起了价值观念的激荡，传统的道德规范约束面临土崩瓦解的危机；机器大生产和传统手工业落后的生产力之间的矛盾变得尖锐和不可调和；城镇化率从1978年的17.9%提高到2017年的58.5%；城镇常住人口由1978年的1.72亿提高到2017年的8.13亿，农业人口大量减少。这些因素都对非物质文化遗产的生存土壤进行挤压，非物质文化遗产的生态环境变得愈发脆弱，大量的非物质文化遗产以肉眼可见的速度萎缩、消亡。陕西省非物质文化遗产"杨氏木杆秤制作技艺"的传承人只能依靠在工厂打工苦苦支撑；同为陕西非物质文化遗产的"泥叫叫制作技艺""竹篾子灯笼编织技艺"在和电

---

[1] 习近平. 习近平在联合国教科文组织总部的演讲[N]. 人民日报，2014-03-28（3）.
[2] 习近平对非物质文化遗产保护工作作出重要指示强调 扎实做好非物质文化遗产的系统性保护 推动中华文化更好走向世界[N]. 人民日报，2022-12-13（1）.

子玩具的对抗下溃不成军;"古法榨油技艺""古法造纸工艺"在机器大生产的冲击下面临失传;被誉为"秦腔活化石"的"关中孝歌"也因为殡葬业的改革而濒临失传……

如何有效保护非物质文化遗产已经成为世界各国迫在眉睫的课题,中国自然也不例外。中国的非物质文化遗产的生态环境非常脆弱,大量的非物质文化遗产处于濒危状态,保护深受现代化冲击、承载着中华民族文化基因的非物质文化遗产已经成为时代赋予的神圣历史使命。

一、中国的非物质文化遗产流失严重

作为全球唯一一个拥有五千年不间断文明史的文化大国,中国的非物质文化遗产底蕴非常丰富。但是不得不承认,由于历史和现实的原因中国的非物质文化遗产流失非常严重。楼兰古城是中国的,但是楼兰古城最完整的资料却在大英博物馆。敦煌在中国,成体系的敦煌文献在日本,敦煌学的顶级成果在日本。爱国学者陈寅恪先生1930年就沉痛地说过:"敦煌者,吾国学术之伤心史也。其发见之佳品,不流入于异国,即密藏于私家。"[1]这段话第一句前十二个字现勒在敦煌藏经洞陈列馆前的一块长条大石上(见图2.3),提醒着国内学者铭记惨痛的历史,把敦煌保护好研究好。敦煌学发展已经过了一百多年的历史,陈寅恪先生伤心的是本该属于中国的文物被外国列强掠夺散落国外,导致中国的学者要研究敦煌学甚至要到外国去查阅资料。1993年,季羡林先生为次年举行的敦煌研究院五十周年活动提笔写下了"敦煌在中国,敦煌学在世界"[2]的名句,算是敦煌学发展的真实写照。

图2.3 敦煌藏经洞勒石

---

[1]陈寅恪.金明馆丛稿二编[M].北京:生活·读书·新知三联书店,2001:267.
[2]赵声良.大师的胸怀:怀念季羡林先生[J].敦煌研究.2009(04):05.

滩头年画是湖南省唯一的手工木版水印年画，产地在湖南省宝庆（现在为邵阳市）隆回滩头镇。从明末清初到民国初年，滩头年画逐步形成了自己独特的美术风格。鲁迅先生在《朝花夕拾》中专门描述了滩头年画《老鼠娶亲》，并将该画视为珍品收藏，此画大英博物馆亦有收藏。2006年6月，湖南滩头年画制作技艺被列为首批国家级非物质文化遗产项目，但是现存最早的湖南滩头年画实物却是在德国和日本的收藏家的手里。

如果说这些非物质文化遗产的流失是西方列强对积弱不振的旧中国进行文化掠夺导致，那么现在中国非物质文化遗产的大量流失是因为我们对待非物质文化遗产的重视程度不够。中华文化源远流长，秦汉时期形成了中国历史上第一个大一统的国家政权，中央集权政治的确立标志着中国形成了强大而稳固的中华文化核心。随着中华文化不断地向外辐射，这种辐射对周边国家的影响至唐代达到了巅峰。日本飞鸟时代的大化改新和朝鲜的新罗、高丽王朝均仿效唐朝制度、文化进行了改革，唐朝的服饰、建筑、文字、儒学、佛教等文化至今对其仍有深刻影响，以中国为中心的中华文明圈正式形成。因为长期受到中华文化的影响，韩国一直致力于提升国家的文化软实力。近年来，他们频繁地在国际舞台上争取话语权，不断申报非物质文化遗产项目。联合国教科文组织的《保护非物质文化遗产公约》规定，对于两国同源共享的非遗项目，两国都可单独申报，不能主张所有权的排他性，即文化属性上的"共享性"。韩国就很好地钻了这个空子，把流传到韩国的中国文化除去中国元素，进行重新包装，然后申报人类非物质文化遗产。

韩国2001年成功申遗的"宫廷宗庙祭祀礼乐"、2005年成功申遗的"江陵端午祭"、2010年成功申遗的"大木匠：韩国传统木制建筑技艺"、2013年成功申遗的"泡菜与越冬泡菜文化"、2018年成功申遗的"传统摔跤"、2020年成功申遗的"燃灯会"、2022年成功申遗的"假面舞"，无不有着浓厚的中国味道。"江陵端午祭"源自中国的端午节，"大木匠：韩国传统木制建筑技艺"就是中国榫卯结构的翻版。"泡菜"技术源自中国，韩国只是增加了一个"越冬文化"，形成了韩国的"泡菜与越冬泡菜文化"。"假面舞"来源于中国商周时期的傩戏。尤其是"燃灯会"，算得上是韩国"最年轻"的"非物质文化遗产"，截至2023年韩国"燃灯会"也只有21年历史。2002年，韩国方面派人来到四川省自贡市，找到当地彩灯企业，希望进行文化交流。

中国人认为能把中华文化向外传播是件值得自豪的事情，于是和韩国展开了紧锣密鼓的合作。截至 2007 年 4 月，自贡彩灯已 13 次赴韩国展出。韩国政府把自贡彩灯展命名为"东方彩灯展"，故意模糊掉彩灯的产地。为体现中韩友谊，自贡方面手把手教韩国彩灯制作技艺。2007 年，韩国把"东方彩灯节"改成了国际性质的彩灯展，将彩灯节包装成本国文化产品。2010 年之后，韩国决定将从自贡学来的彩灯技术与韩国"燃灯节"结合起来，包装成源于新罗年间有 1300 多年历史的"燃灯节"申请人类非物质文化遗产。2020 年 12 月，联合国教科文组织宣布韩国"燃灯节"正式成为人类非物质文化遗产。

韩国每次申遗成功都会让中国人痛心不已，原本是中国创造的非物质文化遗产却打上了韩国的烙印，成为韩国创造的非物质文化遗产。究其原因是我们对待非物质文化遗产的态度不够重视，而韩国对于非物质文化遗产的重视程度远高于中国。联合国教科文组织《保护非物质文化遗产公约》第三条明确指出："'保护'指确保非物质文化遗产生命力的各种措施，包括这种遗产各个方面的确认、立档、研究、保存、保护、宣传、弘扬、传承（特别是通过正规和非正规教育）和振兴。"[1] 长期以来，我们对于非物质文化遗产疏于管理，任其自生自灭。很多非物质文化遗产失去了生存的土壤，不具备弘扬、传承的条件，自然萎缩。韩国于 1962 年颁布了《文化财保护法》，以立法的形式保护韩国的文化遗产（含非物质文化遗产）。在韩国，以知识分子和大学生为源头，兴起了一场复兴韩国民族文化的运动。20 世纪 80 年代，这场运动冲出校园，深入韩国民众之间。韩国的文化在原有的基础上进一步发展，在某种意义上让文化更加繁荣，也使得工艺技术得到了发展。

如韩国"宫廷宗庙祭祀礼乐"源自中国的祭孔大典，公元 372 年才传到韩国，韩国将它延续至今，而在中国早已淡出历史舞台。韩国从 1967 年将"江陵端午祭"作为国家第十三号"重要无形文化遗产"，予以挖掘和保护。每年都要举行盛大的仪式，敬拜山神和男女守护神，而中国的端午节源自天象崇拜，由上古时代祭龙演变而来。仲夏午月午日，龙星飞升至正南中天，即如《易经·乾卦》所说的"飞龙在天"，为大吉大利之象。南北朝后端午节被赋予了纪念屈原的人文内涵。因此，中国的端午

---

[1] 保护世界文化和自然遗产公约（1972）[EB/OL]. 1972-12-28.https：//www.ihchina.cn/zhengce_details/15725.

节是集拜神祭祖、祈福辟邪、欢庆娱乐和饮食为一体的民俗大节。习俗主要有划龙舟、祭龙、采草药、挂艾草、打午时水、洗草药水、拜神祭祖、浸龙舟水、吃龙舟饭、食粽子、放纸龙、放纸鸢、拴五色丝线、佩香囊等。现在中国端午节就只剩下自发地吃粽子，虽然个别地方也搞一些划龙舟等活动，但是没有形成国家层面的例行活动，这就失去了端午节的灵魂。2005年，韩国"端午祭"被联合国教科文组织宣布为"人类口头和非物质遗产代表作"惊醒了中国，中国端午节在2009年才被联合国教科文组织列入世界非物质文化遗产。

2019年，朝鲜王朝时代（1392—1910年）9处主导推广新理学的教育设施荣州绍修书院、庆州玉山书院、安东陶山书院、安东屏山书院、达成道东书院、咸阳蓝溪书院、井邑武城书院、长城笔岩书院、论山遁岩书院，打包以"韩国新儒学书院"之名入选世界文化遗产。"书院文化"源自中国，公元907年唐朝覆灭，中国历史进入"五代十国"时期，官学遭到破坏，以教学为目的的私人书院开始出现。中国历史上四大著名书院——岳麓书院、白鹿洞书院、嵩阳书院和应天书院都是这个时期出现的。韩国书院始于1542年。当时丰基郡守周世鹏，为纪念将程朱理学传入朝鲜半岛的重要儒者安珦，建立晦轩祠，第二年建立白云洞书院（荣州绍修书院前身）。以此为中心，书院开始向朝鲜半岛辐射，形成韩国的"书院文化"。中国的书院现在完全丧失了教育功能，以文物的形态成为旅游景点，而韩国的书院依然保留了书院的传统教育和学习功能，由当地知名的学者担任领导。它的入选理由是，能为即将消失的文明或文化提供独特的见证。可见，韩国在非物质文化遗产的弘扬、传承和振兴上走在了我国的前面。如此多的非物质文化遗产被韩国抢先申遗也是预料之中的事情。

不光韩国，深受中国文化影响的东南亚国家都对中国非物质文化遗产执念很深，纷纷抢夺。比如中医，韩国称为"韩医"。2009年7月31日，韩国古代医药学著作《东医宝鉴》成功申遗。成书于公元1610年的《东医宝鉴》90%以上的内容都来自《伤寒论》《医学入门》等83本中医著作。日本称"中医"为"汉方医学"。20世纪70年代，日本发现中药配方没有申请专利，赶紧向中药伸出了"黑手"，几年间，日本人已经获得了《伤寒杂病论》等医书中的210个古方专利，再加上韩国，共计900多种中药配方被抢注了专利。目前世界专利局备案的中药的配方，日本已经拿到了70%，中国只拿到了0.3%。不光是日本，基本上全世界都在虎视眈眈地盯着中国的中药配方。

"蜂王浆口服液"专利在美国;"牛黄清心丸"是韩国的专利;"银杏叶制剂"的专利在德国和法国,"青蒿素"的专利在瑞士的诺华制药。日本出名的"救心丹""龙角散"也是以中药药方为基础,然后用现代工艺加工后,再以大价钱卖回中国。创立于1893年的日本株式会社津村是日本三大汉方药制药企业之一。日本株式会社津村每年从中国大量采购中药原料进行精加工,仅2016年就实现了销售额破10亿美元的"销售神话"。目前来看,我国中医落后于日韩已经成为事实。

二、道德的滑坡导致非物质文化遗产的消亡

改革开放以来,我国建立了社会主义市场经济体制,创造了世所罕见的经济快速发展奇迹。然而,伴随着经济的快速发展,"拜金主义、享乐主义、极端个人主义和历史虚无主义等错误思潮不时出现,网络舆论乱象丛生,严重影响人们思想和社会舆论环境"[1],"金钱至上"被一些人奉为"圭臬"。在这一背景的影响下,道德整体出现了滑坡现象,让一些非物质文化遗产处于濒危的状态。

比如中医,中医佑护了中华民族五千年,是中华文化中最瑰丽的非物质文化遗产之一,也是中华民族对世界作出的三大贡献之一。中医从宏观上可以分为中药学和中医学(临床医学)两个部分。中药是中医的基础,中医治病救人的效果是通过服用不同方剂的中药实现的。一旦中药出现问题,比如以假乱真、以次充好,必然严重影响临床效果,不仅影响病人的健康,而且会出现严重的并发症,甚至危及病人的生命安全。中医在中国目前就面临这样的状况,一些利欲熏心之徒在中药上动手脚,严重动摇了国人对中医的信心。

三、机器大生产挤压了部分非物质文化遗产的生存空间

非物质文化遗产的最大特点是"非物质性",它是以人为媒介,通过人在一定文化空间中的劳动来展示一种过程、一种感知,体现了劳动者的审美情趣、知识积累、劳动技巧经验以及劳动者的思想情感。手工技艺类的非物质文化遗产的目的则是通过人(一般是非物质文化遗产传承人)的独创性劳动,生产出某种满足人们需求的劳动

---

[1] 习近平.高举中国特色社会主义伟大旗帜,为全面建设社会主义现代化国家而团结奋斗:在中国共产党第二十次全国代表大会上的报告[M].北京:人民出版社,2022:5.

产品，如凤翔彩绘泥塑、凤翔木版年画、安塞剪纸、灞桥竹篾子灯笼等。"民间技艺的手工制作过程本身就是一种非物质文化实践活动，民族性格、传统文化、制作者的个人文化创造和情感投入，最终会物化到这种实践活动的成品中。"[1]每件手工艺产品都是独一无二的，饱含着生产者的审美情趣、知识积累、劳动经验技巧和劳动者的感情，这是非物质文化遗产的灵魂。机器大生产是指以机器和机器体系从事社会化大规模生产的工业模式。机器大生产的生产模式极大地解放了生产力、提高了生产率、降低了生产成本。机器大生产是为了最大限度地满足产品的使用属性，其最大的标志是机器人代替了人来生产产品，产品执行统一标准。开好模具后，同批次产品的外观、颜色、质料、质量基本一样，完全忽视了作为创作者的人的主观意识在商品生产过程中的重要作用。非物质文化遗产中的传统手工艺生产因为生产过程烦琐、生产效率低下，最关键是生产过程中产品凝聚人的"创造性劳动""活劳动"等原因导致产品成本过高，和机器大生产的产品比较没有任何竞争优势，无奈中只能退出生产的主流行业。

陕西的楮皮纸制作技艺不仅是陕西省非物质文化遗产，而且是国家级非物质文化遗产。楮皮纸制作技艺是中国造纸业的鼻祖，也是中国发明造纸术的铁证，具有两千多年的传统。楮皮纸制作技艺发源地是陕西省西安市长安区北张村。在20世纪70年代之前，北张村的造纸业非常发达，家家户户都在造纸，都会造纸。当时有民谣说："有女不嫁北张村，早晨起来站墙根"，就是北张村造纸业的真实写照。因为造纸有一道工序就是晒纸，男人从纸浆池中捞纸，女人就把捞上来的湿纸贴在墙上晾干。"站墙根"描述了妇女早上往墙上贴纸的劳动过程。改革开放以来，随着工业的步伐加快，北张村的造纸业逐年萎缩，截至20世纪80年代末期，北张村造纸的家庭作坊几乎绝迹。现在北张村的年轻人几乎都不会造纸了，前几年北张村的棚户区改造则是"压垮骆驼的最后一根稻草"，北张村整体拆迁，村民离开故土，上了高楼，完全不具备造纸的条件。据楮皮纸制作技艺的陕西非物质文化遗产传承人马松胜老爷子介绍，他年轻的时候，巅峰时期每天可以抄纸一千多张，按照现在每张纸三毛钱的价格计算可以卖三百元。实际上抄纸只是造纸的诸多工序之一，前期还要备料、蒸煮、踏碓、打浆等诸多工序，后期还要晾晒、整理，造纸的利润微乎其微。因为造纸又苦又累还不赚

---

[1] 刘德龙.坚守与变通：关于非物质文化遗产生产性保护中的几个关系[J].民俗研究.2013（1）：08.

钱，年轻人都不再继承这门技艺。楮皮纸制作技艺目前被列为国家级非物质文化遗产，虽然国家、陕西省都给予一定的经济扶持，但毕竟是杯水车薪。缺少传承人是楮皮纸制作技艺面临的最大困境。

凤翔木版年画是国家级非物质文化遗产。凤翔木版年画有文字可查的历史见于邰家的西凤世兴画局家谱。据凤翔县南肖里村邰氏祖案记载，明正德二年（1507年）前，邰氏家族已有八户从事年画生产。凤翔年画在民国时期最兴旺。中华人民共和国成立后进行"年画改革"，《人民日报》发表了文化部由蔡若虹起草并由茅盾署名的《关于开展新年画工作的指示》一文。文中指出，"应将开展新年画的工作作为今年文教宣传工作的重要任务之一。在年画中应当着重表现劳动人民新的、愉快的斗争的生活和他们英勇健康的形象。在技术上必须充分运用民间形式，力求适合广大群众的欣赏习惯"。[1] 凤翔木版年画的画版被当成"四旧"破掉。20世纪80年代前期是传统年画的黄金时期，因为当时残留画版少，年画供不应求，南肖里村制作木版年画的家庭作坊恢复了80多家。20世纪80年代后期，年画行业进入机器化时代，机器化生产的胶印年画大量进入农村市场。胶印年画画风更为写实，颜色更为绚烂，画面更为逼真，最关键的是价格低廉。胶印年画迅速占据了农村市场，春节期间，甚至南肖里村的一些年画作坊主都懒得印刷木版年画，也给家里贴上了胶印年画。凤翔木板年画就这样在机器大生产的冲击下失去了市场，一蹶不振。这几年，凤翔木版年画在国家的扶持下开始复苏，但是因为价格较高依然没有占据太大的市场份额，仅作为高端收藏品被少部分人收藏。

四、社会结构的变化会影响部分非物质文化遗产的存续

改革开放以来，中国的社会生产力得到解放和急速发展，人民生活水平和社会发展水平大幅度提高。经济体制由单一公有制和计划经济转变为多种经济成分并存的市场经济。随着工业化和城市化的快速推进，中国基本实现了由农业国向工业国的转变，目前向社会结构现代化目标而努力。工业化、市场化、城市化、技术发展是推动我国社会结构变迁的深层原因，而人口迁移流动、就业和居住环境的变化则是推动社会结构变迁的直接原因。正是大规模的人口迁移流动和由此带来的就业形式、居住形式、消费观念、

---

[1] 中央人民政府文化部.关于开展新年画工作的指示[N].人民日报，1949-11-27（4）.

价值观念的变化，使得部分非物质文化遗产的生态环境变得非常脆弱，濒临失传。

安塞民间绘画源于陕北黄土高原安塞民间。汉、唐、宋、清以来的彩绘、壁画对其有重要影响，后演变成为用于美化生活环境的民间炕围画、锅围画。安塞民间绘画创作者以农村妇女为主体，绘画主题大多是关于农村生产、农村建设、农村生活的真实写照。随着农村城镇化的加速，2016年，安塞撤县设区，安塞农民完成了从农民到城镇居民的社会身份转变。土地的集中流转和农业的现代化，使从事农业生产的农民数量急剧减少，安塞民间绘画中欢歌笑语的农业生产场面消失；农村居住环境的改变，让安塞民间绘画中的猪羊满圈、鸡鸭满院的农村生活消失。安塞民间绘画出现了一个很尴尬的现象，画画的不再是农民，画的内容是想象中的农村生活，画家甚至都没有经历过农村生活，这些都严重制约着安塞民间画的发展。因此，这些年安塞民间绘画题材雷同、内容单一，鲜有大师诞生，安塞民间绘画在国际、国内的影响力逐年下降。

被誉为"最古老秦腔"的孝歌的产生环境是艺人们在逝者的灵堂前吟唱，内容多是对逝者一生的总结和回顾。其活动一般有着特定的民俗性和较浓的宗教色彩和一套固定的演出程式。演唱活动均与丧葬祭奠的慰灵、超度亡灵有关。如关中劝善曲种里的葬衣歌，即是在埋葬亡人前换衣服以及过百日、周年、三年之时，给亡灵送（即烧掉）衣物用品所唱；长安等地流行的劝善歌也多在办丧事时念唱，陕南孝歌则是在亲人亡故的当天就开始围棺木演唱一直唱到葬埋完毕。演唱的曲目，均多与劝人行孝、行善有关。除演唱历代的孝子节妇故事外，还演唱一些近现代人编写的劝善词。如《戒酒歌》《十劝世人》《荒岁歌》《穷人记》《计划生育好》等。在特定的场合，还有说唱宝卷《血盆救母真经》等。通过这种形式对子女、后代进行教育。随着殡葬改革的推进，移风易俗，土葬被火葬所替代，社会节奏变快，传统的丧葬礼仪不再受到重视，劝善歌、孝歌也失去生存的土壤，濒临失传。

经济的快速发展让人们的娱乐方式也发生了天翻地覆的改变。陕北说书是国家级非物质文化遗产，产生于精神生活极度匮乏的年代。说书艺人走街串巷、乞食谋生。艺人们收取一定的报酬，在村头、场院为村民说唱精彩的故事内容，丰富村民的精神生活，帮助村民度过漫漫长夜。现在人们的娱乐方式呈现多元化，网络、影视、手机能提供更方便、快捷的娱乐方式。说书这种非物质文化遗产也面临着严峻的挑战。无独有偶，皮影戏面临的状况也基本一致。在影视行业没有得到很好普及时，皮影戏是人们喜闻乐见的娱乐方式。皮影戏的演出和说书一样，都是一种集体的狂欢，是人们在精神生活极度匮乏时的一束亮光。随着影视产业和网络的普及，皮影戏风光不再。目前皮影戏只是由一些专业团体在一些旅游景点进行演出，成为满足年轻人好奇心、吸引客流量的一种手段。

经济的快速发展不仅改变了娱乐方式，让说书类、皮影戏类非物质文化遗产难以为继，而且让一些原始的手工技艺类非物质文化遗产面临灭绝。如陕西省非物质文化遗产"竹篾子灯笼编织技艺""泥叫叫制作技艺"等，在商品经济不够繁荣时期为孩子们提供了为数不多的玩具。"竹篾子灯笼"是当时春节期间最受欢迎的春节礼物。关中民俗中，孩子在正月初七之后每个晚上都会挑着灯笼游街，是孩子春节期间最期盼的游戏。20世纪80年代，西安市灞桥区狄寨乡村村都制作竹篾子灯笼。春节期间，西安市大街小巷的竹篾子灯笼商贩推着自行车售卖的场景几乎是那个时代对春节的唯一记忆。"泥叫叫"又叫"娃娃哨"，是用泥巴制成的各种造型的哨子，是20世纪80年代前庙会、集会、旅游点主要的售卖玩具，功能单一但价格低廉，深受民众的欢迎。随着商品经济的繁荣，各种造型新颖、功能丰富的新奇玩具层出不穷，对这些功能单一、材料简单的非物质文化遗产产品形成降维打击。各种电子灯笼、玩具灯笼既具备灯笼功能，又具备玩具功能，挑上杆是灯笼，摘了杆是玩具，采用电子发声、发光，安全性和耐用性都让竹篾子灯笼望其项背；在各种新奇玩具的冲击下，性能单一，只能"嘟嘟"响的"泥叫叫"也被市场抛弃。现在，"竹篾子灯笼编织技艺"和"泥叫叫制作技艺"依靠国家的扶持还在苦苦支撑，但是非物质文化遗产传承人均为耄耋老人，存在着"人亡艺绝"的风险。

第三节　非物质文化遗产的价值

非物质文化遗产是人类文化遗产的重要组成部分，也是各国人民集体记忆的保管者，只有它能够确保民族文化特性永存，是世界文化多样性的体现。非物质文化遗产在社会生活、经济生活、文化生活和政治生活中举足轻重，因此具有史料性、精神性、文化性、经济性等诸多价值。正如联合国教科文组织《宣布人类口头和非物质遗产代表作条例》中指出非物质文化遗产必须具有的价值："a）具有特殊价值的非物质遗产的高度集中；或 b）从历史、艺术、人种学、社会学、人类学、语言学或文学角度来看是具有特殊价值的民间和传统文化表现形式。"①可以看出，非物质文化遗产的价值是多维度和多元的。"我国非物质文化遗产所蕴含的中华民族特有的精神价值、思维方式、想象力和文化意识，是维护我国文化身份和文化主权的基本依据。"②

一、非物质文化遗产的史料价值

非物质文化遗产承载着民族历史，具有特定的历史条件和时代特征，通过非物质文化遗产，我们可以了解过去某个历史时期的社会发展水平、生活方式、道德习俗等。一些传承久远的非物质文化遗产是"活态"的历史，是历史的证物；一些民俗的、口传的非物质文化遗产可以作为正史的补充。因此，非物质文化遗产具有很强的史料价值。

造纸术是中国四大发明之一，纸的发明是中国人对人类文化的传播和发展作出的一项十分宝贵的贡献。造纸术的发明和推广，对于世界科学、文化的传播产生了深刻的影响，对于社会的进步和发展功不可没。但是这几年关于造纸术的发明归属却出现了一些杂音，一些学者用埃及博物馆收藏的埃及古王国第四王朝胡夫法老时期的纸莎草文献，认为造纸术是埃及发明的，比中国早了2000多年。更何况英文"纸"的拼写paper，就是来源于拉丁文中莎草纸的拼写papyrus，好像也印证了纸的源头在埃及。如果这些学者了解了莎草纸的制造方法就会明白尽管莎草纸叫"纸"，实际上它不是严格意义上的"纸"。莎草纸是把莎草的茎秆用物理的方式挤压成薄片，使其成为一种适宜书写的材料。莎草纸造纸的过程只是纯粹的物理变化，没有经历任何化学变化，它的原理类似于把毛竹劈成适宜书写的竹简。中国造纸术是利用物理、化学的原理提取原料中的植物纤维素经过加工形成纸张，这种纸张无法经过简单的物理变形来获得。这就是中国造纸术的高明之处，因此也只有用中国发明的造纸术原理生产出来的纸张才是真正意义上的"纸"。

---

① 宣布人类口头和非物质遗产代表作条例（1998）[EB/OL]. 2010-04-21.https：//www.ihchina.cn/zhengce_details/15719.

② 国务院办公厅关于加强我国非物质文化遗产保护工作的意见（国办发〔2005〕18号）[EB/OL]. 2006-04-28.https：//www.ihchina.cn/zhengce_details/11571.

国家级非物质文化遗产楮皮纸制作技艺源自西汉时期，是中国造纸业的源头。两千多年来，西安市长安区北张村造纸一直沿袭蔡伦改进的古法造纸术。以构树皮为原料，经过采皮、扎捆、泡皮、蒸皮、碾压、灌浆、蒸瓤、漂洗、揉瓤、踏碓、切幡、捣浆、洗浆、打飞、抄纸、晾晒、揭纸、打包这18道大工序和其他72道小工序，最终造出质地光滑柔韧、耐保存、易书写的楮皮纸。现在北张村的造纸术和西汉时期的造纸术一脉相承，是造纸术活的文化传统的唯一见证。所以有"世界纸根在中国，中国纸根在长安"的说法。如果北张村的造纸术失传，我们用什么来证明造纸术源自中国？如同张衡发明的监测地震的"地动仪"，因为无法复制而不被学术界承认一样，成为中国文化的遗憾。

流传于云南省石林彝族自治县彝族撒尼人聚居区的国家级非物质文化遗产《阿诗玛》是撒尼人民经过千锤百炼而形成的集体智慧结晶。学者认为它萌发于刀耕火种的原始社会时期，形成于封建社会时期，跨越了若干人类社会发展历程。《阿诗玛》是彝族撒尼人传统文化的集中呈现，涉及撒尼人的精神、信仰、价值取向、衣食住行等方面。如果要研究彝族萨尼人的历史，《阿诗玛》无疑是最有参考价值的史料。《格萨（斯）尔》是流传于蒙、藏地区民间文化与口头叙事艺术的最高成就。它既是族群文化多样性的熔炉，又是多民族民间文化可持续发展的见证，也是相关族群社区宗教信仰、本土知识、民间智慧、族群记忆、母语表达的主要载体，是唐卡、藏戏、弹唱等传统民间艺术创作的灵感源泉，更是研究古代藏族文化不可或缺的佐证。

2019年7月，习近平总书记在内蒙古考察期间，在赤峰博物馆观看了古典民族史诗《格萨（斯）尔》说唱展示，并同《格萨（斯）尔》非物质文化遗产传承人亲切交谈。"习近平指出，要重视少数民族文化保护和传承，支持和扶持《格萨（斯）尔》等非物质文化遗产，培养好传承人，一代一代接下来、传下去。"[①]

二、非物质文化遗产的科学价值

非物质文化遗产是民族文化发展长河中保留下来的历史遗存，是不同历史时期生产力水平、科技水平、人类创造能力和对自然的认知水平的留存和体现。和物质文

---

① 潘子荻.民族瑰宝，习近平十分珍视[EB/OL].2021-08-26.http://www.xinhuanet.com/politics/xxjxs/2021-08/26/c_1127799112.htm？spm=zm5129-001.0.0.1.jo2yu6.

遗产相比，非物质文化遗产往往具备跨学科、跨领域的文化特征和科学价值。很多非物质文化遗产把复杂、抽象的科技知识融入可见的、活态的专业技能，用非物质文化遗产的形式保存下来。很多非物质文化遗产本身就具有很高的科学价值，传承和弘扬这些非物质文化遗产是后人学习当时的科技信息，了解当时科技水平和科技资料的主要手段之一。因此，非物质文化遗产具有很高的科学价值。

中国是世界上最早发明历法的国家之一，中国历法是中国先民独立创造编制的历法，其目的是用来指导农业生产。历法主要分为阳历、阴历和阴阳合历。阳历也称太阳历，顾名思义就是以地球绕太阳公转的运动周期为基础而制定的历法。阴历也称太阴历，是以月球月相圆缺变化的周期制定的历法。农历融合阴历与阳历，属于阴阳合历，古时称为夏历。农历以月球绕行地球一周为一月，再配合地球绕太阳一周为一年，设置闰月以使平均历年与回归年相适应。西汉汉武帝太初元年（公元前104年），邓平、唐都、落下闳等人制订了太初历，创造性地把二十四节气编入历法作为指导农事的历法补充。中国历法编制可以追溯到黄帝时期的黄帝历，黄帝历是一种阴阳合历。黄帝历把一年分为12个月，用子丑寅卯等十二地支和十二个月一一对应，称为月建。北斗星的斗柄称为子，斗柄冲正北方表示一年开始。用十天干与十二地支组成六十干支，表达阴阳五行，以闰月定四时。天干地支相互配合60年一循环，俗称"一甲子"，中国历法几乎都沿袭这种历法基础进行传承，衍生出众多的历法形式，如夏历、殷历、周历、鲁历、颛顼历等，与黄帝历合称"古六历"。

夏历、彝历、傣历、羌历和藏历等是我国现阶段在广泛使用的历法，其中夏历（农历）的影响最为广泛。中华人民共和国成立后，历法得到了国家的高度重视，1970年改"夏历"为"农历"，由中国科学院紫金山天文台负责计算，并于2017年颁布了国家标准《农历的编算和颁行》。现行历法中的很多构成元素都入选为非物质文化遗产，得到了很好的传承，体现了党和国家对非物质文化遗产的保护。如彝历新年、藏历年、傣历新年泼水节、羌年，农历的春节、清明节、端午节、七夕节、中秋节、重阳节、中元节、二十四节气都是国家级非物质文化遗产，其中农历二十四节气2016年入选联合国教科文组织人类非物质文化遗产代表作名录。

因为历法编纂的主要依据是天象运动，在中国古代封建王朝被认为是"窥天机"，因此古代的君王不允许私人从事历法的编制，凡私自观测天象的人都以谋反论处，只能由皇家任命的官员完成天象观测、历法制定等工作，目的是"绝地通天"。在封建社会，几乎历朝历代都会颁布历法，如汉代的太初历、四分历，隋朝的开皇历、大业历，唐朝的麟德历、大衍历，宋代的应天历、统天历，金元时期的大明历、重修大明历，明朝的授时历、崇祯历书，清朝的时宪历、癸卯元历，中华民国时期的紫金历等历法。一个新的朝代诞生，帝王都会重新制定历法，通过对前朝历法的否决表明自己是新的天子，北京故宫博物院午门（建立在子午线上而得名）前的小广场就是皇帝颁布历法的场所。新年第一天，皇帝会昭告天下，通过颁布历法的形式巩固皇权，指导农业生产、推行治国之术。农业生产是国之根本，要科学安排农业劳动、提高农业生产的效率、增产增收、风调雨顺，就必须按照历法当中的规则来进行。农作物播种、施肥、灌溉、收割要按照历法来安排，农民只要按照历法操作基本上就能获得比较好的收成。粮食安全，皇权才能巩固。

中国历法不仅能有效地指导农业生产，还能通过观测天象了解自然运行的规律，其他天象如日出日没、晨昏蒙影、五星方位、日月食、潮汐等都能准确预测。农历中的二十四节气科学地揭示了天文气象变化的规律，将天文、农事、物候和民俗实现了巧妙的结合，衍生了大量与之相关的岁时节令文化，成为中华民族传统文化的重要组成部分。

再如中国传统建筑。中国传统建筑是中国传统文化和民族特色的传承载体。中国传统建筑主要分为长城、阙、塔、桥梁、寺庙、坛庙、城郭、衙署、宅第、建筑群落、会馆祠堂、楼阁牌坊、交通水利、文教公益、商肆作坊、其他建筑等十六大类（以全国文物普查分类为依据）。中国传统建筑中除了追求永恒的长城、城郭、阙（原指建在宫殿门前两边的大型建筑物，后转指帝王的住所和陵墓，如宫阙）外，所有的结构形式都是以土木结构为主。

中国传统建筑具有极高的科学价值。中国传统建筑以木构架为主，木构架让维护结构和支撑结构分离，屋顶的重量由木结构承担，承重柱承重，墙不承重。2009年，由徽派传统民居营造技艺与北京四合院传统营造技艺、香山帮传统建筑营造技艺、闽南民居营造技艺构成的"中国传统木结构营造技艺"入选联合国人类非物质文化遗产。2018年，关中木构古建营造技艺入选陕西省非物质文化遗产名录。

中国历法研究日月星辰的运行规律以及对人生活的影响，中国传统建筑对结构力学的实践运用、中医的辨证施治、中国珠算先进的数学计算原理、龙泉青瓷传统烧制技艺、宣纸传统制作技艺中鬼斧神工的化学变化只能依靠制作者的经验控制等等，不胜枚举。这些非物质文化遗产体现了中国古人对自然和社会的认知，是古人追求科学精神的产物，不仅在当时，而且在今天依然绽放着璀璨的光芒，具有很高的科学研究价值。

三、非物质文化遗产的精神价值

非物质文化遗产是经过历史的筛选和人文的考验遗留下来的精神财富和文化财富。非物质文化遗产在长期的生产劳动、生活实践中积淀而成的民族精神是中华民族长盛不衰的动力源泉。非物质文化遗产所蕴含的中华民族特有的精神价值是中华民族的思想精髓，是维护我国文化身份和文化主权的基本依据，是中华民族的终极归属与荣耀。面对世界范围内各种思想文化的碰撞，面对实现中华民族的伟大复兴的崇高历史使命，非物质文化遗产经历了五千年历史长河的洗礼，作为中国民族精神传递和保存的有效手段和载体，传承中华民族以爱国主义为核心的"伟大创造精神，伟大奋斗精神，伟大团结精神，伟大梦想精神"①，传承和弘扬中国优秀的非物质文化遗产，可以有效增强中华民族的凝聚力，造就一个有独特文化个性和崇高民族精神的伟大民族。

爱国主义是我们民族精神的核心。很多非物质文化遗产通过对英雄人物的事迹和精神进行颂扬来弘扬爱国主义。中国戏曲中，以爱国主义为题材的剧目、剧种灿若星辰。《两狼山》描写了北宋爱国名将杨业父子大战契丹为国捐躯的故事，《苏武牧羊》描写汉武帝年间中郎将苏武奉旨出使匈奴被扣留拒不变节的故事。《二进宫》描写杨波、徐延昭扶保大明江山的故事。《金沙江畔》描写1936年中国工农红军北上抗日，在金沙江畔藏族同胞聚居地，戳穿国民党挑拨藏民与红军关系阴谋，继续北上的故事。这些故事在京剧和各种地方戏剧中都有曲目留存，以英雄人物的爱国主义事迹来感染、教育观众，深受人民群众的喜爱。

非物质文化遗产凝结着创造者的认识和实践能力，是创造精神的延续。中华民族

---

①党报评论君.伟大民族精神！习近平定义新内涵[EB/OL]. 2018-03-20. http：//opinion.people. co[M].cn/n1/2018/0320/c1003-29878704.html.

自古以来就是富有创造精神的伟大民族。中华文化从起源就具有鲜明的创新性，从物质世界到精神世界，从探索自然规律到社会制度的设计，无不体现了中华民族的创造精神，创造精神不仅让中华文化在人类文明史的演变过程中占据了重要席位，还为中华民族精神薪火相传、发展壮大提供丰厚滋养。以造纸术为例，当世界其他民族还在苦苦寻求适宜的书写材料时，中国造纸术横空出世，掀起了人类文字书写载体革命。造纸术使人类拥有了物美价廉、轻便易携的书写材料，为人类的文化传播和知识积累奠定了基础，改变了人类文化传播格局，扩大了科学、文化的传播范围，促进了科学、文化传播的速度，对于社会的进步和发展举足轻重。富有创造精神的中华儿女就地取材、因地制宜，采用不同的技术、流程、材料、工艺制造适合各种用途的纸张。西藏藏族造纸技艺，云南省傣族、纳西族手工造纸技艺，湖南竹纸制作技艺，贵州皮纸制作技艺，陕西楮皮纸制作技艺，安徽宣纸制作工艺都入选为国家级非物质文化遗产名录，其中安徽宣纸制作工艺 2009 年被列入联合国教科文组织人类非物质文化遗产代表作名录。

中华民族的历史就是一部艰苦奋斗史。中国人从远古时代与自然界搏斗获取生存资料开始，逐步形成了坚忍不拔、英勇顽强的奋斗精神，很多非物质文化遗产都客观地反映了中华民族的奋斗历程。在中国神话故事中，盘古神话、女娲传说、大禹传说、黄帝传说、炎帝神农传说都是国家级的非遗项目，这些故事反映了人类和自然斗争的奋斗精神。梁山伯与祝英台、孟姜女、白蛇传、牛郎织女的传说被誉为四大爱情故事，反映了中国人不畏强权、敢于追求爱情自由的精神。刘三姐歌谣、秦腔《红梅记》反映了劳动人民蔑视权贵和腐朽的统治阶级及其爪牙斗争的精神。河西宝卷是流传于甘肃省河西地区的一种民间说唱文学，由唐代敦煌变文、俗讲及宋代说经演变而来，属于国家级非物质文化遗产项目。河西宝卷中《目连三世宝卷》《劈山救母宝卷》《张四姐大闹东京宝卷》等作品都反映了不畏鬼神、充分发挥人的主观能动性反抗鬼神的奋斗精神。

非物质文化遗产通过表演、仪式、节庆、社会实践等形式积极培育中华民族共同体意识，增进各族群众对伟大祖国、中华民族、中华文化、中国共产党、中国特色社会主义的认同。通过"五个认同"提升民族的凝聚力和向心力，体现中华民族伟大团结精神。

2015年2月，习近平总书记在陕西考察时指出："黄帝陵是中华文明的精神标识。"[1]陕西省国家级非物质文化遗产之一黄帝陵祭典就是通过祭祀黄帝陵，弘扬黄帝精神，铸牢中华民族共同体意识，简单地说就是为中华民族寻根、溯源、铸魂。中华人民共和国成立后的清明节黄帝陵公祭活动均由陕西省级领导人主持，陕西省政府主办，参祭人员包括国家领导人，此外还有许多省区代表、港澳台人士和海外华侨参加。祭文内容主要是宣传民族团结、祖国统一和爱国主义思想。祭祀黄帝已成为传承中华文明，凝聚海内外华夏儿女，共谋祖国统一，开创美好生活的一项重大活动。

2010年入选联合国教科文组织非物质文化遗产名录（名册）急需保护的非物质文化遗产名录的新疆维吾尔自治区的"麦西热甫"，也体现了民族的团结精神。"麦西热甫"是一种集民间歌舞、乐器演奏、竞技表演和游戏等为一体的综合性民间娱乐活动，在场者没有观众而全部是活动的参加者。"麦西热甫"不仅是一场载歌载舞的大型自娱自乐活动，而且兼任"法庭""课堂"的作用。如果村民之间出现矛盾或纠纷时，村子里的长者会利用"麦西热甫"调解纠纷、解决问题，促使当事双方重归于好，当事双方在音乐和舞蹈中化干戈为玉帛，把矛盾消解在萌芽状态，对解决人民内部矛盾、促进民族团结意义重大。

在其他一些非物质文化遗产中，诸如民俗节庆活动端午赛龙舟、傣族泼水节、陕西国家级非物质文化遗产迎城隍等都是仪式化的集体文化活动，这些活动通过全民参与拉近彼此距离，增强群众团结、互助的精神，可以营造安定、祥和的氛围，激发蓬勃向上的勇气，对构建和谐社会起到积极作用。

梦想是对生活的期盼，也是对生活的超越。中华民族自古以来就是一个喜欢仰望星空、开天辟地的民族。一部中国史，就是一部中国人的梦想史。自古以来，中国人就心怀伟大梦想，通过努力奋斗执着追梦，不懈圆梦，创造了一个又一个的奇迹，最终让中华民族屹立在世界民族之林。中国的非物质文化遗产如实反映了中国人追梦的进程。在中国古代神话中，盘古开天、女娲补天、大禹治水、后羿射日、嫦娥奔月、夸父追日、精卫填海[2]都反映了中国人希冀改造自然、征服自然，让自然为人服务的朴

---

[1]陕西发布黄帝陵标识 突显"黄帝陵是中华文明的精神标识"[EB/OL]. 2016-02-25.http：//[M]. cnr.cn/news/20160225/t20160225_521470063.html.

[2]这些故事都是国家级非物质文化遗产项目。

素思想。"二十四节气"是中国人通过观察太阳周年运动，认知一年中时令、气候、物候等方面变化规律所形成的知识体系和社会实践。"二十四节气"指导着传统农业生产和日常生活，是中国传统历法体系及其相关实践活动的重要组成部分。当掌握了自然运行的规律，利用自然规律为人类谋福利，建立了人与自然和谐共生的家园时，中国人开始思索人与社会的和谐关系。中国人崇尚平等、反对剥削，希望建立一个人人平等的理想社会。大教育家孔子一直为实现梦想中的大同社会而努力，认为"大道之行也，天下为公，选贤与能，讲信修睦。故人不独亲其亲，不独子其子，使老有所终，壮有所用，幼有所长，鳏、寡、孤、独、废疾者皆有所养，男有分，女有归。货恶其弃于地也，不必藏于己；力恶其不出于身也，不必为己。是故谋闭而不兴，盗窃乱贼而不作，故外户而不闭，是谓大同"。孟子描绘了一个"老吾老以及人之老，幼吾幼以及人之幼"，人和人之间互相帮助，用"仁政"来管理的和谐社会。虽然孔子理想中的大同世界并没有实现，但是他的思想却被中国人世代传承。

为了尊崇与怀念孔子，公元前478年，即孔子卒后第二年，鲁哀公在孔子故居的基础上建立了第一座孔庙，开始了华夏民族持续两千多年的祭孔活动。2006年，祭孔大典经国务院批准列入第一批国家级非物质文化遗产名录。而被誉为"亚圣"的孟子是孔子思想的传承者。孟子逝世的这一天正是冬至日，孟子故里的乡亲非常悲痛，于是废除庆贺冬至的仪式，素斋并隆重祭祀孟子，形成了孟子故里延续至今的"冬至废礼"习俗。2021年，祭孟大典入选山东省第五批省级非物质文化遗产代表性项目公示名录。

中国人的梦想精神不仅体现在治国理政上，而且在社会生活的各个方面都有执着的追梦人。为了看得更远，为了征服星辰与大海，中国人发明了指南针。2006年，承载着指南针技术的万安罗盘制作技艺入选首批国家级非物质文化遗产名录。为了在海洋上走得更远，中国人发明了"中国帆"，采用"中国帆"技术的长岛木帆船制造技艺是山东省非物质文化遗产。为了预防船只受损带来的灾难，中国人发明了水密隔舱的海轮建造技术。2010年，"中国水密隔舱福船制造技艺"被联合国教科文组织列入急需保护的非物质文化遗产名录。

非物质文化遗产蕴藏着其所在民族的文化特质，这些在长期的生产劳动、生活实践中积淀而成的文化特质和民族精神，是世代相传沉积下来的民族的思想精髓、文化理念，是包括了民族的价值观念、心理结构、气质情感等在内的群体意识、群体精神，是民族的灵魂、民族文化的本质和核心。

四、非物质文化遗产的道德价值

道德是一种社会意识形态，是调整人与人、人与社会的行为准则和规范。道德自发形成，以善恶、是非作为评价标准，通过社会的认同度，或者社会舆论对社会生活起约束作用。中华民族长期以来形成了以仁爱为核心的道德要求，所体现的热爱国家、舍生取义、诚信守法、以和为贵、与人为善、助人为乐等传统美德，已深深植根于中国人的精神中，体现在中国人的行为上，形成中国传统的道德观。非物质文化遗产作为民族传统历史文化的重要组成部分，把中国人的道德体系化整为零、融入和日常百姓息息相关的衣食住行中，潜移默化地影响着中国人的生活方式和价值取向，形成强大的民族凝聚力与亲和力，有助于和谐社会的建设。

中华民族是一个懂得感恩的民族，在中华民族的发展史上一些德彰千古、济世有功的人，甚至一些有教育意义的普通人，都是值得后人效法的楷模。不仅如此，中国人用祭祀、立庙、神化等方式来表达敬意，弘扬其精神，提升社会道德水平。国家级非物质文化遗产之一的黄帝陵祭祀，通过祭奠中华民族的人文始祖黄帝让中华民族加深对中华文化的认同感和自豪感，是增强民族凝聚力的精神支柱和源泉，是促进祖国统一最为坚实的民族心理和传统文化的基础。流行于陕西省铜川市地方传统民俗、国家级非物质文化遗产之一的"药王山庙会"就是为纪念药王孙思邈忌辰而举办的，人们通过庙会既表达对孙思邈的崇敬与怀念、弘扬"药王"的高尚医德与精湛医术，也对强化各行各业的职业道德具有积极的推动作用。孝道是中华民族的传统美德之一，也是构建和谐社会的基础。中华民族提倡"百善孝为先"，用"牛羊跪乳""乌鸦反哺"等典故来弘扬孝道，一些至孝的人自然也成为后人敬仰的对象。陕西省非物质文化遗产之一的民间故事"丁兰刻母"就是一个由不孝转为大孝的典故。汉代人丁兰幼时对母亲很不孝顺，偶见羊羔跪乳、乌鸦反哺，心生悔意。适逢母亲到田间为自己送饭，丁兰忙执鞭迎接，丁母恐慌而撞死于地头树下。丁兰丧母后，心如刀割。用木头雕刻母亲像供奉在堂。后因丁兰外出，丁妻不尊母像，丁兰怒而休妻，直到妻子真心承认错误，才接回妻子。"丁兰刻母"的故事具有鲜明的生活痕迹，潜移默化地传递了孝道，具有很强的教育意义，对促进和谐社会意义重大。

孟轲《孟子·告子上·鱼我所欲也》记载："生，亦我所欲也；义，亦我所欲也。二者不可得兼，舍生而取义者也。"义"是中华民族道德观的重要组成部分，也是中国人的精神支柱。中国人崇尚气节，崇尚民族大义。"舍生取义"的价值取向植根于中华民族的血脉之中，一代代仁人志士为民族大义舍生忘死，成为中华民族的民族脊梁、精神楷模，受到敬仰尊重。非物质文化遗产作为社会文化资源中鲜活的、多样丰富的文化资源，传承和弘扬了中华民族的民族大义。《赵氏孤儿》的故事中，程婴、公孙杵臼不负大义，为拯救忠良之后"舍生取义"，受到后人的敬仰。

爱情观也是中华传统文化的重要组成元素。中国人注重家庭观念，重视亲情和家庭责任，"执子之手，与子偕老"是中国人对爱情的最高评价。在非物质文化遗产中存在大量颂扬中华民族为坚贞爱情、自由婚姻而奋斗牺牲的案例。如陕西省国家级非物质文化遗产牛郎织女的传说、寒窑传说就是弘扬坚贞不渝的爱情观。正确的爱情观、婚姻观、家庭观，有利于家庭和整个社会的稳定，在促进社会和谐、族群凝聚、推动整个社会主义精神文明建设、构建和谐社会方面具有十分重要的现实意义。

非物质文化遗产技艺的传承与发展，考验的是非物质文化遗产传承人个人品德与良心，只有德行端正、诚信为本，才可保证非物质文化遗产核心技艺代代相传。非物质文化遗产只有与时俱进、融入时代，进行商业化运作才能持续发展。非物质文化遗产产品要想赢得市场，传承人必须坚持研究非物质文化遗产工艺，用最好的原材料、最好的工艺回馈社会最好的非遗产品。如陕西省国家级非物质文化遗产凤翔泥塑技艺经历了选泥料、砸泥、造型、制模、合坯、粉洗、彩绘等工序，每道工序都必须一丝不苟，做到"细心、精心、良心"，才能制作优秀的泥塑作品。同为国家级非物质文化遗产项目的凤翔木板年画制作技艺，同样经历了繁琐的起稿、备版、制版、洗版、号色、上色等流程才能印制出精美的年画。尤其是制版工艺，原材料需要阴干三年以上，手工刻板、修版，非常考验传承人的匠心。如果利用机器雕版只是分分钟的事情，但是违背了非遗传承人"笨厚行傻名""寻归道法中"的祖训。

非物质文化遗产中很大一部分都是某种产品的制作技艺，目的是制造满足人们某种需要的商品。因此，古代的非物质文化遗产的传承者大都是利用某种特殊技能谋生的小商小贩。虽然在封建社会商人的社会地位较低，但是他们更注重信誉，遵循着儒家的经营理念。商家在经营活动中不仅要追求利润，还要考虑道义，不会为了利益而损害他人的利益或伤害他人的感情。比如布庄扯布，"足尺放三""加三放尺"；饭馆赠送咸菜、蜜饯等小零食；米行"无商不尖"；药铺"但愿世上无疾苦，宁可架上药生尘"，都体现了商家的让利和诚信。

"人之初，性本善。性相近，习相远。"当人性中的"恶"被无限放大，非物质文化遗产就用"魔法打败魔法"的形式对行业的行为进行规范。比如木杆秤从春秋战国起就作为计重衡器在中国流行，直到十几年前电子秤流行才逐渐退出衡器市场。陕西省非物质文化遗产的杨氏木杆秤制作技艺是传承数百年的衡器制作技艺。木杆秤的发明者不可考，因为中国传统文化中有"功归圣人"一说，因此人们认为木杆秤的发明者是范蠡或鲁班。这两个人一个退出官场成为商贾巨富，一个是木匠的祖师爷。木杆秤发明之初一斤为十三两，秤星代表北斗七星和南斗六星，表示做生意全程受天上主管生死的神仙监督，寓意公平交易、童叟无欺。但是在实践过程中，个别商人利欲熏心，经常用大小秤砣来谋取不义之财。范蠡（或鲁班）就专门在秤杆上加上了福、禄、寿三星，一市斤改为16两。[①] 寓意公平交易之人受到上天眷顾，添福、添禄、添寿；昧良心缺斤少两之人则受到上天的诅咒，缺一两缺福、缺二两少禄、缺三两短寿。实际上是利用了古人对鬼神的敬畏，从道德入手对行业行为进行规范。

党的十八大以来，中央高度重视培育和践行社会主义核心价值观。习近平总书记多次作出重要论述、提出明确要求。2017年10月18日，习近平同志在党的十九大报告中指出，要培育和践行社会主义核心价值观。2022年10月16日，习近平总书记在党的二十大报告中指出"实施公民道德建设工程，弘扬中华传统美德，加强家庭家教家风建设，加强和改进未成年人思想道德建设，推动明大德、守公德、严私德，提高人民道德水准和文明素养"[②]，是对中国传统道德观的继承和发展。陕西省非物质文化遗产行业在党中央的领导下掀起了推动全社会传承中华优秀传统文化，践行社会主义核心价值观热潮。如国家级非物质文化遗产项目凤翔泥塑作品《龙口夺食庆丰收》、国

---

① 老秤一斤十六两的标准一直延续到1959年6月25日，中华人民共和国国务院发布《关于统一计量制度的命令》，将1市斤16市两改为十进制，即一斤十两。

② 习近平.高举中国特色社会主义伟大旗帜，为全面建设社会主义现代化国家而团结奋斗：在中国共产党第二十次全国代表大会上的报告[M].北京：人民出版社，2022：44.

家级非物质文化遗产项目华州老腔《渭华起义英雄汉》；国家级非物质文化遗产陕北民歌《黄河船夫曲》；国家级非遗项目陕北道情《一条棉被》；国家级非遗项目秦腔新剧《骄杨之恋》；榆林佳县融合陕北民歌、陕北秧歌等非遗元素的实景演出《高高山上一头牛》亮相央视栏目《山水间的家》；横山腰鼓赴京参加庆祝中国共产党成立100周年文艺演出《伟大征程》，以雄浑、激越的鼓点敲出了新时代中国人的精气神。这些非遗传承人按照党中央和陕西省委、省政府关于非遗保护传承工作的决策部署，坚定文化自信，坚持守正创新，以社会主义核心价值观为引领，以保护传承弘扬中华优秀传统文化为目标，创作了大量讴歌新时代的非物质文化遗产作品。这些作品是对中华民族道德观的形象解读，成为中国人的行为规范，指引着我们崇尚真善美、维护社会公序良俗、共建文明和谐的幸福家园。

第四节　非物质文化遗产体现了民族文化的融合过程

中华民族创造了灿烂的中华文化，形成坚不可摧的民族精神。中华民族民族精神的核心是儒家思想积极倡导的"大一统"的国家制度和国家治理的思想。西周时期，中国人就认识到了"大一统"中央集权的重要性。在《尚书·周书·大诰》中，周公姬旦总结周兴商亡的教训，认为商因失道而亡，周因明德，取得民心而得天命，"天子""受命于天"。自此，"天子"成为"大一统"政权的最高领袖，正统政权的象征。孔子"祖述尧舜，宪章文武"，志在恢复先王之道，希望改变诸侯割据的乱局。"秦国'书同文，车同轨，量同衡，行同伦'，开启了中国统一的多民族国家发展的历程。此后，无论哪个民族入主中原，都以统一天下为己任，都以中华文化的正统自居。"[1]正如习近平总书记所说："一部中国史，就是一部各民族交融汇聚成多元一体中华民族的历史，就是各民族共同缔造、发展、巩固统一的伟大祖国的历史。"[2]中华民族在完成民族融合过程中，各民族文化也在互相融合，最终形成精彩纷呈、博大精深、兼容并蓄的

---

[1]汪晓东，李翔，王洲.共享民族复兴的伟大荣光：习近平总书记关于民族团结进步重要论述综述[N].人民日报，2021-08-25（01）.

[2]习近平.在全国民族团结进步表彰大会上的讲话[EB/OL].2019-09-27.https://www.gov.cn/xinwen/2019-09/27/content_5434113.ht[M].

中华文化。"中华文化历久弥新，这是今天我们强大文化自信的根源。"[1]非物质文化遗产犹如一面镜子，如实记录了特定时代中国人的生产方式、生活习俗、生存状态、伦理观念，记录了民族文化变迁和民族文化融合的过程。

中华民族始祖黄帝大约生活在距今4500年前，当时的社会形态是原始社会末期，也是新石器时代后期。为了争夺资源，各部落之间常年征战，百姓不堪其苦，黄帝不忍百姓受苦，用武力统一各部落，于阪泉战胜炎帝，于涿鹿擒杀九黎族的首领蚩尤，统一中原各氏族部落后，被各部落拥戴为天子。之后，黄帝陆续融合黄河中、下游直至长江流域的众多部落，建立起了中华民族的前身——华夏族，黄帝自然成为中原各民族的共同祖先，进而演变为中华民族的始祖。"轩辕乃修德振兵，治五气，艺五种，抚万民，度四方，教熊罴貔貅貙虎，以与炎帝战于阪泉之野。三战，然后得其志。蚩尤作乱，不用帝命。于是黄帝乃征师诸侯，与蚩尤战于涿鹿之野，遂擒杀蚩尤。而诸侯咸尊轩辕为天子，代神农氏，是为黄帝。"[2]因为黄帝深受中华民族的爱戴，因此黄帝的传说在中原大地广泛流传。如流传于陕西省黄陵县的黄帝传说是陕西省非物质文化遗产；流传在甘肃省清水县的黄帝传说是甘肃省的非物质文化遗产；在北京平谷地区广泛流传的关于中华"人文始祖"轩辕黄帝的传说是北京市非物质文化遗产；流传于河南省禹州地区的逍遥观黄帝传说是河南省非物质文化遗产；浙江省缙云县以黄帝之号"缙云"为名，相传是黄帝得道升天的地方，也是南方黄帝文化的辐射中心。缙云县以黄帝传说为依托的"缙云轩辕祭典"入选第三批国家级非物质文化遗产代表性名录（陕西省黄帝陵公祭大典和河南省黄帝故里拜祖大典均为第一批国家级非物质文化遗产），山西省晋中市寿阳县一带流传的傩舞《黄帝战蚩尤》是第一批国家级非遗扩展项目。相传黄帝有25个儿子，分别得12个姓，后来的唐、虞、夏、商、周、秦都是这12姓的后代，不仅包括中原地区，北方的匈奴、西边的羌族、南方的苗、戎、狄、毛等少数民族，也都自称是黄帝的子孙。在这些地方流传的黄帝传说中都保留了"黄帝战炎帝""黄帝战蚩尤"等故事，这些故事反映了中华民族和民族文化融合的过程。

---

[1]习近平.在全国民族团结进步表彰大会上的讲话[EB/OL].2019-09-27.https：//www.gov.cn/xinwen/2019-09/27/content_5434113.ht[M].

[2]司马迁.史记[M].兰州：甘肃民族出版社，1997：1.

蚩尤擅长制造兵器，与黄帝战于涿鹿（今河北涿鹿县东南），失败后被应龙所杀。当时，蚩尤统率的九黎部落联盟，生活在黄河中下游和长江中下游一带，物质文明已经有了较大的发展。九黎部落联盟包括苗族、彝族（黎氏）、巴族（已湮灭，族人融入土家族、哈尼族、白族和西南地区其他的少数民族）、东巴族（融入现在的纳西族）、纳西族、土族、土家族、华夏族（汉族的前身）等。他们借助当地的地理、气候、水源等优越条件，发明了谷物种植，已经开始由采集、渔牧、游牧向农业发展。在今天的考古发现中，河北、山东、山西、陕西都有相关的遗迹、遗址。据《孔子三朝记》记载，蚩尤被黄帝诛杀之后，身首异处，血化为卤，则解之盐池，因其尸解，故名其地为解州，在今山西省太原市，蚩尤的埋尸地在河南省濮阳市台前县。据传，蚩尤首葬东平郡寿张县阚乡城中（今汶上县西南），肩髀葬山阳郡巨野重聚，部分尸骸葬台前县境内，当地人称"蚩尤冢"，1933年黄河决口，蚩尤冢淤没。蚩尤和黄帝战死，蚩尤部落被迫南迁，在广东、广西、湖南、湖北、安徽、江西等地都有蚩尤部落活动的历史遗迹。如重庆市彭水县蚩尤九黎城是国家4A级旅游景区，拥有中国最大的苗族建筑群落，以苗族始祖蚩尤文化为主线。蚩尤部落南迁之后，文化继续传承，经过数百年的发展，重新建立了一个强大部落联盟，历史上被称为"三苗"部落，"三苗"部落以苗族群体为主，兼容了一部分小的部落族群。蚩尤也被苗族视为始祖。贵州省级非物质文化遗产名录"祭尤节"是流传于贵州省黔东南苗族侗族自治州丹寨县长青乡扬颂村的苗族传统节日。当地苗族民众会在每年农历十月第二个丑日在蚩尤宫遗址聚会祭奠苗族祖先蚩尤。根据第七次《中国人口普查年鉴》数据，中国境内苗族的人口数为 11 067 929 人，占总人口的 0.79%，人口数在少数民族中排名第 4。[1] 蚩尤不仅被苗族视为始祖，在汉族和彝族、哈尼族、白族、纳西族、土族、土家族等少数民族中也有崇高的地位。1992年，历史学家任昌华先生首次提出了"三祖文化"，并第一次将蚩尤作为中华民族的人文始祖，和黄帝、炎帝并提，确立了中华民族同祖同源的观点，明确了始祖文化是爱国主义的精髓和民族团结的基石。任昌华先生的观点不仅得到了苗族人民的拥护，而且得到了政府和汉族学者的支持。1995年9月，在涿鹿县政府的支持下，"全国首届涿鹿炎黄蚩三祖文化学术研讨会"在涿鹿召开，会上肯定

---

[1] 中国人口普查年鉴—2020[EB/OL]. http://www.stats.gov.cn/sj/pcsj/rkpc/7rp/zk/indexch.htm

了蚩尤在历史上与炎帝、黄帝同为"中华始祖"的地位，会后还成立了名为"三祖文化研究会"的学术团体。1997年，在涿鹿县建起了象征中华民族最早起源的"中华三祖堂"。自此，"中华三祖"的说法正式确立，蚩尤位列"中华三祖"之一有利于少数民族和汉族的团结，增强中华民族的凝聚力，反映了中华民族和少数民族文化融合的过程。

陕西省国家级非物质文化遗产之一的秦腔是非常古老的戏剧曲种，可以追溯到西周初年的歌舞剧《大武》。《大武》是武王伐纣胜利后由周公创编的歌舞，内容是表现武王克商的丰功伟业。据孔子所见，这个乐舞开始先有一段长长的鼓声作引子，舞者（战士）持兵器屹立待命。接着是六段舞蹈：第一段舞队由北边上场，这是描写出兵的情形，第二段表现灭了商朝，第三段表现继续向南进军，第四段表现平定南部边疆，第五段舞队分列，表示周公、召公的分疆治理，第六段舞队重新集合，列队向武王致敬。舞蹈虽然用的是象征性手法，并不像舞剧那样描绘人物和展现矛盾过程，但无疑这是中国表演的源头。周公将这六部乐舞加以集中、整理、规范成一个整体，作为国家的礼制，用于祭祀、庆典等活动。并对它们的演出仪制、祭祀对象、服饰道具、乐歌宫调和舞者身份、演出场合都作出明确的规定。古人把这种音乐、诗歌、舞蹈结合的艺术形式叫"乐"，如戴圣在《礼记·乐记》中记载："变成方，谓之音；比音而乐之，及干戚羽旄，谓之乐也。"[1] 所用的声腔称为"西音""秦音"，如《吕氏春秋·音初》中记载："殷整甲徙宅西河，犹思故处，实始作西音。长公继是音以处西山，秦缪公取风焉，实始作秦音。"[2] 因此，《大武》是最早的周乐，也可以视为秦腔的雏形。

秦腔的发展经历了秦风、秦声、秦腔三个阶段。因为古时甘肃、陕西同属秦地，所以得名"秦腔"。秦腔成型之后，流传至全国各地，对各地的剧种产生了不同程度的影响，并直接影响了梆子腔，成为梆子腔剧种的始祖。秦腔在明末清初时期发展到了巅峰，以陕西关中为起点向四周扩散。秦腔从西路流入四川和川戏结合形成川剧，向东越过黄河，在河南和当地民歌、小调相结合形成豫剧，在山西形成晋剧。乾隆三十九年（1774年），秦腔名旦魏长生携《背娃进府》《滚楼》等秦腔剧目进京，一战成名，直接威胁到了清政府视为"雅部"的昆曲在戏曲界的统治地位。虽然秦腔后来

---

[1] 杨天宇. 礼记译注[M]. 上海：上海古籍出版社，1997：626.
[2] 张双棣，张万斌，殷国光，等. 吕氏春秋[M]. 北京：中华书局，2007：64.

在统治者的打压下落败，但是秦腔的种子留在了北京。随后徽班进京大量吸收秦腔艺人和成果形成"皮黄戏"，民国初年定名为京剧。秦腔在北京备受打压，魏长生只得下江南去了扬州，把秦腔种子撒向江南。"谁家花月，不歌柳七之词；处处笙箫，尽唱魏三之句"。[①]从秦腔的发展演变过程中，可以看出中华民族文化之间的大融合。

本章小结

非物质文化遗产的"非物质"是指这种文化遗产并不是以物质的形态存留，它是作为主体的人在一定的文化空间中进行的活态展示，相比较"物质文化遗产"，更容易流失。目前，中国正处在农业国向工业国转型的阶段，非物质文化遗产的生态环境非常脆弱。中国非物质文化遗产大量的流失、道德的滑坡、工业社会的冲击和社会结构的变化，都不同程度消解着非物质文化遗产的生存土壤。非物质文化遗产蕴含的史料价值、科学价值、精神价值和道德价值，以及非物质文化遗产在民族文化融合中的作用，都是中国传统文化的瑰宝，是维护我国文化身份和文化主权的基本依据。因此，保护深受冲击、承载着中华民族文化基因的非物质文化遗产，已经成为时代赋予的神圣历史使命。

思考练习题

1. 怎样理解"非物质文化遗产"中的"非物质"？
2. 请解读非物质文化遗产官方标识的含义。
3. 为什么说中国非物质文化遗产生态环境非常脆弱？有哪些因素消解着非物质文化遗产的生存土壤？
4. 非物质文化遗产的价值是什么？
5. 请结合具体案例，谈谈非物质文化遗产是如何参与民族文化融合的。

---

① 李斗.扬州画舫录谢榕生序[M].北京：中华书局，1980：7.

第二章
陕西非物质文化遗产分类和名录

第一节　陕西非物质文化遗产的分类方法

中国是历史悠久、硕果仅存的文明古国。在悠久的历史长河中，中华民族创造了丰富多彩、弥足珍贵的文化遗产。这不仅是中华民族智慧的结晶、联结各民族的情感纽带、增进民族团结和维护国家统一及社会稳定的重要文化基础，也是全人类文明的瑰宝，是维护世界文化多样性和创造性，促进人类共同发展的前提。长期以来，物质文化遗产和非物质文化遗产没有绝对的界限，统称为文化遗产。这种认知让非物质文化遗产的认识和保护没有上升到人类普遍的意愿和共同关心的程度，导致很多非物质文化遗产生存环境恶化，面临被遗忘、损坏、濒临灭绝的严重威胁。因此，联合国教科文组织于2003年10月17日在巴黎召开的第32届大会通过了《保护非物质文化遗产公约》，标志着非物质文化遗产保护形成了以联合国教科文组织为主导，各缔约国积极参与的保护新格局。

2005年11月25日，韩国申报的江陵端午祭被联合国教科文组织认定为人类非物质文化遗产代表作之一。此事在我国掀起了轩然大波，虽然韩国"融乡土神祀、巫俗、假面剧于一体"的江陵端午祭和中国的"集拜神祭祖、祈福辟邪、欢庆娱乐和饮食为一体"的端午节有所区别，但中国人普遍认为是韩国把中国的端午节进行重新包装申遗，是对中国文化的掠夺。虽然国人有各种不满的情绪，但是我们不得不承认，在保护非物质文化遗产方面韩国的确走在了我们前面，特别是2005年韩国江陵端午祭申遗成功已经成为既定历史事实，无法改变。这是一个痛点，也是一个契机，它激励中国人重新审视自己的文化，强化对文化遗产的保护和传承。

为了让中国的非物质文化遗产保护工作系统化、规范化，有章可循，2005年12月22日，国务院发布了《国务院关于加强文化遗产保护的通知》（国发〔2005〕42号），对国内的非物质文化遗产保护提供了指导思想、基本方针和总体目标。该通知指出，非物质文化遗产保护要贯彻"保护为主、抢救第一、合理利用、传承发展"的方针。坚持保护文化遗产的真实性和完整性，坚持依法和科学保护，正确处理经济社会发展与文化遗产保护的关系，统筹规划、分类指导、突出重点、分步实施。各地区通过开展非物质文化遗产普查工作、制定非物质文化遗产保护规划、抢救珍贵非物质文化遗产、建立非物质文化遗产名录体系、加强少数民族文化遗产和文化生态区的保护等举措，重点扶持少数民族地区的非物质文化遗产保护工作，逐步建立国家和省、市、县四级非物质文化遗产保护体系。

2006年5月20日，中央人民政府发布《国务院关于公布第一批国家级非物质文化遗产名录的通知》（国发〔2006〕18号），批准文化部（今文化和旅游部）确定的第一批非物质文化遗产名录共518项。通知中把非物质文化遗产分为10大类，如表2.1所示。

表2.1 国务院对非物质文化遗产的分类

国家分类标准（第一批）	国家分类标准（定型）
Ⅰ 民间文学	Ⅰ 民间文学
Ⅱ 传统音乐	Ⅱ 传统音乐
Ⅲ 民间舞蹈	Ⅲ 传统舞蹈
Ⅳ 传统戏剧	Ⅳ 传统戏剧
Ⅴ 曲艺	Ⅴ 曲艺
Ⅵ 杂技与竞技	Ⅵ 传统体育、游艺与杂技
Ⅶ 民间美术	Ⅶ 传统美术
Ⅷ 传统手工技艺	Ⅷ 传统技艺
Ⅸ 传统医药	Ⅸ 传统医药
Ⅹ 民俗	Ⅹ 民俗

资料来源：本书作者根据国务院文件统计。

2008年6月7日，中央人民政府发布《国务院关于公布第二批国家级非物质文化遗产名录和第一批国家级非物质文化遗产扩展项目名录的通知》（国发〔2008〕19号），针对《国务院关于公布第一批国家级非物质文化遗产名录的通知》（国发〔2006〕18号）中非物质文化遗产十大类分法进行了微调，把Ⅲ类"民间舞蹈"的表述调整为"传统舞蹈"、Ⅵ类中"杂技与竞技"的表述调整为"传统体育、游艺与杂技"、Ⅶ类中"民间美术"的表述调整为"传统美术"、Ⅷ类中"传统手工技艺"的表述调整为"传统技艺"，这种调整解决了第一次分类标准执行中出现的新情况、新问题，具有更高的兼容性和科学性，形成了具有中国特色的非物质文化遗产分类方法。中国非物质文化遗产十大类的分法就此成型，延续至今。

2007年5月11日，陕西省人民政府发布《陕西省人民政府关于公布陕西省第一批非物质文化遗产名录的通知》，沿用《国务院关于公布第一批国家级非物质文化遗产名录的通知》（国发〔2006〕18号）中的分类方法，把陕西的非物质文化遗产分为10大类，但是和国家的分类还是略有出入，如表2.2所示。

表2.2 陕西省第一批非物质文化遗产分类标准和国家分类标准的对照

陕西省分类标准（第一批）	国家分类标准（第一批）
Ⅰ 民间音乐	Ⅰ 民间文学
Ⅱ 民间文学	Ⅱ 传统音乐
Ⅲ 民间舞蹈	Ⅲ 民间舞蹈
Ⅳ 传统戏剧	Ⅳ 传统戏剧
Ⅴ 曲艺	Ⅴ 曲艺
Ⅵ 竞技	Ⅵ 杂技与竞技
Ⅶ 民间美术	Ⅶ 民间美术
Ⅷ 传统手工技艺	Ⅷ 传统手工技艺
Ⅸ 传统医药	Ⅸ 传统医药
Ⅹ 民俗	Ⅹ 民俗

资料来源：本书作者根据国务院和陕西省政府相关文件统计。

可以看出，陕西省人民政府公布的第一批非物质文化遗产名录中，第Ⅰ大类是民间音乐，第Ⅱ大类是民间文学，第Ⅵ大类是竞技；而国家公布的第一批非物质文化遗产名录中，第Ⅰ大类是民间文学，第Ⅱ大类是传统音乐，第Ⅵ大类是杂技与竞技。

2009年9月8日，陕西省人民政府公布了第二批非物质文化遗产名录，如表2.3所示。虽然在名录中做出了相应的调整，但是和国家公布的第二批非物质文化遗产十大类的分法还不够贴合。

表2.3　陕西省第二批非物质文化遗产分类标准和国家分类标准的对照

陕西省分类标准（第二批）	国家分类标准（定型）
Ⅰ 民间文学	Ⅰ 民间文学
Ⅱ 民间音乐	Ⅱ 传统音乐
Ⅲ 民间舞蹈	Ⅲ 传统舞蹈
Ⅳ 传统戏剧	Ⅳ 传统戏剧
Ⅴ 曲艺	Ⅴ 曲艺
Ⅵ 杂技与竞技	Ⅵ 传统体育、游艺与杂技
Ⅶ 民间美术	Ⅶ 传统美术
Ⅷ 传统手工技艺	Ⅷ 传统技艺
Ⅸ 传统医药	Ⅸ 传统医药
Ⅹ 民俗	Ⅹ 民俗

资料来源：本书作者根据国务院和陕西省政府相关文件统计。

从表2.3中可知，在名录中陕西省调整了第Ⅰ大类和第Ⅱ大类的关系，把民间文学改为第Ⅰ大类，把民间音乐调整为第Ⅱ大类，但是表述依然是"民间音乐"，国家分类标准中表述为"传统音乐"。除此之外第Ⅲ大类依然表述为"民间舞蹈"，国家分类标准表述为"传统舞蹈"；第Ⅵ大类"竞技"调整为"杂技与竞技"，国家分类标准表述为"传统体育、游艺与杂技"；第Ⅶ大类依然表述为"民间美术"，国家分类标准表述为"传统美术"；第Ⅷ大类依然表述为"传统手工技艺"，国家分类标准表述为"传统技艺"。从2011年8月11日陕西省人民政府公布陕西省第三批非物质文化遗产名录开始，陕西省非物质文化遗产的分类和国家分类标准完全一致。

第二节　陕西省非物质文化遗产名录

陕西省非物质文化遗产是中国非物质文化遗产的重要组成部分，体现了陕西文化的多样性、丰富性和独特性。截至2022年12月20日陕西省人民政府公布第七批非物质文化遗产名录（陕政函〔2022〕159号）①，陕西省共有4项人类非物质文化遗产、91项国家级非物质文化遗产、766项省级非物质文化遗产。详情见表2.4、表2.5、表2.6、表2.7、表2.8、表2.9、表2.10、表2.11、表2.12、表2.13。

表2.4　陕西省入选"人类非物质文化遗产"名录

项目名称	入选年份
中国传统制茶技艺及其相关习俗（子项目）：咸阳茯茶制茶技艺	2022
中国皮影戏（子项目）：华县皮影戏	2011
中国剪纸（子项目）：旬邑彩贴剪纸	2010
西安鼓乐	2009

资料来源：本书作者根据官方文件统计。

表2.5　陕西省国家级非物质文化遗产名录

批次	序号	编号	项目名称	申报地区或单位
第一批	49	Ⅱ-18	紫阳民歌	陕西省紫阳县
	92	Ⅱ-61	西安鼓乐	陕西省
	93	Ⅱ-62	蓝田普化水会音乐	陕西省蓝田县
	105	Ⅲ-2	陕北秧歌	陕西省绥德县
	116	Ⅲ-13	安塞腰鼓	陕西省安塞县
	117	Ⅲ-14	洛川蹩鼓	陕西省洛川县
	160	Ⅳ-16	秦腔	陕西省
	161	Ⅳ-17	汉调桄桄	陕西省汉中市
	175	Ⅳ-31	汉调二黄	陕西省安康市
	205	Ⅳ-61	商洛花鼓	陕西省商洛市
	235	Ⅳ-91	皮影戏： 华县皮影戏 华阴老腔 阿宫腔 弦板腔	陕西省渭南市 陕西省华阴市 陕西省富平县 陕西省乾县
	236	Ⅳ-92	郃阳提线木偶戏	陕西省
	250	Ⅴ-14	陕北说书	陕西省延安市
	264	Ⅴ-28	榆林小曲	陕西省榆林市

①从2007年陕西省政府公布第一批非物质文化遗产名录到2022年陕西省政府公布第七批非物质文化遗产名录为止，时间跨度为15年，其中牵涉到部分区县撤县设区、撤县设市等情况，本书中部分区县名称仍以当时政府文件表述为准。

续表

批次	序号	编号	项目名称	申报地区或单位
第一批	311	Ⅶ-12	凤翔木版年画	陕西省凤翔县
	315	Ⅶ-16	安塞剪纸	陕西省安塞县
	346	Ⅶ-47	凤翔泥塑	陕西省凤翔县
	358	Ⅷ-8	耀州窑陶瓷烧制技艺	陕西省铜川市
	362	Ⅷ-12	澄城尧头陶瓷烧制技艺	陕西省澄城县
	480	Ⅸ-32	黄帝陵祭典	陕西省黄陵县
	502	Ⅸ-54	民间社火	陕西省宝鸡市
第二批	572	Ⅱ-73	陕北民歌	陕西省榆林市 陕西省延安市
	585	Ⅱ-86	镇巴民歌	陕西省镇巴县
	622	Ⅱ-123	韩城行鼓	陕西省韩城市
	638	Ⅱ-139	白云山道教音乐	陕西省佳县
	639	Ⅲ-42	鼓舞： 横山老腰鼓 宜川胸鼓	陕西省横山县 陕西省宜川县
	653	Ⅲ-56	靖边跑驴	陕西省靖边县
	700	Ⅳ-99	华阴迷胡	陕西省华阴市
	723	Ⅳ-122	同州梆子	陕西省大荔县
	734	Ⅳ-133	合阳跳戏	陕西省合阳县
	772	Ⅴ-79	陕北道情	陕西省延安市、清涧县
	782	Ⅴ-89	眉户曲子	陕西省户县
	783	Ⅴ-90	韩城秧歌	陕西省韩城市
	796	Ⅵ-24	红拳	陕西省
	829	Ⅶ-53	黄陵面花	陕西省黄陵县
	853	Ⅶ-77	西秦刺绣	陕西省宝鸡市
	872	Ⅶ-96	陕北匠艺丹青	陕西省
	914	Ⅷ-131	楮皮纸制作技艺	陕西省西安市长安区
	948	Ⅷ-165	同盛祥牛羊肉泡馍制作技艺	陕西省西安市
	991	Ⅹ-84	药王山庙会	陕西省铜川市
扩展名录	68	Ⅱ-37	唢呐艺术： 绥米唢呐 子长唢呐	陕西省绥德县、米脂县 陕西省子长市
	217	Ⅳ-73	二人台	陕西省府谷县

续表

批次	序号	编号	项目名称	申报地区或单位
扩展名录	436	Ⅷ-86	烟火爆竹制作技艺： 蒲城杆火技艺 架花烟火爆竹制作技艺	陕西省蒲城县 陕西省洋县
	481	Ⅹ-33	炎帝祭典	陕西省宝鸡市
	502	Ⅹ-54	洋县悬台社火	陕西省洋县
三	1046	Ⅰ-102	蔡伦造纸传说	陕西省汉中市
	1115	Ⅳ-153	弦子腔	陕西省平利县
	1135	Ⅴ-111	洛南静板书	陕西省洛南县
扩展名录	523	Ⅰ-36	牛郎织女传说	陕西省西安市长安区
	537	Ⅰ-50	木兰传说	陕西省延安市宝塔区
	623	Ⅱ-124	高陵洞箫	陕西省高陵县
	637	Ⅱ-138	洋县佛教音乐	陕西省洋县
	215	Ⅳ-71	商洛道情戏	陕西省商洛市
	315	Ⅶ-16	剪纸： 延川剪纸 旬邑彩贴剪纸	陕西省延川县 陕西省旬邑县
	963	Ⅷ-180	陕北窑洞营造技艺	陕西省延安市宝塔区
四	1236	Ⅰ-142	仓颉传说	陕西省白水县 陕西省洛南县
	1253	Ⅱ-159	旬阳民歌	陕西省旬阳县
	1313	Ⅵ-82	周化一魔术	陕西省
扩展名录	1069	Ⅰ-125	陕北民谚	陕西省榆林市
	236	Ⅳ-92	陕西杖头木偶戏	陕西省
	700	Ⅳ-99	眉户	陕西省戏曲研究院
	832	Ⅶ-56	石雕： 富平石刻 绥德石雕	陕西省富平县 陕西省绥德县
	443	Ⅸ-4	马明仁膏药制作技艺	陕西省西安市碑林区
	978	Ⅹ-71	彬县灯山会	陕西省彬县
	992	Ⅹ-85	迎城隍	陕西省西安市
	997	Ⅹ-90	徐村司马迁祭祀	陕西省韩城市
五	1378	Ⅰ-161	张骞传说	陕西省汉中市城固县
	1442	Ⅴ-144	陕西快板	陕西省
	1471	Ⅶ-123	汉中藤编	陕西省汉中市南郑区
	1532	Ⅷ-286	关中传统居民营造技艺	陕西省
扩展名录	65	Ⅱ-34	古琴艺术	陕西省

续表

批次	序号	编号	项目名称	申报地区或单位
扩展名录	68	Ⅱ-37	子长唢呐	陕西省延安市子长市
	193	Ⅳ-49	渭南碗碗腔	陕西省渭南市临渭区
	927	Ⅷ-144	西凤酒酿造技艺	陕西省宝鸡市凤翔区
	935	Ⅷ-152	咸阳茯茶制作技艺	陕西省咸阳市
	943	Ⅷ-160	传统面食制作技艺： 老孙家羊肉泡馍制作技艺 西安贾三灌汤包子制作技艺	陕西省 陕西省
	445	Ⅸ-6	朱氏正骨术	陕西省渭南市富平县
	1217	Ⅹ-142	吕氏乡约乡仪	陕西省西安市蓝田县

资料来源：本书作者根据国务院文件统计。

注：本名单中共有非物质文化遗产项目88项。根据中国非物质文化遗产网数据显示，多地联合申报同一项目立项后，按照申报地分别统计。本名单中Ⅰ-142仓颉传说，由陕西省白水县和洛南县联合申报，统计为2项；Ⅱ-37绥米唢呐，由陕西省绥德县和米脂县联合申报，统计为2项；Ⅱ-73陕北民歌，由陕西省榆林市和延安市联合申报，统计为2项。因此说陕西省共有国家级非物质文化遗产91项。

表2.6 陕西省第一批非物质文化遗产名录（共145项）

项目类别	序号	编号	项目名称	申报单位
民间音乐 （12项）	★1	Ⅰ-1	西安鼓乐	陕西省艺术研究所
	★2	Ⅰ-2	蓝田普化水会音乐	西安市蓝田县
	3	Ⅰ-3	姜马察回音乐	宝鸡市陈仓区
	4	Ⅰ-4	西山酒歌	宝鸡市陈仓区
	5	Ⅰ-5	陕北民歌	延安市、榆林市
	6	Ⅰ-6	绥米唢呐	榆林市绥德县、米脂县
	7	Ⅰ-7	白云山道教音乐	榆林市佳县
	8	Ⅰ-8	镇巴民歌	汉中市镇巴县
	9	Ⅰ-9	洋县佛教音乐	汉中市洋县
	10	Ⅰ-10	旬阳民歌	安康市旬阳县
	★11	Ⅰ-11	紫阳民歌	安康市紫阳县
	12	Ⅰ-12	商洛民歌	商洛市

项目类别	序号	编号	项目名称	申报单位
民间文学 （2项）	13	Ⅱ-1	长安斗门石婆庙七夕传说	西安市长安区
	14	Ⅱ-2	黄帝传说故事	延安市黄陵县
民间舞蹈 （25项）	15	Ⅲ-1	十面锣鼓	西安市临潼区
	16	Ⅲ-2	周至牛斗虎	西安市周至县
	17	Ⅲ-3	渭旗锣鼓	西安市周至县
	18	Ⅲ-4	牛拉鼓	咸阳市
	19	Ⅲ-5	蛟龙转鼓	咸阳市乾县
	20	Ⅲ-6	高跷赶犟驴	宝鸡市眉县
	21	Ⅲ-7	岐山转鼓	宝鸡市岐山县
	22	Ⅲ-8	千阳八打棍	宝鸡市千阳县
	23	Ⅲ-9	花苫鼓	渭南市
	24	Ⅲ-10	韩城行鼓	韩城市
	25	Ⅲ-11	洪拳鼓	渭南市澄城县
	26	Ⅲ-12	老庙老鼓	渭南市富平县
	27	Ⅲ-13	华州背花鼓	渭南市华县
	28	Ⅲ-14	东雷上锣鼓	渭南市合阳县
	★29	Ⅲ-15	安塞腰鼓	延安市安塞县
	30	Ⅲ-16	壶口斗鼓	延安市宜川县
	31	Ⅲ-17	宜川胸鼓	延安市宜川县
	★32	Ⅲ-18	洛川蹩鼓	延安市洛川县
	33	Ⅲ-19	洛川老秧歌	延安市洛川县
	34	Ⅲ-20	延川大秧歌	延安市延川县
	35	Ⅲ-21	黄陵老秧歌	延安市黄陵县
	★36	Ⅲ-22	陕北秧歌（绥德）	榆林市绥德县
	37	Ⅲ-23	靖边跑驴	榆林市靖边县
	38	Ⅲ-24	横山老腰鼓	榆林市横山县
	39	Ⅲ-25	安康小场子	安康市

续表

项目类别	序号	编号	项目名称	申报单位
传统戏剧（22项）	★40	Ⅳ-1	秦腔	陕西省振兴秦腔办公室
	41	Ⅳ-2	眉户曲子戏	西安市户县
	★42	Ⅳ-3	弦板腔	咸阳市乾县
	43	Ⅳ-4	灯盏头碗碗腔	皮影戏宝鸡市千阳县
	★44	Ⅳ-5	华县皮影戏	渭南市
	45	Ⅳ-6	东路碗碗腔皮影戏	渭南市
	★46	Ⅳ-7	华阴老腔	渭南市华阴市
	47	Ⅳ-8	华阴迷胡	渭南市华阴市
	★48	Ⅳ-9	阿宫腔	渭南市富平县
	★49	Ⅳ-10	合阳提线木偶戏	渭南市合阳县
	50	Ⅳ-11	合阳跳戏	渭南市合阳县
	51	Ⅳ-12	华州秧歌戏	渭南市华县
	52	Ⅳ-13	同州梆子	渭南市大荔县
	53	Ⅳ-14	府谷二人台	榆林市府谷县
	★54	Ⅳ-15	汉调桄桄	汉中市
	55	Ⅳ-16	端公戏	汉中市
	★56	Ⅳ-17	汉调二黄	安康市
	57	Ⅳ-18	八岔戏	安康市汉滨区
	58	Ⅳ-19	道情戏	安康市汉滨区
	59	Ⅳ-20	弦子腔	安康市平利县
	★60	Ⅳ-21	商洛花鼓	商洛市
	61	Ⅳ-22	镇安花鼓	商洛市镇安县
曲艺（15项）	62	Ⅴ-1	关中道情	西安市
	63	Ⅴ-2	周至道情	西安市周至县
	64	Ⅴ-3	西府道情	宝鸡市
	65	Ⅴ-4	西府曲子	宝鸡市
	66	Ⅴ-5	韩城秧歌	韩城市
	★67	Ⅴ-6	陕北说书	延安市

续表

项目类别	序号	编号	项目名称	申报单位
曲艺 （15项）	68	Ⅴ-7	陕北道情	延安市
	★69	Ⅴ-8	榆林小曲	榆林市
	70	Ⅴ-9	清涧道情	榆林市清涧县
	71	Ⅴ-10	汉中曲子	汉中市
	72	Ⅴ-11	镇巴渔鼓	汉中市镇巴县
	73	Ⅴ-12	春倌说春	汉中市南郑县
	74	Ⅴ-13	洛南静板书	商洛市洛南县
	75	Ⅴ-14	柞水渔鼓	商洛市柞水县
	76	Ⅴ-15	镇安渔鼓	商洛市镇安县
竞技 （1项）	77	Ⅵ-1	红拳	陕西红拳文化研究会
民间美术 （10项）	78	Ⅶ-1	西秦刺绣	宝鸡市
	79	Ⅶ-2	社火脸谱绘制技艺	宝鸡市陈仓区
	★80	Ⅶ-3	凤翔木版年画	宝鸡市凤翔县
	★81	Ⅶ-4	凤翔泥塑	宝鸡市凤翔县
	82	Ⅶ-5	澄城刺绣	渭南市澄城县
	★83	Ⅶ-6	安塞剪纸	延安市安塞县
	84	Ⅶ-7	安塞民间绘画	延安市安塞县
	85	Ⅶ-8	黄陵面花	延安市黄陵县
	86	Ⅶ-9	定边剪纸艺术	榆林市定边县
	87	Ⅶ-10	陕北民间匠作画艺	王宁宇
传统手工技艺 （31项）	88	Ⅷ-1	中华老字号西安饭庄陕菜和陕西风味小吃制作技艺	西安市
	89	Ⅷ-2	中华老字号同盛祥牛羊肉泡馍制作技艺	西安市
	90	Ⅷ-3	中华老字号德发长饺子制作技艺	西安市
	91	Ⅷ-4	中华老字号德懋恭水晶饼制作技艺	西安市
	92	Ⅷ-5	北张村传统造纸技艺	西安市长安区

续表

项目类别	序号	编号	项目名称	申报单位
传统手工技艺（31项）	93	Ⅷ-6	狄寨徐文岳泥哨制作技艺	西安市灞桥区
	94	Ⅷ-7	竹篾子灯笼编织技艺	西安市灞桥区
	95	Ⅷ-8	阎良核雕技艺	西安市阎良区
	96	Ⅷ-9	秦镇米皮制作技艺	西安市户县
	97	Ⅷ-10	豆村大腊制作技艺及民俗	西安市周至县
	98	Ⅷ-11	中华老字号张记馄饨制作技艺	咸阳市
	99	Ⅷ-12	中华老字号西凤酒酿造技艺	宝鸡市
	100	Ⅷ-13	岐山哨子面制作技艺	宝鸡市岐山县
	101	Ⅷ-14	岐山空心挂面制作技艺	宝鸡市岐山县
	102	Ⅷ-15	凤翔草编技艺	宝鸡市凤翔县
	★103	Ⅷ-16	澄城尧头陶瓷烧制技艺	渭南市澄城县
	104	Ⅷ-17	渭北面花制作技艺	渭南市大荔县
	105	Ⅷ-18	蒲城杆火技艺	渭南市蒲城县
	106	Ⅷ-19	华县皮影制作技艺	渭南市华县
	107	Ⅷ-20	合阳提线木偶制作技艺	渭南市合阳县
	108	Ⅷ-21	杜康酒酿造技艺	渭南市白水县
	109	Ⅷ-22	传统九龙木雕雕刻技艺	马金财
	★110	Ⅷ-23	耀州窑陶瓷烧制技艺	铜川市
	111	Ⅷ-24	吴起泥塑技艺	延安市吴起县
	112	Ⅷ-25	吴起糜粘画技艺	延安市吴起县
	113	Ⅷ-26	甘泉豆腐与豆腐干制作技艺	延安市甘泉县
	114	Ⅷ-27	绥德石雕雕刻技艺	榆林市绥德县
	115	Ⅷ-28	洋县架花焰火技艺	汉中市洋县
	116	Ⅷ-29	洋县传统造纸技艺	汉中市洋县
	117	Ⅷ-30	谢村黄酒酿造技艺	汉中市洋县
	118	Ⅷ-31	宁强福兴老字号王家核桃馍制作技艺	汉中市宁强县

续表

项目类别	序号	编号	项目名称	申报单位
民俗 （27项）	119	Ⅸ-1	长安王曲城隍庙祭祀和庙会	西安市长安区
	120	Ⅸ-2	侯官寨迎春社火牛老爷	西安市长安区
	121	Ⅸ-3	骊山女娲风俗	西安市临潼区
	122	Ⅸ-4	栎阳马踏青器山社火	西安市临潼区
	123	Ⅸ-5	户县社火	西安市户县
	124	Ⅸ-6	蒋村正月民俗活动	西安市户县
	125	Ⅸ-7	长武道场	咸阳市长武县
	★126	Ⅸ-8	宝鸡民间社火	宝鸡市
	127	Ⅸ-9	炎帝陵祭典	宝鸡市渭滨区
	128	Ⅸ-10	陇州社火	宝鸡市陇县
	129	Ⅸ-11	司马迁民间祭祀	韩城市
	130	Ⅸ-12	东庄神楼	韩城市
	131	Ⅸ-13	东峪孝歌	渭南市华县
	132	Ⅸ-14	铁里芯子	渭南市华县
	133	Ⅸ-15	尧山圣母庙会	渭南市蒲城县
	134	Ⅸ-16	蒲城血故事特技	渭南市蒲城县
	135	Ⅸ-17	谷雨祭祀文祖仓颉典礼	渭南市白水县
	136	Ⅸ-18	药王山庙会	铜川市
	137	Ⅸ-19	陈炉窑神庙春秋祭祀礼仪	铜川市印台区
	138	Ⅸ-20	耀州火亭子	铜川市耀州区
	★139	Ⅸ-21	黄帝陵祭典	延安市黄陵县
	140	Ⅸ-22	延川小程村原生态民俗文化	延安市延川县
	141	Ⅸ-23	白云山庙会	榆林市佳县
	142	Ⅸ-24	洋县悬台社火艺术	汉中市洋县

续表

项目类别	序号	编号	项目名称	申报单位
民俗 （27项）	143	Ⅸ-25	勉县武侯墓清明祭祀活动	汉中市勉县
	144	Ⅸ-26	汉滨区龙舟风俗	安康市汉滨区
	145	Ⅸ-27	延安老醮会	王宁宇

资料来源：陕西省人民政府网2007-05-17陕政发〔2007〕15号文件。

注：1. 表中序号前标注"★"的为已入选第一批国家级非物质文化遗产名录的项目。
　　2. 本文件发布时间为2007年，当时的西安市户县、延安市安塞县、汉中市南郑县等地还没有撤县设区，为保证官方文件的权威性，依然沿用陕政发〔2007〕15号文件的称呼，即西安市户县、延安市安塞县、汉中市南郑县。

表2.7　陕西省第二批非物质文化遗产名录（共100项，146单项）

项目类别	序号	编号	项目名称	申报单位
民间文学 （16项）	146	Ⅰ-3	农业始祖后稷传说	武功县文化馆
	147	Ⅰ-4	柳毅传书	长武县文体旅游局
	148	Ⅰ-5	秦琼敬德门神传说	咸阳凯发房地产开发有限公司
	149	Ⅰ-6	吹箫引凤传说	宝鸡市陈仓区文化馆
	150	Ⅰ-7	韩城古门楣题字	罗建民
	151	Ⅰ-8	劈山救母传说	华阴市图书馆
	152	Ⅰ-9	烂柯山传说	洛川县文化馆
	153	Ⅰ-10	美水泉的传说	甘泉县文化馆
	154	Ⅰ-11	龙亭蔡伦造纸传说	汉中市民间文艺家协会
	155	Ⅰ-12	龙安茶传说	岚皋县文化广播电视局
	156	Ⅰ-13	药王孙思邈传说	铜川市耀州区文化馆
	157	Ⅰ-14	孟姜女传说	铜川市王益区文化馆
	158	Ⅰ-15	仓颉造字传说	洛南县文化馆
	159	Ⅰ-16	花木兰传说	延安市宝塔区文化馆
	160	Ⅰ-17	陕南歌谣（包括红军歌谣）	汉阴县文化旅游广播电视局
	161	Ⅰ-18	汉中巴山乡村婚礼 知客司礼仪词	汉中市群众艺术馆

续表

项目类别	序号	编号	项目名称	申报单位
民间音乐（7项）	162	Ⅱ-13	民歌： 　　凤县民歌 　　黄陵民歌 　　靖边信天游 　　泾河号子 　　汉江号子 　　安康花鼓子 　　神木酒曲	凤县文化馆 黄陵县文体事业局 靖边县文体事业局 泾阳县文体广电局 安康市非物质文化遗产保护中心 安康市非物质文化遗产保护中心 神木县文体事业局
	163	Ⅱ-14	民间鼓吹乐： 　　澄城鼓吹乐艺术 　　秦汉战鼓 　　监军战鼓 　　威风战鼓 　　五圆鼓 　　韩城"谏公"鼓吹乐	渭南澄城县文化馆 黄建民 永寿县文体事业局 眉县文化文物广播电视局 合阳县文体事业局 韩城市西庄镇杨村村委会
	164	Ⅱ-15	唢呐艺术： 　　子长唢呐 　　旬邑唢呐	子长县文体事业局 旬邑县非物质文化遗产保护中心
	165	Ⅱ-16	高陵洞箫艺术	高陵县文化馆
	166	Ⅱ-17	吴起弹口弦	吴起县文化馆
	167	Ⅱ-18	延长曲颈琵琶	延长县文化馆
	168	Ⅱ-19	定边民间道教音乐	定边县文体事业局
民间舞蹈（14项）	169	Ⅲ-26	鼓舞： 　　西山刁鼓 　　韩城黄河阵鼓 　　华阴素鼓 　　志丹羊皮扇鼓 　　黄龙猎鼓 　　洛川对面锣鼓 　　合阳撂锣 　　西乡打锣镲	宝鸡市陈仓区文化馆 韩城市文化馆 华阴市图书馆 志丹县文体事业局 黄龙县文化馆 洛川县文化馆 合阳县文体事业局 西乡文化馆
	170	Ⅲ-27	龙舞： 　　勉县五节龙 　　三原老龙	勉县文化馆 三原县文化馆
	171	Ⅲ-28	潼关南街背芯子	潼关县非物质文化遗产保护中心

续表

项目类别	序号	编号	项目名称	申报单位
民间舞蹈（14项）	172	Ⅲ-29	潼关踩高跷	潼关县非物质文化遗产保护中心
	173	Ⅲ-30	绥德踢场子	绥德县文化馆
	174	Ⅲ-31	潼关古战船	潼关县非物质文化遗产保护中心
	175	Ⅲ-32	吴堡水船	吴堡县非物质文化遗产保护中心
	176	Ⅲ-33	贯溪地围子	西乡县文化馆
	177	Ⅲ-34	石泉火狮子	石泉县文化旅游局
	178	Ⅲ-35	安康彩莲船	安康市汉滨区文化文物广播电视局
	179	Ⅲ-36	蜀河双彩车	旬阳县文化馆
	180	Ⅲ-37	泾河竹马	泾阳县文体局
	181	Ⅲ-38	吴起铁鞭舞	吴起县文化馆
	182	Ⅲ-39	东寨十八罗汉	三原县文化馆
传统戏剧（3项）	183	Ⅳ-23	皮影戏： 周至皮影戏 扶风碗碗腔皮 同朝皮影戏 定边道情皮影戏 洋县皮影戏 汉阴皮影戏演技 旬阳道情皮影戏	周至县文化馆 扶风县文化馆 大荔县文化馆 定边县文体事业局 洋县文化馆 汉阴县文化旅游广播电视局 旬阳县文化馆
	184	Ⅳ-24	傀儡戏： 周至大玉木偶戏 洋县杖头木偶戏	周至县文化馆 洋县文化馆
	185	Ⅳ-25	商洛道情戏	商洛市剧团
曲艺（4项）	186	Ⅴ-16	长安道情	西安市长安区文体广电局
	187	Ⅴ-17	蒲城石羊道情	蒲城县非物质文化遗产保护中心
	188	Ⅴ-18	高陵曲子	高陵县文化馆
	189	Ⅴ-19	横山说书	横山县文体事业局

续表

项目类别	序号	编号	项目名称	申报单位
杂技与竞技（2项）	190	Ⅵ-2	澄城表演特技"上刀山"	澄城县文化馆
	191	Ⅵ-3	华山拳	华阴市华山太极武术协会
民间美术（10项）	192	Ⅶ-11	剪纸： 旬邑彩贴剪纸 永寿民间剪纸 洛川剪纸 黄陵剪纸 延川剪纸	旬邑县非物质文化遗产保护中心 永寿县文体事业局 洛川县文化馆 黄陵县文体事业局 延川县文化文物馆
	193	Ⅶ-12	面花： 华州面花 澄城面花 神木面花	华县民间艺术研究会 澄城县文化馆 神木县文体事业局
	194	Ⅶ-13	刺绣： 洛川刺绣 延川布堆花 城固架花 乾州布玩具	洛川县文化馆 延川县文化文物馆 城固县文化馆 乾县文体事业局
	195	Ⅶ-14	澄城手绘门帘	澄城县文化馆
	196	Ⅶ-15	礼泉皮影	礼泉县文化馆
	197	Ⅶ-16	富县熏花	富县文化馆
	198	Ⅶ-17	吴起油漆画	吴起县文化馆
	199	Ⅶ-18	绥德炕头石狮子	绥德县文化馆
	200	Ⅶ-19	佳县庙宇木雕雕刻技艺	佳县非物质文化遗产保护中心
	201	Ⅶ-20	城固泥塑	城固县文化馆
传统手工技艺（30项）	202	Ⅷ-32	蒸馏酒酿造技艺： 户县龙窝酒手工酿造技艺及习俗 太白酒酿造技艺 黄陵轩辕酒制作技艺	户县文化馆 陕西太白酒业有限责任公司 黄陵县非物质文化遗产保护办公室
	203	Ⅷ-33	土织布技艺： 武功土织布技艺 洋县黄家营土织布技艺 蒲城土织布技艺	咸阳市武功县苏氏才女若兰手织布有限公司 洋县文化馆 蒲城县非物质文化遗产保护中心

续表

项目类别	序号	编号	项目名称	申报单位
传统手工技艺（30项）	204	Ⅷ-34	中华老字号老孙家羊肉泡馍及清真菜品制作技艺	老孙家饭庄
	205	Ⅷ-35	中华老字号春发生葫芦头泡馍系列制作技艺	西安市春发生饭庄
	206	Ⅷ-36	普集烧鸡制作技艺	武功县普集烧鸡店
	207	Ⅷ-37	三原金线油塔制作技艺	三原县文化馆
	208	Ⅷ-38	咸阳琥珀糖制作技艺	咸阳市秦都区文体事业局
	209	Ⅷ-39	扶风鹿羔馍制作技艺	扶风县文化馆
	210	Ⅷ-40	蒲城椽头蒸馍制作技艺	蒲城县非物质文化遗产保护中心
	211	Ⅷ-41	富平太后饼制作技艺	富平县文化馆
	212	Ⅷ-42	潼关万盛园酱菜制作技艺	潼关县非物质文化遗产保护中心
	213	Ⅷ-43	子长煎饼制作技艺	子长县文体事业局
	214	Ⅷ-44	榆林豆腐传统制作技艺	榆林市榆阳区文体事业局
	215	Ⅷ-45	西乡牛肉干制作技艺	西乡县文化馆
	216	Ⅷ-46	上元观红豆腐制作技艺	城固县文化馆
	217	Ⅷ-47	紫阳蒸盆子制作技艺	紫阳县非物质文化遗产保护中心
	218	Ⅷ-48	渭北花袱子印染技艺	陕西省非物质文化遗产研究会
	219	Ⅷ-49	张氏风筝制作技艺	西安市碑林区文化馆
	220	Ⅷ-50	高陵民间花灯纸扎技艺	高陵县文化馆
	221	Ⅷ-51	传统杆秤制作技艺	陕西省非物质文化遗产研究会
	222	Ⅷ-52	乾州四宝制作技艺	乾县文体事业局
	223	Ⅷ-53	陈仓银器传统制作技艺	宝鸡市陈仓区文化馆
	224	Ⅷ-54	澄城砂器烧制技艺	澄城县文化馆
	225	Ⅷ-55	吴起擀毡技艺	吴起县文化馆
	226	Ⅷ-56	陕北窑洞建造技艺	延安市宝塔区文化馆
	227	Ⅷ-57	汉中龙江龙舞道具制作技艺	汉中市汉台区龙江镇文化站
	228	Ⅷ-58	汉中张氏摩崖石刻拓印技艺	汉中市汉台区文化馆
	229	Ⅷ-59	富平宫里石刻技艺	富平县文化馆
	230	Ⅷ-60	长安沣峪口老油坊榨油技艺	西安市长安区文体广电局
	231	Ⅷ-61	长安寺坡村"添碟子"制作技艺	西安市长安区杜曲街道办事处

续表

项目类别	序号	编号	项目名称	申报单位
传统医药（1项）	232	Ⅸ-1	孙思邈养生文化	铜川市耀州区非物质文化遗产保护中心
民俗（13项）	233	Ⅹ-28	庙会： 横山牛王会 西安都城隍庙民俗 蕴空山庙会 医陶始祖与雷公庙会 香山庙会	陕西省非物质文化遗产研究会 横山县非物质文化遗产保护中心 西安市都城隍庙管委会 华县民间艺术研究所 白水县文化馆 耀州区非物质文化遗产保护中心
	234	Ⅹ-29	民间社火： 西安大白杨社火芯子 南郑县协税社火高跷 丹凤高台芯子	西安市未央区文化馆 南郑县文化馆 丹凤县文化馆
	235	Ⅹ-30	跑骡车	渭南市临渭区非物质文化遗产保护中心
	236	Ⅹ-31	蒲城罕井秋千民俗	蒲城县非物质文化遗产保护中心
	237	Ⅹ-32	渭北细狗撵兔竞技	蒲城县非物质文化遗产保护中心
	238	Ⅹ-33	华阴司家秋千会	华阴县图书馆
	239	Ⅹ-34	楼观台祭祀老子礼仪	周至县文化馆
	240	Ⅹ-35	华夏财神故里祭祀活动	周至县文化馆
	241	Ⅹ-36	长武庙宇泥塑礼仪	长武县文体旅游局
	242	Ⅹ-37	安塞转九曲	安塞县文体事业局
	243	Ⅹ-38	谷雨公祭仓颉仪式	洛南县人民政府
	244	Ⅹ-39	户县北乡迎祭城隍民俗活动	户县文化馆
	245	Ⅹ-40	渭河南忙罢古会	咸阳市秦都区文体事业局

资料来源：陕西省人民政府网 2009-06-24 陕政发〔2009〕42 号文件。

表 2.8　陕西省第二批非物质文化遗产名录增补项目名单（共 4 项）

项目类别	项目编号	项目名称	申报地区、单位或个人
传统医药	Ⅸ-2	华县杏林许氏正骨技艺	西安平周椎体病研究所
	Ⅸ-3	韩氏骨外伤正骨技艺	高陵县文化馆
	Ⅸ-4	朱氏正骨术	富平县文化馆
	Ⅸ-5	马明仁膏药制作技艺	西安市碑林区文化馆

资料来源：陕西省人民政府网 2010-01-08 陕政函〔2009〕208 号文件。

表 2.9　陕西省第三批非物质文化遗产名录（共 116 项，140 单项）

项目类别	序号	编号	项目名称	申报单位
民间文学 （7项）	250	Ⅰ-19	仓颉造字传说： 长安仓颉造字传说 仓颉传说	西安市长安区非遗保护中心 白水县史官镇史官村
	251	Ⅰ-20	寒窑传说	西安市非物质文化遗产保护中心 西安市曲江文化旅游（集团） 有限公司 曲江池遗址公园景区分公司
	252	Ⅰ-21	古豳国传说	彬县非物质文化遗产保护中心
	253	Ⅰ-22	炎帝传说	宝鸡市渭滨区文化馆
	254	Ⅰ-23	宝塔山的传说	延安市宝塔区非遗保护中心
	255	Ⅰ-24	张骞传说	城固县文化馆
	256	Ⅰ-25	沉香传说	洛南县非遗保护中心
传统音乐 （9项）	257	Ⅱ-20	埙乐艺术	陕西省艺术研究所 中国埙文化学会
	258	Ⅱ-21	陕北混源道歌	陕西省非物质文化遗产研究会
	259	Ⅱ-22	户县北乡锣鼓	户县文化馆
	260	Ⅱ-23	周至镇殿八卦锣鼓	周至县文化馆
	261	Ⅱ-24	陇州小调	陇县文化馆
	262	Ⅱ-25	唢呐： 合阳民间唢呐 镇巴唢呐	合阳县非遗保护中心 镇巴县文化馆
	263	Ⅱ-26	韩城围鼓	韩城市非遗保护中心
	264	Ⅱ-27	神木二人台	神木县文化馆
	265	Ⅱ-28	汉中孝歌	汉中市非遗保护中心
传统舞蹈 （10项）	266	Ⅲ-40	唐代乐舞	陕西演艺集团陕西省歌舞剧院 有限公司
	267	Ⅲ-41	周至龙灯	周至县文化馆
	268	Ⅲ-42	田市八仙鼓	渭南市临渭区非遗保护中心
	269	Ⅲ-43	南留锣鼓	大荔县文化馆
	270	Ⅲ-44	霸王鞭： 定边霸王鞭 靖边霸王鞭	定边县文化馆 靖边县文化馆

续表

项目类别	序号	编号	项目名称	申报单位
传统舞蹈（10项）	271	Ⅲ-45	保宁堡老秧歌	榆林市榆阳区非遗保护中心
	272	Ⅲ-46	鄜州飞锣	富县文化馆
	273	Ⅲ-47	黄陵抬鼓	黄陵县非遗保护办公室
	274	Ⅲ-48	略阳羌族羊皮鼓舞	略阳县文化馆
	275	Ⅲ-49	排灯舞	铜川市印台区印台乡人民政府
传统戏剧（7项）	276	Ⅳ-26	陕西杖头木偶戏	陕西演艺集团民间艺术剧院有限公司
	277	Ⅳ-27	眉户	陕西省戏曲研究院
	278	Ⅳ-28	泾阳木偶	泾阳县泾河艺术团
	279	Ⅳ-29	朱王秧歌剧	渭南市临渭区非遗保护中心
	280	Ⅳ-30	旬阳八步景	旬阳县文化馆
	281	Ⅳ-31	宜川蒲剧	宜川县文化馆
	282	Ⅳ-32	商州皮影戏	商洛市商州区文化馆
曲艺（5项）	283	Ⅴ-20	陕西快板	陕西省曲艺家协会
	284	Ⅴ-21	旬邑咪子戏	旬邑县非遗保护中心
	285	Ⅴ-22	安康曲子	安康市汉滨区文化馆
	286	Ⅴ-23	眉县曲子	眉县文化馆
	287	Ⅴ-24	漫川大调	山阳县剧团
传统体育、游艺与杂技（6项）	288	Ⅵ-4	甘水坊高空耍狮子	户县文化馆
	289	Ⅵ-5	李式太极拳	咸阳市渭城区文化馆
	290	Ⅵ-6	秋千：吴东无底鸳鸯秋千 南社秋千	富平县文化馆 合阳县非遗保护中心
	291	Ⅵ-7	华县填字谜接龙游戏	华县赤水镇郭村三组 同洋州
	292	Ⅵ-8	柳池芯子	澄城县文化馆
	293	Ⅵ-9	洛南担芯子	洛南县非遗保护中心
传统美术（7项）	294	Ⅶ-21	汉中民间木版图画	陕西省非物质文化遗产研究会 南郑县文化馆

续表

项目类别	序号	编号	项目名称	申报单位
传统美术（7项）	295	Ⅶ-22	剪纸： 周至剪纸 朝邑剪纸 佳县剪纸 靖边剪纸 绥德剪纸 延长剪纸	周至县文化馆 大荔县文化馆 佳县非遗保护中心 靖边县文化馆 绥德县文化馆 延长县文化馆
	296	Ⅶ-23	大荔刺绣	大荔县文化馆
	297	Ⅶ-24	面花： 合阳面花 洛川面花	合阳县非遗保护中心 洛川县文化馆
	298	Ⅶ-25	凤翔罩金漆器制作技艺	凤翔县文化馆
	299	Ⅶ-26	黄陵木雕	黄陵县非遗保护办公室
	300	Ⅶ-27	东龙山狗娃咪泥哨	商洛市商州区文化馆
传统技艺（45项）	301	Ⅷ-62	西安陈氏世家金银饰器制作技艺	陕西省非物质文化遗产研究会
	302	Ⅷ-63	传统乐器手工制作技艺	陕西省非物质文化遗产研究会
	303	Ⅷ-64	户县民间缯鼓制作技艺	户县文化馆
	304	Ⅷ-65	秦镇杨氏木杆秤制作技艺	户县文化馆
	305	Ⅷ-66	起良村造纸制作技艺	周至县文化馆
	306	Ⅷ-67	周至三多堂纸扎制作技艺	周至县文化馆
	307	Ⅷ-68	渭北地坑式窑洞建筑技艺	泾阳县兴隆镇侯庄村川西组
	308	Ⅷ-69	上川口村锣鼓制作技艺	杨陵区杨村乡杨凌新声乐器有限公司
	309	Ⅷ-70	岐山王氏皮影制作技艺	岐山县蔡家坡文化馆
	310	Ⅷ-71	绥德寨山柳编技艺	绥德县文化馆
	311	Ⅷ-72	铁水打花技艺	米脂县文化馆
	312	Ⅷ-73	神木手工地毯制作技艺	神木县文化馆
	313	Ⅷ-74	延安木器装饰雕刻技艺	延安市宝塔区非遗保护中心
	314	Ⅷ-75	陕北编席技艺	延安市宝塔区文化馆

续表

项目类别	序号	编号	项目名称	申报单位
传统技艺（45项）	315	Ⅷ-76	洋县蓑衣编织技艺	洋县文化馆
	316	Ⅷ-77	洋县龙亭蔡家灯影制作技艺	洋县文化馆
	317	Ⅷ-78	汉中棕制品制作技艺	南郑县文化馆
	318	Ⅷ-79	商南草鞋制作技艺	商南县文化馆
	319	Ⅷ-80	丹凤葡萄酒酿造技艺	丹凤县文化馆
	320	Ⅷ-81	挂面制作技艺： 洛南手工挂面制作技艺 佳县手工挂面制作技艺 张家山手工挂面制作技艺	洛南县非遗保护中心 佳县非遗保护中心 吴堡县非遗保护中心
	321	Ⅷ-82	神仙豆腐制作技艺	岚皋县文化馆
	322	Ⅷ-83	蜀河"八大件"饮食文化及制作技艺	旬阳县文化馆
	323	Ⅷ-84	紫阳毛尖传统手工制作技艺	紫阳县茶业协会
	324	Ⅷ-85	汉中面皮制作技艺	城固县文化馆
	325	Ⅷ-86	佛坪神仙豆腐制作技艺	佛坪县非遗保护中心
	326	Ⅷ-87	志丹糜子黄酒制作技艺	志丹县文化馆
	327	Ⅷ-88	志丹羊肉剁荞面制作技艺	志丹县文化馆
	328	Ⅷ-89	吴起米酒酿造技艺	吴起县非遗保护中心
	329	Ⅷ-90	陕北油馍馍手工制作技艺	延安市宝塔区非遗保护中心
	330	Ⅷ-91	陕北羊杂碎制作技艺	延安市宝塔区非遗保护中心
	331	Ⅷ-92	榆林拼三鲜制作技艺	榆林市榆阳区非遗保护中心
	332	Ⅷ-93	岐山农家醋制作技艺	岐山县蔡家坡文化馆
	333	Ⅷ-94	岐山擀面皮制作技艺	岐山县文化馆
	334	Ⅷ-95	古太酒酿造技艺	眉县文化馆
	335	Ⅷ-96	凤翔豆花泡馍制作技艺	凤翔县文化馆
	336	Ⅷ-97	大荔带把肘子制作技艺	大荔县文化馆
	337	Ⅷ-98	陕西潼关肉夹馍制作技艺	潼关县非遗保护中心
	338	Ⅷ-99	石灰窑水晶饼制作技艺	渭南市临渭区非遗保护中心

续表

项目类别	序号	编号	项目名称	申报单位
传统技艺（45项）	339	Ⅷ-100	渭南时辰包子制作技艺	渭南市临渭区非遗保护中心
	340	Ⅷ-101	三原蓼花糖制作技艺	三原县文化馆
	341	Ⅷ-102	砖茶制作技艺： 泾阳砖茶制作技艺 茯砖茶制作技艺	泾阳县陕西泾砖茶业有限公司 咸阳市沣东镇陕西苍山茶业有限责任公司
	342	Ⅷ-103	咸阳河水Biangbiang面制作技艺	咸阳市秦都区非遗保护中心
	343	Ⅷ-104	泾阳水盆羊肉制作技艺	泾阳县陕西泾阳友军水盆羊肉餐饮有限公司
	344	Ⅷ-105	中华老字号西安贾三灌汤包子及清真小吃制作技艺	西安贾三清真灌汤包子馆
	345	Ⅷ-106	陕西官府菜制作技艺	西安唐博相府酒店管理有限公司
传统医药（3项）	346	Ⅸ-6	杨氏一指诊脉技艺	杨凌一宁中医药研究所
	347	Ⅸ-7	针挑治疗扁桃体炎	渭南市临渭区非遗保护中心
	348	Ⅸ-8	史氏腰椎间盘整复手法	汉中市　穆长宁
民俗（17项）	349	Ⅹ-41	上巳节风俗	西安曲江文化旅游集团有限公司大唐芙蓉园景区管理分公司
	350	Ⅹ-42	终南山钟馗信仰民俗	户县文化馆
	351	Ⅹ-43	西王禹村纸台	礼泉县文化馆
	352	Ⅹ-44	庙会： 渭城区二月二古庙会 彬县灯山庙会 姜嫄庙会 灵山庙会 龙门洞庙会 大荔县二月二庙会 鱼河堡府城隍庙会 无量山莲云寺庙会 延安太和山庙会 宁陕城隍庙会 彬县大佛寺三月八庙会	咸阳市渭城区文化馆 彬县城关镇水帘村灯山会 杨陵区姜嫄庙管委会 凤翔县文化馆 陇县文化馆 大荔县文化馆 榆林市榆阳区非遗保护中心 黄龙县文化馆 延安市宝塔区文化馆 宁陕县城隍庙庙会管委会 彬县大佛寺石窟博物馆
	353	Ⅹ-45	苏蕙织锦回文与武功民间送手绢风俗	咸阳市苏绘民间手工工艺精品专业合作社

续表

项目类别	序号	编号	项目名称	申报单位
民俗（17项）	354	X-46	重阳追节送花糕	咸阳市秦都区非遗保护中心
	355	X-47	大荔乞巧节	大荔县文化馆
	356	X-48	血故事： 大荔血故事 华山红社火	大荔县文化馆 华阴市玉泉办西王堡村委会
	357	X-49	定边赛驴会	定边县文化馆
	358	X-50	绥德定仙墕娘娘庙花会	绥德县文化馆
	359	X-51	志丹过大年	志丹县文化馆
	360	X-52	沿门子	安塞县文体广电局
	361	X-53	洛川婚俗	洛川县文化馆
	362	X-54	陕北丧葬习俗	志丹县文化馆
	363	X-55	洛川灯会	洛川县文化馆
	364	X-56	扫五穷	汉中市民间文艺家协会
	365	X-57	商南花灯	商南县文化馆

资料来源：陕西省人民政府官网 2011-06-23 陕政发〔2011〕31 号文件。

表 2.10　陕西省第四批非物质文化遗产名录（共 80 项）

项目类别	序号	编号	项目名称	申报单位
民间文学（6项）	366	I-26	丁兰刻母	兴平市非物质文化遗产保护中心
	367	I-27	鬼谷子的传说	宜君县文化馆 石泉县文化文物广电局
	368	I-28	鲤鱼跃龙门传说	韩城市非物质文化遗产保护中心
	369	I-29	瓦窑堡的传说	子长县文化馆
	370	I-30	陕北民谚	榆林市非物质文化遗产保护中心
	371	I-31	女娲的传说	平利县文化文物广电局
传统音乐（6项）	372	II-29	板胡艺术	陕西板胡学会
	373	II-30	长安佛乐	陕西省艺术馆
	374	II-31	寿圣寺大佛锣鼓	澄城县文化馆
	375	II-32	商南民歌	商南县文化馆
	376	II-33	八仙鼓	山阳县文化馆
	377	II-34	商洛孝歌	商洛市群众艺术馆

续表

项目类别	序号	编号	项目名称	申报单位
传统舞蹈（4项）	378	Ⅲ-50	长武背芯子	长武县非物质文化遗产保护中心
	379	Ⅲ-51	背花锣	大荔县文化馆
	380	Ⅲ-52	水兽舞	城固县文化馆
	381	Ⅲ-53	勉县板凳龙	勉县文化馆
传统戏剧（1项）	382	Ⅳ-33	横山道情戏	横山县文体广电局
曲艺（2项）	383	Ⅴ-25	周至曲子	周至县文化馆
	384	Ⅴ-26	蒲城走马戏	蒲城县非物质文化遗产保护中心
传统体育、游艺与杂技（5项）	385	Ⅵ-10	赵堡太极拳	陕西华夏太极推手道馆有限公司
	386	Ⅵ-11	花样跳绳	陕西省教育厅学生体协跳绳分会陕西省跳绳协会
	387	Ⅵ-12	周化一魔术	陕西省演艺集团杂技艺术团有限公司
	388	Ⅵ-13	路氏白猿通背拳	西安市新城区文化馆
	389	Ⅵ-14	少摩拳	陕西省武术协会
传统美术（12项）	390	Ⅶ-28	秦绣——穿罗绣	陕西省艺术馆
	391	Ⅶ-29	户县民间布艺老虎	户县文化馆
	392	Ⅶ-30	金台罗氏彩塑彩绘	宝鸡市金台区非物质文化遗产保护中心
	393	Ⅶ-31	陇县染色剪纸	陇县文化馆
	394	Ⅶ-32	宜君剪纸	宜君县文化馆
	395	Ⅶ-33	耀州面塑	铜川市耀州区非物质文化遗产保护中心
	396	Ⅶ-34	合阳纸塑窗花	合阳非物质文化遗产保护中心
	397	Ⅶ-35	子长刺绣	子长县文化馆
	398	Ⅶ-36	子洲面花	子洲县文广局
	399	Ⅶ-37	苗乡刺绣	镇巴县文化馆
	400	Ⅶ-38	商州花灯	商洛市商州区文化馆
	401	Ⅶ-39	合阳雷氏木雕艺术	雷占武
传统技艺（32项）	402	Ⅷ-107	关中传统民居营造技艺	西安关中民俗艺术博物院
	403	Ⅷ-108	古典插花	陕西省花店业协会

续表

项目类别	序号	编号	项目名称	申报单位
传统技艺（32项）	404	Ⅷ-109	关中传统驯马技艺	陕西汉唐马文化传播有限公司
	405	Ⅷ-110	民间玩具九连环制作工艺	西安市新城区文化馆
	406	Ⅷ-111	泥叫叫制作技艺	西安市雁塔区文化馆
	407	Ⅷ-112	民间竹扎技艺	西安市雁塔区文化馆
	408	Ⅷ-113	雁塔结绳香囊	西安市雁塔区文化馆
	409	Ⅷ-114	传统打铁技艺	西安市灞桥区文化馆
	410	Ⅷ-115	永寿土梁油制作技艺	永寿县非物质文化遗产保护中心
	411	Ⅷ-116	陇县花灯制作技艺	陇县文化馆
	412	Ⅷ-117	岐山油漆绘画技艺	岐山县文化馆
	413	Ⅷ-118	秦源影雕黑陶	渭南市临渭区非物质文化遗产保护中心
	414	Ⅷ-119	传统寺庙营造技艺	佳县文体广电局
	415	Ⅷ-120	张良庙花木手杖	留坝县文化馆
	416	Ⅷ-121	洋县戏剧头帽制作技艺	洋县文化馆
	417	Ⅷ-122	野生山核桃工艺品制作技艺	安康市汉滨区文化馆
	418	Ⅷ-123	杏坪皮纸制作技艺	柞水县文化馆
	419	Ⅷ-124	中华老字号贾永信腊牛羊肉制作技艺	西安永信清真肉类食品有限公司
	420	Ⅷ-125	荞面饸饹制作技艺	淳化县文化馆
	421	Ⅷ-126	耀州雪花糖	铜川市耀州区非物质文化遗产保护中心
	422	Ⅷ-127	富平县流曲琼锅糖制作技艺	富平县文化馆
	423	Ⅷ-128	柿饼制作技艺	富平县文化馆
	424	Ⅷ-129	蒲城水盆羊肉制作技艺	蒲城县非物质文化遗产保护中心
	425	Ⅷ-130	神木传统榨油技艺	神木县文化馆
	426	Ⅷ-131	原公土席杂烩制作技艺	城固县原公镇新农村文化建设活动中心
	427	Ⅷ-132	汉中绿茶手工制作技艺	西乡县文化馆
	428	Ⅷ-133	佛坪竹编技艺	佛坪县文化馆

续表

项目类别	序号	编号	项目名称	申报单位
传统技艺（32项）	429	Ⅷ-134	略阳罐罐茶传统手工技艺	略阳县文化馆
	430	Ⅷ-135	白河"三点水"制作技艺	白河县文化馆
	431	Ⅷ-136	镇坪腊肉腌制技艺	镇坪县非物质文化遗产保护中心
	432	Ⅷ-137	黑龙口豆腐干制作技艺	商州区文化馆
	433	Ⅷ-138	柞水洋芋糍粑	柞水县饮食文化研究会
传统医药（2项）	434	Ⅸ-9	段氏拿骨诊疗技艺	陕西立平拿骨诊疗中医研究所
	435	Ⅸ-10	郭氏中医正骨技艺	西安莲湖郭氏中医门诊部
民俗（10项）	436	Ⅹ-58	蒲城芯子	蒲城县非物质文化遗产保护中心
	437	Ⅹ-59	船张芯子	高陵县文化馆
	438	Ⅹ-60	二曲礼仪	周至县文化馆
	439	Ⅹ-61	关中丧葬风俗礼仪	咸阳市渭城区文化馆
	440	Ⅹ-62	麟游地台社火	麟游县文化馆
	441	Ⅹ-63	太白高芯社火	太白县文化馆
	442	Ⅹ-64	华山庙会	华阴市文化馆
	443	Ⅹ-65	吴堡黄河古渡	吴堡县非物质文化遗产保护中心
	444	Ⅹ-66	柞水十三花	柞水县饮食文化研究会
	445	Ⅹ-67	漫川古镇双戏楼庙会	山阳县文化馆

资料来源：陕西省人民政府网 2013-09-26 陕政发〔2013〕39号文件。

表2.11 陕西省第五批非物质文化遗产名录（共79项）

项目类别	序号	编号	项目名称	申报单位
民间文学（7项）	446	Ⅰ-32	刘海金蟾传说	户县文化馆 西安钟馗故里欢乐谷度假村
	447	Ⅰ-33	旬邑石门爷传说	旬邑县文化馆
	448	Ⅰ-34	杨家城传说	神木县文化馆
	449	Ⅰ-35	李自成传说故事	米脂县文化馆
	450	Ⅰ-36	貂蝉传说	米脂县文化馆
	451	Ⅰ-37	关中民谚	陕西师范大学文学院
	452	Ⅰ-38	罗祖师传说	柞水县文化馆

续表

项目类别	序号	编号	项目名称	申报单位
传统音乐 （2项）	453	II-35	秦筝	陕西省艺术研究所
	454	II-36	周至唢呐	周至县文化馆
传统舞蹈 （6项）	455	III-54	唐家院舞狮	眉县文化馆
	456	III-55	洛河战鼓	志丹县文化馆
	457	III-56	鄜州霸王鞭	富县文化馆
	458	III-57	府谷哈拉寨高跷	府谷县文体广电局
	459	III-58	安康火龙	安康市汉滨区非物质文化遗产保护中心
	460	III-59	勉县对鼓	勉县文化馆
传统戏剧 （3项）	461	IV-34	京剧	陕西省京剧院有限公司
	462	IV-35	汉剧	镇安县文化馆
	463	IV-36	麟游木偶戏	麟游县文化馆
曲艺 （2项）	464	V-27	兴平劝善	兴平市文化馆
	465	V-28	陕北链子嘴	延安市文化艺术中心
传统体育、游艺与杂技（2项）	466	VI-15	复兴武狮	周至县文化馆
	467	VI-16	彬县南街社火、高亭	彬县文化馆
传统美术 （9项）	468	VII-40	周至石刻	周至县文化馆
	469	VII-41	栎阳木刻	西安市临潼区文化馆
	470	VII-42	秦腔脸谱绘画	兴平市文化馆
	471	VII-43	兴镇传统木板图画	陕西省非物质文化遗产研究会
	472	VII-44	绿蓝草古建彩绘	扶风县文化馆
	473	VII-45	志丹刺绣	志丹县文化馆
	474	VII-46	富县剪纸	富县文化馆
	475	VII-47	宁强羌族刺绣	宁强县文化馆
	476	VII-48	洛南剪纸	洛南县非物质文化遗产保护中心
传统技艺 （30项）	477	VIII-139	传统手工书画装裱修复技艺	陕西省书画艺术研究院 西安市雁塔区文化馆
	478	VIII-140	古琴制作艺术	陕西省艺术研究所
	479	VIII-141	古法斫琴	西安市新城区非物质文化遗产保护中心

续表

项目类别	序号	编号	项目名称	申报单位
传统技艺（30项）	480	Ⅷ-142	古筝制作技艺	户县文化馆
	481	Ⅷ-143	木轮大车制作技艺	高陵县文化馆 咸阳市渭城区文化馆
	482	Ⅷ-144	五陵塬黑陶制作技艺	咸阳市渭城区文化馆 刘纪荣
	483	Ⅷ-145	华州传统木工技艺	华县民间艺术研究会
	484	Ⅷ-146	吴起窑洞门窗制作技艺	吴起县非物质文化遗产保护中心
	485	Ⅷ-147	子洲石雕雕刻技艺	子洲县人民政府
	486	Ⅷ-148	龙骨水车营造技艺	南郑县文化馆
	487	Ⅷ-149	汉中藤编技艺	南郑县文化馆
	488	Ⅷ-150	费家窑砖雕瓦塑技艺	洋县文化馆
	489	Ⅷ-151	宣纸传统造纸技艺	镇巴县文化馆
	490	Ⅷ-152	石质粗瓷制作技艺	西乡县文化馆
	491	Ⅷ-153	华县竹编技艺	华县优秀民间艺术与非物质文化遗产研究保护中心
	492	Ⅷ-154	西安肉夹馍	陕西省饮食文化研究会
	493	Ⅷ-155	关中事酒酿造技艺	西安市长安区文化馆 户县文化馆
	494	Ⅷ-156	三原小磨香油制作技艺	三原县非物质文化遗产保护中心
	495	Ⅷ-157	刘氏宫廷御宴传统制作技艺	西安凤凯餐饮文化推广有限公司泾阳研究会
	496	Ⅷ-158	白水豆腐	白水县文化馆
	497	Ⅷ-159	澄城水盆羊肉	澄城县文化馆
	498	Ⅷ-160	耀州咸汤面	铜川市耀州区非物质文化遗产保护中心
	499	Ⅷ-161	吴起剁荞面技艺	吴起县非物质文化遗产保护中心
	500	Ⅷ-162	子长绿豆凉粉制作技艺	子长县文化馆
	501	Ⅷ-163	米脂驴板肠制作技艺	米脂县非物质文化遗产保护中心
	502	Ⅷ-164	略阳菜豆腐节节制作技艺	略阳县文化馆
	503	Ⅷ-165	王彪店黄酒酿造技艺	安康市汉滨区非物质文化遗产保护中心

续表

项目类别	序号	编号	项目名称	申报单位
传统技艺（30项）	504	Ⅷ-166	白火石汆汤制作技艺	汉阴县文化艺术中心
	505	Ⅷ-167	漫川菜肴八大件	山阳县文化馆
	506	Ⅷ-168	韩城市羊肉饸饹制作技艺	韩城市非物质文化遗产保护中心
传统医药（9项）	507	Ⅸ-11	米氏传统诊疗技艺	陕西省中医院米伯让研究所
	508	Ⅸ-12	王氏脊柱正骨手法	陕西德仁堂中医药研究所
	509	Ⅸ-13	传统中药炮制技艺	陕西华大中医研究院
	510	Ⅸ-14	姚氏太和医室诊疗	西安姚氏太和医室中医研究所有限公司
	511	Ⅸ-15	李氏正骨散制作技艺	西安市新城区文化馆 陕西筋骨堂药业
	512	Ⅸ-16	平乐郭氏实用正骨疗法	西安市未央平乐益元堂郭氏正骨研究所
	513	Ⅸ-17	朱氏正骨技艺	宝鸡市陈仓区文化馆
	514	Ⅸ-18	陈氏接骨技艺	陈鹏（勉县）
	515	Ⅸ-19	丁家祖传中医诊法	丁昌民（韩城市）
民俗（9项）	516	Ⅹ-68	肖家坡社火	蓝田县文化馆
	517	Ⅹ-69	长安砲里年节花灯习俗	西安市长安区文化馆
	518	Ⅹ-70	合阳红社火	合阳县非物质文化遗产保护中心
	519	Ⅹ-71	华阴天芯子	华阴市太华办西关村委会
	520	Ⅹ-72	黄龙狩猎	黄龙县文化馆
	521	Ⅹ-73	午子山三月三庙会	西乡文化馆
	522	Ⅹ-74	镇安元宵灯会	镇安县文化馆
	523	Ⅹ-75	蜀河太平灯	旬阳县文化馆
	524	Ⅹ-76	恩义寺庙会	杨凌区李世民文化研究会

资料来源：陕西省人民政府网 2016-01-08 陕政函〔2015〕290 号文件。

表 2.12 陕西省第六批非物质文化遗产名录（共计 80 项）

项目类别	序号	编号	项目名称	申报单位
民间文学 （5项）	525	Ⅰ-39	华胥传说	蓝田县文化馆
	526	Ⅰ-40	少华山传说	渭南市华州区民间艺术研究会
	527	Ⅰ-41	救郎庙的传说	黄龙县非物质文化遗产保护中心
	528	Ⅰ-42	燕伋传说	千阳县文化馆
	529	Ⅰ-43	张三丰与金台观传说	宝鸡市金台区文化馆
传统音乐 （2项）	530	Ⅱ-37	二弦演奏技艺	礼泉县文化馆
	531	Ⅱ-38	子洲唢呐	子洲县文化馆
传统舞蹈 （3项）	532	Ⅲ-60	周至竹马	周至县文化馆
	533	Ⅲ-61	安子头高跷	富县文化馆
	534	Ⅲ-62	翻天印	安康市汉滨区非物质文化遗产保护中心
曲艺 （1项）	535	Ⅴ-29	蓝田县华胥上许道情	蓝田县文化馆
传统体育、游艺与杂技（2项）	536	Ⅵ-17	长安狮子龙灯会	西安市长安区非物质文化遗产保护中心
	537	Ⅵ-18	陈式太极拳	西安市新城区非物质文化遗产保护中心
传统美术 （12项）	538	Ⅶ-49	长安泥塑	西安市长安区非物质文化遗产保护中心
	539	Ⅶ-50	户县漆画	西安市鄠邑文化馆
	540	Ⅶ-51	户县面塑	西安市鄠邑文化馆
	541	Ⅶ-52	武功刺绣	武功县馨绣民间手工布艺开发有限公司
	542	Ⅶ-53	蒲城麦秆画	蒲城县非物质文化遗产保护中心
	543	Ⅶ-54	商洛木雕	商洛市商州区文化馆 洛南县文化馆
	544	Ⅶ-55	镇安蜡花	镇安县文化馆
	545	Ⅶ-56	耀州刺绣	铜川市耀州区非物质文化遗产保护中心
	546	Ⅶ-57	陈仓泥塑	宝鸡市陈仓区文化馆
	547	Ⅶ-58	岐山剪纸	岐山县文化馆
	548	Ⅶ-59	千阳剪纸	千阳县文化馆
	549	Ⅶ-60	秦石艺术	陕西景行园艺术馆

续表

项目类别	序号	编号	项目名称	申报单位
传统技艺（32项）	550	Ⅷ-169	金鱼养殖技艺	陕西省黑池文化艺术协会
	551	Ⅷ-170	易蛰酵母制香技艺	西安易蛰香商贸有限公司
	552	Ⅷ-171	长安瓦当制作技艺	西安市长安区文化馆
	553	Ⅷ-172	大漆制作技艺	陕西卓萌商贸有限责任公司
	554	Ⅷ-173	关中木构古建营造技艺	西安市鄠邑区文化馆
	555	Ⅷ-174	戏剧盔帽制作技艺	西安市临潼区文化馆
	556	Ⅷ-175	唐三彩烧纸技艺	西安市灞桥区文化馆 乾县西北琉璃有限责任公司
	557	Ⅷ-176	车辂辘灯制作技艺	西安市临潼区文化馆
	558	Ⅷ-177	临潼草编	临潼区非物质文化遗产保护中心
	559	Ⅷ-178	高家岭土陶制作技艺	汉中市南郑区文化馆
	560	Ⅷ-179	西乡石雕	西乡县文化馆
	561	Ⅷ-180	金属錾雕	铜川市王益区文化馆
	562	Ⅷ-181	渭滨陶器制作技艺	宝鸡市渭滨区文化馆
	563	Ⅷ-182	陈仓古式家具制作技艺	宝鸡市陈仓区文化馆
	564	Ⅷ-183	定边二毛皮制作技艺	定边县文化馆
	565	Ⅷ-184	三边柳编技艺	靖边县文化馆 定边县文化馆
	566	Ⅷ-185	富县泥塑	富县文化馆
	567	Ⅷ-186	陕北裘皮制作技艺	榆林市王贵集团新潮毛皮有限公司
	568	Ⅷ-187	中华老字号樊记腊汁肉夹馍制作技艺	西安市大华餐饮有限公司
	569	Ⅷ-188	"南茂号"酱腌菜、辣子酱制作工艺	西安市高陵区文化馆
	570	Ⅷ-189	杨凌蘸水面制作技艺	杨凌宁莉餐厅
	571	Ⅷ-190	乞丐酱驴肉制作技艺	咸阳市渭城区文化馆
	572	Ⅷ-191	醇古（鹑觚）酒酿造技艺	陕西金醇古酒业有限责任公司

续表

项目类别	序号	编号	项目名称	申报单位
传统技艺（32项）	573	Ⅷ-192	泾阳裕兴重散茯茶制作技艺	陕西省泾阳县裕兴重茯砖茶叶有限公司
	574	Ⅷ-193	合阳踅面制作工艺	合阳县非物质文化遗产保护中心
	575	Ⅷ-194	潼关鸭片汤	潼关县文化馆
	576	Ⅷ-195	古法养蜂技艺	汉中市南郑区文化馆
	577	Ⅷ-196	汉阴炕炕馍制作技艺	汉阴县文化艺术中心
	578	Ⅷ-197	果酒酿造技艺——旬阳拐枣酒酿造技艺	旬阳县文化馆
	579	Ⅷ-198	横山区炖羊肉制作技艺	榆林市横山区文化馆
	580	Ⅷ-199	韩城猪肉臊子馄饨制作技艺	韩城市非物质文化遗产保护中心
	581	Ⅷ-200	志丹九魁十三花宴席制作技艺	志丹县文化馆
传统医药（11项）	582	Ⅸ-20	魏邵氏肾病传统诊疗	西安中医肾病医院
	583	Ⅸ-21	王浩峰中药堂手工水泛丸制作技艺	咸阳市渭城区文化馆
	584	Ⅸ-22	冯氏脉诊技艺	咸阳市群众艺术馆
	585	Ⅸ-23	气血和胶囊制作技艺	陕西摩美得制药有限公司
	586	Ⅸ-24	王氏传统正骨手法技艺	泾阳县杨赵永宏医院
	587	Ⅸ-25	蒲城八福烧伤疗法	蒲城县非物质文化遗产保护中心
	588	Ⅸ-26	王家成小夹板治骨伤技艺	陕西盘龙药业集团股份有限公司
	589	Ⅸ-27	周氏祖传中医手法接骨术	汉中市南郑区文化馆
	590	Ⅸ-28	延寿丹技艺	咸阳市群众艺术馆
	591	Ⅸ-29	赵氏一笔消膏技艺	凤翔县城关镇济仁诊所
	592	Ⅸ-30	郭氏中医骨伤、烧伤治疗技艺	长武县文化馆

续表

项目类别	序号	编号	项目名称	申报单位
民俗 （12项）	593	X-77	周至社火	周至县文化馆
	594	X-78	冯村射虎	西安市长安区文化馆
	595	X-79	吕氏乡约乡仪	蓝田县文化馆
	596	X-80	马援祠祭祖	杨凌区文化馆
	597	X-81	农神后稷祭祀	杨凌区文化馆
	598	X-82	武帝庙会	澄城县文化馆
	599	X-83	地母庙会	城固县文化馆
	600	X-84	义兴燎疳	铜川市王益区文化馆
	601	X-85	周公祭典	岐山县周公庙管理处
	602	X-86	神木火判官	神木市文化馆
	603	X-87	白草寺庙会	清涧县文化馆
	604	X-88	石泉疱汤会	石泉县文化馆

资料来源：陕西省人民政府网 2018-05-03 陕政函〔2018〕81号文件。

表2.13 陕西省第七批非物质文化遗产名录（共计92项）

项目类别	序号	编号	项目名称	申报单位
民间文学 （2项）	605	I-44	丰镐三灵民间故事传说	西安市长安区文化馆
	606	I-45	鸡峰山传说	宝鸡市渭滨区文化馆
传统音乐 （2项）	607	II-39	镇坪五句子歌	镇坪县文化馆
	608	II-40	崔氏龟兹鼓乐	西咸新区沣西新城大王街道办事处
传统舞蹈 （5项）	609	III-63	梁家塬跑马	铜川市王益区文化馆
	610	III-64	陕北彩门秧歌	延川县非物质文化遗产保护传承服务中心
	611	III-65	鄜州舞狮	富县文化馆
	612	III-66	清涧伞头秧歌	清涧县文化馆
	613	III-67	子洲传统秧歌	子洲县文化馆
传统戏剧 （2项）	614	IV-37	大荔碗碗腔	大荔县剧团演艺有限公司
	615	IV-38	山阳汉剧	山阳县剧团

续表

项目类别	序号	编号	项目名称	申报单位
曲艺（1项）	616	Ⅴ-30	绥德平安书	绥德县文化馆
传统体育、游艺与杂技（2项）	617	Ⅵ-19	赵传杨氏太极拳	西安赵幼斌杨式太极拳推广有限责任公司
	618	Ⅵ-20	华山戏法	华阴市戏法传奇文化传媒有限公司
传统美术（16项）	619	Ⅶ-61	商南绒绣	商南县文化馆
	620	Ⅶ-62	锦灰堆	西安丝路悦城文化产业有限公司
	621	Ⅶ-63	莲湖精巧面塑	西安市莲湖区文化馆
	622	Ⅶ-64	秦腔脸谱制作技艺	西安市碑林区文化馆
	623	Ⅶ-65	碑林布糊画	西安市碑林区文化馆
	624	Ⅶ-66	关中秦腔戏剧脸谱	西安市雁塔区文化馆
	625	Ⅶ-67	西安剪纸	西安市碑林区文化馆 西安市新城区文化馆 西安市莲湖区文化馆 西安市鄠邑区文化馆 蓝田县文化馆
	626	Ⅶ-68	金台马氏瓷刻	宝鸡市金台区文化馆
	627	Ⅶ-69	陇州社火疙瘩脸谱绘制技艺	陇县文化馆
	628	Ⅶ-70	兴平剪纸	兴平市文化馆
	629	Ⅶ-71	夹板门帘	大荔县文化馆
	630	Ⅶ-72	渭北葫芦	陕西梓鑫源文化产业有限公司
	631	Ⅶ-73	蒲城砖雕	蒲城县非物质文化遗产保护协会
	632	Ⅶ-74	绥德民间泥塑	绥德县文化馆
	633	Ⅶ-75	旬阳传统木刻版画	旬阳市版画院
	634	Ⅶ-76	内画	陕西民间文艺家协会
传统技艺（50项）	635	Ⅷ-201	梆梆肉制作技艺	西安朱秀英餐饮管理有限公司
	636	Ⅷ-202	传统锔瓷技艺	西安市新城区文化馆
	637	Ⅷ-203	大漆修复技艺	西安市临潼区文化馆
	638	Ⅷ-204	戏剧盔帽制作及箱倌技艺	西安市碑林区盔头武戏剧用品工作室

续表

项目类别	序号	编号	项目名称	申报单位
传统技艺（50项）	639	Ⅷ-205	古琴断纹髹柒技艺	西安市碑林区文化馆
	640	Ⅷ-206	户县风味小吃制作技艺	西安市鄠邑区文化馆
	641	Ⅷ-207	关中葫芦刻画技艺	西安市碑林区文化馆
	642	Ⅷ-208	长安苦头酒酿造技艺	西安市长安区文化馆
	643	Ⅷ-209	秦腔板胡手工制作技艺	西安市新城区文化馆
	644	Ⅷ-210	陇州社火头帽制作技艺	陇县文化馆
	645	Ⅷ-211	凤翔陶罐制作技艺	宝鸡市凤翔区文化馆
	646	Ⅷ-212	眉县堆漆彩绘技艺	眉县文化馆
	647	Ⅷ-213	岐山传统榨油技艺	岐山县文化馆
	648	Ⅷ-214	岐山青铜器复仿制技艺	岐山县文化馆
	649	Ⅷ-215	九成宫酒酿造技艺	麟游县文化馆
	650	Ⅷ-216	兴平土布扎染技艺	兴平市文化馆
	651	Ⅷ-217	绥德年茶饭	绥德县文化馆
	652	Ⅷ-218	白水三转席	仓颉饮食文化研究院
	653	Ⅷ-219	武功旗花面制作技艺	武功县文化馆
	654	Ⅷ-220	武功炝菜制作技艺	咸阳市群众艺术馆
	655	Ⅷ-221	泾城老樊家烧鸡制作技艺	泾阳县城关樊家烧鸡店
	656	Ⅷ-222	乾州酱辣子制作技艺	咸阳老虢家餐饮有限公司
	657	Ⅷ-223	永寿沙棘醋制作技艺	永寿县文化馆
	658	Ⅷ-224	桂富祥葫芦头泡馍	陕西桂富祥餐饮文化有限责任公司
	659	Ⅷ-225	澄城麦子泡制作技艺	澄城县文化馆
	660	Ⅷ-226	大荔九品十三花	大荔县文化馆
	661	Ⅷ-227	铜瓷技艺	富平县文化馆
	662	Ⅷ-228	宜川稠酒制作技艺	宜川县文化馆
	663	Ⅷ-229	吴起荞面饸饹制作技艺	吴起县文化馆
	664	Ⅷ-230	甘泉黄酒制作技艺	甘泉县文化馆
	665	Ⅷ-231	定边大块羊肉制作技艺	定边县文化馆

续表

项目类别	序号	编号	项目名称	申报单位
传统技艺（50项）	666	Ⅷ-232	陕北窑洞门窗制作技艺	榆林市文化馆
	667	Ⅷ-233	毛笔制作技艺	洋县文化馆
	668	Ⅷ-234	黄官黄酒古法复酿技艺	汉中市南郑区文化馆
	669	Ⅷ-235	传统弓箭制作技艺	汉中市汉台区文化馆
	670	Ⅷ-236	泸康酒酿造技艺	陕西泸康酒业（集团）股份有限公司
	671	Ⅷ-237	汉阴皮弦制作技艺	汉阴县文化艺术中心
	672	Ⅷ-238	魔芋豆腐制作技艺	岚皋县文化馆
	673	Ⅷ-239	牛王生漆油漆技艺	平利县文化馆
	674	Ⅷ-240	紫阳县乌（铁）陶传统制作技艺	紫阳硒陶文化发展有限责任公司
	675	Ⅷ-241	石坎梯田修造技艺	白河县文化馆
	676	Ⅷ-242	石泉柚子功效茶制作技艺	石泉县文化馆
	677	Ⅷ-243	郑氏传统修脚技艺	紫阳县文化馆
	678	Ⅷ-244	洛源豆腐干制作技艺	陕西大通农业科技有限公司
	679	Ⅷ-245	古镇宴席三点水	柞水县非物质文化遗产保护中心
	680	Ⅷ-246	手工编草碗技艺	柞水县非物质文化遗产保护中心
	681	Ⅷ-247	猫碗	山阳县文化馆
	682	Ⅷ-248	谭家甑糕制作技艺	杨凌谭家食品科技有限公司
	683	Ⅷ-249	韩城大红袍花椒传统种植技艺	韩城市文化馆
	684	Ⅷ-250	刻字制作技艺	陕西省现代刻字研究会
传统医药（8项）	685	Ⅸ-31	陈一堂皮肤拔毒生肌膏制作技艺	陕西陈一堂药业有限公司
	686	Ⅸ-32	孔氏药墨"蛇缠腰"疗法	西安未央华山工程医院
	687	Ⅸ-33	吉氏祖传制药技艺	西安市高陵区文化馆
	688	Ⅸ-34	魏氏药丹炮制技艺	西安市鄠邑区文化馆
	689	Ⅸ-35	袁氏药浴	陕西省非物质文化遗产产业促进会
	690	Ⅸ-36	朱氏骨伤流派	陕西省中医医院

续表

项目类别	序号	编号	项目名称	申报单位
传统医药（8项）	691	Ⅸ-37	回春堂小儿脑病传统诊疗	西安中医脑病医院有限公司
	692	Ⅸ-38	黄元御相火气机诊疗法	西安市中医医院
民俗（4项）	693	Ⅹ-89	槐塬正月二十六古庙会	宝鸡市凤翔区文化馆
	694	Ⅹ-90	武功镇东河滩会	武功县文化馆
	695	Ⅹ-91	黄陵北村撂灯山习俗	黄陵县非物质文化遗产保护中心
	696	Ⅹ-92	张骞（墓）清明祭祀典	城固县张骞文化研究会

资料来源：陕西省人民政府网 2022-12-20 陕政函〔2022〕159 号文件。

本章小结

2003 年 10 月 17 日，联合国教科文组织在巴黎召开的 32 届大会通过了《保护非物质文化遗产公约》，标志着非物质文化遗产保护成为人类普遍的意愿和共同关心事项，形成了以联合国教科文组织主导，各缔约国积极参与的非遗保护新格局。为了让中国的非物质文化遗产保护工作系统化、规范化，有章可循，2005 年 12 月 22 日，国务院发布了《国务院关于加强文化遗产保护的通知》（国发〔2005〕42 号），对国内的非物质文化遗产保护提供了指导思想、基本方针和总体目标，建立了国家和省、市、县四级非物质文化遗产保护体系。

思考练习题

1. 国务院对非物质文化遗产的分类是什么？
2. 中国入选联合国教科文组织人类非物质文化遗产的项目有哪些？
3. 你的家乡有哪些非物质文化遗产？请举例说明你对它们的认识。

第三章
陕西民间文学

第一节 民间文学概述

民间文学是劳动人民的集体创作，它在广大人民群众劳动生产、日常生活中产生，通过口耳在人民群众中广泛流传，是劳动人民生活和思想情感的真实反映，体现了他们的审美观念和艺术情趣。陕西省丰厚的文化积淀和历史留存给陕西省民间文学提供了生存的土壤，陕西民间文学中见诸文字的部分成为灿烂中华文化的重要组成部分，成为陕西人民精神文化传统不可或缺的因素。

一、非物质文化遗产中的民间文学

中国民间文学被真正纳入人文学科研究是在二十世纪二十年代。"民间文学"最有影响的定义可以追溯到 1921 年 1 月胡愈之发表于上海《妇女杂志》第 7 卷第 1 号上的《论民间文学》一文，文中总结了民间文学的两个特征："第一创作的人乃是民族全体，不是个人"；"第二民间文学是口述的文学（Oral Literature）不是书本的文学（Book Literature）"。1936 年 1 月，钟敬文在《艺风》第四卷第 1 期刊登发表《民间文艺学的建设》一文，首次提出"民间文艺学"的研究领域。

目前国内最权威的关于民间文学的定义是钟敬文在《民间文学概论》一书中的界定："劳动人民的口头创作，它在广大人民群众当中流传，主要反映人民群众的生活和思想感情，表现他们的审美观念和艺术情趣，具有自己的艺术特色。"关于民间文学的分类，长期在学术界存在争议，学者大都选择了穷举法列出他们认为属于民间文学的文体。钟敬文先生在《民间文学概论》中把民间文学分为：神话与民间传说、民间故事、民间歌谣、史诗和民间叙事诗、民间谜语和谚语、民间说唱、民间小戏等。这种分类方法目前在学术界影响较大，它兼顾了学术的严谨性和民间文学的多元性，建构了中国民间文学的研究理论框架和民间文学的研究体系。

但是学术上的民间文学和非物质文化遗产中的民间文学内涵还是有一定区别。非物质文化遗产中的民间文学的概念内涵要远远小于学术研究上的民间文学，如学术上民间文学中的说唱文学的一些重要分支，"说书""孝歌""渔鼓道情""快书快板""大鼓""弹词""琴书""秧歌"等在非物质文化遗产中都另有分类。民间小戏是传统戏剧的雏形，传统戏剧在非物质文化遗产中也有分类。因此非物质文化遗产中的民间文学主要是指那些亟待保护的口头传统和表现形式。在联合国教科文组织《保护非物质文化遗产公约》第二条对非物质文化遗产的解释中的第一项表述"口头传统和表现形式，包括作为非物质文化遗产媒介的语言"就是指民间文学。因为这些口头传统和表现形式是民众自发的、自娱自乐的，基本不产生直接的经济效益，很容易流失和灭绝，因此保护非物质文化遗产中民间文学类非物质文化遗产成为目前最迫切的工作，在21世纪初国家设定非物质文化遗产名录时把民间文学列为第一类也证明了这点。

综上所述，非物质文化遗产中的民间文学主要包括神话与民间传说、民间故事、民间歌谣、史诗和民间叙事诗、民间谜语和谚语等。

二、民间文学的特征

钟敬文先生在《民间文学概论》中总结了民间文学的几个基本特征："集体性""口头性""变异性""传承性"，这种观点目前得到学者们的广泛认可，被学术界视为民间文学特征的最好解读。

（1）"集体性"是指民间文学是由劳动人民集体创作的，反映了人民群众的生活和心声，体现了时代的审美观念和道德水平。

民间文学的创作主体是群众集体，不同于作家文学的作家个体。作家文学是由某个具体的人创作的，反映了个体对社会的认知，体现了个体的审美观念和道德水平。

因为个体认知水平受限于作家所处的阶级和格局,创造的作品也良莠不齐。一些作品因为反映了时代的呼声,体现了人民群众的心声而千古流传,成为传世经典之作;反之,一些作品因为落后反动的思想、低俗狭隘的视野迎合了部分读者的低级趣味,虽然在当时也可能轰动一时,但最终还是会沉沦在历史的故纸堆中。

民间文学的集体创作过程是这样的:群体中的某个人根据社会生活中的某种现象,或者为了抒发自己的情绪创作出一个简单的文本,往往是口头的、原始的。文本在流传过程中吸引了其他人的关注,其他人根据自己的认知和理解不停地丰富和完善这个文本,直至基本成型。说基本成型是因为这个过程具有开放性,民间文学的文本大多不会在某一个时间节点完全成型,随着社会发展,有不计其数的人员参与创作,后面的人根据社会发展的要求会无止境地丰富和完善这个文本。如在蒙藏地区流传的说唱文学《格萨(斯)尔》、在新疆维吾尔族流传的民间故事《阿凡提的故事》。在陕西黄陵县流传的民间传说《黄帝传说》,等等,都在流传的过程中进行丰富和完善,存在不同版本,随时增加新的内容。个别民间文学在流传的过程中经过一些圣贤、大儒的遴选和修订以定本的形式存世,成为史料和文化传承。如孔子遴选和修订了流传于西周时期各个国家的民间歌谣311篇并编成《诗经》一书,被儒家奉为经典,成为中国现实主义文学的起点。司马迁撰写的《史记》第一卷《五帝本纪》就是对远古传说中被后人尊为帝王的五个部落联盟首领——黄帝、颛顼、帝喾、尧、舜的事迹的甄选和修订。第二卷《夏本纪》是对唐尧、虞、舜的传说进行的甄选和修订。《五帝本纪》和《夏本纪》成为《史记》的重要组成部分,是中国半信史时期最权威的研究资料。

(2)"口头性"是指民间文学的创作过程和传播过程主要通过口头语言来完成。在文字发明之前,文学只有民间文学这一种形式。上古时期,生产力非常落后。人类为了生存和大自然进行艰苦卓绝的斗争,在斗争中获得一些生存技巧。为了防止遗忘,人们创作了大量的文学作品来传承记忆。如流传于中国上古时期的歌谣《弹歌》"断竹,续竹,飞土,逐害(宍)"[①],描写了古人为保护父母尸体不被鸟兽祸害用弹弓守护尸体的场面。因为生产力低下,古人"饥食鸟兽,渴饮雾露。死则裹以白茅,投于中野。孝子不忍见父母为禽兽所食,故作弹而守之"[②]。《弹歌》仅八个字,句短调促,非

---

① 周生春.吴越春秋辑校汇考[M].上海:上海古籍出版社,1997:152.
② 周生春.吴越春秋辑校汇考[M].上海:上海古籍出版社,1997:152.

常适合口头传播，因而流传甚广。私有制后产生了国家，这些国家的记忆大部分依靠口头流传，在官方和民间的共同努力下，创作了大量史诗性的作品。在西方，产生了《荷马史诗》；在中国，《阿诗玛》《格萨（斯）尔》等都依靠民间艺人的口头流传来叙述历史、传递记忆。

文字发明之后，文字被剥削阶级垄断和控制，成为剥削阶级剥削人民群众的利器。普通群众被剥夺了使用文字的权利，更不可能掌握书写和印刷的传播手段，人民群众只能依靠口头语言来创作和传播作品。孔子在编选《诗经》之前，诗经里的内容都是口头传承，因为口头语言创作的文学作品的生命力高度依赖传播过程中的传播频次以及传播者和受众对作品的喜爱程度，因此一些和人民群众生产生活关系不够紧密的作品、曲高和寡的作品逐渐被人们遗忘，失去了生命力。如《诗经》中的《笙诗》，就是在传播过程中失去了生命力，内容完全遗失。孔子编选时仅仅记录下了标题，称为笙诗六篇（《南陔》《白华》《华黍》《由庚》《崇丘》《由仪》）。

口头传播作为民间文学的主要创作工具和传播渠道具有无与伦比的优势。首先，口头传播门槛很低，它突破了文字的壁垒，只要掌握了口头语言就能进行创作和传播，这是民间文学繁荣兴盛的基础条件。其次，口头传播拥有深厚的群众基础，无论男女老幼、各行各业，都可以通过各自的传播渠道传播自己感兴趣的内容，让民间文学长盛不衰。最后，口头传播具有旺盛的生命力。民间文学深深植根于人民的文化生活中，和人民的生产生活密不可分，是他们对生活的感悟和经验总结，也是他们缓解疲劳和愉悦精神的源泉。只要人民的生产活动和生活方式一直延续，人民的口头创作和传播活动就不会停止，民间文学的创作活动也不会停止。

（3）"变异性"是指民间文学作品是一个集体创作的、开放的系统，在不同的社会阶层和社会群体中的人，都可以根据自己的需求和理解对民间文学作品的内容和主题进行增删，因此民间文学作品处在不断变化之中，有时候一个故事甚至会出现多个不同的版本。

民间文学作品随着社会时代要求、社会阶层的变化、社会群体的需要而产生变化的特点，就是民间文学的"变异性"。从陕西民间文学中的《牛郎织女的故事》就可以看出这个特点。

牛郎、织女本是天上的星宿名称，和爱情没有任何关联。经历数代人的完善和补充、两千多年的演绎，最终成功地把天上的星宿名称演变成一个凄美的爱情故事——《牛郎织女的传说》，该传说被誉为中国四大爱情故事之一。中国最早关于牛郎、织女的记载，可以追溯到《诗经·小雅·大东》。"跂彼织女，终日七襄。虽则七襄，不成报章。睆（huàn）彼牵牛，不以服箱。"在这首诗中，牛郎织女仅仅是星宿的名字。意思是天上的织女星一天七次来回移动，即使这样忙碌也没有织造出好的花样，天上牵牛星只顾发出亮光，却不能用来拉动车辆。牛郎、织女由天上的星宿演变为爱情故事的催化剂是汉武帝为训练水军开掘昆明池。汉武帝元狩三年（前120年）为征讨西南诸国，训练水军，开凿昆明池。在池畔东西两侧分别立着牛郎、织女石像。牛郎织女的石像本来是昆明池东西的界石，因为牛郎、织女石像隔河相望，宛如一对被阻隔的恋人，浪漫的中国人就开始创造牛郎织女的爱情故事。西汉班固在《西都赋》中这样描写："临乎昆明之池，左牵牛而右织女，似云汉之无涯。"在班固的文章中，牛郎、织女已经对分列昆明池两岸有了幽怨之情。东汉时期崔寔在《四民月令》中说："七月七日，河鼓（牵牛星）、织女二星神当会。"把牛郎、织女撮合成一对恋人，指出他们相会的日期是农历七月初七。同时期流传的《迢迢牵牛星》已经有了牛郎织女的故事原型："迢迢牵牛星，皎皎河汉女。纤纤擢素手，札札弄机杼。终日不成章，泣涕零如雨。河汉清且浅，相去复几许。盈盈一水间，脉脉不得语。"描写了牛郎织女隔河相望的悲惨遭遇，但是对他们的相恋过程、分离原因都没有仔细描述。东汉应劭编撰的《风俗通义》，其中有一段记载："织女七夕当渡河，使鹊为桥，相传七日鹊首无故髡，因为梁以渡织女故也。"应劭增加了牛郎织女七夕渡鹊桥的细节。

牛郎、织女从天上的星宿演变成爱情故事之后，演绎出多个版本。

版本一　应劭的版本。

版本二　南北朝时期殷芸《小说》："天河之东有织女，天帝之女也。年年机杼劳役。织成石锦天衣。天帝怜其独处，许嫁河西牵牛郎。嫁后，遂废织纴。天帝怒，责令归河东，许一年一度相会。"[1]"涉秋七日，鹊首无故皆髡（kūn），相传是日河鼓与织女会于河东，役乌鹊为梁以渡，故毛皆脱去。"[2]

---

[1] 袁珂. 古神话选释[M]. 北京：人民文学出版社，1979：160.
[2] 袁珂. 古神话选释[M]. 北京：人民文学出版社，1979：160.

版本三 《太平广记·女仙十三》①记载：唐代太原书生郭翰，独自居住。盛夏躺在院中乘凉。这时，一个美貌女子带着两名丫鬟从空中落在面前。美女说她是织女，因为寂寞来找郭翰共度良宵。从此，女子夜夜都来。郭翰问牛郎知道怎么办。女子回答：有银河隔绝，没有可能知道。知道了也就那样。七夕前夕，女子不来了。过了几天才来。郭翰问她去哪里了，女子说去会牛郎，因为人间五天才是天上一夜。女郎回答说因为人世中的五天等于天上一夜，所以这几天没有来。后来某天，女子奉帝命和郭翰告别，从此就断绝了音讯。

版本四 北宋类书《太平御览》第31卷中记载："牵牛娶织女，取天帝钱两万备礼。久而不还，被驱在营室是也。"②

版本五 明代余成章③刊印署名朱名世的小说《新刻全像牛郎织女传》④：牛郎是天上天神，专职放牧。织女为玉皇大帝的女儿，名天孙，二人相遇后互有好感。在月老等人的撮合下，天帝把织女嫁给了牛郎。二人成亲后沉迷夫妻生活荒废职责，天帝大怒，又把他们拆开，分散在天河两端。最后，牛郎、织女向天帝上书认错，获允每年七夕相会一次。但天桥已拆，有乌鸦、喜鹊集结宫前，愿当每年造桥之任，遂成鹊桥。

版本六 京剧《天河配》⑤：商人张有才与兄弟牛郎（牵牛星下凡）同住，张妻嘎氏挑唆分家，牛郎只分得老牛一头。老牛嘱咐牛郎去碧莲池，夺取织女之衣。牛郎见仙女们在莲池内沐浴，便盗走织女的衣裳。织女追上，向牛郎讨要衣物。牛郎要求与织女婚配，织女不愿。牛郎再三要求，老牛又在旁极力强调二人缘分早已天定，织女无奈，只好应允。从此男耕女织，生有一双儿女。老牛身死，嘱咐牛郎扒下牛皮备用。王母强召织女重返天庭。牛郎携子女披牛皮追之，却被天河所阻。在织女苦求之下，王母许其夫妻二人每年只能在七夕相会一次。每到此时，天上百鸟在天河之上搭起鹊桥，让这对夫妻得以顺利团聚。

---

①李昉.太平广记（足本·普及本）[M].华飞，校点.北京：团结出版社，1994：268.
②李昉，李穆，徐铉.太平御览[M].北京：中华书局，1960：149.
③余成章（1560—1631），字仙源，号聘君，建阳书坊永庆堂书坊主，是著名书坊刻书家余象斗的堂侄。
④现存明代唯一一部完整记载牛郎织女故事的作品。此书原藏于日本文求堂田中庆太郎处，1932年由近代藏书家周越然花重金从日本购回，现藏于中国国家图书馆。
⑤1917年，京剧名家王瑶卿编演。

版本七　叶圣陶先生编写的《牛郎织女》[①]故事：牛郎是个苦孩子，被哥嫂赶出家门，只有一头老牛陪着他。在老牛的安排下，牛郎偷走了河中洗澡的织女衣服，织女随即嫁给牛郎，生下一儿一女。老牛临死前嘱咐牛郎扒下牛皮备用。天帝查知织女下凡，命令王母娘娘抓织女回天庭受审，织女被王母娘娘抓走后，牛郎挑着孩子披着牛皮上天追逐。眼看就要追上织女了，王母娘娘拔下头上的玉钗，在天空划出了一条波涛滚滚的银河。他们坚贞的爱情感动了喜鹊，无数喜鹊飞来，用身体搭成一道跨越天河的彩桥，让牛郎织女在天河上相会。天帝无奈，只好允许牛郎织女每年七月七日在鹊桥上会面一次。此外叶圣陶先生还创造了农历七月初七在葡萄架下偷听牛郎织女说情话的场景。

牛郎织女的故事在成型后衍生出诸多版本，可以看出牛郎织女故事深得人民群众的喜爱。在这些版本中，也可以看出牛郎织女故事的演变过程。牛郎织女故事受到社会时代要求、社会阶层的变化、社会群体的需要而发生变化，这种变化是迎合社会经济的发展、社会风气转变的大环境下的产物。东汉应劭编撰的《风俗通义》中已经有了牛郎织女较为完整的故事轮廓。南北朝时期殷芸的版本中完善了牛郎织女的身份，牛郎织女均为天上神仙，尤其是织女是天帝的女儿。殷芸的版本没有渡鹊桥的场景，人们专门给补充了这个场面。至此，牛郎织女的故事基本定型，成为后来所有版本的基础。在殷芸的记载中，牛郎织女被迫分居在银河两岸是因为织女贪慕新婚的愉悦而荒废了织纴，因而惹怒了天帝。天帝大怒的原因是织女荒废织纴，为什么不是牛郎荒废耕作？因为天上的事情是作者根据地上的情况附会的，天上的情况就是人间社会的镜像。从故事可以看出当时社会男尊女卑的现实，织女和牛郎的婚姻也是上位者的指配，并没有什么两相情愿，女人只能嫁鸡随鸡嫁狗随狗，织女作为天上的神仙也不能幸免，以后织女的出轨也就水到渠成了。牛郎不还天帝钱的故事最早出自南北朝宗懔的《荆楚岁时记》，这个故事在流传的《荆楚岁时记》版本中已经找不到了，但是《太平御览》明确记载出自宗懔的《荆楚岁时记》。牛郎不还天帝钱反映了当时汉代以降看重彩礼的风俗，可以看出牛郎的经济状况不是很好。为以后故事演变中牛郎逐步走下神位，成为人间的一个穷小子提供了理论基础。北宋的纪实小说总集《太平广记》

---

① 叶圣陶. 叶圣陶儿童文学全集[M]. 北京：中国少年儿童出版社，2005：859-867.

记载了唐代《灵怪集》中织女出轨的故事。在这个故事中，织女耐不住寂寞而出轨，与人间男子郭翰苟合。故事中的郭翰最终官至御史，神奇的是唐代还真有个御史叫郭翰，《新唐书》和《旧唐书》中都有对郭翰的记载。《灵怪集》出现的朝代是唐朝，唐朝虽然没有从根本上改变男尊女卑的社会现实，但是唐代兼容并蓄的社会环境和强盛的社会经济基础让妇女的地位得到了空前的提升。"魏晋南北朝是民族大融合的时期，随着少数民族进入中原，其民俗民风对中原汉文化形成了有力的冲击。少数民族的文化渗透到了社会的各个领域，强烈地冲击了中原汉族的礼教观念……唐统一全国后，把这些少数民族习俗带到了各地。受这些民俗民风的影响，女性的婚姻生活也相对自由开放……而唐代又是封建王朝的鼎盛时期，其强盛与开放为妇女的'开放'型生活提供了可能。"[1]因此，唐代的小说中出现织女出轨也就可以理解了。明代朱名世《新刻全像牛郎织女传》实际上吸收了以前版本的积极因素，删除了故事中的消极因素，如织女出轨、牛郎赖债等。因为明朝"在女性生活上，贞节旌表的制度在明朝成为固定持续的制度，使得女性守贞守节从原本的典范理想成为一般性的风气甚至规范"[2]，而晚明时期市井文化的盛行，为书商提供了得天独厚的条件。"可读性与趣味性成为他们（民众）选择书籍的主要标准，因而直接导致了迎合市民口味的通俗戏曲小说的大量涌现。由于读者面广、销量大，明代晚期的各地书坊也主要以新兴的通俗文学类书籍为刊刻对象"[3]。宣扬牛郎织女忠贞的爱情故事自然成了人们追捧的热点。

在牛郎织女的故事中，原本没有牛郎偷织女衣服的桥段。现在流行的牛郎织女故事中牛郎织女的结合的主因是牛郎偷了织女的衣服，进而对织女进行胁迫。这种变化实际上是一种糟粕，是对牛郎形象的污化、对织女形象的矮化。"老牛唆使牛郎、趁织女洗澡时偷走衣裳"这样猥琐情节的普及，深受民国时期庸俗社会风气的影响。民国时期，在新文化运动的影响下，大量西方思潮涌入中国，促进了社会的多元化和开放性。这种变化不仅促进了社会的变迁，也带来一些消极的社会影响，社会道德滑坡、黄赌毒盛行、追求物质和享乐的倾向成为社会的主导。为了迎合一些人的低级趣味，

---

[1]张嫣娟.唐代妇女地位的重新审视[J].沈阳大学学报，2011（6）：42.

[2]费丝言.由典范到规范：从明代贞节烈女的辨识与流传看贞节观念的严格化[M].台北：台湾大学出版部.1998：113.

[3]董传超，田雪梅.市井文化影响下的明代晚期私坊刻书页研究[J].济南大学学报（社会科学版），2010（3）：41.

民国初年流行的京剧《天河配》把牛郎设计成一个偷看女人洗澡、利用衣服要挟女人的猥琐男。渲染牛郎以衣服为筹码、织女赤身裸体向牛郎反复索要衣服，自然是为了让门票卖得更好。

《天河配》里的这种香艳情节，在民国市井中流行了数十年。1951年新中国建立后，艾青在《人民日报》刊文批评"牛郎织女"题材的戏剧影片，提道："（这些戏剧影片）采取打诨凑趣的态度，迎合城市小市民的落后趣味，……还有色情台词，等等。听说有的甚至放映仙女沐浴的电影……"①

1955年1月，叶圣陶先生对牛郎织女的故事进行了改编，把牛郎设计成一个苦孩子，增加了葡萄架下听情话的场景，删除了牛郎偷看织女洗澡的段落，这是一种进步。但是叶圣陶还是留下了牛郎偷织女衣服的桥段，可能是一时不察，没有意识到这里不够道德。因为新中国成立初期叶圣陶在文坛身份尊崇，人民群众知识水平普遍偏低，因此这个版本的影响较大。好在现在很多人都意识到了这个问题，牛郎织女的故事在传播的过程中也在净化。

（4）传承性是指民间文学虽然是个开放的系统，处在时刻变化之中，但是民间文学作品的主体却是相对稳定的，依靠人民群众的口头语言跨越时空的限制，世世代代传承下来。

民间文学的这个特性被称为传承性。民间文学以民众的口头语言为载体，经历数千年传承不衰，以民众喜闻乐见的形式传承下来，绝对不是偶然现象，是民间文学艺术的基本规律所决定的。民间文学之所以能得到很好的传承，不外乎以下几个原因。

首先，封建社会民众文化水平偏低，促进了民间文学的传承。在封建社会，普通民众被剥夺了使用文字和传播媒介的权利，只能用口头语言创作和传播民间文学。但是民众的创造力和审美能力并没有因为文化偏低而随之降低。口头语言是最鲜活、最贴近人民群众的生活语言。人民群众以身边的人或事作为素材，用口头语言创作和传播民间文学艺术，来表达对社会不公现象的批判、对美好品德的歌颂、对幸福生活的向往以及情绪的变化。民间文学在传播的过程中经历了人民群众的筛选和再加工。一些低俗的、反动的、格调不高的、和民众生活距离遥远的民间文学作品经过数代人的

---

① 艾青.谈《牛郎织女》[N].人民日报，1951-8-31（3）.

选择自然而然地被过滤掉。只有那些深受人民群众喜爱的作品才能经历时间的考验，一代一代传承下来。在传承的过程中，故事框架、遣词造句、讲述方式等经过群众的反复锤炼，最终形成较为固定的格式和套路，通过口传心授的方式保存下来。这些民间文学体现了群众的呼声和要求，深受人民群众的喜爱，有了传播的需求，自然就形成了完整的传播链条传承下来。

其次，文人对民间文学的固化降低了民间文学的传播壁垒。民间文学固然是人民群众集体创作的成果，但文人对民间文学的加工和整合对民间文学的传承无疑起到了促进作用。民间文学是劳动人民的集体创造，通过口头语言进行传播。口头语言在传播中有着天然的壁垒，对民间文学的传承影响甚大。一是口头语言具有鲜明的地域性和排他性，尤其是方言，严重制约了民间文学的传播空间。民间文学口头传承往往只在局部范围内进行，无法得到更广泛的认可和传播。二是口头语言使用的声音符号是一种转瞬即逝的事物，声音过耳不留，记录性较差。民间文学的保存和传承只能依赖于人脑的记忆。民间文学口头传承容易出现失真和变异，使得作品的原貌难以保持，甚至失去原有的文化内涵和价值。三是口头语言传承民间文学的抗干扰能力弱，不利于信息的保存。民间文学传承很容易受到环境的干扰，如政府的政策干预、当权者的喜好、传承者的语言表达能力、社会的价值取向等。一个民间文学作品如果令统治者芒刺在背，统治者会用高压政策限制这个作品的传播。传播生态恶化，民间文学作品口头传播链条就会自然断裂，久而久之这个民间文学作品就会失传。文人对民间文学的加工不仅固化了民间文学的内容，而且让民间文学的形式更适合口头传播。

孔子编订《诗经》就是用文字固化民间文学的典型案例。此外，文人通过对民间文学语言的美化、文字的修订让民间文学朗朗上口，降低了传播的壁垒。唐朝是一个经济、文化高度繁荣的时代，思想界出现了佛教、道教和儒家思想并存的盛状，皇室和贵族对佛教、道教和儒家思想都表现出包容的态度。佛教自东汉时期从印度传入中土，在唐朝发展到了巅峰。佛经原典主要由三种语言写成：巴利语、犍陀罗语和梵语。中国的佛经是由一些高僧翻译而来。佛经中很多语言和道理都是印度习俗与传统，只能意会，高僧在翻译的时候经常音译，再加上古汉语的文字佶屈聱牙，不利于佛经的传播，僧侣为了向普通民众传播佛教，就对佛教经文进行改编，产生了"经变文学"。经变文学初衷是僧侣讲唱佛经故事，后来又继承了汉魏六朝的志怪小说、乐府诗、杂赋等文学体裁逐渐演变成一种新的文体，在经变文学的形成过程中大量文人参与进来，对经变文学的格式和文字进行多次加工，最终固化。经变文学多用韵文和散文交错的形式组成，叙事曲折、描写生动、想象丰富、语言通俗。经变文学的韵句一般用七言诗，间或杂有三言、五言、六言句式。散文多为浅近的文言和四六骈语，也有使用口语白话的。经变文学韵文和散文结合的形式、通俗直白的语言绕过了民间文学的传播壁垒，极大地促进了民间文学的传播。如《大目乾连冥间救母变文》《维摩诘经讲经文》《降魔变文》《伍子胥变文》《汉将王陵变文》《王昭君变文》《孟姜女变文》《张义潮变文》《张淮深变文》等，形成中国说唱文学的重要构成部分。

再者，传承人和传承体系的存在是民间文学传承性的保证。在过去，传播媒介和传播手段比较匮乏，民间文学主要依靠师徒"口传心授"的形式进行传承。除了一些劳动场所的自娱自乐，很多时候民间文学的传承是民间艺人的谋生手段。如宋元时期的"说话""说经""合生""鼓子词""陶真""话本"等就是说书艺人在瓦舍勾栏等娱乐场所演出谋生的手段。陕西省国家级非物质文化遗产的"陕北说书""洛南静板书"等则是说书艺人走街串巷、乞食谋生的手段。民间文学成为民间艺人的谋生手段，民间文学存在着传承人和传承体系。

传承场所的存在是民间文学传承长盛不衰的源泉。民间文学作品的载体是口头语言，必须在特定场合进行传承，这个特定的场合就是民间文学的传承场所。民间文学的传承场所是在人民群众生活生产、生活实践中自发形成的，主要有劳动场所、休闲场所、自娱场所。劳动场所包括田间地头、作坊工厂、建筑工地等，人民群众通过民间文学缓解劳动疲劳、憧憬理想梦想；休闲场所包括瓦舍勾栏、庙会广场、婚丧现场等，人民群众通过对民间文学的消费愉悦身心、提升素养；自娱场所包括歌会赛会、街头巷尾、游行集会等，人民群众通过民间文学讲唱释放天性、追求快乐。这些传承场所不仅是民间艺人进行民间文学创作和传承的平台，也是新的传承人成长、锻炼的舞台。

第二节　陕西民间文学的特征

陕西省有着悠久的历史文化传统，宋朝之前关中基本都是中国的政治、经济、文化中心，是中华民族文化重要的发祥地之一，也是现代中国革命的圣地。陕西省丰厚的文化积淀和历史留存给陕西省民间文学提供了营养丰富的生存土壤。陕西省民间文学体裁多样，分布广泛，种类以神话和民间传说为主，兼有谚语、歌谣、礼仪词、门楣题字等。保护和传承好陕西民间文学资源，对繁荣群众文化生活、保护传统文化、促进陕西文化与经济发展、提升陕西人民的精神凝聚力、增强民族文化认同、构建和谐社会、共同推动中华民族共同体建设功不可没。

一、陕西省民间文学分布地域广泛

陕西省以西安为界线，由北到南，依次分为陕北、关中、陕南三个地区；关中地区由东向西，分为东府、西安、西府三个地区。陕西省的民间文学在陕西境内四处开花，全方位覆盖陕西东、南、西、北、中区域。

陕北地区特指陕西榆林市和延安市的25个区县，也是中国革命的圣地。在陕北地区流传着《黄帝传说故事》《烂柯山传说》《花木兰传说》《宝塔山的传说》《瓦窑堡的传说》《陕北民谚》《杨家城传说》《李自成传说故事》《貂蝉传说》等民间文学作品。陕南地区特指陕西省安康市、汉中市、商洛市所辖的28个区县。在陕南地区流传着《美水泉的传说》《龙亭蔡伦造纸传说》《龙安茶传说》《仓颉造字传说》《陕南歌谣（包括红军歌谣）》《汉中巴山乡村婚礼知客司礼仪词》《张骞传说》《沉香传说》《女娲的传说》等民间文学作品。西府和东府并不是陕西省官方权威认定的地理区域，而是陕西人民默认的、约定俗成的地理区域划分方式。西府地区主要指的是陕西省宝鸡市周边地区以及和咸阳市临近的部分区域。在西府地区流传的民间文学作品主要有《农业始祖后稷传说》《柳毅传书》《吹箫引凤传说》《古豳国传说》《炎帝传说》《燕伋传说》《张三丰与金台观传说》等。东府是陕西同州（治大荔，辖今渭南诸县）的古称，现在主要指渭南市和铜川市所辖区县。在东府地区流传的民间文学作品主要有《韩城古门楣题字》《劈山救母传说》《药王孙思邈传说》《孟姜女传说》《鲤鱼跃龙门传说》《少华山传说》等民间文学。西安地区（包括咸阳市）是陕西省政治、经济、文化的中心。在西安地区流传的民间文学作品主要有《长安斗门石婆庙七夕传说》《秦琼敬德门神传说》《仓颉传说》《长安仓颉造字传说》《寒窑传说》《丁兰刻母》《刘海金蝉传说》《旬邑石门爷传说》《关中民谚》《罗祖师传说》《华胥传说》等。

可以看出，陕西省民间文学和陕西省的地理特征、历史人物、人文环境、社会风俗等要素密不可分，这些具有浓郁地方文化的因素渗透到民间文学作品中，形成一个生命力旺盛的民间文学传播文化圈，能够增强地方民众的文化自豪感和认同感。这也是陕西省民间文学传播长盛不衰的精髓所在。

二、陕西省民间文学地域特色鲜明

陕西省民间文学和别的省份相比，有很多共同的形式和题材。神话、传说、民间歌谣、谚语等民间文学作品形式都是大同小异，很多民间文学的题材都是各地共有的，如《牛郎织女的传说》在陕西省西安市、山西省和顺县、河南省鲁山县、河南省南阳市、山东省沂源县等地广为流传。2008年，山东省沂源县、山西省和顺县《牛郎织女传说》成功入选第二批国家级非物质文化遗产名录。2011年，陕西省长安区《牛郎织女传说》成功入选第三批国家级非物质文化遗产名录。《烂柯山传说》描写了晋朝人王樵（质）进山砍柴观看仙人下围棋，看完一盘棋，斧把已经朽烂，才知时间已经过了八百年。类似的传说流传很广，山西省武乡县、广东省肇庆市高要区、陕西省洛川县、山西省陵川县、河南省新安县、四川省西昌市和达州市、福建省南平市、江苏省虞县、浙江省衢州市等地都有烂柯的故事流传。《孟姜女的传说》在陕西省、山东省、山西省、湖北省、甘肃省、河北省、北京市、河南省、湖南省、云南省、广东省、广西壮族自治区、福建省、浙江省、上海市、江苏省等地广为流传。2006年，《孟姜女传说》被国务院列入第一批国家级非物质文化遗产名录，申报地是山东省淄博市。2008年，《孟姜女传说》列入第二批国家级非物质文化遗产代表性项目名录扩展项目名录，申报地是河北省秦皇岛市和湖南省津市市。2014年，《孟姜女传说》被国务院列入第四批国家级非物质文化遗产代表性项目名录，申报地是山东省莱芜市，可见该故事受到人民群众的普遍喜爱。陕西省还有一些民间文学作品是陕西省独有的，具有鲜明的地域特色。这些民间文学作品植根于陕西民间,与陕西人的生产生活密切相关,体现了陕西人的精神风貌。民间文学内容有的源自远古时期人类改造自然利用自然的美好愿望,有的源自对人类社会做出卓越贡献的英雄人物和先贤人物,有的是对历史故事的演绎和诠释,有的是对现实生活的美化与神化,有的是对陕西本地自然风俗的解读。这些因素相互交织,让陕西民间文学具有鲜明的地域特色。

陕西省民间文学与陕西省地理特征相结合,特别是把历史人物、历史事件与陕西历史遗存有机结合,彰显民间文学的地域特色。史料中记载的与未记载的历史人物,凡在陕西生活过,或未生活过但对历史有影响的人物,都有各种传说。陕西省黄帝传说就是以陕西省黄陵县黄帝陵墓为依托讲述黄帝的伟大功绩。《杨家城传说》就是以神木古麟州城为背景,叙述杨家将的故事。《劈山救母传说》中杨戬斧劈的桃山、沉香斧劈的华山都在陕西境内,华山西峰上还有斧劈石的存在。西安城外,曲江池畔的寒窑遗址爱情主题公园是《寒窑传说》故事千古流传的传承载体。虽然很多地方都有《牛郎织女传说》,但是陕西的《牛郎织女传说》有着得天独厚的优势。公元前 120 年,汉武帝开凿昆明池用来训练水兵,汉武帝把昆明池比作天上的银河。为了上应天象,就在昆明池东西两侧分别立着织女和牛郎的石像。这两尊汉代雕刻的石像至今犹存,被陕西人尊称为"石爷"和"石婆"立庙祭祀。石像成为牛郎织女传说的故事源头和传承载体,因此陕西省《牛郎织女传说》可信度最高,影响最大,传播区域最广。

《秦琼敬德门神传说》讲的是因为泾河龙王克扣雨量被送上剐龙台,监斩官为丞相魏徵。龙王托梦哀求太宗皇帝救命。太宗行刑日约魏徵下棋拖延时间,谁料魏徵借打盹梦斩龙王。龙王怨气难平,鬼魂夜夜纠缠不休。秦琼、敬德全身披挂,为唐王守夜,威慑老龙,太宗皇帝才得以安寝。太宗心疼两将昼夜不休,命人画秦琼、敬德像张贴于宫门之上,以绝鬼怪。另据传说,太宗常有沙场凶兆惊扰心魂,秦琼、敬德守门方息。百姓纷纷效仿,过大年时张贴秦琼、敬德像以避邪纳福,秦琼、敬德遂演变为门神。陕西礼泉境内有泾河,中国人有崇拜河神的信仰,自然相信龙神的存在。而李渊登基以来,唐代建都西安,唐太宗李世民一直生活在西安。秦琼、敬德均为初唐名将,位列凌烟阁二十四功臣,去世后都葬在咸阳市礼泉县城东北的九嵕(zōng)山下,为唐太宗李世民陪葬。地理环境完全符合故事设定,因此秦琼、敬德门神传说在礼泉长盛不衰,从礼泉县传播到全国各地,因此将礼泉县誉为"门神故里"。

据史料记载和考古佐证，距今五千多年前，炎帝、黄帝部族就繁衍生息在陕西。《国语·晋语》载："昔少典娶于有蟜氏，生黄帝、炎帝。黄帝以姬水（陕西武功漆水河）成，炎帝以姜水（陕西宝鸡清姜河）成。成而异德，故黄帝为姬，炎帝为姜。"炎帝作为姜姓部落的首领，相传八代，约合520年。宝鸡炎帝陵为第一代、第二代炎帝的陵寝，因此宝鸡也被称为"炎帝故里"。《炎帝传说》记载了大量炎帝的故事。如：炎帝母亲任姒（名女登，少典正妃）在常羊山感应神龙生子炎帝。炎帝头上长有角，遍身生疮，母亲用山泉清洗炎帝，有九条龙喷出水柱为炎帝沐浴，沐浴后的炎帝恢复正常，九岁成为部落首领。炎帝受到野猪拱地启迪发明了耒耜，驯化野牛帮助农人耕作。炎帝教化人民种植五谷，因为日照不够，炎帝奔赴东海抱回太阳，在眉县汤峪休息，形成汤峪温泉。因为作物日照充足，五谷丰登。剩余物品的种类和数量也不断增加，炎帝创立了日中为市，开创了最早的集市贸易。炎帝还遍尝百草，发明医药，著有《神农本草经》，造福后世。当时有三大部落——炎帝氏部落、轩辕氏黄帝部落、九黎族蚩尤氏部落，摩擦不断。蚩尤势力的扩张，损害了炎黄两大部族的利益，于是，炎黄联手在阪泉击败蚩尤。宝鸡的常羊山、清姜河为炎帝出生的故事提供了地理环境。宝鸡峪泉村至今还保留的九龙泉遗址相传就是炎帝沐浴的地方。眉县汤峪温泉的存在让炎帝抱回太阳显得合情合理。宝鸡的天台山太阳市遗址为炎帝设立市场提供了依据。这些传说歌颂了炎帝对人类的发展作出的贡献，体现了中国人勇于奉献敢为人先的创造精神和百折不挠自强不息的进取精神。这些精神使华夏民族获得了高度的团结和统一。

龙门山横跨黄河两岸，把黄河紧紧夹在中间。两山对峙，形如门阙，上入霄汉，陡壁千仞，危耸险峻，地势异常险要。龙门犹如黄河之咽喉，相传为大禹治水时所凿，亦称"禹门渡"，据说水中生物跃过龙门即可化为龙。《鲤鱼跃龙门的传说》讲述了大禹点化百折不挠、永不认输的鲤鱼跃过龙门化为龙的故事。《鲤鱼跃龙门的传说》把中华民族的母亲河黄河、狭窄的龙门山、大禹治水的故事有机结合，体现了坚韧不拔、奋勇向上的民族精神。《李自成传说故事》是广为流传于李自成的故乡陕西省米脂县的民间故事集。李自成经过十多年的浴血奋战，于公元1644年结束了朱明王朝276年的统治，建立了农民政权——大顺政权。盘龙山是李自成在米脂留下的唯一重要活动遗迹，盘龙山古建筑群（李自成行宫）现为全国重点文物保护单位。米脂人出于对李自成的敬重和爱戴，创作李自成故事并代代相传数百年。从这些故事中可以看出李自成的大无畏英雄气概和农民意识的局限性。李自成虽败犹荣，正如毛泽东在1944年4月29日写给李鼎铭的一封信中所述："实则吾国自秦以来二千余年推动社会向前进步者主要的是农民战争，大顺帝李自成将军所领导的伟大的农民战争就是二千年来几十次这类战争中极著名的一次。这个运动起自陕北，实为陕人的光荣。"①

陕西省民间文学大量讲述本土的英雄人物、先贤人物的故事，围绕他们的生平事迹进行演绎和再加工。这些民间文学作品既有科学实验的理论成果，又有瑰丽想象的精神花朵；既是史料的有益补充，又为其他艺术形式提供了丰富的素材，也使陕西民间文学的地域性特色更为鲜明。

文字是文化传承的重要工具，是中华文化最重要的基石，文字的发明标志着信史时代的到来。《仓颉造字的传说》是讲述仓颉造字的故事，在陕西省西安市长安区、洛南县、白水县广为流传。仓颉出生于陕西省白水县，是轩辕黄帝的左史官。上古时期没有文字，仓颉初用结绳记事但因日久年深难以辨识，遂决心创造一种便于记录的符号。他在长安高阳原上（一说洛南县阳虚之山，临于玄扈洛汭之水），仰观奎星环曲走势，俯瞰龟背纹理、鸟兽爪痕、山川形貌，从中受到启迪，创造出了最早的象形文字。周穆王在此建立神庙纪念仓颉的功绩。今长安区郭杜街道办长里村北有一座青砖围砌的夯土台，坐北朝南，台高10余米，周长百余米，传说就是周穆王修建的"仓颉造字台"。汉淮南王刘安、史圣司马迁、文学家许慎都是仓颉造字及造字台故事的传播者。唐武则天、中宗李显曾亲临此地吟诗赋和，清代陕西巡抚毕沅在台前立"仓颉造字台"石碑。近代康有为、蒋介石、张学良、杨虎城、邵力子等都曾到此地考察缅怀。据古洛南县志记载，历朝历代的达官文人，前来玄扈山下瞻仰拓印者络绎不绝。拓印洗笔的墨汁把崖下的石潭都染黑了。后当地民众因不堪其扰，纵火焚毁了刻字的石壁……这些"阳虚鸟迹""墨染黑潭""火烧石壁"等等遗迹和典故，构成了洛南县仓颉造字故事的基本素材和主要内容。

《龙亭蔡伦造纸传说》流传在蔡伦的封地、葬地和造纸实验地陕西省洋县龙亭镇及周边地区，现已被列入第三批国家级非物质文化遗产名录和陕西省非物质文化遗产

---

① 毛泽东.毛泽东书信选集[M].北京：人民出版社，1983：128.

第二批省级保护项目名录。蔡伦造纸的传说有13种之多，虽然是传说，但是传说中有很多科学的成分。传说都和蔡伦造纸实验和蔡伦克服一些技术问题有关，很好地体现了古人先贤的智慧。《龙亭蔡伦造纸传说》中所反映出来的挫、捣、抄、焙等基本技术环节依然是今日大机器生产造纸的基本环节，是我们研究古代造纸科学史最有用的资料。《药王孙思邈传说》流传于孙思邈的故乡——陕西省铜川市耀州区（古称宜川泥阳）。药王孙思邈是我国医学发展史上一位杰出的医药学家，是隋唐医学之集大成者。他穷其一生，献身于医学理论的研究、创新和实践，悬壶济世，深受百姓爱戴。《药王孙思邈传说》是百姓对孙思邈医德医术的最高评价，也是对孙思邈医药实践的高度肯定。《罗祖师传说》讲述清咸丰年间出生在柞水溶洞风景区的东甘沟村的神医罗时义的故事。

燕伋，字思，孔门七十二贤之一，渔阳（今宝鸡市千阳县水沟镇燕家山）人。《燕伋传说》在千阳县几乎家喻户晓妇孺皆知。燕伋传说覆盖陕、甘两省，主要传说有：燕伋出生、背诵《诗经》、上邽娶亲、三赴鲁国和洛邑拜见老子、邀师西行、雍城做官、渔阳设教、筑台望鲁、参编《论语》等。燕伋乐于教育，兴学育人。三次赴鲁，师从孔子，把周礼文化传播到东鲁大地，开儒家文化进入秦地先河。在家乡十八年教书育人，传播尊师重道精神。燕伋身体力行，筑高台遥望鲁地情牵恩师。燕伋尊师重教精神点燃了西北地区兴教治学、崇德尚礼的火炬。

始建于宋朝末年的金台观是具有黄土高原特色的窑洞式道观古建筑群。元末明初，金台观成为张三丰的第一道场。《张三丰与金台观传说》叙述了他惩恶扬善、扶危济困的传奇故事，如《搬移山泉》《拉水上坡》《神锄定柱》《悬灯引路》《七针先生》《大闹魏祠》《纸人锄地》《草鞋救人》等，另外还有一些讲述他道行高深以及创立太极拳的故事。金台观至今还留有与张三丰相关的"三绝"遗迹——神锄定柱、翻瓦罐、"瓜皮书"诗碑。

陕西民间文学中大量陕西元素的存在，既体现了陕西文化的多样性、丰富性和独特性，也增加了陕西民众对这类传说的认同感。陕西民间文学彰显了浓郁的陕西地域特色，而地域色彩正是陕西民间文学顽强生命力的重要源泉。

三、陕西省民间文学体裁丰富多样

陕西省民间文学体裁丰富多样，截至2022年12月20日，陕西省人民政府共公布了七批陕西省非物质文化遗产名录。列入的民间文学作品共有45项，包含神话、传说、歌谣、民谚、礼仪词、古门楣题字等文学体裁。通过对这45项民间文学进行详细梳理，根据民间文学遣词用语的特点，可以把陕西省民间文学分为三类：散文类民间文学、韵文类民间文学和门楣题字类民间文学等。

陕西省民间文学形式多元化，神话、传说、民间故事等文学体裁交织在一体。很多作为非物质文化遗产的民间文学个体项目都是既有神话、又有民间传说和民间故事的存在。如《黄帝传说》中，天帝下凡、黄帝降生长寿山、黄帝战蚩尤、黄帝升天等属于神话。金鸡的传说、凤凰的传说、麻花柏的传说等属于民间传说。而聚宝盆的传说、屈轶草的传说等属于民间故事。

（一）散文类民间文学

1. 神话

神话诞生于人类的童年时代，神话是人类面对大自然威胁时试图与自然沟通的一种媒介，是原始人经过不自觉原始思维加工而形成的、自然力量的人格化产物。神话反映了原始人认识自然、征服自然、利用自然的愿望，因此赋予人类代表超人或超自然的力量，这些人类代表就成为神话的主角——神。神具备无所不能的力量，可以搬山，可以移海，可以号令自然。神话的出现标志着人类实现了从精神上对世界的掌控，作为先民利益的代言人的神自然成为先民的精神图腾。

陕西省民间文学中的神话主要以始祖神话为主，英雄神话为辅。始祖神话有《黄帝传说》《炎帝传说》《农业始祖后稷传说》《女娲传说》《华胥传说》《鸡峰山传说》等，英雄神话主要有《劈山救母传说》。

始祖神话以《黄帝传说》为例。黄帝是中华民族从蒙昧时代向文明时代转折时期的关键人物。中国远古政权组织雏形的形成，中华民族共同体意识的奠定，中华民族以民为本的亲民理念、筚路蓝缕的创业精神、披荆斩棘的奋斗理念等因素的出现无不与黄帝之治有着密切的关系，其文化精神已经内化为民族精神基因，成为华夏儿女的精神本源，塑造着一代代中国人的精神品格。出于对黄帝的爱戴，先民们赋予了黄帝无上的能力。在古代神话中，黄帝为中央天帝，是最伟大的天神。在道教中，黄帝又成为一位炼丹修道的仙界教主。在民间俗信中黄帝与炎帝并列，是中国人民几千年来共同崇信的始祖神。《黄帝传说》中有关黄帝的神话有：天帝下凡、黄帝降生长寿山、黄帝战蚩尤、黄帝升天等。《天帝下凡》中黄帝原来就是天帝，因为怜悯凡人日子凄苦，为了普度众生、教化人民，下凡化身为黄帝。《黄帝降生长寿山》讲述黄帝母亲附宝感应天象怀孕24个月生下黄帝。黄帝出生时，额骨隆起，面有龙相。黄帝手足似龙爪龙趾，有四张脸，可以眼观四面，耳听八方。黄帝十岁学艺，二十多岁时便成了部落首领。从此，他就带领先民狩猎，发展农耕，过着祥和的日子。黄帝善于用人，据说黄帝的史官仓颉创造了文字，黄帝的妻子嫘祖教会了人们养蚕制丝，黄帝的粮官杜康发明了造酒，黄帝的陶正宁封子发明了烧陶，黄帝的医官雷公、岐伯发明了医术，所以中医也被称为"黄岐之术"。黄帝本人还发明了造车、修建宫室、算术、音律等等。中国向来有"功归圣人"的传统，黄帝既是华夏之祖神，自然也将一切远古的发明成果都归于他和他的臣子。这些传说在民间影响甚大，许多先贤又成了各行各业的祖师神。《黄帝战蚩尤》中蚩尤的九黎部落经常骚扰黄帝的夏部落，黄帝组织起六路人马，由应龙挂帅，准备讨伐蚩尤。蚩尤也调集人马，埋伏在阪泉之野。蚩尤作法弄来漫天迷雾，黄帝造出指南车指路。蚩尤请风神雨神求援，黄帝请来女神旱魃助阵。风神雨神狼狈逃走，黄帝反攻，九黎部落溃败，蚩尤被杀。《黄帝升天》讲述黄帝110岁时，采首山之铜，在河南的荆山下铸鼎，大鼎铸成。天门打开，一条黄龙飞到黄帝面前恭迎皇帝升天。黄帝骑上龙身，路过桥国时下来跟子民告别。桥国的子民拉扯黄帝不忍黄帝离去，黄龙飞升时黄帝的宝剑、赤靴都被人们扯掉了，连龙髯也给扯断了。百姓们见黄帝离开了，恸哭不已。黄帝抛下手中的纱巾，留给百姓们擦泪。滔滔的眼泪，流进溪水，形成"泪河"，也就是现在桥山脚下的沮河。龙髯落地变成草，人称"龙须草"。人民为感念黄帝恩德，就地埋下黄帝的宝剑和靴子，为黄帝建立"衣冠冢"，就是现在的黄帝陵。

《劈山救母》是一个浪漫主义的英雄神话。陕西人根据华山西峰岩罅的自然景观创造出"沉香劈山救母"的英雄赞歌。《劈山救母》的故事反映了陕西人不畏神权和暴力，矢志不渝坚持理想的伟大的浪漫主义精神。汉士子刘向（一说刘玺，字彦昌）进京赶考，路过华山神庙，题诗庙中，戏弄庙神华岳三圣母，三圣母怒欲杀之，得太白金星之告，谓其与刘向有三宿姻缘。三圣母遂与刘向结为夫妻。三宿后，刘向以沉香一块赠别，嘱他日生子，以此为名。三圣母既孕，其兄二郎神察之，怒提华山，压三圣母于山下穴中。三圣母于穴中产子，乃名"沉香"；又遣夜叉送其父。沉香成人后，寻母华山，遇何仙姑授以仙法，又窃得宣花神斧，与其舅二郎神大战于华山。沉香斧劈华山，救出娘亲三圣母，母子团聚。无独有偶，在陕西宝鸡也流传着镇压三圣母的二郎神劈山救母的神话。二郎神的母亲为玉帝女儿，私配凡人杨天佑被玉帝压在桃山之下，二郎神斧劈桃山救出母亲。因此宝鸡石榴山又称桃山，相传是二郎神劈山救母处。

2. 传说

传说和神话不同，传说是民众自觉艺术思维的产物，传说的主体是历史上有名有姓的人。人们根据他们的生平事迹进行神话和加工，因此传说的人物和情节有一定程度的超现实因素，是历史人物的艺术化和传奇化。陕西民间文学中的传说题材多样，囊括先贤传说、英雄传说、爱情传说、孝道传说、风物传说等。

先贤传说主体是历史上活跃在陕西的文化名人、德才兼备的人以及在各个行业做出伟大贡献的人。如《仓颉造字传说》记叙了仓颉在长安"增土造字"，终结了人类"结绳记事"的历史。从民间的种种习俗和日常生活，诸如入学拜圣、枕书避邪、写字治病、习字励志等，都可看到人们对文字的崇尚和对仓颉的敬仰。《丰镐三灵民间故事传说》与丰镐遗址内灵沼、灵台、灵囿遗址有关，人们称之为"三灵"的传说。《诗经·大雅·灵台》记载："经始灵台，经之营之。庶民攻之，不日成之。经始勿亟，庶民子来。王在灵囿，麀鹿攸伏。麀鹿濯濯，白鸟翯翯。王在灵沼，於牣鱼跃。"[1] 灵台，以观天象、查凶吉；灵沼，象征大海，暗喻帝王恩泽所及之处，也是王家饲养鱼类和水产之地；灵囿，则象征滋养万物生长的土地，是供帝王贵族狩猎、游乐的园林。围绕"三灵"文化的各种故事传说，颂扬西周君王"敬天、崇宗、保民、明德、尊礼、守法"的治国方略和"天主生，地主养，君主教"及"明德慎罚，不佚无逸"的宗法礼制。《燕伋传说》讲述孔子门徒燕伋在三秦大地教书传道的故事，体现了中华民族尊师重道的优良传统。《鬼谷子传说》讲述中国历史上一位极具神秘色彩的人物——鬼谷

---

[1] 弘丰.诗经：风雅颂[M].北京：北京燕山出版社有限公司，2019：530.

子的故事。鬼谷子长于修身养性，精于心理揣摩，深明刚柔之势，通晓纵横捭阖之术，独具通天之智，是纵横家的鼻祖。苏秦、张仪、孙膑、庞涓等众多风云人物都是鬼谷子的学生。《鬼谷子传说》体现了陕西父老对于这位传奇人物的推崇。《药王孙思邈传说》讲述药王孙思邈著书立说、悬壶济世的传奇人生。《龙亭蔡伦造纸传说》讲述蔡伦为发明纸张而潜心钻研、反复实验的艰辛过程。

英雄作为才能勇武过人的人，在特殊时期为人民、为民族做出巨大牺牲和贡献，长期受到人民群众的热爱和崇拜。英雄传说承载了广大人民群众对他们理想化的期盼，是民众乃至民族的精神支柱。陕西省的英雄人物灿若星河，陕西民间文学流传着大量的英雄故事，这些英雄传说中的奉献精神、舍生取义精神、爱国精神是中国文化的精髓。《花木兰传说》通过讲述魏晋南北朝时期替父从军的女英雄的故事，褒扬了花木兰的爱国精神。《张骞传说》至今已有2100多年，是围绕着西汉时期张骞通西域，打通东西方贸易的路上交通线——丝绸之路的伟大壮举而衍生的故事。《张骞传说》中张骞高瞻远瞩的战略眼光，不屈不挠、凿空万里的顽强意志，持节不失、矢志不渝、重义守信的高尚气节，作为精神财富，将不断启迪激励后人。流传在旬邑当地的《旬邑石门爷传说》主要内容以秦始皇长子扶苏在旬邑的起居生活为题材，紧密结合历史史料，讲述了秦始皇驾崩，扶苏继位无望，在旬邑境内"石门山"隐居，在当地为民众服务的故事。《杨家城传说》是以古麟州城为背景的传说故事，神木城古称麟州，是杨家将领军人物杨业的故乡。五代至宋，州刺史杨宏信，长子杨重勋（重训）和孙子杨光，世守麟州；次子杨业和孙子杨延昭，都是宋代名将，北拒契丹，称雄一方。世人怀着对捍边英雄的崇敬心情，改呼此城为杨家城。《李自成传说故事》歌颂了明朝末年农民英雄李自成在陕北发动农民起义，推翻明朝黑暗统治的英雄壮举。《救郎庙的传说》中，为保全晋相赵盾遗脉赵武性命，赵家门客公孙杵臼和程婴谋议，最后公孙杵臼以身自戮，程婴冒死将赵武救出。赵武成人后，在大将魏绛的鼎力相助下刺杀了大仇人屠岸贾。程婴为谢公孙杵臼，也自杀身亡，赵武为两人守孝三年。后人为纪念公孙杵臼和程婴的义举，在赵武、程婴当年藏身的九龙山上修建了救郎庙。由此传说改编的《赵氏孤儿》，成为我国十大悲剧之一。《救郎庙的传说》体现了中国古人不畏强暴的斗争精神、舍生取义的侠义精神、忍辱负重的义士精神，这些精神成为引领中国人精神世界的明灯。

无论社会怎么发展，人们追求真、善、美的心愿是不变的，衡量真、善、美的标准是不变的。爱情婚姻仍在人民心目中占据重要地位，倡导正确的爱情观、婚姻观、家庭观，有利于家庭乃至整个社会的和谐稳定。陕西民间文学大量存在的爱情传说体现了中国人的爱情理想，始终颂扬中华民族历代民众为爱情坚贞、婚姻自由而奋斗牺牲的精神。这是一种非物质、纯精神的爱情观，为中华儿女争取婚姻自由并唤起觉醒意识有重要作用。《柳毅传书》是起源于陕西省长武县芋元乡柳泉村的一个故事，经过长期流传逐渐演化为传奇故事或神话故事。唐代陇西人李朝威根据此传说撰写传奇小说《柳毅传》，元代尚仲贤创作元杂剧《柳毅传书》，让这个故事天下皆知。唐高宗仪凤年间，江南学子柳毅曾三次赴帝都长安应考不第，在秦地游学，在幽州进贤里进贤乡一山中（今芋元东咀）遇见一个衣衫褴褛、满面泪痕的牧羊女。该女自称是洞庭湖龙君的三女儿，被泾河小龙抢占为妻，惨遭虐待。柳毅义愤填膺，赴洞庭替龙女传书解难。洞庭龙君得书后赶至泾水剿杀孽龙。龙君感于柳毅忠义之情，设宴款待答谢，并将龙女许配柳毅为妻。故事情节曲折离奇，文化内涵丰富，表现了古代劳动人民见义勇为、施恩不望报的侠义思想和大胆追求自由幸福生活的强烈愿望。《吹箫引凤传说》起源于陕西省宝鸡市陈仓区磻溪镇。春秋时代秦穆公的女儿弄玉喜欢吹笙，夜里被太史令萧史的箫声吸引，芳心暗许，思念成疾。穆公多次寻访促成两人联姻。二人婚后箫笙合奏，招来龙凤，萧史乘龙，弄玉跨凤，双双成仙升天。《孟姜女传说》流传于陕西省铜川市王益区。孟姜女北上榆林寻找被秦始皇强征修筑长城的丈夫。哭倒长城寻到筑在城下的丈夫遗骸，南归故里途中，在米脂县丢弃了香粉盒和胭脂盒，那里因而多出美女。在宜君县又因渴而痛哭，哭裂山冈，涌出泉水，名曰"哭泉"。孟姜女于金锁关扳转大山方向，挡住秦始皇的追兵，此山故名"扳转山""女回山"。孟姜女至铜川市印台区金山力竭而死。《长安斗门石婆庙七夕传说》讲述牛郎、织女不畏神权追求婚姻自主的故事。《寒窑传说》发生于西安市南郊大雁塔附近曲江池东面，讲述唐丞相王允的三女儿王宝钏反抗封建婚姻争取婚姻自由，忠于爱情，在寒窑苦守十八年，受尽人间苦难，终于待得丈夫薛平贵荣归长安与她团聚的故事。《寒窑传说》被改编为二十多种地方戏曲，在全国广为流传，甚至远及东亚、日本和西欧。京剧《红鬃烈马》、秦腔《五典坡》（又名《王宝钏》《武家坡》《大登殿》）都是戏曲传统剧目。

孝敬父母长辈是中华民族的传统美德，古人云："百善孝为先。"孝顺父母、长辈不仅是个人的道德行为，也是对社会承担的一份责任。孝道传说主要是弘扬中华民族传统美德孝道的故事，陕西民间文学中单纯弘扬孝道的故事不多，如《丁兰刻母》，更多的是把孝道主题和别的主题交织在一起，如《木兰传说》《沉香传说》。《丁兰刻母》流传于陕西省兴平市子孝村，是"二十四孝"故事中唯一一个由不孝转为大孝的典故，教育意义更大。《沉香传说》则是用沉香斧劈华山救出压在山下的三圣母的故事彰显孝道。《木兰传说》用木兰替父从军的故事彰显孝道。

　　风物传说主要是指对地方自然景物或人工物、风俗习惯和特产的想象性叙事。风物传说通过瑰丽大胆的想象，把历史人物、事件和地方自然景物、人工物、风俗习惯和特产有机联系起来，解释其来历。陕西民间文学中存在大量的风物传说。《烂柯山传说》流传于陕西省洛川县。它把晋人王樵进山砍柴观仙人下棋，忘记时间流逝以至于烂柯的故事和洛川县东南40公里一座平地而起的土山联系起来，解释了"烂柯山"得名的原因。《美水泉传说》讲述的是一段发生在陕西省甘泉县的历史。传说县城西南美水沟村曾有一甘泉，后人为干涸。中华民国二十三年（1934年）重修甘泉碑记曰"泉去地一丈，飞流激射。炀帝游此饮之，取入禁内。送水民夫背负肩挑，络绎不绝，冻死累死者不计其数。后一县令怜民苦贡，遂涸其泉"。这个传说不仅解释了甘泉县县名的由来，而且解释了甘泉的干涸原因。一九七四年甘泉县政府清挖泉眼时出土一枚玉印，为传说提供了实物佐证。《鲤鱼跃龙门传说》对横跨黄河两岸的龙门山展开奇幻想象，大胆解读。龙门山两山对峙，形如门阙，相传为大禹治水时所凿，水中生物跃过龙门即可化身为龙。此传说激励老百姓通过努力改变自身的生活质量、事业取得成功。刘海是华夏民间公认的财神之一，吐（背）钱金蟾是华夏民间公认的招财神物。华夏民间的财神刘海撒钱和吐（背）钱金蟾祭祀活动、刘海财神信奉、吐钱金蟾和背钱金蟾信奉，关于刘海的戏曲曲目、影视作品及各种刘海金蟾的传统工艺品都来源于财神刘海金蟾传说。流传于陕西省西安市鄠邑区的《刘海金蟾传说》通过简洁明了、通俗易懂的朴实关中方言解释了"终南山刘海金蟾信奉民俗"的由来。该民俗影响深远，传播广泛，覆盖华人世界博大的时空，并传至东南亚，成为海内外华人文化认同的重要载体。女孩额头前自然下垂的头发被称为"刘海儿"，也是源自刘海的发型。《龙安茶传说》源于岚皋县花里镇境内的龙安村，讲述陕西名茶龙安茶的形成过程。

（二）韵文类民间文学

韵文是相对散文而言的，它们在结构、节奏和风格上有明显的区别。结构上散文形式自由、不拘一格，讲究"形散神不散"；韵文讲究合辙押韵，每句字数基本相同。节奏上散文流畅自然，不注重节奏。韵文上口，有明显的韵律和节奏感；风格上散文文风朴实，注重自然情感和思想的表达，韵文通常具有独特的语言风格和表现手法，如"赋""比""兴"等手法的运用。陕西非物质文化遗产中的韵文类民间文学主要包括歌谣、民谚和汉中巴山乡村婚礼知客司礼仪词。

1. 歌谣

歌谣又称民谣，是活跃在广大人民群众中的一种韵文文体。陕西民间流传着大量的民谣，涵盖了陕西人衣、食、住、行、乐等方面。陕西歌谣多采用陕西方言传诵，是陕西民风、民俗的集中体现。歌谣的题材丰富多样，有诙谐幽默的儿歌，有反映民风民情的歌谣，反映生产生活的歌谣，反映现实生活、针砭时弊的歌谣，反映婆媳关系的民谣，反映婚姻爱情的民谣，反映地方风物和特产的民谣，等等。

诙谐幽默的儿歌。如《羞，羞，把脸抠》，是对脸皮厚的人的讽刺。"羞，羞，把脸抠，抠下渠渠种豌豆，人家豌豆打一石，咱（ca）的豌豆打一罐。"《东邻西舍娃娃多》批评父母照顾孩子不上心闹出的笑话。"东邻家，西舍家，东邻西舍娃娃多，娃娃玩耍莫看戳（指看见），稀屎拉了半灶火（指厨房），懂滴只见娃滴鼻子不见娃滴眼窝。他大说，快给娃洗一洗。他妈说，不要急，等干了还能揭个硬壳壳。"

反映民风民情的歌谣。如《大实话》反映了陕西人老实做人、踏实做事的性格。"出门来只觉得脊背朝后，为的是把肚子放在前头。他大舅他二舅都是他舅，高桌子低板凳都是木头。走一步退一步权当没走，一头驴两头牛都是牲口。金疙瘩银疙瘩还嫌不够，天在上地在下你娃甭牛。"

反映生产生活的歌谣。如《仓颉字》记录了造字、制碗、造纸等技艺。"仓颉字、雷公碗、沣出纸、水漂帘。"《仓颉造字一石粟》评价了汉字在中华文明传播中的重要作用。"仓颉造字一石粟，孔夫子认了九斗七。剩下三升无处用，洒在边疆教彝民。"

反映现实、针砭时弊的歌谣。如《七点开会八点到》对形式主义进行了鞭挞。"七点开会八点到，九点开始作报告。你作报告我睡觉，讲来讲去老一套。"

反映婆媳关系的歌谣。如《娃他婆》对媳妇不尊重婆婆进行批评。"媳妇娶进三天多，紧跟就买尺八锅。听起亲着哩，实际分着呢。见面不说话，出门撂个娃。叫个妈，划不着，口口声声娃他婆。"《见了媳妇像孝子》是老娘埋怨儿子不孝顺。"见了媳妇像孝子，见了老娘像豹子。年轻媳妇穿料子，老汉老婆穿套子。"

反映地方风物和特产的民谣。如流传在陕西省西安市鄠邑区《刘海生来有仙根》就是介绍财神刘海和鄠邑关系的歌谣："刘海生来有仙根，生在户县曲抱村。玉帝将我亲封过，封我四方活财神。福泉之水撒人间，行走步步撒金钱。一变十来百变千，有福有财都是仙。"如《赶集》描写关中地区爷爷带着孙子赶集给孙子买玩具的温馨场景："小娃娃，你别哭，爷爷给你买老虎。买个泥的怕雨淋，买个面的下了肚，买个布的当马骑，跟着爷爷赶回集。"

陕南歌谣是陕西歌谣的重要组成部分，也是陕西省非物质文化遗产。陕南歌谣的题材、内容基本和其他地区区别不大，但陕南歌谣中红军歌谣却是陕南歌谣中的一朵奇葩，是陕南歌谣中最值得浓墨重彩的精髓。

陕南红军歌谣产生于20世纪30年代初红军时期，即第二次国内革命战争时期。这一时期陕南一带，由汉阴籍开国将军沈启贤等发起创建的陕南抗日第一军，打土豪分田地，抗击安绥军、陕西警二旅、国民党四十军、地方保安部队等势力，有力地支持配合了陕北延安苏区的对敌斗争和抗日斗争。在长期、艰苦的革命斗争中，红军和陕南人民缔结了深厚的鱼水之情。在陕南地区，包括汉阴、宁陕、旬阳、安康、紫阳、石泉、洛南、丹凤、商南、商州、山阳、柞水、镇安、镇巴、西乡、洋县、城固、汉中、南郑、勉县、宁强及蓝田等地诞生了盼红军、颂红军、唱红军，歌唱革命的红色民歌、民谣。这些歌谣一直传唱到新中国成立之后，并逐渐拓展了歌曲素材，与陕南独具陕南风格的民歌民谣融为一体。陕南红色歌谣内容丰富，演唱形式多样，以陕南民歌、花鼓曲、二棚子曲、小场子曲、汉调二黄为主要曲谱填词，伴奏乐器也用以上民间戏曲乐器伴奏。

陕南属于多民族地区，陕南红军歌谣主要是用汉语创作、传唱的。重要传承人巫其祥先生50多年深入陕南各革命老区，搜集、整理了2000多首陕南红军歌谣，约50万字，分类归为26辑；（1）红色歌谣万万千；（2）苦难的岁月；（3）历史的歌；（4）世道不平出红军；（5）穷人盼红军；（6）听说红军来了；（7）红军来了世道变；（8）红军到陕南；（9）陕南红了半边天；（10）大巴山上红旗飘；（11）山窝里建起苏维埃；（12）歌颂毛泽东和红军将领；（13）红军战斗之歌；（14）红军处处为穷人；（15）红军穷人一条心；（16）赞颂红军；（17）军民鱼水情；（18）跟上红军闹革命；（19）当兵就要当红军；（20）红军抗日离川陕；（21）盼望红军快回来；（22）跟着党员闹革命；（23）革命正气歌；（24）红色情歌；（25）红色童谣；（26）红军传说故事。

陕南歌谣《巴山来了徐向前》

大山小山山连山，

巴山来了徐向前。

红旗飘飘映山红，

千万穷汉要造反，

革命火焰烧川陕。

陕南歌谣《红军有个李政委》①

红军有个李政委，

山鹰展翅满天飞，

红军有个李政委。

跨骑一匹千里马，

踏遍苏区山和水。

一杆红旗一杆枪，

刀山火海头不回，

群众见了眯眯笑，

白匪见了倒了威！

《十送红军》是一首火遍全国的红军歌谣，在全国各地都有不同版本，描写红军和驻地百姓的深厚情谊。20世纪90年代，张士燮填词、朱正本编曲的《十送红军》以优美的曲调、质朴的歌词描写了苏区人民群众支持革命、拥护红军的真挚情感，感染了全国观众。该歌曲采用的是江西民歌曲调，许多人以为它是江西民歌。其实，《十送红军》歌词来源于陕南苏区歌谣《十送红军》。

---

①李政委即红四方面军三十军政委李先念。

陕南歌谣《十送红军》

一送红军下南山，秋风细雨缠绵绵，山里野鹿哀嚎叫，树树梧桐叶落完。红军啊！几时人马再回山。

二送红军大道旁，红漆桌子两边放，桌上摆着送行酒，酒儿里边掺蜜糖。红军啊！恩情似海不能忘。

三送红军上大道，锣儿无声鼓不敲，双方拉着长茧手，心像黄连脸在笑。红军啊！万般忧愁怎能消。

四送红军过高山，山上苞谷金灿灿，苞谷种子红军种，苞谷棒子穷人搬。红军啊！撒下种子红了天。

五送红军上了坡，鸿雁阵阵空中过，鸿雁能捎书和信，飞到天涯和海角。红军啊！捎信多把革命说。

六送红军兔儿崖，两只白兔哭哀哀，禽兽也能知人性，血肉感情抛不开。红军啊！山里红花永不败。

七送红军七里湾，湾湾上下一片田，田里谷穗头弯下，田里鲤鱼翻田坎。红军啊！新米上市人去远。

八送红军八角山，两只八哥吐人言，红军哥哥莫远走，走了财东要倒算。红军啊！穷人的苦水吐不完。

九送红军到通江，通江河上船儿忙，千军万马河边站，十万百姓泪汪汪。红军啊！眼望江水痛断肠。

十送红军转回来，巴山顶上搭高台，高台十丈白玉柱，雕龙画凤放光彩。红军啊！这台名叫"望红台"。

这些歌谣从不同角度反映了当年的革命历史，是红军和当地革命群众用鲜血浇灌出来的一簇簇有生命的鲜花，是一部真实记录和讴歌红军时期鄂、豫、陕苏区和川、陕苏区英勇奋斗的"史诗"。

2. 民谚

民谚是指口头传承并广泛流传于民间的短句或韵语。谚语通俗易懂，是劳动人民生活实践经验的总结，是劳动人民集体创作的智慧结晶。陕北民谚和关中民谚是陕西民间文学的重要组成部分，也是陕西省非物质文化遗产。

陕北民谚主要流传在米脂、绥德两县，辐射陕北23个县（区）。陕北民谚的内容非常丰富，遍及生产和日常生活的各个领域，主要分为普通生活、农业生产、气象时令、饮食养生、明辨事理、教化民众等类型。陕北民谚从语音、词汇、语法到结构都使用陕北方言，陕北味很浓重，陕北民谚中还大量运用比喻、拟人、比兴、对比、夸张等修辞手法，既形象生动便于记忆，又琅琅上口便于传播。陕北民谚是记录陕北社会生活最详细最真实的"无字书""活化石"，对生产和社会生活具有重要的指导意义。

陕北民谚（选录）

饮食养生类：

　　洗头洗脚，顶上看病吃药。

　　扎针拔罐子，病好一半子。

　　陕北有三宝，熟米、炒面、羊皮袄。

　　洛川的豆腐丝，甘泉的豆腐干。

　　文魁武魁，顶不上锅盔。

　　六月六，西葫芦儿/茄子熬羊肉。

明辨事理类：

　　在家不敬人，出门人不敬。

　　嘴上没毛，办事不牢。

　　欲知世上理，将人比自己。

　　酒肉朋友，米面夫妻。

　　男人是个耙耙，女人是个匣匣，不怕耙耙没齿儿，就怕匣匣没底儿。

　　姑姑亲，骨头亲；姨姨亲，皮皮亲。

　　良言一句三冬暖，恶语伤人六月寒。

　　人无千日好，花无百日红。

　　人少好吃饭，人多好做活。

　　亲戚若要好，银钱少打搅。

　　涝池大，鳖也大。

　　龙多不治水。

法看谁犯哩，事看谁办哩。

人没钱就灰了，灯没油就黑了。

狗咬穿烂的，人爱有钱的。

人闲了抽烟，驴闲了啃碱。

人比人活不成，驴比骡子驮不成。

一把筷子折不断，十个指头不一般。

老牛力尽马尖丧，保国忠良无下场。

牛吃蒺藜为扎哩，人吃辣椒为辣哩。

低借高还，再借不难。

捎话捎多哩，捎东西捎没哩。

君子爱财，取之有道。

亲戚远离乡，弟兄高打墙。

煎饭尝不得，婚姻忙不得。

亲戚盼有哩，邻居盼走哩。

远亲不如近邻，近邻不如对门。

人善被人欺，马善被人骑。

打是亲，骂是爱，不打不骂豁在外。

会管的管自己，不会管的管别人。

妇大自巧，狗大自咬。

交人要交心，浇树要浇根。

人是人，鳖是鳖，喇叭是铜锅是铁。

教化民众类：

一个儿女一条心，养儿方知父母恩。

在家孝父母，何必远烧香。

吃不穷穿不穷，计划不到一世穷。

大口小口，一月三斗。

儿不嫌母丑，狗不嫌家穷。

人心要实，火心要虚。

见婚姻说合，见官司说散。

纳了粮不怕官。

小窟窿不补，大了得尺五。

娃娃勤，爱死人。

拄棍拄长的，交朋友交强的。

一棵树三个桩，一个好汉三个帮。

人心难防，海水难量。

夜饭少吃，赢官司少打。

人怕做活，活怕人做。

一个老子能养活十个儿子，十个儿子养活不了一个老子。

气象时令类：

延安气候怪，早晨冻，上午晒，下午黄风刮得太。

六月南风吹干井。

伏里落好雨，缸里不缺米。

九九有雪，伏伏有雨。

早雨不多，下湿耳朵，饭后丢脱。

南风不过午，过午连夜吼。

青雾绕山，（雨）不过三天。

交了九，冻死狗。

腊七腊八，冻死娃娃。

农业生产类：

七十二行庄稼为强。

人哄地皮，地哄肚皮。

庄稼活用学。

人勤地是宝，人懒地生草。

麦熟一响，蚕老一时。

一年庄稼二年性命。

鸡儿蛋，粮食换。

立夏不下，犁头高挂。

过罢闰月年，走马快种田。

前晌惊了蛰，后晌拿犁别。

芒种糜子不种谷。

头伏荞麦二伏菜，三伏萝卜长成怪（滩区）。

头伏萝卜二伏菜，三伏赶紧种花芥（山区）。

普通生活类：

富不离书，穷不离猪。

家有百棵树，零花年年有。

丈母娘见女婿，炖个老母鸡。

有钱没钱，不连毛过年。

年好过，月好过，日子难过。

荞麦三棱麦子尖，十里乡俗不一般。

家有千口，主事一人。

一天省一把，十年买匹马。

财东家惯骡马，穷人家爱娃娃。

炕上没有拉屎的，灵里没有烧纸的。

旮旯里种的好麻子，丑婆姨生的好娃子。

米脂的婆姨绥德的汉，清涧的石板瓦窑堡的炭。

关中民谚是流传于关中民间的一种言简意赅较为定型的话语，是人民群众丰富智慧和普遍经验的规律性总结。关中是中华农耕文明的发祥地，民间谚语内容丰富，包括气象物候、农业生产、民间习俗、人情世故、生活哲理等。关中民谚意味深远，有浓郁的地域特色和民俗风情，反映了关中地区的历史、地理、文化、社会等方面的特点，是对关中生活生产方式以及为人、处事、修己等的经典型概括，成为关中甚至全国民众日常生活的口头禅，具有传播广的特征。

关中民谚体现了关中文化的厚重，是关中人民生活经验的结晶。关中民谚用语多是关中方言，语言幽默风趣，很多都是古语的遗存。通过谚语可以获得丰富的人生经验、智慧和哲理，还可以掌握天文、地理、历史、文学等方面的知识。关中民谚是关中人民社会生活中不可或缺的精神食粮，在文化传承方面有极其重要的作用。

关中民谚（选录）

气象物候类：

　　早烧（朝霞）不出门，晚烧（晚霞）晒死人。

　　燕子掠地蛇过道，老牛大叫雨就到。

　　早看东南，晚看西北。

　　日晕三更雨，月晕午时风。

　　雨前有风雨不久，雨后无风天不晴。

　　南山戴帽（云遮山头），长工睡觉。

　　春怕三月霜，夏怕四月风，秋怕七月雨，冬怕九月雪。

　　云往南，水漂船；云往北，晒干麦；云往东，一场风；云往西，老爷骑马穿蓑衣。

　　早上立了秋，晚上凉飕飕。

　　冬走十里不明，夏走十里不黑。

　　盐出水，铁出汗，雨水不难见。

农业生产类：

　　枣芽发，种棉花。

　　湿锄糜子干锄花，不阴不晴锄芝麻。

　　伏里深耕田，赛过水浇园。

　　雁来种麦。

　　种成的麦，锄成的秋。

　　有钱难买五月旱，六月连阴吃饱饭。

　　深耕细作有三好，保墒灭虫又除草。

　　七月半，种大蒜。

　　种地不上粪，等于瞎胡混。

　　庄稼一枝花，全靠粪当家。

换地不如换种。

深栽茄子浅栽蒜，辣子黄瓜沟边站。

人误地一时，地误人一年。

三分种，七分管，十分收成才保险。

人情世故类：

人活七十七，领教不为低。

家不和邻欺。

有理走遍天下，无理寸步难行。

吃了人的嘴软，拿了人的手短。

人往高处走，水向低处流。

要得公道，打个颠倒。

出门门槛低，进门门槛高。

肚里没冷病，不怕吃西瓜。

笨鸟先飞。

一回生，二回熟。

浇树浇根，交人交心。

指亲靠邻，不如自家学勤。

不听老人言，吃亏在眼前。

枪打领头鸟，雨淋出檐椽。

人在人情在，礼多人不怪。

没有金刚钻，甭揽瓷器活。

教化民众类：

要知父母恩，怀里抱儿孙。

春雨虽小湿衣裳，酒杯虽小败家当。

磨刀不误砍柴工。

一天省一口，一年省一斗。

严是爱，宽是害，娇生惯养要变坏。

新三年，旧三年，缝缝补补再三年。

一瓶子不响，半瓶子咣当。

害人之心不可有，防人之心不可无。

老子英雄儿好汉，他爸挑葱儿卖蒜。

生活哲理类：

蜜多了不甜，胶多了不粘。

眼过千遍，不如手过一遍。

小着不补，大了尺五。

桃养人，杏伤人，李子树下埋死人。

众人拾柴火焰高。

牛皮不是吹的，火车不是推的。

艺高人胆大，胆大艺更高。

精打细算，钱粮不断。

强的怕硬的，硬的怕横的，横的怕不要命的。

一镢头挖不出个井，一口吃不成个胖子。

话不说不明，灯不拨不亮。

人狂没好事，狗狂挨砖头。

兔子不吃窝边草，槽里无食猪咬猪。

话说三遍淡如水，说得多了驴拌嘴。

疑人不用人，用人不疑人。

早起一时，松活一天。

饭饱生余事，饥寒生盗贼。

南山到处都是宝，看你会找不会找。

莲花寺的石头，柳枝的杏；瓜坡的柿饼，赤水的葱；沿山的竹子绿莹莹。

三勤加一懒，想懒不得懒；三懒加一勤，想勤不得勤。

3. 汉中巴山乡村婚礼知客司礼仪词

汉中巴山乡村知客司礼仪词现仅存于汉中巴山一带的镇巴、西乡、城固、南郑、勉县的部分乡村中。在民间众多礼仪活动中，知客司承担整个礼仪活动的组织、实施，代主家发号施令，主持全盘事务，并形成当地从古及今的乡村礼仪活动组织方式。礼仪词缘起于知客司在各种礼仪场合表演的词句，礼仪词在延绵不断的民间庆典活动中不断兼收并蓄，日臻完善，形成体系，最迟在清代已十分完善。礼仪词以民谣体为主，散文体穿插其间，句式结构无严格规定，以朗朗上口、悦耳动听为原则。知客司礼仪词并不严格按照文本，不同的知客司在不同场合多有临场发挥。语句以四字句、五字句、六字句、七字句为主，长短交织，有节有韵，可一韵到底，也可多韵转换，也有无韵表诵的。礼仪词语言朴实生动、韵味深长，根据不同民俗仪式分为婚嫁礼仪词、丧葬礼仪词、祝寿礼仪词、满月礼仪词、建造礼仪词等。乡村婚礼知客司礼仪词是陕西省非物质文化遗产。

汉中巴山乡村婚礼知客司礼仪词从婚礼筹办就开始介入直到婚礼结束，礼仪顺序一般延续三至四天。婚礼过程中大大小小的琐事，如洗锅洗碗、端茶上水、待客收礼等；复杂隆重的仪式，如接亲迎亲、祭祖参神、上轿下马等每一个环节都有专门负责的知客司，知客司在履行职责时都要高诵知客司礼仪词。如"管账·管库词""厨倌师词""奉烟敬茶词""传盘安席词""斟酒奉酒词""挑水抱柴词""管灯管亮词""撮火上炭词""内外走杂词""接客陪客词""迎亲下轿词""车马神祈礼仪词""迎客进门词""押礼先生词""祝神词""取衣饭碗词""夫妻交拜典礼词""巴铺谣"等。

（三）门楣题字类民间文学

韩城古门楣题字是陕西民间文学中独具特色的一种体裁，在全国各地的民间文学中也是独树一帜。镶嵌在门楣上的题字是中国传统建筑的一部分，既适用于民居门楣，也适用于园林、牌坊、宫殿门楣甚至自然景观。韩城古门楣题字是中国传统民居的重要构成元素，韩城现存最早的古门楣题字是昝村镇南潘庄题于明万历年间的"秩重华封"。

韩城古门楣广泛分布于韩城的村村落落，其中主要分布于金城区、党家村、东彭村、西庄镇等地区，尤以党家村、东彭村保存最为完好。韩城古门楣题字对于名门望族和普通百姓有严格的区分。名门望族通过门楣题字彰显家族姓氏，如"三槐世家""延陵旧家"分别是状元王杰之后的王姓和吴姓的标志；或者再现家族昔日繁华，如铜川耀州"父子御史"牌，产生过两位知州的薛氏故居"十马高轩（汉代郡守乘五匹马的车，五马指代郡守）""世进士""文魁""武举""外翰第""文林第""登科举"

等门楣题字。普通百姓把自己对生活的感悟、信仰追求、对子孙后代的要求题写在门楣上，既用以律己，又用来警后。这一类古门楣题字最为普遍。如倡导忠厚持家："孝悌慈""树德裕""谦受益""笃敬""忠信"等；或者祈福子孙后代："诒谋燕翼（语出《诗经·大雅·文王有声》：诒厥孙谋，以燕翼子）""庆有余""耕读传家""安乐第""瑞气永凝"等，或者追求身心平和："安详恭敬""诵清芬""清平乐""陋室清馨""芝兰其室"等。

新时代，古门楣题字文化继续得到传承，人们根据时代变革呈现的新变化进行创新，融入自身对生活的理解，表达对幸福生活的肯定，这是古门楣题字的新发展。如："自立自强""和谐门第""处乐知苦""天道酬勤""居之安""向阳人家""和为贵"等。

第三节　陕西民间文学的价值

民间文学是人民生活的有机组成部分，是社会生活的一面镜子，从民间文学中可以窥见陕西历史甚至中国历史的发展脉络。在文字发明之前，民间文学是民间民众口传的历史。文字发明后，民间文学丰富的内容既可以作为历史的佐证，也可以成为社会现实、生活方式、社会风俗、社会心理、家庭伦理等方面弥足珍贵的、活的生活文化史资料，从而使民间作品的价值不仅不会随着时间的流逝而消失，反而会随着历史的延续，而愈被人们加以认识、加以研究。陕西民间文学无论从量还是质都是一种重要的文化，更重要的是它还包含其他文化成分，与它同时并存的各种文化事象密切相关（例如民间歌谣对于其他艺术，乃至与生产活动、社会组织等的连带关系）。过去陕西人民创作民间文学作品起到辅助人民的现实生活，哺养他们的精神活动等社会作用。现代社会陕西人民又创造了大量新的作品，这些作品在弘扬社会主义核心价值观、构建和谐社会方面功不可没。

一、陕西民间文学的认知价值

陕西民间文学反映了陕西人对自然、社会的认知。如《黄帝传说》体现了中华历史的源头。《石婆庙七夕传说》《孟姜女传说》《寒窑传说》歌颂了陕西人对爱情忠贞不移的态度。《龙亭蔡伦造纸传说》《龙安茶传说》《药王孙思邈传说》不仅对为各行业作出重要贡献的人物作出肯定，而且体现了陕西人民对科技的探索。《劈山救母》《沉香传说》体现了陕西人的道德理想，重视家庭孝道和亲情的价值，迎难而上勇于突破自我的精神。《柳毅传书》《救郎庙传说》体现了陕西人重信尚义、义薄云天的民族精神。《花木兰传说》《杨家城传说》《张骞传说》反映了陕西人忠肝义胆的家国情怀。

二、陕西民间文学的精神价值

首先，陕西民间文学创造了很多栩栩如生的人物形象，是中国文学宝库中最生动活泼的部分，体现了陕西人的价值观和理想观，也是陕西人民审美意识的集中体现。这些人物形象为作家的艺术创作提供了取之不尽、用之不竭的灵感和丰富素材。

其次，陕西民间文学是陕西精神的集中体现。植根于陕西悠久历史文明沃土的陕西精神，具有"爱国守信、勤劳质朴、宽厚包容、尚德重礼、务实进取"的精神内涵和价值追求，与社会主义核心价值观的精髓和本质要求高度契合。陕西精神作为陕西人的基本行为规范，展示了陕西人的形象和美德，彰显着陕西人的追求和坚守，凝聚了三秦儿女的价值认同。《黄帝传说》寄寓着陕西民众对黄帝的无比敬仰之情，以及对黄帝精神的继承和发扬，是民族精神的升华和诠释。陕西人民在不断地口头讲述和传颂中，继承先祖精神，奋发图强。《寒窑传说》体现的是陕西民间价值观，体现出了民间对忠贞不渝、矢志不移精神的推崇。《劈山救母传说》蕴含着天人合一的自然观念，又笼罩着浓郁的道教色彩。既有博大精深的文化内涵、诡异离奇的浪漫风格，又蕴含着深刻的理念隐喻，显示了古典浪漫主义的艺术魅力。传说讴歌了纯真的人性和真挚的人间亲情，具有反叛封建道统，追求个性解放的抽象精神价值，闪烁着扶正祛邪、除暴安良的人间正道和民族精神的灵光。陕西民间文学用陕西精神助推培育和践行社会主义核心价值观，把陕西的优良传统文化与当代社会主义核心价值取向有机结合，使社会主义核心价值观内化于三秦儿女的心、外化于三秦儿女的行，成为建设强大陕西的精神源泉和不竭动力。

三、陕西民间文学的经济价值

陕西民间文学为陕西提供了丰富的文化资源。党的二十大报告中提出，要坚持以文塑旅、以旅彰文，推进文化和旅游深度融合发展。陕西省委和省政府对非物质文化遗产高度重视，为非物质文化遗产的市场化营造了良好的社会环境。陕西省以非物质文化遗产为桥梁，文化搭台，经济唱戏，大力开发民间文学资源和衍生产品，为陕西的经济建设立了新功。黄陵县得名于民间文学中的《黄帝传说》，据说人文始祖黄帝的陵寝在该县桥山之巅，面积8500余亩，号称"天下第一陵"。这里旅游资源丰富，如黄帝陵、印池、轩辕桥、碑亭、港澳台祭文碑、龙魂大钟、龙威大鼓、黄帝手栽柏树、汉武悬柏、碑廊、人类始祖殿和祭祀广场、汉武仙台、陵寝、玉龙亭等。围绕着《黄帝传说》的《黄帝陵祭典》也是国家级非物质文化遗产，黄帝陵祭祀受到海内外华夏儿女的关注，祭祀黄帝已成为传承中华文明、凝聚华夏儿女、共谋祖国统一、开创美好生活的一项重大活动。黄陵县以"黄帝陵祭祀"为依托，大力发展旅游产业。又如长武《柳毅传书》有更多的现实生活成分和更大的底层群众基础，有实实在在的柳毅像、柳毅庙，庙背后有十几座相关的石碑，庙周围有牧羊山，山上有桑园，地上长有蓝草，再远处有笔撬井、马跑泉，数里之外的邻村有雷祖庙、青龙山。这里每年六月十六日准时举办庆圣庙会，是当地重要的经济活动。《吹箫引凤传说》发生在宝鸡市陈仓区，至今还有一个村子村名叫"凤鸣村"，村南有一道巍峨的冈峦名叫"凤凰台"，台巅有古井名"饮凤池"，井旁有一古楼遗址名"凤女楼遗址"，其邻村杨家店有一座"凤女楼"，又叫"秦凤楼""磻溪宫"，这些都是丰富的旅游资源。《牛郎织女的传说》发生在西安市长安区，该地立有祭祀汉代牛郎织女石像的"石婆庙""石爷庙"，保留着七夕祭祀牛郎织女的大规模民俗文化活动。从文化角度来说，以陕西省民间文学为中介，创造大规模的文旅活动，对活跃城乡人民群众的文化生活、促进经济发展和交流、推动整个社会主义精神文明建设、"构建和谐社会"具有十分重要的现实意义。

本章小结

陕西省民间文学是陕西人民精神文化传统的重要组成部分。民间文学具有集体性、口头性、变异性、传承性等特点。陕西省民间文学体裁多样、分布广泛，以神话和民间传说为主，兼有谚语、歌谣、礼仪词、门楣题字等。陕西民间文学反映了陕西人对自然、社会的认知，陕西民间文学是陕西精神的集中体现。植根于陕西悠久历史文明沃土的陕西精神，具有"爱国守信、勤劳质朴、宽厚包容、尚德重礼、务实进取"的精神内涵和价值追求，与社会主义核心价值观的精髓和本质要求高度契合。陕西民间文学为陕西提供了丰富的文化资源。党的二十大报告中提出，要坚持和发展马克思主义，必须同中华优秀传统文化相结合。陕西省委、省政府积极响应党中央"以文塑旅、以旅彰文，推进文化和旅游深度融合发展"的号召，以非物质文化遗产为桥梁，文化搭台，经济唱戏，大力开发民间文学资源和衍生产品，为非物质文化遗产的市场化营造了良好的社会环境，为陕西的经济建设立了新功。

思考练习题

1. 什么是民间文学？民间文学具有哪些特征？
2. 请根据牛郎织女的故事演变过程谈谈民间文学的变异性。
3. 民间文学为什么能得到很好的传承？
4. 请举例说明陕西省民间文学的地域特色。
5. 陕西民间文学分为哪几类？
6. 陕西民间文学有哪些价值？

第四章
陕西省传统音乐和曲艺

传统音乐是指中国人运用本民族固有方法、采取本民族固有形式创造的、具有本民族固有形态特征的音乐，不仅有着丰富的历史价值，同时也是民间音乐、宫廷音乐、宗教音乐、文人音乐的重要源泉，是我国民族音乐中一个极为重要的组成部分。之所以把陕西的传统音乐和曲艺放在一起考量，是因为它们之间有着千丝万缕的联系。曲艺是在传统音乐的基础上演化出的一种艺术形式，是传统音乐和民间文学相结合的产物，是经过长期演变形成的具有表演性质的"说唱艺术"。

第一节 陕西省传统音乐和曲艺概况

对于传统音乐的界定，学术界一直存在争议。目前最权威的解读是1964年3月1日中国艺术研究院音乐研究所编写、人民音乐出版社出版的图书《民族音乐概论》对传统音乐的分类。书中将音乐分为五大类：歌曲、歌舞音乐、说唱音乐、戏曲和器乐，但大多数院校在教学中把歌舞音乐并入民歌，于是就变成四大类：民歌、民族器乐、曲艺（即"说唱"）音乐、戏曲音乐。陕西省传统音乐是中国传统音乐的重要组成部分，具有独特的地域性和鲜明特色。陕西传统音乐源自陕西民间音乐。民间音乐源远流长，美学思想博大精深。民间音乐可以追溯到上古人类童年时期，文字还没有发明，已经有了音乐体系。

一、陕西省传统音乐的演变过程

早在仓颉造字之前,先民为了缓解劳动的疲劳,为了在劳动中远距离地联络和交流,使用了有旋律变化的语音语调。最初先民利用声音的高低、强弱等来表达自己的意思和感情。随着劳动生产的需要,逐渐产生了统一劳动节奏的号子和相互间传递信息的呼喊,这就是最原始的音乐。先民情绪高涨时,简单旋律变化的语音语调已经不能充分表达心中的情绪,于是用力敲击劳动工具制造声音进行情绪的宣泄,这就是最原始的乐器。这些从考古中均可以得到证实。在山西夏县东下冯村文化遗址出土的石磬(打击乐器之一),最初可能是耕地用的石犁;河南舞阳县贾湖文化遗址出土的骨笛、浙江河姆渡文化遗址留存的骨哨及西安半坡遗址出土的埙,则可能是狩猎时模仿动物鸣叫诱猎的器物;陶制的盛物器皿本身就可以敲击,口部蒙上动物的皮革则成了"陶鼓"。山西万荣县荆村出土的新石器时代的陶埙,已能分别吹奏出小三度、纯五度音程,而距今约9000年—7800年的舞阳骨笛则多达七个音孔,这反映了华夏先祖音乐审美听觉已经觉醒。在陕西民间文学《黄帝传说》中有黄帝制定音律、发明乐器的传说。《吕氏春秋·古乐》篇中记载:"昔黄帝令伶伦作为律。伶伦自大夏之西,乃之阮隃之阴,取竹于嶰溪之谷,以生空窍厚钧者,断两节间——其长三寸九分——而吹之,以为黄钟之宫,吹曰舍少。次制十二筒,以之阮隃之下,听凤皇之鸣,以别十二律。其雄鸣为六,雌鸣亦六,以比黄钟之宫,适合;黄钟之宫皆可以生之。故曰:黄钟之宫,律吕之本。黄帝又命伶伦与荣将铸十二钟,以和五音,以施英韶。"[①]意思是黄帝让伶伦制定声律,伶伦在嶰(xiè)溪之谷截取良竹,以其声为黄钟之宫。又做十二筒,按凤凰的鸣叫声定为十二律。黄帝又命令伶伦和荣将铸造十二口编钟,用以调和五音,用来展示华美的乐音。黄帝发明的编钟被称为"黄钟"。十二律中阳律称"律",阴律称"吕"。"黄钟"是阳律第一律,"大吕"是阴律第一律。"黄钟"音律较高,声音洪大、响亮,而"大吕"音律较低,声音深沉、庄重。"大吕"经常作为"黄钟"的和音。因此后人用"黄钟大吕"形容音乐和言辞庄严、正大、高妙、和谐,"黄钟大吕"的结合体现了中国古代音乐追求平衡与和谐的审美理念。号角与战鼓是黄帝在与蚩尤战争中发明的乐器。传说黄帝与蚩尤大战时,为了克制蚩尤招来迷惑勾引兵

---

① 陆玖.吕氏春秋[M].北京:中华书局,2011:148-149.

士的魑魅魍魉，黄帝命人用牛角和羊角做成号角，模仿龙吟吓退魑魅魍魉。夔是远古的雷神，一开口便会发出雷鸣般的吼声。黄帝降服夔后将它的皮剥下来做成一面战鼓。黄帝与蚩尤交战的时候，命人敲响战鼓，声音传出500多里，蚩尤队伍听到鼓声害怕得丢盔弃甲，无力再战。打败蚩尤后，黄帝创作了气势磅礴的《桐鼓曲》。从陕西民间文学《黄帝传说》可以看出黄帝时期，陕西民间音乐体系已经成熟。

周代陕西的民间音乐，尤其是民间歌谣蔚为大观。周代设有采诗之官，每年春天，采诗官摇着木铎深入民间收集民间歌谣，把能够反映人民欢乐疾苦的作品，整理后交给太师（负责音乐之官）谱曲，演唱给周天子听，作为施政的参考。这些劳动人民集体创作的音乐作品，经过孔子编订，形成中国最早的诗歌总集《诗经》。《诗经》在内容上分为《风》《雅》《颂》三个部分。手法上分为赋、比、兴。《风》是周代各地的歌谣；《雅》是周人的正声雅乐，又分《小雅》和《大雅》；《颂》是周王庭和贵族宗庙祭祀的乐歌，又分为《周颂》《鲁颂》和《商颂》。《诗经》编撰的完成标志着陕西民间音乐进行了分层，《雅》《颂》正式成为宫廷音乐的代表。

中国传统拨弦乐器也是在周代进入鼎盛时期。中国古代因为价值取向的原因，专业音乐人的地位非常低。历朝的音乐人只能被称为"乐工"或"乐师"，唯独古琴是例外。古琴是中国传统拨弦乐器，有三千年以上历史。西周时期，琴乐就被视为国乐，琴师的社会地位非常高。西周时的钟仪是现存记载中最早的一位专业琴人。战国时期琴乐得到了很大的发展和普及，出现了伯牙与钟子期等琴乐高手。琴作为乐器，被赋予陶冶情操和修身养性的功能，所谓"君子之近琴瑟，此仪节也，非以慆心也"[1]。儒学创始人孔子对琴十分推崇，能弹琴唱诗经三百首，还曾向师襄子学琴，同时期著名的琴人还有师旷、师涓、师文、师乙、索丞等。琴乐的盛行开启了文人音乐的先河。

陕北说书的具体形成时间无法考确。但子洲、绥德、子长、延长等县艺人世代袭用的伴奏乐器曲项琵琶是在南北朝时由波斯传入中原地区的一种乐器。说书艺人说唱时横抱胸前且用拨子弹奏的方式，与开凿于西魏文帝大统元年（535年）的陕北宜君县牛家庄福地水库石窟塑像中仙女横抱的曲项琵琶酷似，可以看出陕北说书的形成深受魏晋时期音乐演奏形式的影响。

---

[1] 杨伯峻.春秋左传注[M].北京：中华书局，2018：1059.

第四章 陕西省传统音乐和曲艺

佛教在西汉末年由印度传入中国后蓬勃发展。寺院里僧徒或作乐以供养佛，或歌赞以宣扬佛法，促成了佛曲的俗化和俗乐的佛化，宗教音乐因此兴盛。受到佛教兴盛的影响，魏晋时期大放异彩的汉族俗乐之一的清商乐也开始与佛家音乐结合，并逐渐形成了一种"其音清而近雅"的音乐——法曲，成为隋唐燕乐的一个重要组成部分。

隋唐时期，国家统一，经济繁荣，万邦来朝，隋唐燕乐的高度繁荣就是在此基础上形成的。燕乐也称宴乐，是宫廷宴饮时供娱乐欣赏的歌舞音乐。它包罗万象，包括汉族的和少数民族的，中国的和外国的音乐。从隋初的七部乐到唐贞观时的十部乐，包括燕乐、清商乐、西凉乐（隋初沿用北周"国伎"名称）、高昌乐、龟兹乐、疏勒乐、康国乐、安国乐、天竺乐和高丽乐。不入十部者尚有扶南、百济、突厥、新罗、倭国、南诏、骠国和属于鼓吹乐系统的鲜卑、吐谷浑等多种伎乐，异常丰富多彩。燕乐乐器也吸收了边疆和国外传入的很多新乐器，如曲颈琵琶、五弦琵琶、筚篥（bì lì）、方响、锣、钹、腰鼓、羯鼓等，尤其是琵琶类弹弦乐器和各种鼓类打击乐器。除了燕乐，唐代其他传统音乐也达到巅峰，当时的音乐曲目非常丰富，包括雅乐、吹奏乐、弹拨乐、歌谣等多种曲目。值得一提的是唐代佛教兴盛时，为了给普通民众普及佛法，僧侣和文人把佛经转化为通俗易懂的散文和韵文的结合体。这种说唱相间、散韵组合讲述故事的体裁被称为俗讲变文。佛经讲义和陕西民间说唱艺术的结合，产生了陕西劝善歌，到清早期统治者推广的"宣讲圣谕"活动，更促进了陕西劝善歌的发展。劝善内容多以佛教故事、历史故事、民间传说、轶事，也有艺人的自编自唱为蓝本，劝人向善，感化世人。

唐代既是中国传统音乐的高峰，也是陕西传统音乐的高峰。安史之乱后，很多宫廷艺人流落民间，把唐燕乐带出宫廷。长安鼓乐就是脱胎于燕乐。自唐、宋以来，中国音乐许多音乐因素（律、调、曲、词、乐谱、乐器、结构、旋法等）都在这个古老乐种中找到了遗迹残痕。唐代统治者为强调自己得位的正义性，追认道家祖师老子为李姓先祖，因此唐代一直是佛、道两教盛行。道曲、道调是道士们在道观中向道徒宣讲道教教义的一种说唱形式。中唐诗人韩愈在《华山女》诗中写道"黄衣道士亦讲说，座下寥落如明星……观中人满坐观外，后至无地无由听"，反映了道家宣讲教义时的情况。李唐王朝覆灭之后，大批宫廷艺人和道士流落民间，使原来以诵唱道经为内容、宣扬出世思想的法曲、道情融入了民间的生活内容，在长安市郊和关中民间出现了俗曲道情。陕西秧歌起源有三种说法，一说源自后唐宫廷，从秧歌《彩楼配》中自表段子"正月十五君民乐，唐朝发明唱秧歌。天子耍丑耍得好，正宫娘娘把头包"可见；一说秧歌是由宋代的"村田乐"演变而来，秧歌即插秧之歌；三说源自宋元杂剧。

宋时，道情的伴奏乐器已增添了民间的渔鼓和简板。明朝以后，诵唱道情在民间的演出中吸收各剧种的营养发展为独立而较为完整的道情剧种。所谓"一经、二词、三道情"，真实地反映了道情戏发展演变的各个不同阶段。清朝乾隆时期（1736—1795年），关中地区已出现了专演道情戏的班社，如西安灞桥道情班、引镇道情班、子午道情班和三桥道情班，以及宝鸡阳平镇的姜马道情班等。嘉庆期间，长安道情向西安周边扩散，西府出现了眉县王长官寨班、岐山蒲村进香会班、麦禾营班、八家村班。东府出现了大荔的沙苑村班、蒲城的石羊村班等道情班社。同时，道情也通过商路开始向外流传，在关中经商的安康商人赖世魁把长安道情带回安康，亲自组建了赖泉班，使道情流传至安康，形成了安康道情。

明清以来，陕西成为中国民间曲艺艺术最为活跃的地区之一，陕西曲子在此期间形成并达到鼎盛。明代中叶，陕西武功人康海和户县（今西安市鄠邑区）人王九思遭贬谪后，在家乡"挟声伎酣歌，制乐造歌曲，自比俳优，以寄其怫郁"[①]。他们还常与乡里平民同乐，举行神庙报赛活动等。据《榆林府志》载：自明成化九年榆林大量移民实边，江浙一带的官员把南方音乐带入榆林，以当地方言演唱并吸收化用了当地的民歌小调，形成榆林小曲。光绪年间王敬一在武功做官，特别喜爱曲子，又能演唱，他用了14年的时间收集成11万余字的《羽衣新谱》（五卷一续编）。这部谱集清晰地体现了陕西曲子曲牌联套的曲体结构和联缀特征（即以"先月后背"开始，必以"先背后月"结束），是现存最早一部陕西曲子书目集成。

二、陕西省传统音乐和曲艺的地域分布

陕西传统音乐和曲艺是陕西省广大人民群众在漫长历史过程中，通过口口相传而流传下来的音乐形式和音乐作品。它无论从使用的乐器、演奏的乐谱还是演奏形式，都有着极强的民族性和地域性，与当地的民俗习惯相融合，与当地的民俗活动相结合。

陕西地域狭长，地势南北高、中间低，有高原、山地、平原和盆地等多种地形，

---

① 张廷玉.明史[M].北京：中华书局，2011：7438.

陕西地图酷似一个跪射俑。从地图上看，北山和秦岭把陕西分为三大自然区。北山山系从东向西分别由黄龙山脉、桥山山脉（子午岭山脉）、陇山山脉组成，是陕北黄土高原与关中渭河平原的分界岭，北部是沟壑纵横的黄土高原，俗称陕北地区，总面积 8.3 万平方公里，约占全省土地面积的 40%。北山以南，秦岭以北是一马平川的关中平原，总面积 5 万平方公里，约占全省土地面积的 24%。秦岭以南是秦巴山区，总面积 7.3 万平方公里，约占全省土地面积的 36%。因为地形阻隔和各地经济情况有差异，陕西省的传统音乐和曲艺发展也不均衡。出现了陕北民歌发达、关中戏曲和曲艺发展高度繁荣、陕南的民间音乐种类多影响小的地域分布格局。

（一）以民歌为代表的陕北

陕北黄土高原海拔 800 米—1300 米，位于凤翔—铜川—韩城线以北。其北部为风沙区，南部是丘陵沟壑区。土地贫瘠，气候恶劣。农作物生产水平低，畜牧业长期以来是该地的支柱产业。陕北农民在地广人稀、风沙遍地的野外进行农业生产，为了排遣孤独，自娱自乐，创作了大量的民歌。根据第七次全国人口普查结果，截至 2020 年 11 月 1 日零时陕西省常住人口为 39 528 999 人。其中陕北地区人口为 5 907 331 人，占陕西人口总数 14.94%。

陕北民歌是陕北历史上游牧文化与农耕文化长期融合的产物。信天游产生于周代中期而稳定于汉代，是中国较为古老的民歌形式。难能可贵的是，由于陕北长期处于相对封闭的状态，这一古老的民歌没有受到其他文化的影响，较好地保持着民族早期文化的诸多特征，对于认识研究民族文化有着重大意义。陕北民歌体裁丰富，除了信天游，还有山曲、爬山调、秧歌调、酒曲、船工号子、二人台、榆林小曲、道情、风俗歌（秧歌、西曲、叫卖歌、婚嫁歌、丧葬歌、祈雨歌等）、革命历史民歌等。

陕北民歌数量多，歌手多。2004 年，绥德县编纂了《绥德文库》，仅绥德一个县就收录了超过 5000 首的民歌。几乎每个陕北人都能吼两嗓子民歌。新中国成立以来，陕北地区涌现出众多优秀的民歌歌手，如王二妮、雒胜军、雒翠莲、王小怡、薛向飞、冯晓荣、贺东、贠恩凤、王向荣、闫志才、孙志宽、张华敏、郭云琴等。陕北民歌曲目来源广泛，有的直接产生于生活，展现出陕北黄土高原民歌的地域文化风采和特色，如信天游、山曲等；有的来源于历史传承，可溯源至古代占卜巫风，如神官调、祈雨歌、道情等；有的来自历史乡俗遗风，如秧歌调等；有的来源于南北文化融合，如榆林小曲、爬山调、部分传统小调等；有的源自波澜壮阔的红色革命运动，如《东方红》《刘志丹》《咱们领袖毛泽东》《横山下来游击队》等。据统计，目前整理的陕北民歌共计27 000余首，其中革命历史民歌1400余首。

（二）戏曲、器乐兴盛的关中

关中平原西起宝鸡峡，东至潼关，平均海拔520米，东西长360千米。这里地势平坦，交通便利，气候温和，物产丰富，经济发达，粮油产量和国民生产总值约占全省的2/3，是全省的精华之地，号称"八百里秦川"。关中平原自古以来土地肥沃，物产富饶，不仅拥有五千年历史文化积淀，更是全省的政治、经济、文化中心。古来就有"天府之国"的美誉。据第七次全国人口普查结果，关中地区人口为25 875 539人，占陕西总人口的65.46%。关中平原自古以来就是中国工业、农业和文化发达地区之一，商业繁荣，文化兼容并蓄、市井文化根深叶茂。因此，以休闲、娱乐为主要目的的戏曲和器乐就有了丰厚的生存土壤。从陕西省23种戏曲的形成地来看，其中12种戏曲剧种产生于关中，7种产生于陕南，4种产生于陕北，源起于关中地区并以源起地为中心流传区域的戏曲约占陕西全部戏曲种类的52%。

周代的"乐"采用声腔"西音"，汉代百戏，唐代参军戏、经变文学，唐玄宗设立的梨园等，为关中地区戏曲与曲艺的繁盛奠定了深厚的基础。秦末项羽火烧阿房宫，秦之臣民及众乐工遂被迫离开皇宫，流入咸阳以西者众多。在秦宫乐舞基础上诞生了"阿宫腔"。西安鼓乐源于唐代燕乐，之后又融入了宫廷音乐，安史之乱期间随宫廷乐师的流亡而流入民间。这些逃出宫廷的伶人乐伎，为关中各类民间音乐提供了最直接的人力基础。唐朝时期的戏场，多聚集在寺院里面。社会各阶层人物，常到寺院游玩、看戏。宋代以后，市井文化盛行，勾栏瓦肆对市民娱乐生活产生了积极的影响。它促进了市民间的社交活动，丰富了市民的娱乐生活，传承和发展了戏曲文化，同时也推动了城市经济的发展。1995年出版的《中国戏曲志·陕西卷》所收自元朝至清嘉庆年间之前的戏曲人物共19位，全为关中人氏，尤其是弘治、正德年间最著名的北曲家康海、王九思，他们是使关中戏曲人才持续繁盛的基石。这成为关中地区戏曲、曲艺、器乐发达的重要环境因素。

关中地区的器乐文化兴盛是唐时文化大融合形成的基础。关中器乐以锣鼓乐、丝竹乐、鼓吹乐为主。陕西考古发现的古代乐器大多出于关中地区，少量出土于陕西南部，尤其在宝鸡、扶风、凤翔、眉县、咸阳和西安等地重要的发现最多。西安半坡遗址、临潼姜寨遗址、高陵杨官寨遗址、神木石峁遗址，出土有陶埙、陶鼓、陶响器、陶号角、骨哨、骨口弦等。宝鸡、西安、咸阳地区出土了商周时期大量成组成套的编钟编磬。从考古结果可以看出，关中地区自古以来器乐文化就比较发达。这种发达使西安鼓乐、丝竹乐、鼓吹乐以及大量的鼓舞品种有了深厚的根基。

（三）陕南民间音乐种类多、影响小

陕南秦巴山地包括秦岭、巴山和汉江谷地，海拔 1500 米—2000 米。秦巴山区是陕西农林特产和矿产资源的宝库。据第七次全国人口普查结果，陕南地区人口为 7 746 129 人，占全省人口 19.60%。

陕南地区自古是中原通往荆襄、巴蜀的重要通道，军事地位重要，历代战乱频繁，人口发展缓慢，严重影响了该地区的开发进程。除了汉水谷地以外，直到元代，陕南地区绝大部分还处于极低的开发水平。明朝初年，为了抚治战乱，恢复和发展生产，朱元璋采取移民垦荒和屯田的办法调剂人力之不足，大量移民来到陕南开荒和繁衍生息。明末张献忠和李自成农民运动、清朝初期的三藩之乱，陕南地区作为主战场再次受到摧残。康熙年间，陕南还是"地广人稀"。为了避免土地荒置，同时也为了增加财赋，从康熙年间起，陕西官府开始大力招徕各省贫民充实陕南地区。陕南地区的气候温和，土壤肥沃，适逢东南各省兵连祸接，灾荒不断，众多流民从不同的方向自发来到此地。移民进入陕南后先在平原定居，后来人满为患，不得已迁入深山。至乾隆年间，这些移民基本上遍布了整个汉水谷地和秦巴山地的老林地区，这场移民活动称为"湖广填陕南"。移民大量入陕，改变了陕南的人口结构，形成了移民人数远超土著人数的人口格局。移民的到来带来了原籍所在地的音乐作品。陕南很多音乐都是从陕西以外地区传入并和当地文化相结合的产物。花鼓戏由湖北沿汉江而上的移民传入商洛；八岔戏中的"阳八岔"唱腔是由湖北"郧阳调"发展而成；大筒子戏的传入有四川、湖北、湖南三种说法；洛南静板书的形成与豫西、晋南的三弦书、四股弦分不开；镇巴渔鼓传自四川；陕南孝歌源自湖北。

陕南传统音乐以陕西本土音乐为基础，吸收了周围省份的一些音乐形式，因此陕南传统音乐类型比陕北和关中的更加丰富。如号子、山歌、小调细分的话，陕北地区

有 17 种类型，关中地区有 19 种类型，陕南地区有 25 种类型。陕南民间音乐中除去关中、陕北都有的号子、山歌、小调外，锣鼓草与抬丧号子是陕南独有的号子类型；唢呐号子、通山歌、山歌调子是陕南独有的山歌类型；哭嫁歌、孝歌、祭歌、朝山歌、送春牛歌是陕南独有的小调类型。然而，从影响力看，虽然陕南民歌种类丰富，但影响力远远不及陕北信天游、山曲和小调等。陕南的戏曲种类虽然不及关中丰富，但仍然比陕北多，如八岔戏、弦子戏、花鼓戏、大筒子戏等，其中汉调桄桄、汉调二黄、商洛花鼓、弦子戏、商洛道情五种地方戏曲曲种入选国家级非物质文化遗产项目。关中地区入选国家级非物质文化遗产的戏曲曲种有 9 种。但是单论戏曲的影响，没有任何一种地方戏曲能超越关中地区的秦腔。可以看出，陕南地区民间音乐种类丰富，但影响力较小。

第二节　陕西省传统音乐的分类

陕西省传统音乐博大精深。陕西省深厚的历史文化沉淀和传承为陕西省传统音乐的发展提供了良好的土壤。陕西省传统音乐具有浓厚的地域特性和丰富的历史文化背景，通过丰富多彩的表现形式，表达了陕西人民对于美好生活的热爱和向往，体现了陕西省的文化传统。

杜亚雄先生将中国传统音乐分为四类：民间音乐、文人音乐、宗教音乐、宫廷音乐。其中民间音乐包括民间歌曲、民间器乐、民间歌舞、戏曲音乐和说唱音乐；文人音乐包括古琴音乐、诗词吟诵调、文人自度曲；宗教音乐包括佛教音乐、道教音乐、基督教音乐和其他宗教音乐；宫廷音乐包括祭祀乐、朝会乐、导迎及巡幸乐、宴乐。可以看出传统音乐包罗万象，但是在中国非物质文化遗产的分类中，以戏曲音乐为主体的传统戏曲、以说唱音乐为主体的曲艺都作为独立的非物质文化遗产门类而存在，因此非物质文化遗产中的传统音乐的概念要明显小于音乐学科中的界定。通过对陕西省人民政府公布的七批陕西省非物质文化遗产名录的梳理发现，陕西省传统音乐可分为民歌类、鼓吹乐类、弹拨类和佛道音乐类等四类。

一、民歌类

陕西民歌是陕西人民在生产实践和社会实践中创作的，它形式多样，通过和其他艺术形式不断地融合而逐渐成熟。根据陕西省的地域特点把陕西民歌分为陕北民歌、陕南民歌和关中民歌。各个地区的民歌或豪迈奔放，或婉转柔美，具有鲜明的地域特征。陕西民歌中的紫阳民歌、陕北民歌、镇巴民歌、旬阳民歌均被列入国家级非物质文化遗产名录，代表了陕西民歌的最高水平。

根据民歌的内容和形式，民歌可以分为号子、山歌和小调。

（一）号子

号子是最古老的音乐形式，几乎和人类的历史一样悠远。远古时代，人们捕猎时吓唬猎物、统一行动而呐喊，艰苦劳动时为了舒缓疲劳而自娱自乐地高呼，收获劳动果实时表达喜悦，情不自禁地歌唱，往往伴随着对劳动工具的敲击，号子大都由一人领唱，大家应和。号子既产生于劳动又服务于劳动，既是劳动的工具又是劳动的颂歌，其文化内涵和社会功能明显。有的号子抒发了劳动者复杂的情感，有的反映了地理环境的特点，有的则描述了民俗风貌。号子的形成与当地民俗关系密切，既是劳动者能力的表现，也是本地区或行业悠久历史文化的深厚积淀。

1. 船工号子

陕西水资源丰富。关中平原河流密集，河网纵横，渭河、泾河、沣河、涝河、潏河、滈河、浐河、灞河八条河流滋润关中平原，素有"八水绕长安"之说。陕南有汉江、丹江、嘉陵江等大河，陕南北靠秦岭、南倚巴山，汉江自两山之间由西向东穿流而过，形成富庶的汉水谷地。汉江自古是陕鄂之间的主要航运要道，船工们在汉江之上来回往复，运送货物，再加上汉江水文情况复杂，行船艰难。为了协调动作、通报情报、缓解疲劳，形成了汉江船工号子和丹江船工号子。陕北不仅有洛河、延河、无定河等大河，还有黄河母亲河。黄河在府谷县墙头村进入陕境，向南流经神木、佳县、吴堡、绥德、清涧、延川、延长、宜川、韩城、合阳、大荔县，至潼关折向东行于沙坡出境，全长715.6千米。黄河沿着陕西山西界线自北向南流过陕北，黄河号子是黄河船工在航运、摆渡过程中所唱的号子，大多是逆水拉船或推船下水时即兴编唱而成。黄河船夫扳船的动作不断重复，赋予船工号子律动鲜明的节奏感。船工号子在陕南、关中、陕北都有分布。

汉江船工号子种类繁多，根据船只行驶状态可分为上水号子、下水号子和平水号子、离岸靠岸号子。这些号子大多无实词，皆是节奏韵律感极强的呼号，有的急促热烈，有的舒缓悠扬。

上水号子是逆流而进，劳动强度大，因而号子节奏规整雄壮激烈。上水时遇到险滩，水流湍急，领号人必须用力喊，船工们合号重复着一个音，领与合衔接紧凑，气息急切，配合默契。船只渡过险滩，船工们的情绪也渐渐缓和下来，这时领号人喊出弯船号子，放慢摇橹的速度，号子的节奏和速度也随之慢下来，音乐性增强，以调剂船工们的情绪与精神，如《上滩拉船号子》《跑挽号子》《扯蓬号子》《莲蓬带抄蒿号子》《拖号》《嗨嗨号》等。号子根据水流情况忽而平稳、忽而急促。下水号子是船只顺流而下时所喊的，因而徐缓悠扬动听悦耳，如《开头号子》《摇橹过街号子》《下滩号子》《弯船号子》等。平水、离岸靠岸号子是平水行驶或是船只靠近码头或离开码头所喊，其意为向岸上告知船只的状态，起到传递信息的作用。所以，这类号子一般曲调较为悠长，节奏自由。如《独角调》就是临近码头时喊的号子，《活锚号子》是木船装载后第二天即将启航，晚上船工们高兴地摆酒会餐后为启航做准备时活动铁锚时所喊的号子。此外还有《流星号子》《上档号子》《倒档号子》《抛锚号子》等。汉江号子的演唱形式是"一领众合"，领唱和合唱相互呼应，配合着动作交替接唱为最多。这些号子中有强烈的支声复调，模仿复调的因素，有的还包括对比复调的因素。还有一些号子随着水上劳动条件、环境及轻重的不同由交替接唱发展到混合唱。一般来讲，汉江号子的旋律主要在领唱部分，"合号"往往是节奏性的，有的只是一个音或一种音型的反复，以起到强调重音、统一力量与意志的作用，有些可以看成是一种固定的衬托。如《上滩拉纤号子》和《平水拉纤号子》皆是"嗨嗨"的呼号声，以此来协调动作的一致，保持劳动节奏的整齐，从而节省气力减轻疲劳。

如汉江号子《总歌》："汉江水弯又弯，上下都是滩连滩，有名滩、无名滩，技术不高难过关，洪水滩上号子喊，船怕号子马怕鞭……"

《上滩拉纤号子》："哟——哟哟嗨——哟——哟噢嗨——嗨——嗨——嗨——嗨——嗨——嗨。"

《下滩号子》:"嗨嗨——不要放松——嗨嗨——摇橹嗨嗨——眼要望前——嗨嗨——嗨嗨——嗨嗨——摇哇——要吸气——快完了——上啊——嗨——嗨——嗨——叫啊——"

《弯船号子》:"哟嗬——哟啰啰——哟嗬——哟嗬——哟嗬——哟啰啰——哟噢——"

《活锚号子》:"伙计们呀,拉起来吆!起锚了!齐搭手!铁锚起来了吆!拉起来哟!"

丹江号子《没奈何,走寨河》体现了陕南船工为了讨生活,押上生命做赌注的悲惨生活写照。丹江号子《没奈何,走寨河》:"没奈何,走寨河,手把舵,腿哆嗦。四百水路三百滩,龙王争来阎王夺……"

黄河船工号子起源于黄河漕运纤夫工作时的呐喊号子,以其鲜明的民族风格、强烈的生活气息和艺术感染力,一直留在人们的记忆里。黄河船工号子最出名的是20世纪40年代,佳县黄河老船夫李思命创作的《黄河船夫曲》。歌曲采用自问自答形式,以其质朴的语言、粗犷的声调、高亢浪漫的激情,展现了陕北人民在恶劣生活环境中不屈不挠的奋斗精神和乐观向上的精神风貌。

《黄河船夫曲》:"你晓得天下黄河几十几道湾哎?几十几道湾上有几十几只船哎?几十几只船上有几十几根杆哎?几十几个艄公哟嗬来把船儿搬?我晓得天下黄河九十九道湾哎!九十九道湾上有九十九只船哎!九十九只船上有九十九根杆哎!九十九个艄公哟嗬来把船儿搬。"

陕西省国家级非物质文化遗产皮影戏华阴老腔的演出形式和唱腔脱胎于黄河船工号子。老腔的发源地在渭南市华阴市岳庙街道双泉村,位于黄河西岸、渭河南岸的黄河渭河交汇处,自古以来就是船工的聚集地。船工们拖曳船只时为了集中发力,自发形成一人起头喊号子,众人跟着应和一起用力的形式。船工就地取材用一块木头有节奏地打击船板,让号子形成号召力。这种发自灵魂的呐喊形成船工号子,船工不仅利用这些号子在拖曳船只时鼓舞士气,而且应用到生活的各个方面,如爱情、亲情、友情、社会风貌等,宣泄人民群众的心声和情感。在此基础上诞生了华阴老腔一人主唱,众人帮腔满台吼的演出形式,木块、板凳自然成为伴奏乐器,后来增加了鼓、板、锣等乐器,加上人声和打击乐,形成了独特的音乐风格。它的音乐旋律简单明快、节奏感强烈，具有很强的感染力和表现力，能够表达出人们的喜怒哀乐和对生活的热爱。

老腔《将令一声震山川》："将令一声震山川，人披衣甲马上鞍，大小儿郎齐呐喊，催动人马到阵前。头戴束发冠，身穿玉连环，胸前狮子扣，腰中挎龙泉，弯弓似月样，狼牙囊中穿，催开青鬃马，豪杰敢当先。正是豪杰催马进，前哨军人报一声。"

《太阳圆，月亮弯，都在天上》："（道白）伙计们，啊，都来啦，啊，操起家伙！（唱）他大舅他二舅都是他舅，高桌子低板凳都是木头！太阳圆月亮弯都在天上，男人笑女人哭都在炕上！（道白）男人下了塬，女人做了饭。男人下了种，女人生了产。（唱）男人下了塬，女人做了饭。男人下了种，女人生了产。娃娃一片片，都在塬上转；娃娃一片片，都在塬上转。"

2. 打夯（硪）号子

在陕西，修路、打墙、盖房、筑坝、打地基都少不了打夯。夯由沉重的石头或者木头制成。木夯四棱状，一米多高，装有手柄；石夯是装有木柄的近四方体青石头，上面略大，四角留孔，麻绳拴在孔中。打夯时由两个人或者四个人高抬猛放，通过夯与接触面的撞击夯实松散的土质。有些地方也使用石硪（wò）夯土。石硪类似于石夯，略有不同。石硪的形状像一个圆盘，在下部的边缘处有一圈穿绳子的小孔，没有手柄，可以多人使用，一般为8至12人，以10人为多。石硪很重，为了保证安全，节奏整齐，必须有一人领号子，大家跟着打和声。打夯（硪）号子大都是节奏鲜明、气质健壮的短小曲调，有固定的夯词，也有即兴编唱的夯词。

如陕南号子《用力打》："同志们哪！嗨嗨的个嗨嗨呀！大家用力打呀！嗨嗨的个嗨嗨呀！一人那个不用劲哪！嗨嗨的个嗨嗨呀！大家那个受牵连哪！嗨嗨的个嗨嗨呀！"《甩起夯儿像把伞》："右手起！哎嗨哎嗨呀！缓缓地来呀！嗨嗨呀嗨嗨！小小的硪儿哦！哎嗨哎嗨哎呀！它呀进的前哪！嗨嗨呀嗨嗨！上去的好比！嗨呀嗨呀嗨呀！一呀把的伞哪！嗨嗨呀嗨嗨！"有时候，领号人为了活跃气氛，创造谜语式的号子。如关中号子《说个花儿》：（领）说个花儿哟！（众）哟嗨！说的什么花呀？哟嗨！（领）鸡娃落在麦囤上哟！（众）原是饱（宝）鸡花哟！（领）寡妇房里动哭声哟！（众）原是为男（渭南）花哟！（领）柏树生在碾盘下哟！（众）原来是压（哑）柏花哟！"其中宝鸡、渭南、哑柏均为关中地名。陕北号子中《轻轻起慢慢放》则是通过打夯号子，传授打夯的技术要领："大家伙起来要照样抬，四面四个人四根绳，四根绳绳要撇紧，打夯的要掌握定。"《拉碾号子》：（领）后生们把咱的石碾拉起来呦！（众）知道了！（领）太阳那下山就满山山红呀！（众）嗨呦呜嗨！（领）听我把号子那吼几声呀！（众）嗨呦呜嗨！（领）拉碾的后生听精明呀！（众）嗨呦呜嗨！手里的绳子要攥紧呀！（众）嗨呦呜嗨！（领）八根绳子九个人呀！（众）嗨呦呜嗨！（领）剩下我一人在杆子上拧呀！（众）嗨呦呜嗨！拉得起来呦！嗨呦呜哎嗨呦！谁家的娃娃就这么累？（众）嗨呦呜嗨！一下那嚎起不住气！嗨呦呜哎嗨呦！撩起个棉袄把奶奶喂呦！嗨呦呜嗨！把奶喂！吃饱了还在那脊背上睡呦！嗨呦呜嗨！拉得起呦来！嗨呦呜哎嗨呦！嗨呦！嗨呦！呦嗨嗨呀嗨！"

3. 报路歌和绞煤号子

报路歌是陕南特有的劳动号子，它的形成和陕南复杂的路况有关，具有鲜明的地域特色。陕南山高路险，过去的山路都是羊肠小路，狭窄陡峭、复杂多变、艰险难行。在山路结伴行走或多人运送大型物件，后面的人被前面的人或肩上的物件挡住了视线，无法看清路况，只能由前面的人高声报告路况信息，以协调步调，避免危险，报路歌于是就产生了。如："阳阳坡啊——慢慢梭哇！陡上陡哇——凑起走哇！""大步碾子——一步一个，外面虚空——端踩当中！"

绞煤号子是和陕北的地域特点有关，是陕北独有的劳动号子。陕北和陕南不同，陕北地处黄土高原，煤炭资源丰富。过去陕北煤炭的开采主要依靠人工，地下采煤工人将采出的煤装入矿车之后，地上的绞煤工人用辘轳将车中的煤绞出煤井。由于绞煤非常吃力，为了协调动作，由一人领唱，众人跟随，形成了绞煤号子。绞煤号子一般只有"上来了"等简单的实词，其余都是哎哎、哎嗨呦等虚词有节奏地重复。虽然绞煤号子语言简单，但也有此起彼伏一呼百应的艺术效果。如《绞煤号子》："哎哎，上来呦呦哎嗨呦！哎哎，上来呦呦哎嗨呦！"也有的绞煤号子描写了旧社会煤矿工人被资本家剥削压榨，从事繁重工作但生命安全得不到保障的悲惨处境。如《矿工谣》："镐头尖来镐头圆，手持镐把泪涟涟。镐头问我哭的啥，黄连苦味在心间。四壁乌黑难吐气，满嘴泥浆血未干。左爬右跪煤上滚，血汗齐流在胸前。背筐拉斗千斤重，一步一步向阴间。"

陕西的劳动号子还有很多，如榨油号子、抬石号子、锄地号子、搬运号子、抬丧号子……几乎涵盖陕西人民生产生活的各个方面。这些号子在陕南、关中和陕北都有大量留存。一些号子具有鲜明的地域特色，如陕北的号子有些种类在陕南没有，如绞煤号子、锄草号子、吆牛号子等。同样，紫阳劳动号子的一些种类在陕北号子中也看不到踪影，如报路号子、采茶号子等。即便是种类相同的船夫号子，也因地域不同内容有较大差异。陕北船夫在黄河边拉船，而黄河作为中华民族的母亲河。陕北船夫在感叹生活艰辛的同时也感谢黄河带来的便利，因此黄河船夫号子如《黄河船夫曲》就充满了一种人挑战自然的崇高感。而陕南船夫在汉江边拉船单纯是为了讨生活，所以陕南船夫号子中的汉江号子相对简单一些，内容是平安行船的经验总结。

（二）山歌

山歌是指人们在田野劳动或抒发情感时即兴演唱的歌曲。它的内容广泛，结构短小、曲调爽朗、情感质朴高亢、节奏自由。陕西省的山歌主要集中在陕南和陕北。

陕南海拔较高，过去人烟稀少，交通阻绝，生产生活条件十分艰苦。明末清初，官府鼓励移民充实陕南，无数流民从湘、皖、赣、豫、鄂、闽、粤、川等地移居到此。古人讲究"逐水而居"，移民首选目标是汉江沿岸的旬阳、安康、紫阳、镇巴等地。旬阳地处陕南东隅，素有"秦头楚尾"之称，西汉置县的旬阳处于楚秦蜀交界地带，荆襄文化、巴蜀文化、汉水文化等南北文化兼容并蓄，随着移民沿汉江移动而扩散到整个陕南地区。

陕南的语言成分非常复杂，主要受到湘、皖、赣、豫、鄂、闽、粤、川语言体系的影响，以紫阳为例。紫阳任河一带讲的是"川话"，汉江以北、洞河流域则为"楚音"，县南区讲话"儿化音"突出，句尾拖腔长，县东说的是甘肃陇东话和南方"江淮"话，在县城附近如作家贾平凹在《紫阳城记》中描述的："说话声尾扬起，圆润如唱歌动听。"紫阳山歌既明显具有南方各地的民歌小调风格，又不同于延续至今的各地民歌曲牌，也有相当一部分直接来源于南方的唱本，例如《桑木扁担》《十绣》《倒采茶》等。镇巴县开门就见山，出门就爬山，走到山那边还是山，因此镇巴县当地有句俗语叫"对门对户对面坡，走路要走一天多"。旬阳县位处秦巴山地，汉江河谷自西向东横贯中部，将县境天然分割为南北两大自然区。地势南北高、中部低，以山地为主。旬阳、紫阳、镇巴等县市山多沟深的地理结构和生态环境，造就了陕南山歌的繁荣。

单家独户居住的农民，在山野劳动时，觉得累了想发泄一下情绪，或者孤独了想和对面山上的劳作者进行沟通，寂寞之中想要排遣一下情绪，就对着高天流云、远山空谷，随心所欲地吼上几嗓子。歌手吼山歌一般都是用高腔（假嗓），常与山谷回音相应和。这样就形成了那种高亢明亮、拖控悠长、尾音下滑的音乐特色。山歌的演唱方式也很自由，可以一人独自高歌，也可多人互相唱和、双方盘诘对垒，进行"斗歌"。山歌内容多与山民生活有关，如爱情、劳作、娱乐、婚丧嫁娶、人生感慨、人生理想和美好愿望等。最值得一提的是陕南山歌中，陕南革命老区人民，在红军时期、抗日战争、解放战争时期创作、传唱的陕南红军歌谣，这是一部真实记录和讴歌红军时期鄂、豫、陕苏区和川、陕苏区军民英勇奋斗的"史诗"。

紫阳山歌大多是自由、即兴的发挥，句式结构、节奏比较自由。句式方面基本的是由二句式、三句式、四句式、五句式构成；节奏上紫阳山歌一首山歌一个节拍的现象是很少见的，大多都会在中间变化，最后再回到原来节拍上。山歌中有一些可以延长的地方，都由歌手自由发挥，增加韵味。镇巴山歌演唱以高腔为主，也有部分平腔演唱。此外，镇巴山歌中最为经典的音乐体裁就是通山歌，又称为茅山歌、酸歌子或放牛儿歌。通山歌的曲调相对固定，歌词大都是民间歌手即兴创作的。曲调"通用"，词即兴编唱，故名"通山歌"。主要句式结构有四句、五句和八句，八句的山歌也叫连八梢。最常见的"五句式"，一般是以一、二句为主题，第三句是第二句的变化重复，第四、五句又是一、二句的变化重复。也有"五句式"山歌，以一、二句起兴，三、四句是主题，第五句点题。

如表现爱情的：

郎在对门儿唱山歌（紫阳山歌）

郎在对门儿唱山歌，姐在房中织绫罗。哪个短命死的，发瘟死的，挨刀死的，唱的个样好哇，唱得奴家脚耙手软，手软脚耙，踩不得云板丢不得梭，绫罗不织听山歌。

唱支山歌当媒婆（紫阳山歌）

小小船儿下江河，桅杆上面挂大锣。响锣不用重槌打，恋姐不好当面说，唱支山歌当媒婆。

姐儿当门一条梁（紫阳山歌）

姐儿当门一条梁，韭菜芹菜栽两行。郎吃芹菜勤想姐，姐吃韭菜久想郎，二人玩耍要久长。

采茶调（紫阳山歌）

左手采茶采四两，右手采茶采半斤，越采越有劲。那边来了个小哥哥，年纪不过十八春，实在爱坏人。走起路来风摆柳，唱起歌来风吹铃，越唱越好听。

小小脚儿红绣鞋（镇巴山歌）

小小脚儿红绣鞋，轻轻两步走拢来。双手抓住郎腰带，轻声问郎几时来。

表现劳作的：

上茶山（紫阳山歌）

年年有个三月三，收拾打扮上茶山。人人都说茶山好，他做的活路不要工钱。左手拿个茶刀子，右手又拿大包袱，上山银子五十两，下山银子五十双。

清早起来去放牛（镇巴山歌）

清早起来去放牛，一根田埂放出头。牛儿不吃露水草，唱个山歌回家了。

表现娱乐的：

我的山歌有万千（紫阳山歌）

一斗芝麻洒满山，我的山歌有万千，南京唱到北京转，回来还能唱几年，四个火车拉不完。

太阳落坡渐渐梭（镇巴山歌）

太阳落坡渐渐梭，听我唱歌扯谎歌，牛打圈来马扯窝，报母鸡下个骡骡骡。两个蚂蚁抬碓窝，咳哧咳哧抬上坡。

表现婚丧嫁娶的：

相亲（紫阳山歌）

紫阳妹子最大方，唱起山歌选才郎。就是相亲关难过，搞不好就是白帮忙。

离娘酒歌（紫阳山歌）

雨纷纷，泪纷纷哟，手捧美酒敬娘亲哎。娘养孩儿一尺三，受尽苦痛与艰辛，儿难报答养育恩哟哎！

哭嫁（镇巴山歌）

哭一声，奴的爹，爹在屋里辛苦些，屋里屋外都靠你，上坡下坎要过细。哭一声，奴的妈，十月怀胎生下我，屎尿一身养奴大，哪个黑心要陪嫁。

感谢歌（紫阳山歌）

哎，雨打梨花泪纷纷，眼观灵柩实伤心。爹（娘）死后儿女乱了寸，多亏了亲友和四邻。料理丧事心操尽，而今又出力送上坟。孝子知恩无从报，叩头感谢众乡亲（叩头）。

表现人生感慨的：

山歌本是古人留（紫阳山歌）

山歌本是古人留，留给后人解忧愁，一天不把山歌唱，愁得少年白了头，人到老来万事休。

山歌好听难排头（镇巴山歌）

山歌好听难排头，木匠难修转角楼，石匠难打狮子头，女娃难绣花枕头。

表现人生理想和美好愿望的：

太阳大了晒坏人（紫阳山歌）

太阳大了晒坏人，只望天上起朵云，只望天上云起满，上遮日头下遮阴，阴阴阳阳好谈情。

红军歌谣：

草帽子儿十八转（镇巴山歌）

草帽子儿十八转，红军要过镇巴县。没得啥子做干粮，急得大娘一身汗。夜打灯笼没瞌睡，炒了三斤苦荞面。走一步来吃一口，口嚼炒面香又甜。

白河人民见太阳（旬阳山歌）

十里开花十里香，军民团结传四方。秋毫无犯爱人民，爱民如子像爹娘。芝麻开花节节高，人民军队进旬阳，白河人民去支援，加快旬阳得解放。

陕北山歌以信天游为主体。陕北位于"北山"以北，是我国黄土高原的中心部分。黄土高原是在中生代形成的基岩基础上覆盖新生代红土和很厚的黄土层，再经过流水切割和土壤侵蚀而形成的。陕北地貌以黄土塬、梁、峁、沟构成。塬是黄土高原经过现代沟壑分割后留存下来的高原面。梁、峁是黄土塬经沟壑分割破碎而形成的黄土丘陵，或与黄土期前的古丘陵地形有继承关系。沟是因为高原长期缺乏植被保护被流水反复侵蚀并伴以滑塌、泻溜的结果。美国著名记者斯诺1936年探访陕北后，在撰写的《西行漫记（红星照耀中国）》一书中称："陕北是我在中国见到的最贫困的地区之一，即使包括云南西部在内也是如此。那里并不真正缺少土地，而是在许多地方严重缺少真正的土地——至少缺少真正的耕地。在陕西，一个农民有地可以多达一百亩，可是仍一贫如洗。"①水土流失造成这里地理环境沟壑纵横、交通不便，也让这里土地贫瘠、常年贫困。在过去，通信业不发达，"望山跑死马，望村跑断腿"让陕北人的信息交流变得困难。陕北地广人稀，"通讯基本靠吼，治安基本靠狗"。陕北人热情奔放，习惯于站在坡上、沟底远距离地大声交流，为了准确表情达意，常常把声音拉得很长，形成了声音的高低长短和自由疏散的韵律。陕北人勤劳乐观，下地干活、赶车拉货、山坡放羊，面对苍茫大地，自然引吭高歌作为对自己辛苦劳作的回报。因为没有听众，歌声不加修饰、肆意而为。一时间，贫瘠的坡地、广阔的山川、干涸的河道、孤寂的官路都成为陕北人表演的舞台。因为没有限制、歌唱的内容也随心所欲，看见什么唱什么，想起什么就唱什么，很多歌词都是现场即兴创作、现编现唱。信天游就是在这种背景下产生的。

信天游是以三边（定边、安边、靖边）为发祥地，并辐射周边地区和甚至整个西北地区的一种民间歌谣。信天游在与内蒙古接壤的地区叫"顺天游"，在三边还称作"满天星"，在神木府谷一带叫"山曲"，是和陕北人生活密切相关的一种民歌。信天游的曲调悠扬高亢，粗犷奔放，韵律和谐，不加修饰，透着健康之美。信天游的歌腔，高度集中地展示了黄土高原的自然景观、社会风貌和陕北人的精神世界。信天游歌唱生活的苦难，《兰花花》《泪蛋蛋洒在沙蒿蒿林》《酒杯杯》《牧羊歌》《老天爷杀人不眨眼》《我妈妈生我苦命人》《我妈妈卖我没商量》《十三上定亲十四上迎》《黄土地上笑来黄土地上哭》等都描述了这片土地上人民曾经遭受过的苦难。信天游歌唱真挚的感情，《三十里铺》《这么好的妹子见不上面》《人人都说咱俩好》《大红果子剥皮皮》《上一道坡坡下一道梁》《拦羊的哥哥》《羊肚子手巾三道道蓝》《交朋友要交十七八》《崖

---

①斯诺.西行漫记[M].董乐山，译.北京：读书·生活·新知三联书店出版，1979：54-55.

畔上开花崖畔上红》《送情郎》《盒子枪打死也不后悔》《兰花花》《赶牲灵》等描写这片土地上浓得化不开的爱情。信天游歌颂波澜壮阔的红色革命，《东方红》《刘志丹打镇靖》《天心顺》《横山里下来些游击队》《咱们的领袖毛泽东》《当红军哥哥回来了》《你当红军我宣传》《共产党来了跟上走》《太阳出来满山红》《寻汉要寻八路军》等歌曲就涌现在陕北土地革命、抗日战争和解放战争期间，堪称一幅中国革命斗争的历史画卷。1946年李季创作的《王贵与李香香》、1956年贺敬之创作的《回延安》是现代信天游的楷模之作。

信天游产生于周代中期而稳定于汉代，陕北相对封闭，使得这个古老的民歌形式得到了很好的传承。信天游红色歌曲的巅峰之作无疑是家喻户晓的《东方红》。我们从《东方红》歌曲的形成过程可以看见信天游的历史发展脉络。在北宋郭茂倩编撰的《乐府诗集》第八十五卷《杂歌谣辞三》中收录的《上郡歌》无疑是《东方红》的源头。"大冯君、小冯君，兄弟继踵相因循，聪明贤知惠吏民，正如鲁卫德化钧，周公康叔犹二君。"[1] 后来《上郡歌》的曲调和歌词格式被信天游吸收，改编成了信天游歌曲《麻油灯》："麻油灯、亮晶晶、芝麻油、白菜心。红豆角角双抽筋，谁也不能卖良心。"1935年，中央红军到达陕北后，共产党领导农民打土豪、分田地，穷苦陕北人翻身做了主人。以信天游为代表的陕北民歌开始融入革命色彩，陕北人用歌声表达对共产党和毛主席的拥护。1938年，音乐家安波等人为《麻油灯》重新填词创作了一首反映抗日内容的《骑白马》："骑白马，挎洋枪，三哥哥吃了八路军的粮，有心回家看姑娘，呼儿嘿哟，打日本就顾不上。"《骑白马》一经推出，就受到边区人民的欢迎，争相传唱。1942年的一天早晨，陕北佳县农民李有源早起干活，经过一个山峁时，恰逢一轮红日冲破云彩从东方升起照亮了佳县古城。李有源即兴创作了信天游《东方红》："东方红，太阳升，中国出了个毛泽东。他为人民谋生存，呼儿嘿哟，他是人民的大救星！"歌曲编成后，经过李有源及其侄子李增正的推广，很快在陕北传唱。1943年冬，佳县贫民响应边区政府号召，准备移民到延安开荒种地，李增正任移民队副队长。李有源又用歌曲作为第一段为移民队编了一首有九段歌词的信天游《移民歌》。1944年春，移民队伍到达延安，《移民歌》随着移民队伍从佳县一路传唱到延安。

---

[1] 郭茂倩.乐府诗集[M].北京：中华书局，1979：1192.

信天游·移民歌

东方红，太阳升，中国出了个毛泽东，

他为人民谋生存（呼儿嘿呦），一心去打小日本。

山川秀，天地平，毛泽东领导陕甘宁，

迎接移民开山林（呼儿嘿呦），咱们边区满地红。

三山地，五岳高，毛泽东治国有功勋，

边区办得呱呱叫（呼儿嘿呦），老百姓颂唐尧。

边区红，边区红，边区地方没穷人，

有的穷人就移民（呼儿嘿呦），挖断穷根翻了身。

移民好，移民好，移民工作闹开了，

佳县出来延安跑（呼儿嘿呦），移民变工把山掏。

佳县移民走延安，一心要开南劳山，

不过几年你来看（呼儿嘿呦），尽是一片米粮山。

孙万福，马丕恩，高克兰来郭凤英，

男耕女织是模范（呼儿嘿呦），咱们和他争英雄。

叫老乡，仔细听，移民开荒真光荣，

各州政府县来欢迎（呼儿嘿呦），送了好多慰劳品。

移民开荒真光荣，走到延安开山林，

打下粮食兑回来（呼儿嘿呦），有吃有穿好光景。

1944年3月11日，时任《解放日报》记者的陈伯林将《移民歌》的9段歌词和所用《骑白马·挂洋枪》的曲谱发表在《解放日报》上。1945年11月，公木等人改编《移民歌》歌词，刘炽改编《白马调》曲子，《移民歌》删修成为三段歌词，改名为《东方红》。中华人民共和国成立后为适应专业合唱队表演，先后有多位作曲家将其改编为合唱曲，现在通行的《东方红》是李焕之编曲。

信天游·东方红

东方红，太阳升，

中国出了个毛泽东；

他为人民谋幸福，

呼儿嗨哟，他是人民大救星！

毛主席，爱人民，

他是我们的带路人；

为了建设新中国，

呼儿嗨哟，领导我们向前进！

共产党，像太阳，

照到哪里哪里亮；

哪里有了共产党，

呼儿嗨哟，那里人民得解放！

信天游的唱腔分为高腔、平腔两类。高腔大多用假声，曲调高亢宽广、起伏跌宕，风格豪放粗犷、节奏自由、音域较宽、旋律跨度大、感情奔放自如。尤其是衬词加"哎嗨"的运用引起了乐句结构的变化，增加了小节使句幅拉长，但上下句仍保持着平衡、匀称的结构。如《大生产》中表意歌词仅14个字，衬词却用了25个字，"解放区呀么呼嗨，大生产呀么呼嗨，军队和人民西里里里索啦啦啦索啰啰啰太，齐动员呀么呼嗨！"这种对衬词的大胆使用，把歌曲的情绪推向了高潮。平腔细腻婉转，音域不宽，节奏规整，旋律平稳，多为级进，颇有诉说之感，多表达思念之情。

信天游的结构通常为上下两句体，每句的基本字数为七言，但也有多达十余字一句的。上下句押韵，韵脚多变，采用比兴手法，上句描写景物，下句点出旨意，抒情味浓，一虚一实，情景交融。如"羊肚子手巾三道道蓝，见个面面拉话话难。""山丹丹的那个开花呦红艳艳，毛主席领导咱打江山！"

信天游的表现手法上承《诗经》，就是大量运用比兴手法。"比兴"是一种欲言此物先言他物的表现手法。此物是由他物触发的，以引起实际所言之词的表现手法，其中实际所言之词由他物所感发，能达到兴寄深远、言有尽而意无穷的艺术效果。如"东方红，太阳升，中国出了个毛泽东。""一对对鸳鸯水上漂，人家都说咱们两个好。""比"是用本质不同又有相似点的事物描绘事物或说明道理的修辞手法。信天游利用比的手法把本来是抽象的思想感情或观点说得具体生动，给人鲜明的印象，或者把一些不便于直接说的事情婉转含蓄地表达出来，耐人寻味。如"鸡蛋壳壳点灯半坑坑明，烧酒盅盅量米不嫌哥哥穷"，"满天的云彩风刮散，好好的朋友人搅散"，"苦命苦命实苦命，白菜芽芽白菜根"。信天游是一部反映陕北人民生活的百科全书，具有浓郁的陕北语言特色。在信天游中，凡是目光所及均是信天游的题材，如蓝天白云、山谷河川、牛马庄稼、姑娘后生、公鸡窑洞等。信天游对叠字的使用是信天游中最活泼的语言特色，如羊羔羔、哥哥妹妹、泪蛋蛋、毛眼眼、红豆豆、白格生生、蓝格莹莹等意象更是信天游中最亮丽的风光。叠字大多和比兴句同时出现，有力地增强了比兴的形象性和感情色彩。如"羊羔羔上树吃嫩柳梢，拿上个性命和你交"，"镰刀弯弯割豇豆，你是哥哥的心头肉"，"一对对鸭子一对对鹅，一双双毛眼眼望哥哥"，"这一杯烧酒小妹妹喝，毛眼眼看人心里乐"，"哥哥你走西口，小妹妹我实在难留"，"瞭不见个村村呦瞭不见个人，我泪个蛋蛋抛在哎哟沙蒿蒿林"，"红豆豆开花扯蔓蔓，新交的朋友面粘粘"，"白格生生蔓茎脆格铮铮咬"，"绿格铮铮青油炒鸡蛋"，"青线线（那个）蓝线线蓝（格）莹莹的彩，生下一个蓝花花（呀）实是爱死人"。

（三）小调

小调是指流行在群众休息、娱乐、集庆等场合中的各种民间歌曲。如果说信天游是"山野之歌"，那么小调则是"里巷之曲"了。所谓"山野之歌"是说属于山歌体的信天游是在农村流传和发展的一种民歌体裁。所谓"巷里之曲"是说小调的流传与发展更多的与城镇相联系，多数小调是由城镇传往农村的。陕西民歌中的小调以陕南小调和陕北小调最为知名。

陕南小调是流传在陕南地区的一种说唱艺术，主要在年节或喜庆时演唱。它是陕南花鼓子的一个分支，以歌唱为主，兼有说白。小调通常由一人演唱，伴奏乐器主要是二胡、琵琶、月琴等。陕南小调是移民文化的产物，"湖广填陕南"之后，陕南民歌吸收了大量移民地音乐的营养，滋养出陕南小调秀丽、细腻、委婉的风格。与山歌不同，陕南小调词曲比较固定，唱腔多用平腔，曲调细腻流畅，旋律优美动听，节奏平稳细碎，演唱润腔方法和调式音阶用法都独树一帜，特别是有一种颤音，是利用喉结放松地颤动而产生特殊的泛音效果。也正是因为这一特殊的发声方法，使得歌曲别具一格。如《十想郎》《山伯访友》《对门对户对条街》《摘黄瓜》《拜新年》《蚊虫五更》《十里亭》等。

摘黄瓜（陕南小调）

奴在园中摘黄瓜，郎在园外抛土巴。打掉黄瓜花。打掉公花犹是可，打掉母花不结果，回家娘怪我！你要黄瓜给你摘，你要玩耍夜晚来，别在这要呆。你要来呀早些来，来得迟了门难开，奴家狗儿歪！你要来时光着脚，爹娘免知晓。路上有人盘问你，就说河里摸鱼哩，神仙不怀疑……

陕北小调是陕北地区的一种民间音乐形式，具有独特的地域特色和历史文化价值。陕北小调伴奏乐器以扬琴为主，另加唢呐、琵琶、筝、三弦等弹拨乐器，有时也加用月琴或京胡。打击乐器用一只小瓷碟。唱段多为带叙述性的抒情小曲。明成化九年（1473年），榆林大量移民实边，江浙一带的移民把南方音乐带入榆林，与当地的民歌小调结合，使得陕北的小调具有明显的江南民歌风味，陕北小调的歌词多以分节为主，七言为主，采用平腔演唱。曲调通常比较固定，多为叙事体。一些小调已有丝竹、打击乐伴奏，如清涧县的"道情"、米脂县的"碗碗腔"、神木市和府谷县的"二人台"等，这些小调已经向着说唱音乐和戏曲音乐方向发展。此外，陕北小调中也有一些比较婉约、曲折、细腻的曲目，如《揽工调》《卖娃娃》和《走西口》等，这些歌曲以日常生活习俗和社会焦点问题为主要内容，反映了封建社会陕北农民的悲苦生活。

走西口（陕北小调）

哥哥你走西口，小妹妹我实难留。提起哥哥你走西口，哎小妹妹泪常流。送出来就大门口，小妹妹我不丢手。有两句的那个知心话，哎哥哥你记心头。走路你走大路，万不要走小路。大路上的那个人儿多，拉话话解忧愁……

陕西小调题材多样，内容丰富，所反映的生活面极广，涉及陕西人生活的方方面面,既有大胆质朴的爱情题材,也有生动传神的传说故事和历史事件,日常生活中的游戏和风俗活动。尤其是在革命年代,文艺工作者和群众编创了许多革命的新小调,发挥了讴歌边区生活、鼓舞军民士气、打击敌人、消灭敌人的战斗作用。如陕南小调《十送红军》《红军恩情不能忘》《盼红军》,陕北小调《边区十唱》《翻身道情》《革命将士出征歌》等。

陕西小调表达的内容和感情婉转细腻,并善于通过叙事的方法抒情达意。由于小调广泛地接触城乡不同的阶级和阶层,思想上复杂多样、良莠不齐,不仅反映了农民阶层的生活,也反映了其他劳动者如手工艺人、商人、市民的生活和意识,存在着表现部分商人、市民阶层的狡猾、油滑的曲调,因此要去伪存真,发扬小调中的优秀作品。

陕西小调歌词多为分节形式,句式多样,有五言、七言不等;每段有四句、六句,也有三句、五句的奇数句子;有的歌词较短,有的歌词竟多达二三十段。一般词曲较固定,不具即兴编唱的特点。演唱形式有独唱、对唱,也有齐唱或一唱众合的。

二、鼓吹乐类

中国历代封建王朝在理论上将鼓吹乐所用乐器排斥在雅乐诸器之外,但鼓吹乐的身影在朝廷郊庙祭祀活动乃至隆重的军事大典中都存在,体现了封建统治者对鼓吹乐矛盾的心态。鼓吹乐是以打击乐器、吹奏乐器等合奏形式为主的传统音乐,起初常用鼓、角、箫(排箫)、笳等乐器。鼓吹乐本是盛行于西域和北疆少数民族地区和国家的音乐。鼓吹乐在秦汉之际传入我国河西地区,之后进入帝都长安,构成了陕西省鼓吹乐的历史源头。"汉魏以来,鼓吹乐是宫廷、军府、官府的仪仗、宴飨音乐的重要组成部分,并由乐府、太常寺等机构来管理。汉代少府卿统属下的乐府来管理俗乐,包括鼓吹乐在内。鼓吹乐用于宫廷内的仪式、行进、殡葬之礼、宴飨殿庭之乐、军乐等,表演形式有鼓吹、横吹、骑吹、短箫铙歌等。"[1] 鼓吹乐进入汉代宫廷之后替代了没落的钟鼓之乐,呈现了礼乐化、宴乐化的趋势。汉代设置"黄门鼓吹"官职,由天子近

---

[1] 陈婧雅.唐代长安与西域乐舞文化研究D/OL.陕西:陕西师范大学,2014(26). https://kns.cnki.net/kcms2/article/abstract？v=9hl5eXOdJcZv2nshMpaVta-n3wzjdR4R_5LniBrEh96oFbV-RgFXZnEOtFjFNdfcHU3H0x9stPxRgBSvj_Y5BcShk-gIKmFIw8Mj5aP42zqOPKpo53W7gH5JxvO9UP1hsTBMMcUfBp4SM5chmPFpsg==&uniplatform=NZKPT&language=CHS.

侍担任，主要负责宫廷燕乐演奏和担任天子专用的仪仗队。曹魏时期设立了鼓吹署和清商署，以管理鼓吹乐和清商乐，鼓吹乐由乐曲的形式发展成管理音乐的机构鼓吹署。鼓吹乐横吹也是由西域传入的表演形式，常在马上演奏，亦用于汉廷的军乐，使用乐器以鼓和角为主。南北朝时鼓吹乐流入民间并为豪富之家使用。明、清以后，商业经济取得长足发展，市井文化异常繁荣。鼓吹乐在宫廷的存在日渐式微，流入民间的鼓吹乐却在商业经济的影响下蓬勃发展。

鼓吹乐根据使用乐器的不同，逐渐分化成吹打乐和笙管乐两种趋势，笙管乐成为宗教音乐的主体，吹打乐成了老百姓喜闻乐见的音乐形式。在各种民俗活动如节日庆典、婚丧嫁娶中，都少不了吹打乐。即使是吹打乐，在民间的演变过程也出现了两种倾向：一种是以吹奏乐器为主体的演出方式，一种是以打击乐器为主体的演奏方式。

陕西非物质文化遗产中的鼓吹乐有宝鸡姜马察回音乐、澄城鼓吹乐艺术、秦汉战鼓、监军战鼓、威风战鼓、五圆鼓、韩城"谏公"鼓吹乐、鄠邑北乡锣鼓、周至殿镇八卦锣鼓、韩城围鼓、八仙鼓、韩城行鼓、绥米唢呐、子长唢呐、旬邑唢呐、合阳民间唢呐、镇巴唢呐、周至唢呐、高陵洞箫、埙乐艺术等。

陕西的鼓吹乐中以吹奏乐器为主体的非物质文化遗产项目有：姜马察回音乐和澄城鼓吹乐艺术。宝鸡姜马察回音乐源自宝鸡市陈仓区阳平镇姜马村，是一种以笛子吹奏和鼓乐相结合的合奏音乐，民间也叫"细乐"，演奏形式分为行乐和坐乐两种。演奏乐器一般有笛子12支、笙2个、管子2个、疙瘩锣3面、海锣2面、碰铃4个、暴鼓1面、神鼓1面。内容包括民间音乐、宫廷音乐、戏曲音乐、曲艺音乐、宗教音乐等多种音乐成分。察回乐曲是鼓吹乐中比较特殊的一种，无一般鼓吹乐必备的唢呐，吹奏乐器主要由五支笛子组成，击打乐器除战鼓、板鼓外，由云锣、乳锣、中钹、碰铃等铜器构成，常用于祈雨，代表诸神巡回察访。现存曲目20个，有《刮地风》《路曲子》《钉缸》《柳青叶》《高调柳青叶》《风搅雪》《扬燕麦》《摆剑》《步步敲》《征东》《张良辞朝》《上香》《开板谱》《落板谱》《尖环》《八板》《十八腔》《上下轮》《罗江怨》《高调罗江怨》等。澄城鼓吹乐艺术从乐器的配备上看，可分为唢呐曲牌和鼓吹乐曲牌或套曲两种。澄城鼓吹乐演奏风格以澄城县茨沟桥为分界线，茨沟桥以南为沟南，茨沟桥以北为沟北。沟北地区以演奏唢呐曲牌为主，其乐器配备常有两支唢呐和打击乐器小鼓、鼓板、小钹等，乐队常由四至六人组成；但在沟南和城镇地区则习惯使用海笛、笛、管、笙等乐器,并以曲牌连缀形式演奏一些大型的鼓吹乐套曲。其乐器配备常有唢呐两支、海笛一支、笛两支、笙和管各一支以及喇叭一支、锣鼓和打击乐器三至五件。传统曲目有《上上宫》《背宫》《青天宫》《一五六》《阴六》《小开门》《大开门》《金摆场》《哭黄天》《水龙吟》《朝天子》等,与民歌结合产生的曲目有《变花》《大定岗》《小放牛》《丝锣带》《纺线曲》《一串铃》《燕儿落》等。

锣鼓乐是最具有中国民族特色的器乐合奏形式,也是鼓吹乐的重要组成部分,主要以各种打击乐器组成乐队,亦称打击乐合奏。陕西的锣鼓乐可分为伴奏锣鼓、清锣鼓和表演锣鼓三类。陕北多为伴奏锣鼓,以伴奏社火节目为主。陕北锣鼓乐自身特点不甚显著,社火伴奏主要借用其他地方的锣鼓乐形式。如流行于韩城西部山区的韩城围鼓就是一种古老的社火表演形式鼓种,流行于周至县集贤镇殿镇村周至殿镇八卦锣鼓自唐朝起就是社火的伴奏锣鼓。

关中一带以表演锣鼓和清锣鼓见长,主要是节日庆典时演奏。清锣鼓没有舞蹈动作,是纯锣鼓乐器的合奏,以演奏套曲或联曲见长,也可演奏单牌子乐曲,如西安市区普遍流行的铜器社演奏的曲子。流传于咸阳市永寿县监军镇的监军战鼓,本是隋唐时期军队用于鼓舞斗志的军事指挥乐种,现在只是纯粹的锣鼓乐演奏。流传于宝鸡眉县的威风战鼓源于战争,是古人击节而歌的遗存。威风战鼓以鼓为帅,以锣钹为将,通过《祭旗出征》《白起摆阵》《韩信点兵》《战前列队》《龙飞凤舞》《老鹳探水》《厮杀格斗》《收兵回营》《胜利凯旋》九个乐章的演奏,表现了一场战争胜利的过程。鄠邑区北乡锣鼓,是鄠邑区北部乡村迎祭城隍的传统锣鼓,鼓调主要有《凤凰三点头》《十样景》《一串铃》以及《走鼓》等。清锣鼓所演奏的主要曲目有《两锤》《三锤》《加长锤》《长八板》《风搅雪》《什样锦》《十面埋伏》《孙膑下山》《摘豆角》《八仙过海》《鸭子拌嘴》《老虎磨牙》《八哥洗澡》《百鸟朝凤》《雁落沙滩》《鹞子翻身》《狮子摇铃》等。

表演锣鼓是关中锣鼓乐独有的。要求演奏者在演奏锣鼓的同时做各种简单舞蹈动作,几乎每一种表演锣鼓都有一段传说故事。如流传在咸阳地区的"秦汉战鼓",通过出征、交战、凯旋三部曲再现了秦始皇扫六合的雄风;指挥战鼓通过"追星棰、揽月棰、冲天棰、撼地棰"等棰法变化指挥三星阵、五星阵、七星阵等阵法变化,体现出秦朝作战时的鼓乐军事素质。流传在合阳地区的"五圆鼓"又名"五谷(鼓)丰登",其敲击乐主要为鼓,即中间一大鼓,周围围上四个小鼓,寓意"圆满"。五圆鼓属于一种鼓舞,鼓手鼓法丰富多彩,如"单回""双回""单过桥""双过桥""单盘龙""双盘龙""单扫边""双扫边""单架桥""双架桥"正敲、背敲等。舞蹈动作夸张,风趣幽默。特别是韩城行鼓,这是在韩城广为流传的一种鼓舞。在韩城,大一点的村庄都有自己的锣鼓队,不论逢年过节,还是求神祈雨,都能看到韩城行鼓的影子。元灭金后,蒙古骑士在韩城敲锣打鼓,欢庆胜利。韩城群众沿袭模仿,成为民间鼓乐。"传统的表演,鼓手都头戴战盔,腰束遮鞍战裙,击鼓时仰面朝天,成骑马蹲裆式,模拟蒙古骑士的身姿。即使在今天欣赏韩城行鼓的表演,你仍能感受到这种气氛:鼓阵排开,令旗挥舞,百鼓齐鸣,气势恢宏,酣畅淋漓的鼓姿,强劲刚烈的鼓点,似黄河咆哮,如万马飞奔。敲到得意处,鼓手们失去常态,如醉如痴,狂跳狂舞,醉鼓醉镲是韩城行鼓的最佳境界。"[1] 韩城行鼓是陕西锣鼓乐的杰出代表,入选为第二批国家级非物质文化遗产名录,陕西省第一批非物质文化遗产名录。但是陕西省非物质文化遗产名录中把韩城行鼓编入"民间舞蹈"名录。因为很多鼓乐都加入了表演的性质,往往是音乐和表演形式并重,甚至表演的成分大于音乐形式,因此很多鼓乐都介于民间舞蹈和鼓乐之间,之间没有严格的界限。如咸阳地区的牛拉鼓、蛟龙转鼓等,渭南地区的老庙老鼓、洪拳鼓、黄河阵鼓、东雷上锣鼓等,宝鸡市一带的西山刁鼓、岐山转鼓等,陕北的安塞腰鼓、洛川蹩鼓、横山老腰鼓、宜川胸鼓等,都编入了"民间舞蹈"名录。

锣鼓乐器主要包括鼓类、镲类、锣类等。鼓类有大堂鼓、小堂鼓、老鼓(亦称抬鼓)、战鼓、扁鼓等;镲类有大镲、中镲、小镲、大铙、小铙、大钹、小钹以及若干京铜器、苏铜器等;锣类有大锣、小锣、乳锣、勾锣、汤锣、掌锣、马锣、双云锣等。陕南锣鼓乐多用细铜器,编制小型多样。在艺术表现上,讲究轻敲细打,锣鼓点疏密相间,节奏复杂,音色丰富。关中锣鼓乐多用粗铜器,编制以完整齐备、群体多件组合为特征。擅长以不同的乐器作纯音色对比演奏,阵容庞大整齐、气势雄浑。

吹打乐主奏乐器是唢呐,被称为乐器之王。唢呐是公元 3 世纪沿丝绸之路从东欧、西亚一带传入我国的木质双簧管乐器,已是我国具有代表性的民族管乐器。民间谚语:"百般乐器,唢呐为王。唢呐一响,不是升天,就是拜堂。"可以看出唢呐在老百姓日

---

[1] 韩城行鼓[EB/OL].https://www.ichshaanxi.cn/fyccxm/detail/114.shtml.

常生活中的重要地位。关于唢呐的记载最早可以追溯到明代。明代武将戚继光曾把唢呐用于军务之中。他在《纪效新书·耳目篇》中说："凡吹唢呐，谓之掌号笛。要聚各官旗头目，发放军务，必须吹得到齐乃止。"① 明代王磐的小曲《朝天子·咏喇叭》对唢呐的特点进行了概括："喇叭，唢呐，曲儿小，腔儿大。官船来往乱如麻，全仗你抬身价。军听了军愁，民听了民怕，哪里去辨什么真与假？眼见得吹翻了这家，吹伤了那家，只吹得水尽鹅飞罢。"明代后期，唢呐在戏曲音乐中得到了广泛运用，吹奏过场曲牌、进行唱腔伴奏都离不开唢呐。因为唢呐的构造相对其他乐器来说比较简单、造价相对便宜，并且唢呐对于学习的人要求也不高，又便于携带，所以很受老百姓的喜爱，很快在民间得到传播。到了近现代，唢呐成为中国人民使用颇广的乐器之一。

陕北长期处于农耕文化和游牧文化交汇地带，土地贫瘠，自然条件恶劣。陕北人在这片土地上苦中作乐，和命运进行抗争，谱写了一曲曲生命的赞歌。陕北人敢和天斗、不屈不挠的性格特点与唢呐高亢嘹亮、粗犷深沉乃至吼天撼地的乐声，产生了心灵的共鸣、共振，唢呐音乐成为陕北人生活、生产、生命之中情感宣泄的最好载体。陕北人的生老病死都和唢呐演奏挂上了钩。中国民间有这样的说法："千年琵琶万年筝，一把二胡拉一生，唢呐一出全剧终。"说明唢呐吹奏已经深深刻进了亿万中国人的民族基因。

陕北唢呐多为大小唢呐同时演奏，高音唢呐叫"张字儿"，低音唢呐叫"拉筒筒"，在打击乐器锣鼓、和笙（小笙）的伴奏下进行吹奏，偶尔还有其他打击乐器如梆子、铙钹等。存活在陕北人生活中的绥德唢呐、米脂唢呐、子长唢呐均被列入国家级非物质文化遗产名录。

绥德唢呐和米脂唢呐被称为"绥米唢呐"，陕北绥德、米脂唢呐吹奏形式主要为动态、静态两种。动态吹奏一般随迎亲、出殡、秧歌、谒庙、请神等队伍在行进中吹奏，吹奏时间较长，全程一般不间断。静态吹奏在各种吹奏场合中都有，一般来说是鼓乐班在庭堂院落围坐吹奏。绥米唢呐的吹奏形式有"大吹""小吹"之分。大吹由五件乐器和五人组成。两个唢呐手各吹一把唢呐、鼓手、镲手、锣手分别击打牛皮鼓、小镲、钩锣。另有两把长号，由唢呐手和鼓手吹奏。小吹有小海笛一把、笙一把、管

---

① 戚继光.纪效新书：十四卷本[M].范中义，校释.北京：中华书局.2001（6）：18.

子一支，再配上小铰子、小铜锣等乐器，吹奏风格委婉清丽。子长唢呐指杆长尺三、尺二五的大唢呐，是陕北唢呐的重要组成部分。传统的子长唢呐班子由五人组成，因人手一件乐器，亦称"小五件"唢呐班。子长唢呐多由上、下手双人吹奏，上手主奏，下手依附于上手旋律作低八度演奏，多具伴奏效果。在演奏时配以小（扁）鼓、乳锣、小镲为伴奏乐器。子长唢呐班子的起奏引子为长号吹奏，一般由唢呐下手和鼓手兼奏，"鼓腮换气"是子长唢呐吹奏最突出的特点。陕北唢呐的代表曲目有《西凉凉》《大摆队》《大楚将军》《催鼓令》《三通鼓》《得胜回营》等。

高陵洞箫和吴起弹口琴（弦）是陕西鼓吹乐中的一股清流，鼓吹乐的演奏基本都是强调团队合作，是集体表演的艺术形式。高陵洞箫和吴起弹口琴的演奏形式却是个人独奏。自清同治年间，胡学忠、胡道满两代艺人不断创新，把箫从鼓吹伴奏乐器中剥离成为独奏乐器，吸纳秦腔、曲子、关中道情等姊妹艺术精华后独创了洞箫演奏技法，以"双音代唱、喉音、上颚音、颤音、滑音、打音"为主要演奏技法而享誉乐坛。高陵洞箫能用洞箫充分地表达秦声，传达秦韵。胡道满所独创的"双音代唱"吹奏法是把秦腔唱法的彩腔唱声和箫吹奏运气技法、指法技巧巧妙融合在一起，使洞箫低沉的声音突然放大，让听者产生错觉。唢呐浑厚响亮，形成多支洞箫合奏的希声，又恰似梆笛声和板胡声一样豪迈粗犷，具有强烈的穿透力和震撼力。喉音是胡道满洞箫艺术的另一创造，在吹箫的同时通过喉咙发声"吼"唱一个旋律，与箫声形成和声，给人一种边吹边唱的感觉。胡道满传下的洞箫曲牌有《苦中乐》《雁落沙滩》《百鸟朝凤》《大金钱套柳生芽》《孔子哭颜回》《官谱》《柳生芽》《麻鞋底》《绣荷包》《三娘教子》《三回头》《古城会兄》等。吴起弹口琴产生于清朝初期，吴起妇女在闲暇时，用竹片制成口琴，弹着曲调，自娱自乐。吴起弹口琴是一种原生态的自发性民间艺术。说它原生态是因为吴起弹口琴是通过群众自发学习和传播，没有师承和组织。传承主要靠家族相传，多为母女相传、姊妹相传、亲朋相传。吴起弹口琴内容丰富，即可弹民歌，又可弹山曲，即可合弹，又可对弹，一弹一和，情韵浓浓，悦耳动听。

在鼓吹乐器中，埙是一个另类。中国古代封建王朝都将鼓吹乐视为俗乐，唯独埙是雅乐乐队中的主要乐器之一。雅乐是中国古代用于宗教、政治、风俗等各种仪式典礼中的音乐，盛行于周代。秦汉以后，埙在宫廷音乐中地位渐高，《史记》称埙乐是"德者之音"。在宫廷音乐中，埙分成颂埙和雅埙两种。颂埙形体较小，像个鸡蛋，音响稍高；雅埙形体较大，音响浑厚低沉。汉之后，埙日渐衰落式微。清朝时期，埙的传承已经断代。直隶人吴浔源偶得埙，复制出殷代五音孔梨形陶埙传世。近几十年埙乐艺术有所恢复和发展，陕西省的埙乐主要分布于西安、咸阳、宝鸡等城市。在西安的街头巷尾，经常可以看见演奏埙乐的民间艺人（见图4.1）。

图 4.1　西安街头民间艺人吹埙

　　埙是原始先民在长期生产劳动中创造出的乐器。先民们发现个别用于狩猎的石头上有自然形成的空洞，当石头投向猎物，气流经过空洞时形成哨音。先民觉得好玩，就尝试用嘴来吹，埙就产生了。最早出土的埙的实物是浙江河姆渡遗址的陶埙，只有吹孔，没有音孔。在西安半坡的母系氏族公社遗址出土的两枚陶埙，一个只有吹孔，另一个有一个吹孔和一个音孔。河南二里岗早商遗址陶埙也出现了三音孔。在河南安阳殷墟遗址中，发掘出五音孔的商代骨埙，能奏出完整的七声音阶。六音孔埙出现在汉代，一直沿用至晚清。

　　埙音色古朴醇厚，格外柔润，因而深得古人推崇。现代人对半坡遗址和山西荆村遗址出土的陶埙进行测音分析，发现其音程结构为小三度。中国音乐史学家黄翔鹏先生曾指出："这个小三度确实在我们民族音阶的发展过程中占有重要位置。甚至在今天，在我国民间劳动歌曲的呼号声中，多数情况下也仍然是小三度占重要地位。"[1]可见埙乐的发明和劳动生产密不可分。

---

[1] 修海林，李吉提. 中国音乐的历史与审美[M]. 北京：中国人民大学出版社，2008：11.

埙乐艺术代表性的曲目有《楚歌》《哀郢》《妆台秋思》《苏武牧羊》《风竹》《唐乐》《阳关三叠》《幽谷》《敖包祭》《问天》《伤别离》《杏花天影》《悲风》《月下海棠》《寒江残雪》等。

三、弹拨类

弹拨类音乐伴奏乐器主要是弹拨乐器，弹拨乐器是通过手或拨子弹拨乐器乐弦或乐器其他部件发声的一种乐器。陕西省传统音乐中的弹拨类音乐主要有延长曲颈琵琶、板胡艺术、秦筝、二弦演奏技艺等。

曲颈琵琶是典型的龟兹乐器，史籍中被记载为"胡琵琶"。在开凿于公元3世纪末至4世纪初叶克孜尔石窟第30窟的《伎乐飞天图》中，绘有伎乐怀抱龟兹曲颈琵琶，为四弦四柱。从壁画可以看出曲颈琵琶最晚在东晋时期已经传入中原。曲颈琵琶初传中原时，弹奏方式为横抱以拨板弹奏，经过几百年的发展，琵琶的弹奏方式改变为立抱以指弹奏。唐宋以后，曲颈琵琶在民间发展到高潮，在教坊中盛极一时。延长曲颈琵琶是在传统曲颈琵琶的基础上改良而来。延长曲颈琵琶长约1米，弯曲的颈顶部有一尖角，形似蝎尾，用于悬挂多余的牛皮弦。

曲颈琵琶制作工艺简单，延长乡间木匠都会制作。延长曲颈琵琶过去是盲艺人说书的伴奏乐器，也是他们最值钱的家当，盲艺人怀抱曲颈琵琶走街串巷，乞食谋生。盲艺人创作了蝎子精化身曲颈琵琶的故事，既保持行业的神秘感，也巧妙地避免了普通人因好奇触碰琵琶而对琵琶造成损害。延长曲颈琵琶代表性作品有：《金沙滩饮宴》《杨六郎告状》《呼延庆打擂》《双头马》《风水传》《青铜记》《五女兴唐传》《金镯玉环记》等。

板胡是流行于我国北方的一种民族弓弦乐器，因琴筒（共鸣箱）前口覆盖了一层薄薄的桐木板而得名，清代时也叫板琴。陕西是板胡的发源地，因此板胡又称秦胡。板胡是秦腔的主要伴奏乐器，被称为"秦腔之胆"。明清之际，伴随秦腔艺术的成熟，板胡的形制基本定型。秦派板胡包括中音板胡和低音板胡两种类型。中音板胡俗称"胡胡"，是秦腔的领弦乐器。中音板胡发音高亢洪亮，坚实有力，其音质具有强烈的震撼力。低音板胡俗称"母胡"，是陕西线戏、眉户戏等戏曲的主奏乐器。低音板胡发音低沉浑厚，温和柔美而略显苍凉，给人以亲和淳厚并风雪沧桑之感。

秦筝是秦人创造的乐器，是别具一格的弹拨乐器。有一种说法是秦筝由兵器改良而来。"古筝原本是战国时的一种兵器，后来在上面加上琴弦，拨动时发现悦耳动听，于是发展成乐器，因此有着'筝横为乐，立地成兵'的说法。"① 因秦筝体型较大，和兵器小型化的发展趋势相悖，因此其兵器功能弱化。周星驰执导的电影《功夫》中，斧头帮聘请的两个顶级杀手就是使用秦筝作为兵器，杀掉了五郎八卦棍、十二路谭腿、洪家铁线拳三位高手，并非无稽之谈。

秦筝最早见于文献记载是公元前237年秦丞相李斯的《谏逐客书》："击瓮叩缶，弹筝搏髀，歌呼呜呜，快耳目者，真秦之声也。"② 可见，秦筝在秦朝时已经是陕西民间音乐中的主流乐器。秦筝虽然和古琴一样都是弹拨乐器，但是两者的社会地位截然不同。古琴音乐被视为正乐、雅乐，而秦筝音乐只能被视为俗乐。从李斯的记载也可看到这点。弹筝搏髀，秦筝演奏和拍大腿唱歌相提并论，充满着市井气息。古琴和秦筝经过不断的分化，形成了"琴雅筝俗"的局面。古琴受到士大夫和统治阶级的青睐，成为上流社会修身养性的重要方式。因而有了"古琴悦己，古筝悦人"的说法。虽然上流社会很排斥秦筝，但是秦筝贴近生活，直抒胸臆，因此很受普通民众的欢迎。汉唐时期秦筝艺术达到巅峰，演奏家层出不穷。很多诗人都描写到了秦筝，如唐代诗人常建《高楼夜弹筝》："明月照人苦，开帘弹玉筝。"沈约《咏筝》："秦筝吐绝调，玉柱扬清曲。"王湾《观筝》："虚室有秦筝，筝新月复清。"晏几道《蝶恋花》："却倚缓弦歌别绪，断肠移破秦筝柱。"张九龄《听筝》："端居正无绪，那复发秦筝。"白居易《废琴》："何物使之然，羌笛与秦筝。"《奉酬州淮南相公思黯见寄二十四韵》："楚醴来尊里，秦筝送耳边。"这些诗词充分说明了秦筝在唐代的流行，秦筝也从中国向东南亚国家传播，如日本、朝鲜、越南等。

秦筝的发展类似于埙，埙是以音孔增加为主线，秦筝的发展是以琴弦增加为主线。汉代应邵《风俗通义》载文："筝，谨按：礼乐记：五弦，筑身也。"③ 可以看出秦筝在汉以前为五弦。在三国时期，增加为十二弦，从建安七子之一阮璃著《筝赋》"弦有十二"可以看出。唐时诗人岑参《秦筝歌送外甥萧正归京》："汝不闻秦筝声最苦，五

---

① 音乐时空编辑部.古筝[J].音乐时空，2015（1）：9-12.
② 司马迁.史记集[M].兰州：甘肃民族出版社，1997：663.
③ 应邵.风俗通义[M].王利器，校注.北京：中华书局.1981：299.

色缠弦十三柱"可知，隋唐时期秦筝为十三弦。明清以后秦筝增至十五弦，清光绪年间出版的《大清会典》记载："秦筝十五弦。"清末民初出现了十六弦筝，这种情况一直延续到新中国成立。中华人民共和国成立后，新作品大量涌现，演奏技巧不断创新，十六弦筝明显不够用。赵玉斋先生提出加大筝体，并增加古筝弦数，从而扩大音域，使古筝的表现力得到提升，于是1957年，第一台21弦古筝诞生，后经过上海民乐一厂的改良与创新，确定了古筝的统一规格S163-21，其中S代表后岳山的形状，163代表古筝长度为1.63米，21代表21根弦（如图4.2）。

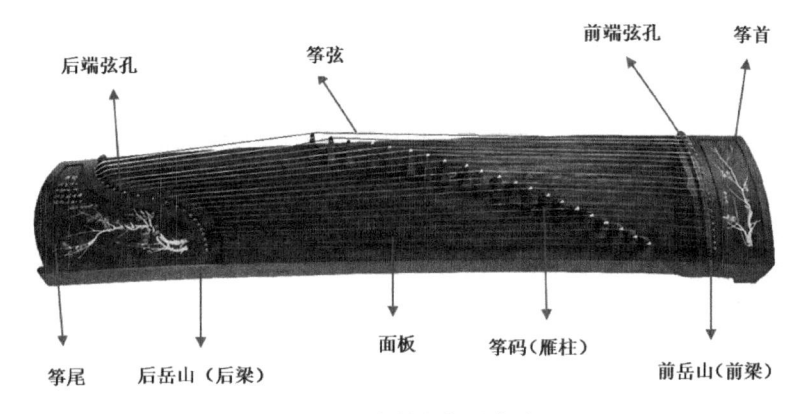

图4.2 古筝各部位名称

1960年，西安音乐学院周延甲先生面对陕西秦筝艺术江河日下、后继无人的局面很是感伤，为振兴恢复秦地筝艺活动而提出了"秦筝归秦"理论主张。陕西人在这一理论思想指导下，走上了秦筝艺术复兴之路。秦筝是陕西省代表性乐器之一，在秦腔、碗碗腔、迷胡、长安古乐等中都有出色表现，其音阶为欢音（花音）和苦音（哭音）两种调式。秦筝在两千多年的演变中形成了独特的风格韵味，秦筝音乐的变宫、变徵二变之音，具有浓郁的秦地色彩与风格特点。

二弦是流行于陕西咸阳、兴平、礼泉、乾县等地的弦板腔剧种，主要伴奏乐器二弦原是西域少数民族的一种乐器，随着丝绸之路的文化交流而传入内地，康熙年间传入陕西。二弦进入陕西后，最初是秦腔和阿宫腔的主要伴奏乐器，后来被板胡取代。清道光初年弦板腔剧种兴起，二弦便成为它的主要伴奏乐器。和板胡相比，二弦的琴弦更硬，所以也称"硬弦"。虽然二弦广泛运用在陕西戏曲音乐中，如阿宫腔、碗碗腔等剧种，但主要用于弦板腔。弦板腔是在阿宫腔、关中道情、秦腔的基础上结合当地民歌演变而来的一种地方剧种，弦板腔的主奏乐器为三大件，除了二弦和板子还有一件小三弦。

《乾县志》中记载："一挂牛车四个人，绳子四条椽四根。"[①]描述了弦板腔剧组的构成，除了演员，伴奏乐队只有二三人。一人奏二弦，一人打板子，一人演奏小三弦。

四、佛道音乐类

道教音乐是道教仪式中不可或缺的内容，道教法事活动是古代巫觋（xí）祭神仪式的沿袭和发展，最早只有诵经。南北朝时期，道教音乐成型，广泛用于道教斋醮（jiào）仪式和其他宗教活动，包括独唱、齐唱、散板式联唱以及鼓乐、吹打乐、合奏等多种形式。法器以钟、磬、鼓等打击乐器为主，唐代增设吹管、弹拨乐器和拉弦乐器，体裁有"颂""赞""步虚""偈"等。道教音乐吸取了宫廷音乐和传统民间音乐的精华，渗入道教信仰的特色，有净化信徒思想、强化宗教信仰的功效。唐代统治者为证实其统治的合法性，认老子为祖宗，大兴道教，长安城内外布满大小不一的道观，道教音乐随着道教的活动普及到民间。元代，道教分化成全真派和正一派，道乐也出现了两种不同风格。全真派重清修，道乐多清幽出世；正一派重斋醮与符箓，道乐雄浑古朴。明初，朱元璋推崇道教，设玄教院（道录司）统辖全国道教，命道士编制斋醮仪范，道乐由此规范化。

佛教音乐简称佛乐，是佛教寺院和信众在举行宗教仪式时所用的音乐，形式有声乐和器乐等多种。佛教在东汉明帝年间传入中国，印度与西域的佛教音乐和中国民族音乐融合，形成最早的佛教音乐——梵呗。梵是清净、止断、如礼如法之道，呗是歌赞、供养、和雅称叹之德。简单地说，梵呗是佛教徒在佛菩萨前歌诵、供养、止断、赞叹的音乐。因此中国佛教音乐既有中国民族音调，又有印度和西域少数民族音调。唐代，佛、道两教盛行。西域音乐广泛传入中原地区，唐太宗在宫廷欢宴中经常演奏佛乐。在统治者的大力倡导下，中国佛教音乐在创作和演唱、演奏上均达到很高水平，进入了鼎盛时期。佛教兴盛使得大小寺院成为保存和传习佛教音乐的中心。佛教的"俗讲""经变"等艺术形式既吸引广大百姓礼佛，也为佛教音乐提供了素材。唐代佛教的兴盛，让庙会成为佛教文化，尤其是佛教音乐的重要普及场所。佛教音乐通过普通民众寺院礼佛、庙会游览等形式潜移默化地完成了普及。

陕西省非物质文化遗产中的道教音乐有白云山道教音乐、陕北混源道歌等，佛教

[①] 乾县县志编纂委员会.乾县志[M].西安：陕西人民出版社，2003：88.

音乐有蓝田普化水会音乐、长安佛乐、寿圣寺大佛锣鼓、崔氏龟兹鼓乐等。

陕西省国家级非物质文化遗产白云山道教音乐是明朝政府重视道教的产物。白云观地处陕北佳县城南五公里白云山中，是西北地区最大的道观。明万历三十六年（1608年），北京白云观道士王真寿、张真仪奉政府命来白云山总理教务，把北京白云观的道教音乐传到白云山，因而白云山道教音乐具有古典音乐和宫廷音乐的双重成分。清康熙年间，白云山道士苗太稔通过云游江南广泛收集江南道乐，把江南道乐融入白云山道乐，因此白云山道教音乐又具有婉转优美、清新秀丽的江南风格。白云山道乐在长期的发展过程中又吸收佛教、晋剧、唢呐、陕北民歌等曲调的精髓和演奏技巧，形成了别开生面的白云山道教音乐。白云山道教音乐从内容上分为经韵曲调、笙管音乐和打击乐三部分，从乐器上可以分为吹奏乐器和打击乐器两类。

陕北混源道歌是明清以来混源教在陕北地区流传的产物。混源教是明清时期的秘密宗教，是道教的一个分支。明万历时直隶曲周（今属河北）人韩太湖所创，因敬奉"混源（元）老祖"而得名。清乾隆三十九年（1774年）河南鹿邑人樊明德复立混源教。经卷《混源点化经》中有"换乾坤，换世界"等反清思想，于是遭清政府镇压。混源道歌是浑源教在农村秘密发展信徒时，为扩大影响，从诵经宣卷中衍生并独立出来，由"忌口人"（农民经师）掌握和传承的一种歌唱艺术。因为浑源教争取的是社会底层民众，因此"忌口人"广泛分布于陕北乡村的角落。虽然浑源教遭到清政府的镇压，但是"忌口人"和混源道歌却流传下来，成为陕北文化中自成一体的传统音乐类文化遗产。陕北混源道歌完全是人声的清唱甚至哼吟，不用乐器。"忌口人"大多是文化水平不高的农民，缺乏准确的记谱手段，主要依靠师徒口耳相传的方式进行传承。"忌口人"中世代传有麻纸毛笔手抄歌本，记录歌子有近百首，曲调名有40多种。但是有部分曲调已经无人会唱，这部分曲调已经失传。

陕北混源道歌传唱者与接受者皆为山沟里的农民，其生存方式相对封闭，比较完整地保留着道歌的原生态，是研究陕北民间信仰和明代陕北农民生活的重要原始资料。陕北浑源道歌唱法以轻声、慢拍、低调为主，颠覆了普通人认知中粗犷豪放的陕北地方民歌的印象，是陕北民歌突出心境明净、气态平和、节奏舒缓、发声松柔的另一种唱法。陕北混源道歌不少古老曲调和音乐元素被革命历史民歌和新民歌所吸收运用，显示着民族、民间本色传统音乐强大的艺术渗透力。

蓝田普化水会音乐是唐代宫廷音乐和民间音乐融合演绎形成的一种具有地方特色的民间乐种，流传于陕西省蓝田县普化镇，主要用于佛事、善事、祭祀等场合。普化水会音乐虽然是民间音乐，但是主要用于佛教活动，因此把水会音乐列入佛教音乐的范畴。之所以叫水会音乐，因为最初主要是用于祈雨取水的仪式上。除此之外，蓝田县民间庙会、大型祭祀、水陆道场等活动也能看到普化水会音乐的演奏。普化水会音乐曲谱、曲调采用唐代燕乐半子记谱法，曲谱由10个简化汉字组成。演奏的传统乐器有吹奏乐和打击乐两大类。吹奏乐器有匀孔笛、笙、萧、管子等，打击乐器有带把木鱼、铃子、铰子、铛子、梆子、高把鼓、水子、贡锣、击子、云锣、闹锣、大钹、磬等。大型活动须有仪仗队配合。仪仗队一般有龙凤旗8面，伞1把，日月扇2把，滚灯若干，仪仗队前面是水会标志旗，阵容庞大，取水、伐马角（巫觋活动）时还须有锣鼓队配合壮势。水会音乐因为有宫廷音乐的元素和佛教文化的色彩，因此旋律委婉，清雅细腻，悦耳动听，俗称细乐。

洋县佛教音乐分布于陕西省南部汉中盆地东缘洋县城乡，从我国南北朝之时开始形成，距今有1400余年的历史。洋县佛教音乐分为经韵、鼓吹乐曲、锣鼓乐曲3类，尤以鼓吹乐曲为盛。洋县佛教音乐乐曲曲牌记载在洋县智果寺明代御赐经卷中，保存至今有1000余首，目前能供演唱、演奏的曲子依然有200首之多。在中国佛教音乐史中，像洋县佛教音乐这样既具有典型地方特征又同御赐鼓吹乐班、御赐经卷交织传承的音乐，实属罕见。洋县佛教音乐为我们研究汉水上游地域文化、民俗、宗教及人们的审美取向等提供了宝贵的资料。

佛教传入中国两千多年来，和中国传统文化紧密融合并演变成中国佛教。汉化的中国佛教文化以陕西为中心辐射全国，甚至辐射到东南亚等国家。中国佛教八大宗派的祖庭有6个在长安，可以看出历史上陕西佛教文化的盛行。

长安佛乐是中国佛教文化音乐中的瑰宝，它与佛教典籍相依相存，作为佛教文化中的核心内容，成为深受群众喜爱和欢迎的传播佛教的方法。西安佛教古乐社是长安佛乐传承了近三百年的古老民间乐社，也是陕西佛乐仅存的传承机构，完整保存了二十余首唐代的佛教音乐。长安佛乐至今保存了"八音和鸣"的乐器和乐队编制。长安佛乐的演奏乐器由"金、石、土、木、丝、竹、匏、革"八种自然材质构成，是汉唐"八音"的沿袭。可以达到"和谐之大音""万物之谐和"的艺术效果。长安佛乐用唐代半字谱记谱，形式有座乐、行乐、赞呗、法器击奏等。长安佛乐所保存的历代佛曲，为研究中华佛教文化提供了第一手材料、为佛教文化与音乐传播、营造和谐社会提供了精神助力。

寿圣寺大佛锣鼓发源于澄城县北棘茨村寿圣寺。寿圣寺始建于隋唐时期，在宋治平年间规模达到巅峰，皇帝赐名"寿圣寺"，首辅王安石题写寺名，可见寺庙昔日之辉煌。沧海桑田，寿圣寺辉煌不再（今寿圣寺是2006年在寿圣寺遗址上重建而成的），寿圣寺锣鼓却在当地流传至今。寿圣寺大佛锣鼓原为寿圣寺佛事活动的庆典音乐，后来流传到民间，成为民间僧俗共同参与的社火锣鼓。明朝商业经济繁荣，大量外来人口迁入，促进了澄城县经济发展，佛教活动频繁，对外交流频繁。寿圣寺大佛锣鼓与当地十样景鼓乐融合，从寺院佛事活动庆典古乐演变成一种热烈喜庆的社火体表演的鼓舞。寿圣寺锣鼓队伍由仪仗手、鼓手、镲手、锣手、绕杆手、僧人、秧歌队等百余人组成，多在节日庆典和庙会中演出，祈求神灵保佑风调雨顺、国泰民安。

龟兹（qiū cí）鼓乐原是古龟兹国专为佛教僧徒们诵经伴奏的音乐，也供皇室家族欣赏，很受龟兹国人们喜爱。崔氏龟兹鼓乐先祖原为西域龟兹国演奏佛教音乐的乐人。秦时，崔氏先祖随高僧鸠摩罗什来鄠邑区草堂寺传经讲学，继续为其演奏佛教音乐，后落户鄠邑区大王镇。唐代，随着佛教达到巅峰，龟兹鼓乐开始从寺庙流传至民间。明清时代，龟兹鼓乐主要为府衙祭祀等礼仪活动奏乐。民国以来，龟兹鼓乐在陕西关中地区民间祭祀、婚丧嫁娶等礼仪场合演出，深受老百姓喜爱。陕西关中方言把龟兹（qiū cí）读作"guī zi"，因此关中百姓把龟兹（qiū cí）鼓乐称为龟兹（guī zi）乐，乐手称为龟兹（guī zi）手。大王东村的崔氏龟兹鼓乐传承户保存着老乐器和摘抄的工尺谱，并且家谱、传承谱系清楚。由于宗教活动与宗教审美观念的影响，龟兹鼓乐又吸纳了鄠邑区乃至关中地区的音乐特色，形成佛、道、俗融合的演奏风格和韵味，具有较高的民间音乐艺术价值。

第三节　陕西省曲艺的分类

曲艺作为一门表演艺术，是用口语说唱的形式来叙述故事、塑造人物、表达思想感情并反映社会生活。说唱文学在中国历史悠久，殷商时期就有了以滑稽、歌舞、竞技、音乐娱乐人的"奢侈奴隶"。春秋战国时期出现了职业半职业的说唱艺人，称为俳优，为帝王、诸侯、富贵人家所豢养。唐代经济繁荣、佛教兴盛，出现了向市民讲说小说故事和佛经故事的"俗讲""变文"的专业人士。唐代大曲和民间曲调的流行，促进了说话技艺、歌唱伎艺兴旺发达，曲艺作为一种独立的艺术形式开始形成。宋朝的经济在封建时期达到巅峰，市民富足，"文化娱乐夜市"兴起。说唱艺术归于"宋代百戏"，在勾栏瓦舍表演。到了近代，则归于"什样杂耍"，在街头撂地卖艺。中华人民共和国成立后，众多说唱艺术被统称为"曲艺"，并进入剧场进行表演。陕西曲艺采用陕西各地方言土语为唱、白基准语音，以说唱故事为主体，用一定基本曲调或讲说节奏形式来表达某一主题内容的艺术被形式。对陕西曲艺进行梳理，陕西曲艺可以分为曲子类、韵白快板类、说书类、劝善经韵类、道情（渔鼓）类、踏歌走唱类六大类。

一、曲子类

曲子是受民间歌曲的影响而形成的一种韵文形式，句法较词更为灵活，多用口语，用韵也更接近口语。曲子来源于古乐府，宋代大儒朱熹认为："古乐府只是诗，中间却添许多泛声。后来人怕失了那泛声，逐一声添个实字，遂成长短句，今曲子便是。"[①]陕西曲子包括平弦、月弦和器乐曲牌三部分。其平弦多为单曲体结构，即用一个曲牌反复演唱多段唱词来叙述故事，整个作品演唱下来只任由一个曲调反复使用，填入不同的歌词把整段演唱多遍。如《八仙板》《十对花》《十杯酒》等。月弦多为联曲体结构，即由不同的曲牌按照不同的表现功能连缀起来叙述故事，常用的曲牌和连缀方式常常是固定的。"一般套曲程式都是：起腔'月头'，尾声必是'月尾'；起腔'背头'，尾声必是'落背'；起腔先'背'后'月'，尾声也必然是先'月'后'背'。"[②]在这里，"月头""月尾""背头""落背"均为曲调名。器乐曲牌是纯器乐演奏曲牌表示前奏和间奏，并无唱词。曲子是民间坐唱艺术向戏曲艺术转变的过渡形式。曲子创作有两种不同的形式：根据已有的曲调配上新词叫"填词"，根据新的歌词创作新曲调叫"自度曲"。

陕西曲子的曲调在秦地民歌基础上发展成熟起来。陕西曲子又名"清曲""素

[①] 黎靖德.朱子语类集[M].北京：中华书局，1986：3333.
[②] 曲恺玥.陕西迷胡研究综述集[J].音乐天地，2021（5）：34.

歌""迷胡（眉户）""坐唱曲子""板凳曲子""闷葫芦"等，是一种以坐唱为主的古老的传统曲艺形式，曲调十分丰富，有七十二大调、三十六小调，计一百零八个调式。陕西省完整的曲艺形式的曲子形成应在明正德年间，这点从陕西周至、鄠邑、武功一带流传的"康状元（康海）演杂剧""王学士（王九思）念曲子"趣闻轶事可知。陕西曲子分两大类。一类是清客曲子，又称"书香派"，系文人雅士消遣怡情所用，如康海、王九思等，有"室内雅乐"之称。清代，清客曲子发展到巅峰。大量文人雅士参与编曲、念曲，如宝鸡市凤翔区郑筱斋、渭南市华阴市张辅君等。清客曲子代表曲目有《孔子哭颜回》《访友》《伯牙奉琴》《文王访贤》《摔琴》《农山言志》等。另一类是江湖曲子，又称"江湖派"，系卖唱艺人摆地卖艺所用，词比较通俗，内容贴近社会和平民生活。其代表曲目有《张连卖布》《二姐娃做梦》《杜十娘》《两亲家打架》《孟姜女》《鳏夫上坟》《寡妇验田》《李亚仙》等。

清初，渭南市富平籍武功官员王敬一集几十年之精力，广为收集关中地区流行的曲子词，编辑出版了第一部陕西曲子书目集成——《羽衣新谱》，全书共分五卷，收入曲词书目二百四十二段（本），涉及的调名达135个，可见陕西曲子的繁盛。郭望汾《跋》曰："况此古调独弹，雅俗共赏。"

陕西曲子的伴奏乐器比较简单，以三弦、水水（碰铃）、四叶瓦为主，其他有板胡、二胡、笛子、瓷碟等。

陕西曲子按流行地域分为"西路曲子""东路曲子""中路曲子""陕南曲子（安康曲子为代表）""陕北曲子"。在陕西曲子中，关中地区最为发达，东府二华（华阴、渭南市华州区）、西安（周至、高陵）、西府凤翔成就最高，陕北次之，陕南再次之。

东府曲子以迷胡为翘楚。公元前806年，周宣王把自己最小的庶弟姬友分封到了渭南市华州区、华阴市一带，建立了"郑国"，渭南市华州区为东周时期郑国国都（后迁到河南新郑）。迷胡曲调与郑声用小曲歌谣反映男女爱情、社会风俗，是由郑国民歌小调演变而来甚至直接套用而形成的。东府迷胡俗称"板凳曲子"，多为弦乐伴奏，因此也叫"清唱曲子"。

东府迷胡受宋代弹词、赚词以及元曲、杂剧的影响，是在元代小令、套数、民间小调的基础上发展起来的套曲坐唱形式。迷胡最初是一种清唱形式，并不是戏，以民间小调、俗曲为基础一人唱，辅以弦索伴奏，是民间艺人通过地摊型表演养家糊口的手段。迷胡因不分角色行当，不用服装道具，不用铜器，没有白口，故称为"素歌"。后来，迷胡将不同曲牌连缀在一起，表演故事情节，开始向戏曲表演转化，逐渐演变为"曲子戏"（即迷胡戏）并搬上舞台。如今，迷胡戏的地摊形式与舞台戏形式并存，迷胡戏已经成为陕西地方戏的第二大剧种。

张连卖布·东府迷胡（节选）

四姐（唱）：你胡说，你胡编，一编就是一串串。我问你咱坟园，松树长了一大片，柏树长得高过山，旁人见了都稀罕，能盖瓦房几十间，盖了街房盖上房，中间厦子分两边，左邻右舍把门串，咱的脸上也体面，强盗呀，卖钱做了啥？

张连（唱）：哎，有有有……娃他妈，你坐下，听我给你可学呀。四月里有个四月八，咱村里唱戏呀，接你妹子和你妈。你姑你姨都来啦，你妹子十七八，擦的粉，戴的花。穿的红袄绿褂褂，穿的黑鞋白袜袜。人家花我钱一吊，你妹子花了我一吊八。拿的银子和票子，割了猪肉一吊子。又割羊肉燣臊子，清早吃的是臊子面，午间醪糟打鸡蛋，四大四小四拼盘，十三花，我往上端，这些吃喝还不算，外加火锅子摆在中间，烧肘子，氽丸子，猪蹄子，甜盘子。你妹子吃得高兴的，我张连一旁眼瞪的；你妹子吃得散欢的，我张连一旁眼翻的。你妹子没神还要喝，我张连害气拌了个锅，思思量量气不顺，我把你扳倒打了一顿，你妹子回家传了个信儿，你妈听言心发闷，寻不着拐棍拉曳个棍，走进门啥都没问，迎面抡了我一闷棍。我张连不服她，我假装死着爬在地下，睁不着眼话也不答，把你妈吓得啪啪啪。娃他妈，你忘啦，这些东西买的钱，招呼了你妹子和你妈。

西府曲子流行于陕西关中西部的凤翔一带，凤翔古名"雍城"，是中国东周时代的秦国国都，所以西府曲子也叫"雍城（凤翔）清曲""雍城秦曲"。西府曲子源自秦穆公宫廷中的"宫曲词"，分"正宫调""小宫调"两种。正宫调由乐工、词工演唱，小宫调由歌童、舞女演唱。西府曲子主体的月弦曲子出现在平弦曲子后，这类联曲体结构的曲子深受宋代鼓子词、诸宫调、元曲的影响，成型于明代，繁荣发展于清代。清代后期，曲子班社给西府曲子的曲调、曲词演唱加入了一些简单的表演动作，使得西府曲子由坐唱形式发展出了为社火广场游演的小戏曲。民国初年，曲子班社借鉴秦腔的程式套路和打击乐器，形成了一些器乐曲牌，在曲子中加入了戏剧冲突和形体动作，使西府曲子演变成了表演故事的"曲子戏"，如《苏武牧羊》《香山寺还愿》《状元祭塔》等。

西府曲子现在大部分曲牌皆是明清时期的流行曲牌。如《银钮丝》《岗调》《小放牛》《五更调》《八仙板》《绣荷包》《吹调》《紧诉调》《琵琶调》《老龙哭海》《太平年》《采花调》《西凉》《凤阳歌》等。如西府曲子《五更调》唱词大都以男女相恋相思之情或历史故事等为主。唱词都遵循"五更"时序体的传统形式，有"一更一句""一更二句""一更三句""一更四句""一更五句"之分。句以单句或复合句的结构出现，复合句由若干分句组成的现象最为普遍。

五更盼夫·五更调（一更一句）

一更鼓儿天，哎呦呦！奴丈夫征西好有几年，夫呀你学平贵男呀，回家探宝钏！

二更鼓儿清，哎呦呦！关关雎鸠在河之洲，妻呀窈窕淑女呀君子逑。

三更鼓儿多，哎呦呦！九月寒菊催霜叶，夫呀你看黄叶落呀何不把书捎？

四更鼓儿稀，哎呦呦！雁过南楼呀回故乡，妻呀我学孟姜女呀千里找夫男。

五更鼓儿明，哎呦呦！咱夫妻对面不相逢，夫呀你学张生梦呀赛呀戏莺莺！

五更盼夫·五更调（一更二句）

一更鼓儿响（重），一树梨花满院香，蝴蝶忙又忙，情郎一去不返乡，奴家斜倚芙蓉帐。

秋月夜色寒（重），连天的江水横着小船，情郎你就该念奴呀，为谁受孤单……

西安曲子集中体现为周至曲子和高陵曲子，流行于眉县和周至县、鄠邑区、高陵区等西安市周边地区。仅周至曲子曲目就有260多本，内容主要取材于民间传说、历史故事等。曲目多为短篇，内容极为丰富，可分为庆寿、贺喜，描摹世态人情，歌颂田园风光，传奇、演艺和历史人物，男女幽情和烈女情操等。东路曲子粗犷豪放，西路曲子婉转细腻，西安曲子融合了东、西路曲子的唱腔艺术，粗犷有度，豪放有节。西安曲子具有鲜明的地方特色，其曲词、曲目藏量丰富，唱腔曲牌的多元性以及曲牌联缀的规律性均有较高的艺术价值和研究价值。高陵曲子的曲牌有大调和小调之分。大调音域宽广，拖腔委婉，主要用来表现故事。小调音域较窄，结构规整，主要表现情感的跌宕起伏。西安曲子曲词整齐排列、有长短句组合，很多衍词没有固定位置，是表演艺人在表演过程中的即兴唱补。西安曲子的演员班底几乎都是农民，曲子的演奏主要是自娱自乐和为婚丧嫁娶、满月过寿等民俗活动助兴，许多唱曲的曲目、曲词都是为民俗礼仪服务的（见图4.3）。

图4.3　鄠邑区民间唱曲子

陕北曲子以榆林小曲和陕北二人台为代表。

榆林小曲是产生并流传于榆林城内市井间的一种民间说唱艺术形式。相传榆林小曲产生于明代。据清《御批通鉴辑览》载：1518年秋七月，明武宗朱厚照巡边时，在榆林居住三月有余，纳延绥总兵戴钦的女儿为妃，还大征女乐，在城内太乙神宫（即今凯歌楼）每日歌舞弹唱。这是关于榆林城歌舞曲艺历史的最早记录。

榆林小曲的内容以反映城市生活情趣为多，其中描写离愁别绪、男情女爱的曲目占较大比例。榆林小曲的器乐曲牌有50多首。小曲的伴奏乐器为扬琴、古筝、琵琶、三弦、京胡、碟子等。小曲既可一人单唱也可两人对唱，既可坐唱也可站唱，伴奏者分不同行当兼唱。榆林小曲的传统曲目有《日落黄昏》《放风筝》《梁山伯与祝英台》《张生戏莺莺》等。

陕北二人台包括府谷二人台和神木二人台。因为二人台的演出与过年节闹社火相伴，也称其为"打坐腔""唱玩艺儿""打玩艺儿"和"唱秧歌"。陕北二人台是一种由民歌、坐唱、歌舞向戏曲衍化且具有戏曲雏形的民间艺术品种。陕北二人台的内容以反映农村生活情趣为多，其中反映男情女爱、反封建的剧目所占比重较大。演唱时真假声结合，抑扬顿挫，亮板拖腔，高亢明亮，悠扬动听。陕北二人台的伴奏乐器有四弦、三弦、二胡、扬琴、海笛、梆子、板鼓、四叶瓦、手锣（俗称镟子）、小镲、马锣等。陕北二人台表演方式大致有三种：一是清唱（俗称坐腔），一般不化装；二是跑场（又称滚边），一般由男女对唱并增加念白及表演；三是小戏，有故事情节，有分场、分幕。多为男女二人表演，男的头挽白羊肚子手巾，身穿秧歌服（多为白色），手持大彩扇子；女的头顶大红花，身穿秧歌服（多为红色），手持大彩扇子，一唱一随地表演。陕北二人台的音乐带有浓郁的陕北地域色彩，曲调融合陕北民歌的韵味，唱词趋重于白描，道白大量运用陕北俗语、串话、歇后语、顺口溜等，富有浓郁的地方特色和泥土气息。

陕南曲子以安康曲子为代表，安康曲子是一种民间清唱音乐。它既有抒情细腻的小曲，也有诙谐风趣的小调，还有高昂悲怨的曲段。安康曲子的曲牌联唱体统称"月背调"。"月背调"一般都是根据书目内容、情节、情绪配以得当的曲牌并将这些曲牌有机地联在一起，以表达曲子书目的思想主题。安康曲子中一个曲牌套用多段词来演唱以叙事抒情，叫"正弓调"。"正弓调"大都是民歌小调，如"十杯酒""绣荷包""小四景""梳妆台""倒卷帘""倒采茶""女贤良""大黄瓜""上楼门"等，共计三十多个曲牌。

安康曲子是清客曲子的遗存，传统上叫"念曲子"，不叫"唱曲子"，以示与"唱戏班子""伶人"的区别。演唱形式为座唱，歌者不作任何动作。主要伴奏乐器是三弦，另外还有月琴、扬琴、琵琶、二胡、笛子、牙子板、花碟、盅子、非子（碰铃）、四叶瓦等。在演唱中常常是一人唱众人和，气氛热烈。安康曲子代表曲目有《水漫金山》《秦琼观阵》《平贵回窑》《王大娘钉缸》《二姐娃做梦》《鞭打芦花》《秃子闹房》《酸枣糕》《劝才郎》等。

二、韵白快板类

陕西省非物质文化遗产中韵白快板类是陕西省独有的曲艺形式，不仅有陕西独有的陕西快板书，还有陕西快板书的前身春倌说春、陕北链子嘴等。

陕西快板起源于陕西关中一带，是在秦腔剧中的"数板"（也叫"数罗汉"）的基础上，吸收了山东快书、链子嘴、快板书的表演形式由民间顺口溜演变而成的，主要分布在陕西关中地区，同时辐射陕北、陕南和整个西北地区。陕西快板是板诵体的民间曲艺形式，一般由一人演出，也有双人或多人演出的。陕西快板以关中方言为标准语言，以说为主，间以道白。唱词句式长短不一，可一韵到底，也可中间换韵。形式有单口、对口、群口等。陕西快板词多为七字句，五字句较少。七字句都得押韵，一二句入辙押韵，其中二、四、六、八句等双句均要合韵，有时候为了更好地表达情绪演员可以添加衍词。个别快板词是十字句格式（十字句更多用在"劝善词"中），节奏上是"三三四"字句相连，"三三四"句式要以词嵌入，不能割断句式。陕西快板伴奏乐器主要是七块板和四叶瓦，四叶瓦的独特打法被视为陕西快板的"绝技"。

陕西快板的形成由来已久。新中国成立初期，王老九、谢茂恭等人编演陕西快板，反映中华人民共和国成立前劳动人民生活的疾苦，揭露旧社会的黑暗，歌唱新中国劳动人民翻身得解放、当家做主人的喜悦。中华人民共和国成立后，随着快板地位的提高和党对曲艺的重视，陕西快板艺人吸收借鉴山东快书的表演形式，创造了陕西快板书，开创了陕西快板新局面。陕西快板工作者积极投身新时代中国特色社会主义伟大实践，倾情服务人民，倾心创作精品，奏响一曲曲荡气回肠的时代之声、爱国之声、人民之声。

陕西快板·逛夜市（7字句）

夕阳西下日头落，古城的上空星星多。月亮爷长长高，急着急着赶热闹。急着赶着从天降，为的是来把夜市逛。星星传月亮说，西安的夜市最红火。最丰富最诱人，引得它是见天不落来光临。透过了浮云往下看，只觉得眼花又缭乱。卖饺子的正支案，卖烤肉的添木炭。卖凉皮的拌调和，卖泡馍的撇汤沫。卖炒菜的抢开瓢，卖馄饨的就下漏勺。卖麻食的搓软面，卖羊血的捣好了蒜。吃的喝的，汇成一片大海洋，人间的美景胜天堂……

陕西传统快板·《咱陕西穷百姓的一段灾难》（10字句）

有民国十八年春雨短欠，人无粮马无草麦根旱干，老一军公粮重日有千万，出不起哭爹娘也是枉然……

陕西传统快板·《荒年歌》（10字句）

这劫中病死人无法计算，各村有绝门断户了根源，把野草和树皮油渣当饭，又有那人吃人太得惨然……

春倌说春是陕南民间独特的说唱艺术之一，也是较为古老的一种民间曲艺形式，也是陕西快板书的艺术基础之一。春倌说春"起于隋、兴于唐"。隋唐时期，天文学家推演出了较为准确的历法节令，于是朝廷采取让专人报信的方式，将天象历法、季节气候印制成帖，取名"春帖"，赐给百姓，以提醒按时耕耘播种，报信的人就被称为"春倌"。流传至今的陕南民间春倌说春覆盖区域主要在陕西的汉中、安康和川北、陇东的部分地区，大约覆盖了30个县约1000万人。每年农历十月至春节期间，春倌手执木雕春牛，肩背褡裢，内装春帖，走乡串户，每至一家门前，即唱歌报春，赠送春帖。

春倌说春一般为单人表演；有时进入密集的村庄时，采取双人对唱、接唱和联唱，演唱效果更好。每演完一户，春倌送给一张春帖，户主用粮食或钱给春倌"封礼"，表示感谢。春倌说春表演形式灵活，不受场地制约，不需要乐器伴奏，说唱兼备。遇到特殊情况，如婚丧嫁娶，时常即兴编词，内容紧扣当下，唱词随时随景调整。语言幽默诙谐，合辙押韵。

春倌说春的唱词内容非常广泛，涵盖七十二行。唱段浩如烟海，随着时代变迁，存世唱本已十分稀少，但老春倌凭记忆还能吟唱1000首左右。春倌说春唱词大致可分为以下九种类型。农时节令类：如《二十四节气》《十二月生产》《说采茶》；吉祥喜庆类：如《上梁大吉》等；婚丧嫁娶类：如《嫁女》《十月怀胎》等；历史典故类：如《抗金英雄岳飞》《梁山一百单八将》《桃园三结义》等；七十二行类：如《说药王》《说鲁班》《说铁匠》等；祝福祝寿类：如《八仙庆寿》《说花甲》等；劝人行善类：如

《说二十四孝》《说尊老爱幼》《劝夫妻莫打架》等；时政宣传类：如《自由婚姻好》《包产到户好》《计划生育好》等；揭露丑恶类；如《说赌博》《说四大家族》等。

新编说春词·宣讲党的十九大精神

春倌说春走四方，又送喜来报阳春。春倌说春千百载，如今走进新时代。心情舒畅笑开怀，说春内容更精彩。十九大精神指方向，初心始终都不忘。贯彻发展新理念，齐心协力奔小康。四中全会定长远，两个百年交汇点。五位一体四全面，中国特色更完善。平语近人暖人心，新年贺词贵如金。撸起袖子加油干，经济发展再翻番。脱贫攻坚克难关，如今脱贫过千万。精准扶贫拔穷根，共享太平盛世年。社会稳定最重要，国泰民安齐欢笑。扫黑除恶连根拔，共走小康光明道。绿水青山人人爱，保护环境共担责。五谷丰登庆丰收，金山银山一齐来。农村变化实在大，汽车开进老农家。乡村振兴产业化，文明新村美如画。共产党真伟大，绘好蓝图再出发。社会主义制度好，国强民富步步高。共产党恩情说不完，不忘初心永向前。

陕北链子嘴是流传于陕北延安市的延川县、子长县、吴起县、志丹县、安塞区、延长县、富县、洛川县、黄陵县和榆林市的清涧县、子洲县、绥德县、米脂县、佳县等地的一种民间曲艺形式。陕北链子嘴据传是从宋代贫民演唱的莲花落演变发展而来，与莲花落一样，起初是乞丐沿街乞讨时说唱的。

链子嘴属韵诵型曲艺，有点近似于快板书，是韵文体的唱词，以说为主。敲打竹板或木梆，边说边唱，其基本句式为上六下七，上句六字为三三，下句七字为四三、二二三等。上下句的末一个字要合辙押韵，并且同一声调。两句一组，可以一组一辙，也可以连续几个、十几个句组一辙。链子嘴表演形式灵活多样，既可一人也可多人，既能在家庭院落、田间地头，又可在秧歌中场、舞台表演。在婚丧嫁娶、修窑、合龙口时说，也可在小孩满月、老人过寿时说。陕北链子嘴板词押韵诙谐，大量使用陕北方言。通过夸张、讽刺、调侃、反说等手法，把被正统文艺形式掩盖了的事实真相，用风趣幽默的口头语言如实呈现出来。

链子嘴·过年歌

腊月里，二十三，我送灶马爷上天宫；腊月里，二十四，裁下对子写下字；腊月里，二十五，称得几斤黄萝卜；腊月里，二十六，割得几斤肥羊肉；腊月里，二十七，蒸下黄酒盘下曲；腊月里，二十八，串门子打扫把银粉搽，三根线，黄毛拔；腊月里，二十九，倒得几斤干烧酒；月尽早，吃早饭，今这营生干不转，先担水，后扫院，窗花对子贴半天……

其实不管是陕西快板，还是春倌说春、陕北链子嘴，都是过去穷苦人民谋生乞食的手段，旧时的民间艺人为了维护尊严，不让自己这个行当被人看不起，通过编造故事，寻找祖师爷为自己所从事的行业增光添彩，实际上也从侧面反映了旧社会民间艺人艰难的社会处境和悲惨的社会地位。中华人民共和国成立后，这些艺人翻身当了主人，社会地位得到了前所未有的提高，成为为人民服务的文艺工作者。通过发掘、传承这些非物质文化遗产，不仅能丰富基层群众精神文化生活，教育民众，促进构建和谐社会，而且可以传播好中国声音，讲好中国故事，为实现中华民族伟大复兴凝聚起磅礴精神伟力。

三、说书类

陕西说书类非物质文化遗产包括陕北说书、洛南静板书、横山说书和绥德平安书等，其中陕北说书和洛南静板书影响最大。

陕北说书是流行于延安、榆林两地的曲艺形式，绥德平安书、横山说书是陕北说书的重要分支。绥德平安书流行于以绥德为中心的榆林地区南六县，当地群众通过平安书寻求一种精神寄托。榆林群众说平安书一是为了祈神后的还愿，二是祈求神灵护佑。平安书根据表演规模可分为会书、社书、家书等三种，其中最多的是家书。家书是以家为单位进行的表演，表演场所过去通常在室内窑洞的炕上。社书是为生产队、公社进行表演；会书是庙会、集会等大型群体活动时说书。

陕北说书过去是陕北穷苦盲艺人谋生乞食的手段，运用陕北的民歌小调演唱一些传说、故事，后来吸收眉户、秦腔以及道情、信天游的曲调，逐步形成陕北说书这一民间曲艺形式。过去说书为一人怀抱三弦或琵琶，脚上绑有蚂蚱板子边唱边说（见图

4.4）。陕北说书唱词通俗易懂，生活气息浓厚，一般采用五字句或七字句，但又不受字数的严格限制，有利于表现所反映的生活内容。陕北说书常用的曲调有单音调、双音调、西凉调、山东腔、平调、哭调、武调、对对调等。

图 4.4　陕北说书表演

20 世纪 80 年代以来，因为经济发展，社会观念转化，陕北说书不再是盲艺人谋生的主要手段，陕北说书有了新的发展。说书形式由单人说唱发展为多人对说，由坐场改为走场，由地摊搬上舞台，更多健全人从事说书艺术，甚至出现了女说书艺人。陕北说书长篇书目有《花柳记》《摇钱记》等，短段有《张七姐下凡》等。著名说书艺人韩起祥在中华人民共和国成立后创作了《王丕勤走南路》《刘巧团圆》《我给毛主席说书》等几十个作品。他改编的现代书目有《王贵与李香香》《雷锋参军》等。

陕北说书·刮大风

弹起三弦定起音，再把各位一声请。我请大家都坐稳，说一个段段叫刮大风。春天里刮风暖融融，夏天里刮风热烘烘。秋天里刮风凉飕飕，冬天里刮风冷死人。梁上刮的是儿马风，洼里刮的是趟牛风，沟里刮的是顺沟风，渠里刮的是溜渠风。圪里旮旯刮怪风，就地刮起鬼旋风。风司婆娘娘放出一股风，刮得天昏地暗怕死个人。上天刮到云霄殿，入地刮到鬼门城。刮得大山没顶顶，刮得小山平又平。千年大树连根拔，万年古石乱翻滚。直刮得玉女倒把个金童寻，直刮得拦羊娃娃钻山洞。刮得碾盘叭叭叭叭掼烧饼，刮得那个碾轱辘鸣滚流星。哎呀呀好大的风哎，天上人间撑不定。

有一个老婆婆爱看风，门格拉拉倒把个眼窝瞪。呼哧刮进来了一股风，刮得那锅盖呜呜转窑顶，刮得盆碰瓮来瓮碰盆，盆盆碗碗都打尽。老婆婆一下没操心，裤口里钻进一股日怪风。刮得那个肠子拧绳绳，刮得那个肝花当啷当啷摇铃铃。把个老婆婆咯嗤呜，一下刮到个半空中，半老天老太太呀落到地坪。端得老婆蹦起身，灶火旮旯拉的一根拨火棍，拿案板压擀杖顶，老婆倒坐在门上她把门顶。把个老婆半老天呼哧呼哧，才把那气出匀，孙子呀手上再也不要看风！

狂风滔天实在凶，不知道苦害了多少人。如今咱们这个地方出能人，沙窝里造起千万亩林。石光银和那牛玉琴，他们都是跨越世界的治沙英雄。

洛南静板书早在清朝道光年间就在洛南到处盛行，过去和陕北说书一样是盲艺人谋生乞食的手段，至今洛南民间仍有"道光年间说静板，瞎子手里端金碗"的谚语流传。洛南静板书因为地域原因，既有西北秦人的豪爽，又有中原人的婉约。洛南静板书书目分为大本书、中篇书、小回书以及二三十句的小书帽。大本书是一部完整的小说，可说几天几夜；章回书说唱一个完整故事；小书帽诙谐幽默，仅二三分钟，主要用在开场招徕听众、活跃气氛。唱词多以七字句韵文为主。洛南静板书主要用于求神、祈雨、谢土神及农村婚丧嫁娶等，传统书目有《包公案》《施公案》《三国志》《杨家将》《二十四孝》《八仙传奇》等。

洛南静板书以坐唱为主、走唱为辅，之所以称为静板书是因为民间艺人在演奏时只用脚踏梆子打击节奏，在过门时才使用其他乐器渲染气氛。演唱时道白清晰，唱腔悦耳，文雅自如，故而得名静板书。洛南静板书艺人有项绝技，就是可以同时操控六项乐器，主奏乐器三弦，辅助乐器大锣、小锣、铜镲、脚踏梆子、蚂蚱板子，加上唱腔，一人可顶七人。

洛南静板书·小帽·八仙庆寿

年年有个三月三，王母设宴会群仙。王母设下蟠桃宴，带来海外众群仙。
头等神仙朱汉朝，头戴青丝腰红桃。汉钟离凭的八角扇，断扇能扇万万年。
二等神仙吕洞宾，背上跨的二兰剑，此剑能通海西边，他戏牡丹成笑谈。三等仙家张果老，骑上神驴过仙桥，仙桥本是鲁班造，刮股怪风不见桥。四等神仙曹国舅，本在朝中坐大官，荣华富贵不愿享，手拿笏板站云端。五等神仙铁拐李，铜头金眼铁面皮，左手提着长缠拐，身背葫芦到宴前。六等神仙蓝采和，人人称他是疯魔，采和凭的云阳板，云阳八板镇大山。七等神仙何仙姑，人人笑她无丈夫，怀胎仙娥十月整，化股长风查无踪。八等神仙韩魁元，身背花篮到宴前，湘子花篮人人爱，四季能开真牡丹。众仙拜寿齐来到，愿为王母把寿添，蟠桃宴前群仙凑，富贵宫门响连天。

陕北说书（包括绥德平安书、横山说书）、洛南静板书都有鲜明的地域特点，在长期发展过程中形成了自身独有的艺术特征，但是它们仍有一些共同特征。

（一）从音乐结构来看，它们都是板腔体或者板腔曲牌综合体

板腔体全称"板腔变化体""板式变化体"，是指音乐结构上依据板式的转换、行腔的快慢形成的一种较为自由的结构，以对称的上下句作为唱腔的基本单位，表现为上下句完全对偶，通常是"七字句"对偶或"十字句"对偶。

板腔曲牌综合体是板腔和曲牌的混合，表演中既有板腔体又有曲牌体。曲牌体的基本单位曲牌每一句的字数、音韵、平仄是确定的，但是富于变化，表现为长短句结构。

板腔体（七字句）如：大宋一统镇江东，宋王天子坐汴京。自从宋王登龙位，刀枪滚滚不太平——洛南静板书·《孟良搬兵》

板腔体（十字句）如：眼看着屋檐水点点相照，老狸猫蹲屋脊代代相传。小羊羔餐娘乳双膝下跪，小乌鸦报母恩一十八天——洛南静板书·《报母恩》

曲牌体如：刘货郎说罢喜在心，担子担上身。三步折成两步行，一朵莲花红。一十一朵云，花儿遍地红！我老汉心中有办法，女子刘巧娃。父子打盘又把计定，倒把个老赵哄！——陕北说书·《刘巧团圆》

（二）曲目的结构与唱词的格式一般均以韵文和散文相结合的形式

说唱中、长篇故事说书类唱词格式均以七字句或十字句为多，在长篇大书的开头处往往有或唱或韵白的开场白或定场词，在书目的结尾处也多有用唱词向听众交代的内容。

第四章　陕西省传统音乐和曲艺

陕北说书·刘巧团圆（韵文开场白）

手弹三弦口来讲，春夏秋冬走四乡。说书不为旁的事，文化娱乐我承担。咱们边区好地方，男耕女织人人忙。有吃有穿好光景，实行民主新气象！有些男女二流子，劝说改造全变样。买人卖人都不行，骗亲抢亲也不让。听了这话你不信，有段故事听我唱。编成新书说新人，只说实来不说谎，刘巧团圆事不假，故事出在陇东西庆阳。庆阳有一个刘家庄，有人外号叫刘货郎，杂货担子他担上，每日起来串四乡。

陕北说书·《刘巧团圆》散文

话说刘彦贵那一天担上担子四乡去卖杂货。

我刘彦贵，自小好吃懒做，不爱上山劳动，就看下个卖杂货，走个乡村。我担的是煮黑、黄蓝、紫大红、品绿、品紫、带品春。我卖的是各种假色，样样哄人。我拿好多的颜色，不少的货物，走在四乡，哄她们婆娘。我老汉一辈子就懂得大吃大喝，自在逍遥，无忧无愁，有些乡亲见了，虽然黑眼定心，我也不管他。近几天四色货物都落了价，我想：再买些便宜货，多赚得吃点喝点，就是没有本钱，眼看着把利也耽搁了，该想个什么办法才是。低头一想，担上担子走了几步，想起来了：我刘彦贵养的一个女子，就叫巧娃，自小时候就给了人家了，给了赵家庄上赵金财的儿子叫赵柱儿，小时候只问了六块钱，一满没有问成个钱，现在养得十七大八，小时候不要问的话，抬到现在，不问他几百万？对了，我老婆不在了，我哄人家啦，把我女子也哄一哄吧！待我今天回到家中，对我女子说："赵柱儿是个跛子，是个憨子，前弯腰，后背锅，憨得连人言不懂，不会生产劳动！"我回去这样对我女子一说，我女子一定是不满意的，我女子不到他赵家去，和赵家散了亲，退了婚，我就能卖她几百万，买货有本钱，买吃喝有现钱，谁看见也会抬举，谁见了也会巴结！对了，倒究三年赶了五会，咱是久跑门外之人，这才想起这么一个妙计，赶快回去吧！

陕北说书·雕翎扇（定场诗）

一物生得面貌丑，头上又长四角楼。两个鼻子两个口，眼窝长到肚里头。闲言碎语撂在后，要表前朝说哪个？《雕翎扇》全本请君听。

陕北说书·雕翎扇（结尾词）

为人总要存好心，恶人害人两头空。书说团圆戏唱散，《雕翎扇》一本我说完。

（三）在说唱正本大书之前，为群众先说一段风趣、幽默、活泼的小段，称为书帽

书帽一则可以热热场子、起到逗乐提神之功效，二则可以稍等一下晚到的观众。代表性作品如：《逛世界》《大脚娘》《二十郎》《百菜名》《十大劝》《老鼠告猫》等。

陕北说书·书帽·大脚娘（节选）

说起南乡到南乡，南乡有个大脚娘。做了三年底子二年帮，许下我在女王庙上去降香。五年把一双鞋没做成，打发家人把鞋匠请。把十二个鞋匠请上门，赶明天把鞋要上完成。（白：还要受忙了。）四个鞋匠拿围锥钻窟窿，四个鞋匠拿扒吊和麻绳，四个鞋匠两面分，满头流汗拉麻绳。整整上了一夜两半天，还就留下一点鞋尖尖。（白：把鞋快上完成没，还得两天半。）大把了针上完成，我还要在女王庙上敬神神。咋才把鞋上完成，来了八个后生抬不动。（白：大脚娘只我们八个后生抬不动，不行再来上八个。）二八来了十六个小后生，他大这个鞋窦狼这么重。（白：大脚娘我们十六个还抬不动，不行再来上八个。）三八来了二十四个小后生，这才把鞋抬在府大门。（白：大脚娘把鞋抬来了，快出来穿鞋来，大脚娘说：来了——）门里边走出来大脚娘，把屁股坐在戏楼顶子上。屁股大腿又长，让老娘把鞋穿上一场。脚片子一穿哼一声，他大的这可狼古满没做成。拿老撬撬老锤捣，拧拧塞塞穿上了。脚指头夹成板片片，脚梁面磨下肉眼眼。五年鞋满没做成，闪得老娘穿了个踏倒根。

（四）伴奏乐器均以弹拨乐器三弦（或琵琶）为主

一般艺人均多自弹自唱，腿上固定有甩板或脚梆外，右手上均绑有蚂蚱板子，随弹弦摇晃击奏。

（五）过去两曲种的老艺人均多为盲人，是盲艺人走乡串户乞食谋生的手段

盲人因身体残疾，不能参加重体力劳动。为了谋生存，盲人在刚懂事时就被父母送去拜师学说书。学成后，和师父走街串巷说书混一碗饭吃。为了让自己的行业听上去不那么尴尬，有别于乞讨，盲艺人就给自己找了祖师爷。说说书源自三皇（黄）。洛南静板书认为祖师爷是三皇（天皇燧人、地皇伏羲、人皇神农），陕北说书早期祖师爷比较接人气，为黄氏三兄弟。相传很早前，黄氏三兄弟给人当奴隶。大黄让奴隶主剁了手，二黄被打断了腿，三黄被戳瞎了眼。兄弟三人只能沿门乞讨，用说吉利话换饭吃。路上碰到一个死蝎子，把它张到木板上，发明了琵琶。后来又用烂扁担、羊肠子做成了三弦，还用两块木板制成了榪子，一路上，唱着凄凉的调子到处流浪，教授徒弟，一代代改进技艺，就成了陕北说书。后来说书艺人可能觉得黄氏三兄弟出身不高，也把祖师爷认作三皇。陕北绥德有个三皇庙，每年农历七月十五，各地书匠都要云集这里，为祖师爷义务说书。

不过，三皇（黄）留世说书，仅仅是个传说故事罢了，并没有史料可以佐证。现在，盲人的生存问题已经解决。在党和政府的高度重视下，说书已经成为丰富人民群众精神生活的娱乐形式，更多的健全人加入了说书这个行列。

四、劝善经韵类

劝善经韵类的非物质文化遗产主要有陕南孝歌（包括商洛孝歌和汉中孝歌）和兴平劝善。

陕南孝歌也叫"挽歌""鼓盆歌"，是陕南地区传统民间丧礼活动中以彰显孝贤为主要内容的一种民间歌唱艺术形式。孝歌源于春秋战国时代的"庄子试妻"和"申包胥解甲奉母"两个故事。陕南人演绎为当地风俗，凭借长歌当哭，达观看待生死。商洛孝歌据传是李自成在商州缅怀阵亡将士的哀歌。汉江渔夫同情死去的义军将士，将自己听到的哀歌传遍汉江两岸，并代代相传。

陕南孝歌有祭奠礼仪的特点。陕南习俗，中老年人去世都要摆设灵堂祭奠三到五日。逝者家属好友每天晚上要在灵堂守丧，孝歌正是在这种特殊环境中演唱的一种特殊民歌。陕南孝歌的演唱均为男声真嗓，一般为单声演唱，一人唱罢另一人再接唱。孝歌的伴奏，仅用锣鼓等打击乐器。演唱时，鼓师以鼓梼击节，一般为两拍一击或一

拍一击，演唱停时以锣鼓间奏。陕南孝歌的演唱形式主要有三大部分。入殓后，当天夜里三五个歌手手执乐器，踏着节拍唱孝歌，直至天亮。开头部分叫"开歌路"，从院门外的路口起唱，走走停停，唱至棺前或灵前终止。中间部分为"阴阳板"，除奠酒仪式可以坐唱外，其余部分皆绕棺而唱，也称"打转转鼓""唱孝歌"。结尾部分叫"还阳"，先绕棺数匝，再唱出门外，直唱到"开路歌"的起点处，则掷乐器于地，宣告终场。

陕南孝歌的基本唱腔有"三起头"和"正板"两部分。"三起头"是七言三句的开头歌段；"正板"是七言多句（多为四句），集中表述唱词内容。汉中孝歌受湘、楚、川、陕民歌的影响，有花鼓戏、小调等多种曲调。陕南孝歌伴奏乐器只有一锣一鼓，有些地区也加用苏钹、土钹、马锣、铰子等。代表曲目有《十二孝》《二十四孝》《十二古人》《三十六古人》《三十六朝纲鉴》《包公断案》《曹安杀子》《五更哭》《五更单身》《十月怀胎》《慈母恩》《养育恩》《五娘剪发》《目连寻母》等。陕南孝歌通过宣扬忠、孝、节、义以及廉洁奉公、善恶报应等思想教化世人。

商洛孝歌·二十四孝（节选）

提起苦来就叹苦，父母养儿一尺五，养而不知娘受苦。

一尺五寸生下地，抓屎抓尿是娘的，尿湿左边换右边，尿湿右边换胸前，十冬腊月三九天，娘在河边洗尿片，晴天尿湿红日晒，下雨尿湿火烤干，娘的恩情说不完，披麻戴孝理当然。

父母养儿年纪小，养下孩儿如金宝，还要孩儿送娘老。

养儿不报娘孝顺，父母把你养成人，烧茶端水笑旁人，养儿才报娘的恩。我把苦人来提起，昔日有个孟姜女，二十四孝头上起。父母得病喝茶水，无有吃过五谷米，东庙跑到西庙里，也许烧香把愿许。张孝为母把凤打，董云卖身挂富贵，一买棺板制老衣，学成当儿孟姜女。昔日有个范三郎，他和孟姜女去同床，孟姜女儿好心肠，孝顺女儿沿路哭，无义媳妇守灵堂，千里烧香孝父母，不免为娘受辛苦。

汉中孝歌·三国歌（节选）

叫声孝家听我言，人生生死古来有，是长是短各有限。

彭祖活了八百岁，张果老活了两万年。甘罗十三已拜相，子牙七十才出山。天增岁月人增寿，只当大人归西天。

孝子不必太伤心，人的阳寿命注定，世上哪有不亡人？

劝你不必泪满腮，人的生死命安排。本说亡者归天界，是他少带阳寿来。不用哭来不用哀，后辈子孙发大财。

孝子不必泪淋淋，人人都有父母亲，哪有长生不归阴？

为人在世多行孝，何必人死泪滔滔。多份钱纸灵前烧，好送亡者到阴曹。亡者上了奈河桥，辞却阳间路一条。

兴平劝善历史悠久，上溯至唐代佛经的俗讲和变文，兴盛于清末民初。清早期统治者推广的"宣讲圣谕"活动，更促进了兴平劝善的发展。兴平劝善的主体多是一些笃信佛教的居士和中老年妇女，他们没职业班社，无专业乐队伴奏，遇节日庙会搭台劝善。兴平劝善是一种讲唱结合的民间艺术形式，演唱时辅以简单乐器，用鼓点和碰玲伴奏。演唱者净手、净面、净口后站立在一个临时搭建的高台之上照本"宣讲"，一唱一讲，语言浅显易懂，韵散相间，掺杂大量方言。唱腔不是曲牌体，典型的劝善调唱腔为呼应式上下句，每句又由两个小分句构成，有弦板腔、关中道情等韵味。劝善内容多为历史故事、民间传说、轶事，也有自编自唱，均以劝人百恶莫生、众善奉行为理念。典型善文有《十劝世人》《五更想娘》《十二个月女看娘》《二十四孝》《黄氏女对金刚》等。劝善表演是给人讲善说善，弘扬善行义举，引导大家多行善事，营造向上向善的社会风气。

兴平劝善词·十二个月女看娘

正月里来女啊女想娘，问声公婆忙不忙，公婆说正月里待客炒菜忙。提起了待客炒菜哭断肠，眼泪滴在了碟儿边边上。正月里没有时间去看我的娘。

二月里来女啊女想娘，问声公婆忙不忙，公婆说二月里春耕锄草忙。提起春耕锄草哭断肠，眼泪滴在了锄儿把把上。二月里没有工夫去看我的娘。

三月里来女啊女想娘，问声公婆忙不忙。提起了纺线织布哭断肠，眼泪滴在了锭儿尖尖上。三月里没有时间去看我的娘。

……………

腊月里来女啊女想娘，先问声公婆忙不忙，公婆说天寒地冻雪霜降，开恩批假准看娘。称买了四两黑白糖，命她拿上去看娘。

不料想那夜晚上大雪降，地白封路难看娘。眼泪滴在了冰雪地儿上，房中我哭得泪汪汪。思一思想一想，千方百计去看娘。走得慢了路太长，走得快了到了娘门上。

嫂嫂远远把我望，二人见了叙家常。别的话儿我不问，问娘安康不安康。嫂嫂对我把话讲，妹妹听我说心上。咱娘朝盼把你想，想得咱娘把命亡。女儿听言哭声放，灵前哭得泪汪汪。只因我的家活忙，十二个月未看娘。一步来得迟慢了，母亲一命归天堂。两句好话留世上，劝女行孝多看娘。

劝善经韵类曲艺的共同特征：

（1）其活动一般有着特定的民俗性和较浓的宗教色彩，也有一套固定的演出程式。演唱活动均与丧葬祭奠的慰灵、超度亡灵有关。陕南孝歌则是在亲人亡故的当天就开始围棺木演唱一直唱到埋葬完毕。

（2）音乐以单曲为多，旋律拙朴。陕南孝歌音乐为曲牌体，兴平劝善是韵散相间。

（3）曲目（或唱段）内容，均多与劝人行孝、行善有关。除演唱历代的孝子节妇、忠臣义士、英雄人物故事对世人进行教育外，还演唱一些近现代人编写的劝善词，如《戒酒歌》《十劝世人》《荒岁歌》《穷人记》《计划生育好》等。在特定的场合，还有说唱宝卷《血盆救母真经》等。

（4）一般均仅有打击乐器伴奏。

五、道情（渔鼓）类

道情又称"竹琴""渔鼓"，是中国传统曲艺品种的一个类别。道情源于唐代道教在道观内所唱的经韵，为诗赞体，原是道士抒发情感、咏唱及诵经时吟诵的"道曲"和"道歌"。唐之后，大批宫廷艺人和道士流落民间，使原来以咏唱道经为内容，宣扬出世思想的法曲道情融入了民间的生活内容，创作了丰富的道情唱词。宋代后吸收词牌、曲牌等艺术元素，衍变为在道教民间布道时演唱的新经韵。内容大多宣传一些贴近民众生活的因果报应、离尘绝俗、劝世行善等，由游方道士或道情艺人在各地演唱，用渔鼓、简板伴奏，与鼓子词相类似。之后，道情中的诗赞体一支主要流行于南方，为曲白相间的说唱道情；曲牌体的一支流行于北方，并在陕西、山西、河南、山东等地发展为戏曲道情。

陕西省道情（渔鼓）类曲艺在全省分布广泛，发展均衡。关中道情以长安为中心，辐射临潼、蓝田、鄠邑、周至、咸阳、兴平等地，有关中道情、周至道情、长安道情、蓝田县华胥上许道情等。西府道情流行于宝鸡、眉县、岐山、凤翔等地区，东府道情有蒲城石羊道情、渭南道情等。陕北道情原名"清涧道情"，后因"陇东道情"和山西"神池道情"流入陕北，形成了"三边道情"和"神府道情"，统称为"陕北道情"。陕北道情流行于清涧、子长、志丹、绥德、榆林、子州、保安、吴起、定边、靖边、神木、府谷等地。陕南道情有商洛道情、镇巴渔鼓、柞水渔鼓、镇安渔鼓等。陕北道情分为东路道情和西路道情两种，东路为新调，西路为老调，两者音乐调式不同，东路为徵调式，西路为商调式，但曲牌名称大致相同。两者艺术风格完全不同，东路道情高亢明快，西路道情委婉细腻，有名的《翻身道情》即为东路道情。其中，陕北道情和商洛道情（商洛道情入选陕西地方戏曲名录）被列入国家级非物质文化遗产名录。

陕西道情曲牌数量丰富，有的是古词谱传承过来的，如西江月、浪淘沙等；有的是明清俗曲演变过来的，如满天星、张生戏莺莺等；有的是从周边剧种引入的，如小开门、花梆子等；有的是从民间宗教音乐引入的，如大阴司、鬼扯腿等；有的是从民间吹打乐引入的，如柳青娘、下江南等；有的是道情唱腔自身演变的，如亮弦、留板、飞板、哭长城、柳生芽、八板等。

陕北道情为曲牌体，关中、陕南道情为板腔变化体，但也有大量曲牌存在。陕北道情的曲牌有平调、大起板、十字调、耍孩调、凉腔、一枝梅、流水、二流水、箭板、滚白、蒙头纱、太平调、卖妙郎、请客调、金丝圪撩调、浪淘沙、八板调、皂罗袍、倒勾调、锣鼓板等。关中道情有欢音和苦音之分，俗称"阴波"和"阳波"。传统曲牌有九腔十八调，长安道情保存下来的仅有八腔十一调。八腔有节节高、高腔、推句子、清江引、金线吊葫芦、皂罗袍、藕断丝不断、打连厢等，十一调有大红袍、蛤蟆跳门坎、哀连子、拖音、气头子、塌句子等。基本唱腔板路有慢板、二六板、飞板、串板、滚白等。陕南渔鼓早期只有单一的道士腔，后来融入了当地的民歌、小调、山歌、花鼓调等，陕南道情语言融合江南湖广语音形成了自己的特色。陕南渔鼓（道情）欢音称"软调"，苦音称"硬调"，有麻韵（帮腔），曲牌有《点点花》《柳青娘》《风入松》《寄生草》《清水令》《大开门》《满江红》等，主要板路有二流、代板、尖板等。

陕西道情题材丰富、内容繁多，有神话故事、道教故事、佛教故事、民间故事、历史故事、新编故事等。传统剧目有《目连救母》《卖道袍》《五丈原》《古城会》《天仙配》《敬德打朝》《芦花记》，新编道情剧目有《支农忙》《朝阳人家》《挑女婿》《两家亲》《赛畜会》《意中人》《接婆姨》《沙海红旗》《土地风波》《赞新婚》《小四德》等。

道情类曲艺有以下特征：

（1）演出形式均为坐唱（渔鼓为单人坐唱，道情为多人坐唱）。

（2）代表曲种特色的伴奏乐器渔鼓和简板均为不可缺少的伴奏乐器。如陕南渔鼓艺人行艺时，怀抱渔鼓筒，右手叩击简板；关中道情则除一人操持简板外，另有多人执丝弦笛管等乐器伴奏。道情后来与表演结合，逐渐向戏曲发展，演唱形式也转向民间班社演唱。伴奏乐器文场以小三弦、四音胡、管子三大件为特色乐器；武场以小锣、小钗为特色乐器。

（3）唱腔音乐以曲牌体和板腔体为主，吟诵性较强。音乐结构是上下句式或四句头式，并且，以此主腔不断重复（或变化重复）来叙唱故事。镇安渔鼓常用曲调有《开腔》和《流水》。唱词基本为七字句，《开腔》为四句体，用于所有曲目的开头。其固定的唱词为："渔鼓本是一根竹，生在终南山里头。鲁班砍来做成鼓，湖家抱鼓游九州。"后面是正文，上下句结构。

陕北道情·清涧道情联唱

（平调）远照（上的）南山一朵云，近照秦川雾沉沉。老君爷留世没留公，富的富来贫的贫。富在深山有人敬，贫在街头无人问。

（西凉调）心里不把别人恨，单恨张雄狗汉奸。有心衙门把他告，权大势重无人问。

（耍孩儿）有唐僧本姓陈，殷凤英她是我母亲，幼年家的时候多不顺，海水儿漂流在海岛金山寺。

（十字调）李翠莲打坐在柴门之外，要和二师傅讲经说法。唐长老打坐在莲花台，我要和李善人讲经说法。

（凉腔）什么国里佛出世？什么国里降老君？什么国里生孔圣？

哪三国？西域国里佛出世！灵宝陕州降老君！山东鲁国生孔圣！这三国所生！

（一枝梅）天上共有几颗星？地上共有几个人？几个男来几个女？几门道家几门僧？天上共有一颗星，地上共有两个人，一个男来一个女，一门道家一门僧！

关中道情·隔门贤（选段）

叫你吃来你就吃，粟米面有我想主意。我给你二升豆子三升米，再包几件粗布衣。先把这年节熬过去，过了年赶快度佳期。赁不起花轿呀你借上一头驴，好歹把我接到咱家里。你家里贫穷没有田地，有啥没啥我不嫌弃。咱勤俭劳苦过日子。老娘在家我照理。你且用饭莫要着急，待我与你拾掇东西！

柞水渔鼓·姐望郎

正月里姐望郎，拜年客又广，只见拜年不见郎。二月姐望郎，二月菜花黄，手拿扇子打得蜜蜂往。三月姐望郎，三月活路忙，拿起刀子去开荒。四月姐望郎，四月正栽秧，栽了秧子麦子黄。五月姐望郎，五月麦子黄，割了麦子好栽秧。六月姐望郎，六月大太阳，拿起扇子扇风凉。七月姐望郎，七月谷子黄，打了谷子点冬粮。八月姐望郎，八月秋风凉，耕了田地点冬粮。九月姐望郎，九月菊花黄，晒干谷子好入仓。十月姐望郎，十月寒霜降，手提银灯进绣房，倒在象牙床，不见我的郎。

唱词格式多为七言、十言韵文。

镇巴渔鼓（七字句）·扬帆启航新征程

晨曦光辉映彩霞，金华吐蕊照华夏。二十大召开举国庆，扬帆启航新征程。三秦儿女奏和声,踔厉奋发勇毅行。(白:大会主题很鲜明,高举旗帜向前冲。弘扬建党好精神,守正创业要自信。百年建党旗更红,十大坚持促历程。燎原星火满天红,拯救黎民济世穷。)三座大山一扫平,五湖四海响铿声。改革开放千帆竞,梦想成真万马腾。中华迈向新时代,海晏河清盛世隆。

商洛道情(十字句)·一文钱(选段)

秀才(唱):这老儿欺下了贪财心肠,我这里且把他惊吓一场。劝你休言去告状,秀才岂怕到公堂。我与那县太爷常来常往,我二人饮酒赋诗情意长。

财主(唱):你这里休撒那瞒天大谎,到县衙管教你秀才无光。我与那三班衙役交情广,县太爷六姨太是我干娘。

六、踏歌走唱类

踏歌走唱类主要有关中秧歌和陕南花鼓子。秧歌是由宋代"村田乐"衍化而来的一种歌舞形式。秧歌在向北传播的过程中,因地域特色不同而形态各异。关中秧歌的形成年代已不可考,据韩城秧歌艺人卫百福口述,关中秧歌在清咸丰年间已有演出活动。关中秧歌以渭南地区韩城秧歌最为出色,西安市灞桥区一些村镇也有秧歌,俗称秧歌底子。陕南花鼓子流传于陕南镇安、商洛、安康等地,是用陕南花鼓调演唱民间故事的曲艺形式,经常在春节社火活动中表演。陕南花鼓子是民间歌舞向戏曲转变的过渡形式,最早是由"打围鼓"而来,又融合各种民歌小调,至清中期,声腔韵不落窠臼的花鼓子才最终定型。陕南花鼓戏和八岔戏等戏曲形式就是在陕南花鼓子的基础上产生的。安康花鼓子是陕南花鼓子的杰出代表。关中秧歌和陕南花鼓子都是在年节喜庆之时以地摊形式彩扮走场演出。

韩城秧歌俗称"对对戏",融民歌、说唱、舞蹈为一体,是陕西民间艺人把民歌形态的秧歌和元杂剧"嫁接"而产生的曲艺形式。韩城秧歌在清光绪年间进入鼎盛时期。光绪二年(1876年),韩城秧歌艺人韩敏卿带领秧歌班子进京演出,名动京师。清廷专设"秧歌教习",在宫中教演韩城秧歌。韩城秧歌曲目丰富,现共挖掘整理出127折,出版96折。韩城秧歌内容丰富,绝大多数内容反映当地民间生活,人物关系简单，一旦一丑。主要曲目有《石榴娃烧火》《张先生拜年》《货郎算账》《织手巾》《摘豆角》《十杯酒》《摸骨牌》《上楼台》《下四川》《绣荷包》《五炷香》等。韩城秧歌都是单出戏，没有大本戏。表演以说唱为主，没有武打场面，角色设置为普通百姓，没有帝王将相、皇后宫娥。韩城秧歌曲调丰富，现存117种，其曲牌联套的结构形式类似元杂剧的雏形"诸宫调"。

安康花鼓子以汉滨区花鼓子演唱最具代表性。安康花鼓子有着深厚的群众基础，是安康百姓表达喜悦最常见的娱乐形式。安康人民在红白喜事、节日庆典、娱乐休闲、农夫耕作、小儿放牧、妇女针织、大型集会、打围场、采莲船（社火表演）、村寨之间的比赛等活动中都能看见花鼓子演唱。安康花鼓子以汉滨区为界分为上河调和下河调，汉滨区以上为上河调，以下为下河调。上河调下河调在结构上是统一的，锣鼓点大同小异。上河调的音程跳跃较大，因此显得活泼、高亢、嘹亮；下河调反之，平稳、柔和、细腻。

踏歌走唱类曲艺有以下共同特征。

（一）均为介于歌舞、曲艺、小戏之间具有较浓郁的说唱因素的曲种

演员有两人，俏女俊男或一丑一旦居多，演出时往往进行简单的化妆。演员不仅说唱并重还间有舞蹈表演；演员上场后化出化入，一会儿与观众调侃，一会儿与故事中人物交流。

韩城秧歌·桃花和杏花（选段）

桃花（唱）：黄河水哗啦啦响，桃花杏花齐开放，蜜蜂嗡嗡把歌唱，炊烟袅袅飘远方。

桃花（白）：你问我是谁？阿拉是桃花。从上海回来，十年没回来了，这村子变得我都认不出来了！杏花的儿子明天结婚，我就回来了。猜猜我是谁？

杏花（白）：你是槐花？桂花？兰花？

桃花（白）：哦呦！侬连阿拉都认不出来了。

杏花（白）：阿？阿啥哩啊？

（俩人）：你是？我是！

桃花（唱）：桃花红，杏花白，韩城秧歌扭起来！莫要问，我是谁？老姊妹你猜一猜？

　　（俩人拉手后分开，同时扭秧歌）

　　杏花（唱）：桃花红，杏花白，韩城秧歌扭呀起来！老姊妹不用猜，上海的桃花，回家来！

在这个小段中，有桃花和杏花两个演员。桃花上场先唱，然后的旁白是演员出戏和观众进行交流，介绍自己，随后入戏和杏花交流。杏花认出桃花后，两人开始舞蹈表演。

（二）音乐均为曲牌体。韩城秧歌里的《四六曲》《开门调》与陕南花鼓里的《花鼓调》均为有独特用场的特性曲牌

　　如韩城秧歌戏中丑角唱的《四六曲》《四六带把》《拉花调》和旦角唱的《开门调》等。《开门调》用于旦角出场，类似"正在房中绣锦罗，忽听门外人喊叫，不知是哪个"这样的七言两句，五言一句的"三句式"词格、句式。《拉花调》近似秦腔的"留板"，形成了"遭兵荒，遇水灾，老天大旱，河南人，一个个叫苦连天！"这种戏曲常用的"十字句"的句式。《四六曲》用于丑角出场和戏的结尾，形式上是四句七言，俗称"四六句"，往往是即兴之作。现在《四六曲》从表演程式上逐渐摆脱与剧情无关的说唱段子，而直接进入角色，为剧情所用。

　　如韩城秧歌戏《货郎算账》由《十绣》《开门调》《诉板》《十绣尾》等曲调组成。《上楼台》由《四六曲》《四六带把》《开门调》《五圆调》等开场，再进入正剧演唱的《茉莉花》《剪边绸》《闹昆阳》等。

　　花鼓子基本曲调为《花鼓调》，后来广泛吸收和衍化出《上河花鼓调》和《下河花鼓调》《趱字板》《绣荷包》《鼓儿天调》《长工调》《对花调》等风格及功能各有不同的专用曲调与插用曲牌。《上河花鼓调》旋律音程跳跃性大，旋律华丽明快。《下河花鼓调》音程跳跃不大，显得平稳、柔和、细腻，《上河花鼓调》一般由五句唱腔构成一个自然段落，七言两句起唱、加句间锣鼓、加七言一句、加句间锣鼓、加七言一句、五言一句。《下河花鼓调》由七言四句构成一个自然段落，旋律比较舒展、柔和，调式调性富于变化，《下河花鼓调》演唱时多加附字，如"哪个""子儿""哟"等，《上河花鼓调》现在也加附字，但远远少于《下河花鼓调》。

安康花鼓子·山歌不唱心不宽（上河花鼓调）

山歌不唱心不宽，大路不走变荒山，人不开心容易老，花不浇水容易干，开心出少年！

安康花鼓子·小小灯笼圆溜溜（下河花鼓调）

小小（的）灯笼（都）圆溜（啊）溜（啊），（它）挂（着）在十字（啊）街上（哎哎）头，别看我（的）都灯笼（哎笼）小（哎），小小（的）灯笼（它）照九州，它四海都交朋友。

安康花鼓子·小小船儿两头尖（下河花鼓调）

小小的船儿（哎）两头（哎）尖（呐），中间（里）一个月亮（啊）弯（呐啊），太公娘子坐中（哎）间（呐），一个小伙拿蒲扇，给贵妇拜新年（呐啊）。大山里深处（里）一个（哎）泉（呐），流来（里）流去有数（啊）年（呐啊），吃水喝了口甘（哦）甜（呐），喝个长生不老仙，（你）富贵万万年（呐）！

（三）每番表演演出程式基本相同

安康花鼓子演出前要唱一段吉利话，如"拜主家、拜乡邻、谦请包涵"等。接着用小调唱故事，如《山伯访友》《十里亭》等。最后用《花鼓调》扫场，唱词大意内容为"谢主家、谢乡邻支持捧场"。如："谢主家（那个）谢主（呀）家（吆），谢了主家我们走咭（音qia，安康方言，表示即将、将要之意）呀。哎——谢你们烟来谢你们的茶（吆哇），谢了你们这个好人家，富贵年年发（吆哇）。"

韩城秧歌的表演程式是由开场、正曲、退场三部分组成。开场部分又有几个层次：首先丑角登台"拜场"，即唱一支"四六曲"表示自谦。"拜场"过后进行表演。退场时由旦角与丑角唱"四六曲"以示自谦。如："一把扇子七根柴，鹞子翻身滚下来。咱二人不是捆柴的手，后场请出行家来。"然后下场，下一组艺人登台。

（四）传统的伴奏形式仅用打击乐器伴奏

民间有"敲得快、跑得快，不敲不跑唱起来"的谚语。韩城秧歌和安康花鼓子都没有弦乐伴奏,只用打击乐器,而打击乐器中还少用鼓、板,韩城秧歌多用大锣、大镲和马锣三件。花鼓子伴奏乐器为小型锣鼓,包括锣、鼓、钹、马锣等民族乐器。

(五)曲目一般结构较短小,内容多为表现男女情爱或生活中的逸闻趣事,语言生动夸张,尤其是丑角上场后的那段"说嘴子"往往诙谐异常

丹凤花鼓中的一段说嘴子是:"人家的白话论辈儿,我的白话论口儿,挂在杨柳树梢上,下了三天连阴雨。开花开花,崩子儿崩子儿哎——"

韩城秧歌《种地》里的说嘴子是:"粮食虫叫唤一声,咕叽——咕叽,我在姚家坡种了二亩烂地。种茄子不长一苗,种白菜铺踏一地,种韭菜比牛毛还细。说起种地,真真儿戳气!"

第四节 西安鼓乐

西安鼓乐是世界级的非物质文化遗产。2009年,西安鼓乐被联合国教科文组织《保护非物质文化遗产公约》认定为人类非物质文化遗产代表作。早在2006年,西安鼓乐经中华人民共和国国务院批准入选第一批国家级非物质文化遗产名录。

一、西安鼓乐的历史发展

西安鼓乐源于唐代燕乐,之后又融入了宫廷音乐的元素。据《唐书·音乐志》记载,唐代宫廷音乐中即有"鼓乐"一项,当时的鼓乐主要是由宫廷乐师创作和演奏,用于庆祝皇帝的生日、婚礼等重要活动。安史之乱之后,鼓乐随着宫廷乐师的流亡逐渐流传到民间。西安周边以及秦岭北麓大量存在的道观、寺庙给宫廷乐师提供了安身立命之所。宫廷乐师依托寺庙进行乐事活动,在鼓乐传播的过程中逐步演变为僧、道、俗三个流派。

西安鼓乐在明清时期进入了高速发展时期,西安鼓乐在宫廷鼓乐的基础上吸收了陕西的地方戏曲、民间小调的营养开始形成规模。明清时期,随着市民阶层壮大和商品经济的发展,出现了资本主义经济的萌芽,音乐文化的发展更具有世俗化的特点。

明清时期,器乐的发展表现为民间出现了多种器乐合奏的演出形式。西安鼓乐形成多种乐器合奏的形式，以笛子为主，笙与管为副，有时还用双云锣与笛子进行配合。打击乐器则有音色不同的座鼓、战鼓、长鼓、独鼓、钹、铙、铰子（小钹）、钗子（小铙）、大锣、马锣、小云锣等。到清代中期，室内演奏的"坐乐"，有了分为前后两部的大型套曲的结构。

演奏时，法鼓段是前部的主体，它是打击乐与吹奏乐的合奏乐段，套词是后部的主体，有南词八套、北词八套、内八套、外八套之分。北词八套即〔正宫〕《端正好》套、〔黄钟〕《醉花阴》套、〔中吕〕《粉蝶儿》套、〔南吕〕《一枝花》套、〔仙吕〕《赏花时》套、〔越调〕《斗鹌鹑》套、〔商调〕《集贤宾》套、〔双调〕《新水令》套等，与元杂剧（北曲）套曲名称完全相同。可见西安鼓乐套词在曲体组织，配器手法与旋律发展方面已达到了相当高的水平。

西安鼓乐现存乐谱有一百多种，最古老的当属西仓鼓乐社收藏的1689年（康熙二十八年）《鼓段、赚、小曲本具全》。西安鼓乐的乐谱分为旋律乐器使用的"曲谱"、击奏乐器使用的"鼓谱"和吹奏乐器使用的"铜器谱"。曲谱记录方式为半字谱、俗字谱和工尺谱等；"鼓谱"又称"鼓札子谱"，顾名思义，是用鼓的状声字写成的乐谱；"铜器谱"是用锣等铜乐器的状声字写成的乐谱。1764年（乾隆二十九年）西安鼓乐手抄谱珍藏本的谱字与宋代姜夔十七首自度曲所用的谱字基本相同，说明西安鼓乐在清代的辉煌。西安鼓乐现存的1100余首曲目中包含了部分与唐代大曲、唐宋燕乐曲、教坊大曲等唐宋音乐同名的曲目，它不属于唐宋大曲的庞大结构形式和拒绝明清以来新生乐器的乐队配置，显示西安鼓乐严格继承唐宋音乐的倔强。

民国时期，西安鼓乐达到巅峰。关中农民习惯于在农闲时期举行各种集会，如祭祀会、迎神赛会、物资交流会、庙会等来庆祝丰收、放松自我。因为西安的道观、寺庙大多集中在秦岭北麓农村地区，寺院、道观为取得农民的支持，把定期举行的庙会时间也定在农历五月至七月间。在大型集会和庙会期间，僧、道、俗同时演奏西安鼓乐烘托热闹气氛。农历六月初一的终南山南五台庙会和六月十七、十八、十九日的西安城内西五台古庙会，是西安鼓乐社集体亮相的舞台，各鼓乐社纷纷前往演出，观众摩肩接踵，形成了西安鼓乐汇演。南集贤鼓乐社、何家营鼓乐社、大吉昌鼓乐社、东仓鼓乐社、西仓鼓乐社、城隍庙鼓乐社等鼓乐社都成为西安鼓乐的翘楚。中华人民共和国成立后，西安鼓乐一度陷入沉寂。后来在党和政府的重视下，经过大批文化工作者的挖掘、抢救、保护，西安鼓乐迎来了盛世春天。长期以来，西安鼓乐没有统一名称，1952年，李石根先生在其所著《西安鼓乐艺术传统浅识》中根据鼓在演奏中的重要作用，给这种曲艺取名为"鼓乐"，"西安鼓乐"一词沿用下来。

2004年年初，西安市成立西安鼓乐保护开发领导小组。同年，西安鼓乐被列为国家第二批民族民间文化保护工程重点项目。

二、西安鼓乐的流派

西安鼓乐有僧、道、俗三个流派。僧派乐社所演奏的乐曲，音调较高，悠扬而热烈。受佛教文化影响，和雅中透着庄严，悠扬中蕴含清澈，安详中洋溢热情。僧派鼻祖是长安白道峪兴安禅寺教衍和尚。僧派乐社以东仓鼓乐社、西仓鼓乐社、显密寺鼓乐社、大吉昌鼓乐社为其代表。清代嘉庆、道光年间有一毛和尚亲自记古谱教授东仓鼓乐社，清代光绪年间元大和尚教授东仓鼓乐社。东仓鼓乐社有僧派大师真言传谱。西仓鼓乐社在清朝末年和东仓鼓乐社、城隍庙鼓乐社形成了三足鼎立局面。20世纪50年代，随着西仓鼓乐社代表人物谢青莲、程金林的逝去，西仓鼓乐社名存实亡，但是大吉昌鼓乐社的代表人物傅振中师从谢青莲学习小曲和全套坐乐演奏，高腊永又向西仓鼓乐社程金林学鼓，周鼎山向谢青莲学笛。因此大吉昌鼓乐社可以视为西仓鼓乐社的嫡传。

道派鼓乐为都城隍庙道士所传，道派乐社的演奏乐曲、乐器与道教经韵、法器密切相关，演奏技法中融入道家修为，讲究运用被称为"磨镜雕花"的加花变奏手法，演奏风格呈现出细腻精致、平和优雅、肃穆恬静的"清而近雅"特点。西安都城隍庙内保存有明嘉靖、清道光年间乐谱13本，曲目曲牌300多首。几百年来，城隍庙道众除了日诵早晚功课外，一直坚持口传心授、修习鼓乐的传统。1977年去世的道士安来绪是道派鼓乐的集大成者。道派乐社以城隍庙鼓乐社、迎祥观鼓乐社为主要代表。

唐玄宗开元年间，西安西大街建于唐中宗景龙二年（708年）的景龙观因恭迎供奉老子石像，更名为"迎祥观"。迎祥观鼓乐社的发展得力于东仓、西仓鼓乐社成员的帮助。明清时期官仓开办时，东、西仓鼓乐社活动非常活跃。官仓停办后，原来从事鼓乐的仓工们依然热心鼓乐，经常组织市民开展业余鼓乐活动，活动内容有演奏表演、有习艺排练、有交流答疑等。仓工张奎、徐诚先后协助迎祥观演曲传艺，培育鼓乐人才。迎祥观鼓乐社的演奏沿袭着典型的道派风格，曲调平和清雅，技术细腻精致，体现出典雅优美、纯净悠扬的艺术特征。

俗派鼓乐本属于僧派鼓乐，唐朝时佛教文化在中国的影响日益加深，大小寺院星罗棋布。僧派鼓乐演奏地集中在西安城外的农村，演奏者是西安郊区农民，演奏时吸收了很多民间音乐元素。在农民演奏者的参与下，部分鼓乐逐渐从僧派中脱离，演奏风格趋向独立，形成俗派鼓乐。

俗派鼓乐代表乐社有周至县南集贤东、西两村鼓乐社，长安区何家营鼓乐社等。由于诞生在农村乡间，俗派乐社所演奏的乐曲，音调高扬，深厚热烈，不仅具有浓厚的生活气息，而且富含端庄典雅宫廷音乐底蕴的特点。

位于终南山麓的集贤村旧称南集贤，以村中心小河为界，分东、西两村，因此集贤鼓乐分为东、西两村鼓乐社。西村鼓乐社田中禾和东村鼓乐社顾景昭都是集贤村农民，西安鼓乐国家级代表性传承人。鼓乐社现在能演奏《将军令》《霸王鞭》《芦花荡》《斗鹌鹑》《过秦岭》等一百多首鼓乐曲牌。何家营鼓乐社位于西安长安区何家营村，该村因为唐代郭子仪偏将何昌期曾驻军于此而得名。西安鼓乐国家级代表性传承人何忠信（2023年去世）是何家营村民。何家营鼓乐社擅长于行乐的演奏。经典曲目有：《将军令》《哭长城》《翻教》等。

三、西安鼓乐的演奏形式

西安鼓乐的演奏形式分为坐乐和行乐两种。

行乐，顾名思义，即在行进中演奏，伴以彩旗、令旗、社旗、万民伞、高照斗子和伴奏乐器。行乐分为同乐鼓（也称高把子）和乱八仙（也称单面鼓）两种。同乐鼓风格温雅庄重，乱八仙风格活泼悠扬。同乐鼓所用乐器除笛、笙等管乐器外，打击乐器以使用高把鼓、铰子、小叫锣（疙瘩锣）、贡锣、手梆子等伴奏。乱八仙是以使用笛、笙、管、云锣（方匣子）、单面鼓、引锣、铰子、手棒子八件乐器而得名。行乐有时还有"歌章"，内容与祈雨有关。行乐比坐乐简单，它的演奏以曲调为主，节奏乐器只起伴奏、击拍作用，多用于街道行进和庙会的群众场合。

坐乐，顾名思义，是在室内围绕着桌案坐着演奏的，曲调有固定结构的套曲，即"花鼓段坐乐全套"和"八拍鼓段坐乐全套"，过去坐乐常常是艺人们比赛技艺的擂台，称为"斗乐""对垒""支桌子"等。坐乐大致可以分为城乡两种，城市坐乐叫"八拍坐乐"或"耍鼓段坐乐"，农村坐乐则叫"打扎子坐乐"。前者用笙、笛、管、双云锣，还曾用过筝、琵琶，打击乐器有坐鼓、战鼓、乐鼓、独鼓、大饶、铰子、大钹、大锣、马锣、引锣、木梆子，编制约十二三人；农村坐乐根据实际条件进行调整，规模大的坐乐吹奏乐器用到十几人以上，打击乐器更多，"川家伙"（鼓乐传统打击器）和"苏家伙"（从秦腔引进的打击器）达几十人之多，造成神人震撼、山川荡气的宏大音响。

四、西安鼓乐的曲目

西安鼓乐曲目丰富、内容广泛、调式风格多样、曲式结构复杂庞大，包括有套曲、散曲、歌章、念词等。

西安鼓乐各流派乐社保留下来的曲目与曲牌有上千首，是一笔非常宝贵而丰富的遗产。其中大型套曲的体裁类别有《套词》《北词》《南词》《外南词》《外分词》《京套》《大乐》《花鼓段》《别子》《服子》《打扎子》等，有四百余套。小型乐曲的体裁类别有《鼓段》《耍曲》《小曲》《歌章》《经曲》《舞曲》《起》《垒鼓》《花打》《串扎子》《引令》《行拍》《得胜令》《曲破》《赶东山》《卓本》《玉包头》《下水船》《扑灯蛾》《游声》等五百余首。可以独立演奏的鼓谱有《浪头子》《三股鞭》《法点》《女退鼓》《花退鼓》《笨点退鼓》《大赐福》《帽子头》《干鼓》等百余首。

1953年以来，陕西省整理出了千余首（套）西安古乐曲目，并在此基础上创作、改编了《香山射鼓》《骊山吟》《玉门散》《羽调绿腰》等乐曲以及大型仿唐乐舞等。

本章小结

陕西民间音乐和曲艺起源于劳动，体现了陕西人民对于美好生活的热爱和向往。陕西省曲艺是在传统音乐的基础上结合民间文学演化出的一种具有表演性质的"说唱艺术"。陕西省的传统音乐和曲艺发展不均衡，出现了陕北民歌发达、关中戏曲和曲艺发展高度繁荣、陕南的民间音乐种类多影响小的地域分布格局。陕西省传统音乐可以分为民歌、鼓吹乐、弹拨乐和佛道音乐四种类型；陕西省曲艺可分为曲子类、韵白快板类、说书类、劝善经韵类、道情渔鼓类、踏歌走唱类六大类。西安鼓乐是陕西省传统音乐的杰出代表。

思考练习题

1. 陕西省传统音乐和曲艺的地域分布格局是怎样的?
2. 陕西省传统音乐和曲艺可以分为哪些类型?
3. 紫阳山歌的艺术特点是什么?
4. 信天游的唱腔和结构有哪些特色?信天游的表现手法是什么?请举例说明。
5. 陕西曲子的艺术特色是什么?
6. 陕北说书和洛南静板书有哪些共同特征?
7. 劝善经韵类曲艺的共同特征是什么?
8. 道情(渔鼓)类曲艺的共同特征是什么?
9. 踏歌走唱类曲艺的共同特征是什么?
10. 西安鼓乐分为哪些流派,演奏形式又是什么?

第五章
陕西省传统戏剧

第一节 陕西省传统戏剧概论

陕西是我国戏曲（传统戏剧）的发祥地，古代的"梨园"就在西安。经过两千年的历史积淀，这里形成了以秦腔为代表的26个地方戏曲剧种，剧种数量居我国第五。陕西省地方戏剧的翘楚"秦腔"源头可以追溯到西周时期，经历了秦、汉、唐的发展，在明朝形成了成熟完整的体系，在清朝获得广泛传播，以陕西为中心向邻近省份扩散，对我国几乎所有剧种形成都产生过无以比拟的影响，堪称中国戏曲"百戏之祖"。秦腔目前还完整地保留着我国汉唐时代的众多戏曲曲牌，明代万历年间秦腔发展成为我国戏曲音乐中板式变化的结构，是我国所有梆子腔系统的母体。随着社会多元化的发展，陕西省传统戏剧面临严峻的考验，从新中国成立初期的50个剧种逐渐减少到如今的26个剧种，很多剧种都已失传，还有一些剧种濒临失传。

一、陕西省传统戏剧的现状

陕西现有戏曲剧种26个，其中本地剧种22个，分别是秦腔、同州梆子、汉调桄桄、汉调二黄、道情、陕北道情、线戏、老腔、碗碗腔、弦板腔、阿宫腔、弦子戏、眉户、大筒子、八岔、商洛花鼓、关中秧歌、陕北秧歌、二人台、端公戏、跳戏和紫阳歌剧戏，每个地区都有属于自己的地方特色剧种。此外，陕西还有跨省剧种4个，分别是京剧、豫剧、晋剧、蒲剧。①陕西的戏曲剧种不仅数量众多，而且文化内涵丰富，秦腔、同州梆子、汉调桄桄、汉调二黄、商洛花鼓、皮影戏（华县皮影戏、华阴老腔、阿宫腔）、弦板腔、木偶戏（郃阳提线木偶戏、陕西杖头木偶戏）、华阴迷胡（眉户）、合阳跳戏、陕北二人台、弦子腔、渭南碗碗腔等13个剧种皆为国家级非物质文化遗产保护项目。

按照《国务院办公厅印发关于支持戏曲传承发展若干政策的通知》（国办发〔2015〕52号）要求，从2015年7月至2017年6月，原文化部在全国范围内组织开展了地方戏曲剧种普查。依据普查统计结果，全国共有348个地方戏曲剧种，其中120个剧种中仅有一个国办团体，也就是所谓的"天下第一团"。陕西有26个地方剧种，包括汉调桄桄、弦板腔、阿宫腔、关中秧歌、陕北秧歌、跳戏等6个号称"天下第一团"的剧种。（附全国地方戏曲剧种数量分布图，如图5-1所示。②）

本次普查发现陕西省赛戏、西府秦腔两种地方剧种在20世纪60年代已经失传。

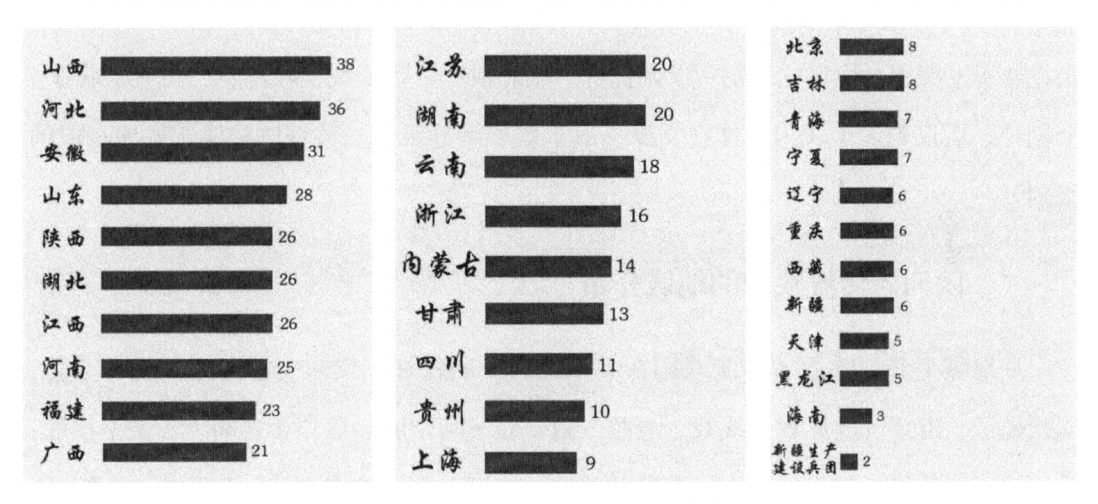

省份	数量	省份	数量	省份	数量
山西	38	江苏	20	北京	8
河北	36	湖南	20	吉林	8
安徽	31	云南	18	青海	7
山东	28	浙江	16	宁夏	7
陕西	26	内蒙古	14	辽宁	6
湖北	26	甘肃	13	重庆	6
江西	26	四川	11	西藏	6
河南	25	贵州	10	新疆	6
福建	23	上海	9	天津	5
广西	21			黑龙江	5
				海南	3
				新疆生产建设兵团	2

图5.1　全国地方戏曲剧种数量分布图

（资料来源：《全国戏曲剧种普查报告》）

形成于宋金时期的赛戏是一种曾流传于山西、河北、内蒙古、陕西的古老剧种，是融民间祭祀与地方戏曲于一体的、具有浓郁边塞地方特色的传统文艺形式。陕西赛戏曾广泛流行于陕北佳县、吴堡、清涧、子长、子洲、米脂、绥德等地。因主要在迎

---

①陕西省地方戏曲剧种普查结果公布，6个"天下第一团"在陕西DB/OL.http://www.shaanxi.gov.cn/xw/ldx/bm/201805/t20180509_2103449.html.

②数据源自《全国戏曲剧种普查报告》（东方出版社2018年出版）。

赛会中演出，故称"赛戏"或"赛赛"。赛戏唱腔为吟诵体，只有道白和吟词，均以锣鼓节奏断句。剧目有《苟家滩》《二进宫》《天水关》《双龙会》《长坂坡》《迎春神》《驱鬼》《二仙传道》等。赛戏在戏曲界有"活化石"之称，赛戏最后一次在公众视野中出现是1960年晋北地区文艺汇演，当时的山西朔县（今朔州市）赛戏班演出了《孟良盗骨》。

西府秦腔又称西路秦腔、西府乱弹，民间俗称"桄桄"。因为流行于关中西府地区，所以定名为"西府秦腔"。西府秦腔唱腔细腻清朗，委婉动听。除板腔体外，西府秦腔仍保留了较多的"秦吹腔"，并运用了"二黄"调、"勾腔"及"罗罗"腔等，以丰富自己的唱腔。1958年后，西府秦腔已无正式班社存在，幸存的老艺人后来也都先后返乡改行。

根据这次普查的结果发现，陕西现存的戏曲剧种被划分为发展相对稳定、发展一般、发展濒危三个级别。秦腔作为陕西戏曲重点剧种，全省有180个团体在进行演出，属于发展相对稳定的级别。汉调桄桄、陕北秧歌、弦子戏、阿宫腔、关中秧歌等5个剧种，均仅剩1个演出团体在支撑，属于发展濒危级别。其他剧种属于发展一般的级别。

二、陕西省传统戏剧的地域分布

从地域上看，陕西省传统戏剧在关中地区发展较好，仅东府渭南地区就有秦腔、同州梆子、道情、皮影戏、线戏、老腔、碗碗腔、阿宫腔、眉户（迷胡）、关中秧歌、跳戏等剧种流传。其次是陕南，有汉调桄桄、汉调二黄、陕南道情、弦子戏、大筒子、八岔、商洛花鼓戏、端公戏、紫阳歌剧戏等剧种流传。再次是陕北，陕北地区有陕北道情、陕北秧歌、陕北二人台等剧种流传。陕西传统戏剧的界限并不是严格的泾渭分明，很多剧种在全省都有流传，如皮影戏在陕南、关中、陕北都有流传，眉户也受到全省人民的欢迎，道情戏也在全省都有分布。陕西省还有一些地方戏剧衍生了很多剧种，如梆子戏，就有蒲城梆子、同州梆子、西安乱弹、汉调桄桄等剧种。除此之外，陕西地方戏剧还有很多非常原生态的剧种，如同州梆子、华阴老腔、富平阿宫腔、弦板腔、汉调二黄、华县皮影、合阳线戏、合阳跳戏等都是原汁原味的陕西地方小戏。

（一）陕南戏剧

陕南地方戏剧中汉调桄桄、汉调二黄、商洛花鼓、弦子腔的影响最大，是陕南地方戏剧的代表性剧种，也是国家级的非物质文化遗产。

陕南处在秦岭山脉和巴山山脉之间，汉江自西向东穿流而过。从西往东依次是汉中、安康、商洛三个地级市。汉中市处在汉江上游，汉中戏剧具有楚文化、蜀文化、秦陇文化的特点。汉中地区影响最大的戏剧是汉调桄桄，汉调桄桄是明代末年关中秦腔传入汉中地区与当地方言和民间音乐结合而形成的梆子声腔剧种，流行于汉中各县区，并流传到安康、湖北、川北、陇东等地。端公戏也是流行于汉中地区的地方戏种。端公戏源自荆楚之地的巫觋之风，是巫觋跳"神歌"与大筒子戏合流的产物，也称"坛戏""对对戏"。汉中皮影戏有汉阴皮影戏和洋县皮影戏，木偶戏有洋县杖头木偶戏。

安康地区影响最大的剧种是汉调二黄。汉调二黄发祥于安康紫阳蒿坪河一带，又称"山二黄""陕二黄""土二黄""陕南花鼓戏"。汉调二黄在汉水流域由西皮、二黄结合形成，音乐唱腔与皮黄系统各剧种基本相同，以"西皮"和"二黄"两种声腔为主干。角色从最初的五门发展到一末、二净、三生（须生）、四旦（正旦）、五丑、六外（也叫二花脸，是净角补充。以做工、武打为重）、七小（文、武小生）、八贴（除青衣、老旦以外其他的妇女角色，如花旦、小旦、刀马旦、武旦、闺门、丫鬟等）、九老（老旦）、十杂（也叫靠把生，生角补充。以武打、做工为主）等十门，表演时各具风格，讲究"文戏武唱、武戏文唱"，总体风格质朴、粗犷。汉调二黄使用的道白主要以韵白和陕白为主，字中有音、音中有字，刚柔相济、朗朗上口，抑扬顿挫、节奏感强。道白常用歇后语、俏皮话，乡土气息浓厚。汉调二黄道白的独特风格是按剧中角色的籍贯设置方言道白，让人物形象更加立体化。汉调二黄不仅在汉中地区流行，而且在陕南商洛地区也很盛行，商洛地区称为"汉剧"，如山阳汉剧。

八岔戏是安康地区影响仅次于汉调二黄的地方剧种，是安康地方剧种和外省流入的音乐融合发展的产物，又称"七岔戏""花鼓戏""小调戏""岔口戏"。八岔戏的发展脉络是由民歌发展到民歌赛唱，演变成民间歌舞（地蹦子、小场子），最后成型于八岔戏。八岔戏用民歌小调演唱故事，多用安康群众熟悉的六七支小调来演唱故事，所以艺人们将它称为"七调戏""七岔戏"，意思是岔来岔去的七个调。清乾隆、嘉庆年间郧阳调从鄂西传入汉水中上游，经汉滨区艺人的传唱嬗变，形成开头有"起板"，中间叙事有"诉板"，结尾唱"落板"的板腔曲体，原有的七调加上郧阳调，就成了八岔戏。皮影戏也是安康地区的主要剧种。安康道情和旬阳道情属陕西道情四大流派的陕南派，以演皮影戏为主。安康皮影除了道情戏，还有流行于安康、旬阳、平利、岚皋等县的八步景。安康皮影戏中濒临灭绝的弦子戏是安康戏曲代表剧种。弦子戏又名弦子腔，亦称高腔，因主奏乐器弦胡（当地称"弦子"）而得名。清嘉庆年间，平利艺人李敬模、李增模兄弟将当地流行的"莲花落戏"配上弦胡伴奏，并吸收当地曲子、二黄、道情、八步景、越调的艺术养分，产生了弦子皮影戏。在安康民间，还有"一清二黄三越调，桄桄跟着胡球闹"的俗语流传，一清即清戏，亦为高腔，弦子戏过去在安康也被称为"高腔"。

商洛地区戏曲剧种以商洛道情戏、镇安花鼓戏、商州皮影戏、镇安汉剧和山阳汉剧为主。商洛道情戏是道情的分支，广泛流行于商洛市辖七县（区），即商州区、洛南县、丹凤县、山阳县、镇安县、柞水县的城镇乡村。镇安花鼓戏是湖北的琴子戏（大筒子戏）和八岔戏与商洛本地的灯歌小调融合形成的剧种，即"二栅子"戏。过去镇安花鼓戏演出剧目大都是当地汉族民间生活小戏，如《蓝玉莲担水》《蔡鸣凤辞店》《吴三宝游春》等，现在商洛花鼓戏得到了长足发展，出现了很多中型、大型花鼓戏，如《换猪》《牧童与小姐》《水轮飞转》《青龙洪波》《山里人》《沉重的生活进行曲》《丑家的头等大事》等。商洛地区流行的商州皮影戏是皮影与道情相结合而形成的一种艺术表演形式。汉剧在商洛地区也广为流传，镇安汉剧和山阳汉剧都是陕西省非物质文化遗产。目前流传的汉剧剧目有《一捧雪》《二进宫》《三官堂》《四进士》《五雷碗》《六月雪》《七人贤》《八件衣》《九华山》《十道本》等300多本。

（二）关中戏剧

关中地区主要是西府宝鸡地区、西安地区和东府渭南地区。关中戏曲剧种在陕西地区最为丰富。

西府地区戏剧的最高成就西府秦腔目前已经失传。在西府地区流行的剧种主要有秦腔、碗碗腔和眉户。碗碗腔包括灯盏头碗碗腔和扶风碗碗腔。灯盏头碗碗腔起源于陕西省千阳县南寨镇南寨村，流传于宝鸡地区及周边的陕、甘两省诸县，又名"千阳碗儿""灯盏腔""碗碗戏""灯盏子"，因伴奏打击乐器中使用灯盏头器具而得名，多以皮影戏形式表演，故又叫"灯盏头碗碗腔"。它是民间艺人集当地民歌小调、西府曲子、关中道情、方言小戏之长，与本地皮影乱弹结合而成的独有剧种。常演传统剧目有《玉凤楼》《乔太守乱点鸳鸯谱》《双游狱》《点红灯》《李太白捞月》《五福堂》《状元祭塔》《刘月礼吃面》《洞庭湖》《银索计》《二度梅》《万福莲》《女巡按》《宝莲灯》《哪吒闹海》等50余本，现代碗碗腔剧目有《借年》《古泉激流》《常青指路》《红色娘子军》等。扶风碗碗腔流行于西府扶风地区。灯盏头碗碗腔和扶风碗碗腔都属于西府皮影戏。碗碗腔在关中非常流行，不仅流行于西府地区，而且东府地区华阴、渭南市华州区、大荔（包括原朝邑）、蒲城、渭南、临潼、澄县、白水、富平以及陕北、陕南都有碗碗腔的传承。东府碗碗腔传统剧目有《金碗钗》《香莲佩》《春秋配》《十王庙》《玉燕钗》《白玉真》《紫霞宫》《万福莲》《蝴蝶媒》《火焰驹》《清素庵》等。

眉户是秦腔声腔的分支，属于套曲式剧种。眉户因产生于陕西的户县（今鄠邑区）和眉县两地而得名，又因其曲调缠绵悱恻使人入迷，故又称"迷糊"。眉户的伴奏乐器以三弦为主，板胡和海笛相辅。眉户的唱腔较为委婉细腻、优美动听，长于表现深沉、凄楚和悲痛等主题。眉户曲调丰富，有"72大调36小调"之说，常用的曲牌有《金钱》《黄龙滚》《罗江怨》《混江龙》《风入松》《一串铃》《吹腔》《扭丝》《西京》《小乔哭周》等。眉户流传的传统剧目有《张连卖布》《尼姑思凡》《安安送米》《刺目劝学》《杜十娘》等，现代剧目有《两颗铃》《战鼓催春》《送货路上》《槐树庄》《兄弟姐妹》《壁垒森严》《不平静的海滨》《张古董借妻》等。现代剧目的扛鼎之作是20世纪50年代由陕西戏曲研究院眉户剧团编演的《梁秋燕》，当时流传着"看了梁秋燕、三天不吃饭"的赞誉。

西安地区流行的戏曲以秦腔为主，除此之外，眉户、弦板腔、周至皮影戏、陕西杖头木偶戏、关中道情、泾阳木偶戏、京剧都很盛行，可谓百花争艳。西安地区的弦板腔是国家级非物质文化遗产，也是濒临灭绝的戏曲种类，目前只有一个乾县弦板腔剧团在苦苦支撑。弦板腔原为陕西关中西路皮影戏，1957年乾县剧团第一次把秦腔折子戏《槐荫媒》搬上舞台。《槐荫媒》的成功上演使弦板腔完成了从皮影戏到戏曲大戏在形式上的转变。弦板腔的传统皮影戏剧目有《封神榜》《西游记》等，现代舞台戏剧目有《紫金簪》《九连珠》《取桂阳》《铜台破辽》《白马血盟》《大汉司马迁》等。弦板腔主要乐器有"弦"（二弦和三弦）、"板"（又叫"呆呆"，分蚂蚱板、二板两种），加上唱腔，故称"弦板腔"。弦板腔唱腔既豪放悲壮、高昂激扬，又委婉细腻、柔和清亮，能够表现各种人物的不同性格和感情，具有浓郁的田园牧歌式的特色和民歌韵味。

木偶戏古称"傀儡戏""傀儡子",是由艺人操作木偶表演故事的一种戏曲形式。杖头木偶在陕西最为流行,当地人称"跑台子"。它的显著特点是:木偶的头部多用木头雕刻而成(后增加了纸质偶头),可以根据剧中人物的身份、年龄、性别、性格等特征,运用夸张手法,合理变形,使角色的特征更加突出鲜明。木偶表演时,既可以由操纵杖头木偶的人自己边舞边唱,也可以由他人在幕后配唱。杖头木偶演唱的戏曲曲种为秦腔,配乐曲牌和乐器伴奏与秦腔相同。

东府渭南是陕西地方戏曲中保留剧种最多的地区,达到了12个剧目。渭南地区的地方戏曲中秦腔、道情、线戏、碗碗腔、眉户等和陕西其他地方大同小异,关中秧歌和老腔在陕西曲艺中做过介绍,不再赘述。渭南地区有强烈地域特色的戏曲种类为同州梆子、阿宫腔和跳戏。

同州梆子声腔的形成历史源远流长。同州梆子发源于陕西关中东部以大荔(古同州)为中心的十数县,是中国梆子戏之鼻祖,是在"秦音""秦风""秦声"的基础上演变而成的。伴奏乐器除鼓板点拍外,兼以枣木梆子击节,因而得名。风格上保持满宫满调的唱腔,慷慨激昂的音乐和粗犷豪迈的表演,也被称为"东路秦腔"。

阿宫腔流行于陕西礼泉县、富平县、兴平市、咸阳市、泾阳县、三原县、乾县、铜川市、西安市高陵区和临潼区等地,也称北路秦腔。目前阿宫腔的专业剧团只有一个富平县阿宫剧团,是濒临灭绝的戏曲曲种。阿宫腔因阿房宫而得名,由秦时宫廷乐舞衍变而来。项羽火烧阿房宫后,宫中乐工作鸟兽散,秦宫乐舞就在当地繁衍开来。阿宫腔以皮影戏作为传承方式,1960年搬上大舞台,在唱腔表演、音乐伴奏以及舞台美术方面进行了较大的改革,但保持了原有的艺术特色。阿宫腔属板式变化体音乐,因唱腔具有翻高遏低的艺术特点,亦称"遏宫腔"。声腔分欢音与苦音。欢音表达明朗、轻快的情绪,苦音表达悲伤、愤慨的情感。阿宫腔净角揉入眉户某些曲调,旦角又吸收了碗碗腔行腔技巧,突出阿宫腔细腻婉转刚柔并济的特点。主要伴奏乐器以板胡替代原二弦,增加了音响效果,武场面以梆子击节,配以鼓板、牙子、小锣、铙、钹、大号等。唱腔板路有《二六》《慢板》《二倒板》《箭板》《三不齐》《单句送》《一叠腔》等。阿宫腔常用的曲牌有《迁仙客》《石榴花》《春宴开》《点绛唇》《朝天子》《流水》等。代表剧目有《七箭书》《重耳走国》《西厢记》《金鳞记》《王魁负义》《女巡按》《三婆娘顶嘴》《屎巴牛招亲》《打锅》《抹牌》等。

跳戏又名"跳调",习称"踏戏"或"杂戏",是西周乐舞《大武》的遗存和演变,盛行于关中合阳、韩城、大荔等地区。跳戏无职业班社,以农村社戏形式组织演出。跳戏盛行的地方,社有戏箱,村有戏台,演员由村民充任。跳戏传统剧目有《火焰山》《收红孩》《老将得胜》《战马超》《战盘河》《收渔税》《燕青打擂》《出祁山》《平魏国》《七擒孟获》《齐国乱》等。

跳戏唱腔体制为吟诵体,有说有唱,引子、对子、诗、唱词和道白,均以吟诵形式说唱,其说唱统称"吟诵调"。吟诵以关中语音调值为准,唱词七字句最多,每个唱段4—6句。吟诵分吟说、吟唱两种形式。演出者用"说""吟"完成"唱""白"任务。跳戏没有弦乐伴奏,伴奏乐器只有大鼓一面,大云锣两面,大铙钹一对,小鼓二至三面,文场乐器仅有大唢呐一对。

从表演形式上看,跳戏既继承了元杂剧的风格,又保留了古代傩舞的某些成分,主要通过舞蹈的方式完成与观众沟通。跳戏分为哑跳(广场跳)和上台跳两种。哑跳在开跳前,先用锣鼓"打旦子",召集观众。上台跳演出先由"春官"上场,用幽默诙谐的语言或表本地名胜,或述农民苦乐,或诉官绅压迫,或夸演出阵容,颇受群众欢迎。接着是称为"打台子"的武打戏表演。本戏开演后,武角上场先扎势,须踏遍舞台四角,踩够五十六个鼓点,再坐帐升堂。文角上场亦要"踩四角(踩场)"和"上势"。"踩场"和"跑场"都有一套固定模式,是跳戏的基本功。

(三)陕北戏剧

陕北地区地方戏剧发展比较缓慢。虽然《全国戏曲剧种普查报告》中把陕北秧歌列入濒临灭绝的地方剧种,但是陕西省人民政府公布的陕西省非物质文化遗产名录中却把陕北秧歌列入民间舞蹈。陕北道情也比较特殊,陕西省非物质文化遗产名录中陕北道情和清涧道情被列入曲艺,在国家级非物质文化遗产名录中陕北道情(延安市、清涧县申报)仍属于曲艺,而定边道情皮影戏和横山道情戏在陕西省非物质文化遗产名录中被列入传统戏剧。陕北二人台分为神木二人台和府谷二人台,神木二人台被列入陕西省非物质文化遗产名录的传统音乐,府谷二人台则被列入传统戏剧,且入选第二批国家级非物质文化遗产名录扩展名录。可见,陕北地区的地方戏剧大都处在曲艺、音乐和戏剧之间的过渡状态。陕北道情、陕北秧歌和陕北二人台在陕西省传统音乐和曲艺章节中已经有较详细的介绍。

第二节　秦腔

秦腔是陕西戏曲中传播范围最广影响最大的地方戏剧。秦腔作为陕西省的代表性戏曲剧种，以其高亢激昂的唱腔和生动的表演形式，深受陕西乃至西北人民群众的喜爱。秦腔不仅是陕西省的非物质文化遗产，更是中华民族戏曲艺术的瑰宝。秦腔的产生与发展有着深刻的历史渊源与厚重的文化背景。在秦腔发展与传播的各个阶段，都有着独特的文化背景，都深深烙上了鲜明的时代印记。

一、"秦"的由来

陕西人对秦腔的热爱已经深深刻在骨子里面，不管走得多远，一声秦腔梦回长安。秦腔已经完全融入陕西人生活的方方面面，陕西人不管喜怒哀乐，都会用秦腔来表达情绪、释放压力、传递快乐。贾平凹在散文《西安这座城》里记录了这样一首关中民谣来表现陕西人生活："八百里秦川黄土飞扬，三千万人民吼叫秦腔。调一碗燃面喜气洋洋，没有辣子嘟嘟囔囔。"从这首民谣可以看出陕西人对秦腔的态度。陕西人觉得唱秦腔不能充分表达秦腔的粗犷豪迈，必须用"吼秦腔"才能表现秦腔的"宽音大嗓，直起直落"的酣畅淋漓。陕西人对面食情有独钟，有"一日不咥面，心里不散欢"的说法。

陕西简称"秦"，陕西人自称"秦人"，陕西人对"秦"有着难以割舍、无比自豪的情结。陕西人仰望的高山称为"秦岭"，陕西人居住的环境称为"秦川"，陕西人吼的戏称为"秦腔"。"秦"与陕西人血脉相连，已经成为陕西人血液中的生命烙印。

周孝王六年（前905年），秦非子因养马有功被周天子赐封为秦地（今甘肃省天水市），秦非子建立了秦国。

从地图上来看，周天子的封赏象征意义大于实际意义。秦地处于西周领土西北角，领土不足50里，常年受到西戎等少数民族的袭扰，甚至有可能被西戎占领，不在周天子治下。周天子的封赏不仅笼络了人心，而且让秦国成为抵挡少数民族侵袭的天然屏障。

秦国真正壮大是因为公元前770年，秦襄公派兵护送周平王东迁，被封为诸侯。公元前771年，犬戎攻入周都镐京，周幽王被杀，西周灭亡，诸侯共同拥立其子姬宜臼继位，是为周平王。为了躲避犬戎之祸，周平王在公元前770年迁都洛邑（洛阳），史称东周。

公元前766年，为了表彰秦襄公的忠诚，周平王将岐山以西的土地赐予秦襄公，实际上这片土地已经被各戎狄部落占领。秦襄公领封后连续多年对戎狄发起进攻，在攻打西戎的过程中，秦襄公突然去世。他的儿子秦文公一面休养生息，一面继续攻打西戎，从而使秦国的领土扩展到岐山以西。公元前716年，秦文公去世，他的孙子秦宪公把秦国扩大到关中渭水地区。公元前623年，秦穆公称霸西戎，位列"春秋五霸"，定都雍城（今陕西凤翔）。公元前221年秦统一中国，定都咸阳。公元前207年，秦王子婴降于刘邦，秦朝灭亡。公元前206年，项羽自立西楚霸王，分封秦降将章邯为雍王、董翳为翟王、司马欣为塞王，统领关中地区。这就是关中被称为"三秦大地"的原因。

从秦非子立国仅仅282年，秦国就从一个地图上的小国成长为"春秋五霸"之一，体现了秦人坚毅勇猛、自强不息的品格。秦腔是伴随着秦国的壮大逐渐形成的。秦腔的唱腔高昂激扬、苍凉豪迈。秦腔唱词按照关中方言语音展开，秦腔念白的语音也是按照关中方言语音进行的。秦腔是陕西人性格的写照，体现了陕西人不畏艰难、勇于奋斗的精神。

二、秦腔的流变：从秦风到秦腔

秦腔是中国最古老的戏曲剧种之一，是元明时期在关中地区的民间音乐，是在秦声歌谣的基础上，结合流传在关中地区的劝善歌而产生的一种地方剧种。秦腔声腔艺术在明代永乐年间已经基本形成，至明代弘治、正德年间基本形成剧种特色。秦腔主要流行于陕西、甘肃、宁夏、青海、新疆等我国西北部地区，并向周围省份渗透。清代乾隆年间，秦腔达到了巅峰。

秦腔成熟于元明时期并非一夜之间，秦腔的发展经历了秦风、秦声、秦腔三个时期。

（一）秦风时期

中国民族音乐的源头是《诗经》，秦风也不例外。从西周开始，周天子就设置采诗官，在春季摇着木铎收集民间诗歌。采诗官收集那些能够反映人民欢乐疾苦的作品呈现给周天子，作为天子施政的参考，如十五国风。《诗经》中的诗歌都是可以和乐歌唱的。《墨子》说"诵《诗三百》，弦《诗三百》，歌《诗三百》，舞《诗三百》"①，司马迁也说，"三百五篇孔子皆弦歌之，以求合《韶》《武》《雅》《颂》之音。"②简单地说，《诗经》就是一本记录西周时期到春秋中叶各诸侯国流行歌曲的歌本。《秦风》是秦国的民间音乐的歌本，共收录了十首秦地民歌，分别是车邻、驷驖（sì tiě）、小戎、蒹葭、终南、黄鸟、晨风、无衣、渭阳和权舆。

诗经·秦风·无衣

岂曰无衣？与子同袍。王于兴师，修我戈矛。与子同仇！岂曰无衣？与子同泽。王于兴师，修我矛戟。与子偕作！岂曰无衣？与子同裳。王于兴师，修我甲兵。与子偕行！

《无衣》这首秦地诗歌歌颂了亲密无间的战友之情。实际上，《无衣》是秦国军队征讨西戎的战歌。秦人的立国史就是一部和戎狄部落的斗争史，秦国几代国君如秦襄公、秦文公都是死在征途中。《无衣》慷慨激昂、充满爱国主义激情，表现了秦人英勇无畏的尚武精神，是秦风的杰出代表。

周武王伐纣后，周公在傩戏的基础上创编了大型歌舞剧《大武》，作为国家礼制用于祭祀、庆典活动。这种集舞蹈、音乐、诗歌于一体的艺术形式被称为"乐"，所用的声腔为"西音""夏声"，后来发展为"西音"。西音歌舞，就是以西音配乐演唱的秦地歌舞。至今流传于陕西省合阳县黄河沿岸的"跳戏"就是周乐《大武》的遗存和演变。"跳戏"演出时没有唱腔，不用弦乐伴奏，演出者用"说""吟"进行叙事，通过舞蹈的方式与观众沟通。跳戏的两种类型哑跳和上台跳和《大武》的表演形式高度相似。由此可见，秦腔的远祖就是西周的乐《大武》。

（二）秦声时期

公元前623年，秦穆公"开地千里，遂霸西戎"③，占领西河之后秦穆公把"西音"

---

① 墨子.墨子[M].方勇,译注.北京:中华书局,2011:432.
② 司马迁.史记[M].兰州:甘肃民族出版社,1997:427.
③ 司马迁.史记[M].兰州:甘肃民族出版社,1997:43.

改为"秦音",自此进入秦声时期。公元前239年,秦相吕不韦在他主编的《吕氏春秋·音初》中,把我国先秦时代的音乐分为东音、西音、南音和北音四大类。其中的"西音",指的就是秦地先秦时代的歌舞。东汉高诱对"西音"做注说:"西音,西周之音也。"

随着秦国的强大,秦声逐渐成为主流音乐。秦国出现了很多唱秦声的歌唱家。《列子》中记载了秦国歌唱家秦青和薛谭的故事:"薛谭学讴于秦青,未穷青之技,自谓尽之,遂辞归。秦青弗止,饯于郊衢。抚节悲歌,声振林木,响遏行云。薛谭乃谢求反,终身不敢言归。"① 不止是秦国,其他国家也是歌唱家辈出,如韩娥(韩国)、王豹(卫国)、绵驹(齐国)。《列子》中记载了韩国歌唱家韩娥的故事:"昔韩娥东之齐,匮粮,过雍门,鬻(yù)歌假食,既去而余音绕梁,三日不绝。左右以其人弗去。过逆旅,逆旅人辱之,韩娥因曼声哀哭,一里老幼悲愁,垂涕相对,三日不食,遽而追之。娥还,复为曼声长歌。一里老幼喜跃忭(biàn)舞,弗能自禁,忘向之悲也。"② 可见韩娥的歌唱技巧之高,韩娥的曼声长歌和曼声哀哭是秦腔欢音和苦音的鼻祖。

秦统一中国后,秦声吸取其他国家的歌唱技巧,得到了长足的发展。李斯在《谏逐客书》中述及秦国乐舞的一段说:"夫击瓮、叩缶、弹筝、搏髀,而歌呜呜快耳者。真秦之声也。"③ 由此可知,秦声有了"国乐"的性质。秦朝廷将乐舞纳入国家管理范畴。西安临潼区曾出土一口大钟,铸有"秦乐府钟"四字,表明秦时就设立了专管乐舞的"乐府"机构。乐府机构还负责将乐舞向民间推广。汉代延续了秦代的"乐府"制度。乐府除管理全国乐舞百戏外,还要定期组织全国性的乐舞百戏表演活动。秦声被纳入"百戏"范畴。秦声在原"西音乐舞"的基础上与歌舞、杂技、角抵,俳戏等艺术融合,开始向戏转变。百戏是古代说唱、乐舞、杂技等表演的总称,汉代是百戏的兴盛期。汉武帝对推动百戏发展起到了重要作用。《汉书·武帝纪》记载:"(元封)三年春作角抵戏,三百里内皆来观。""夏,京师民观角抵于上林平乐馆。"④ 可见当时百戏繁盛程度。到了东汉,百戏已经成为民间佳节盛宴中的重要娱乐活动。河南新密

---

① 列子.列子[M].景中,译注.北京:中华书局,2012:160.
② 列子.列子[M].景中,译注.北京:中华书局,2012:160-161.
③ 司马迁.史记[M].兰州:甘肃民族出版社,1997:663.
④ 班固.汉书[M].北京:中华书局,1962:194-198.

打虎亭汉墓壁画生动再现了宾客宴饮、看百戏表演的场景。在京城长安附近，产生了中国历史上第一部有人物、有故事情节、有化妆表演的角抵戏《东海黄公》。

《陌上桑》《木兰诗》《孔雀东南飞》等脍炙人口的诗歌其实是汉魏六朝时期百戏的剧本。百戏在中国戏曲形成过程中，起到了里程碑的作用，对全国各地的地方戏曲，尤其是秦腔的形成产生了最直接、最深刻的影响。

隋唐时期秦声从"乐舞百戏"中分化出来，自立门户。唐代在长期的艺术实践中，诗歌、音乐、舞蹈、散乐、百戏、绘画等相互融合，形成了戏曲的概念。戏曲从百戏中分化出来，用舞蹈和音乐独立讲述一个完整的故事的艺术形式是中国戏曲史中的一个突变。盛唐民间艺人把秦声带入梨园。《新唐书·礼乐志》载："玄宗既知音律，又酷爱法曲，选坐部伎子弟三百，教于梨园。声有误者，帝必觉而正之，号皇帝梨园弟子。"[①] 可知梨园成为我国历史上，第一座集音乐、舞蹈、戏曲的综合性"艺术学院"，唐玄宗李隆基为"院长"。梨园主要职责是训练乐器演奏人员，与专司礼乐的太常寺和充任串演歌舞散乐的内外教坊鼎足而立。

李龟年是梨园子弟，也是唐代著名音乐家，因杜甫《江南逢李龟年》一诗名噪大江南北。李龟年对秦声表演造诣很高。张岱《夜航船》中记载："李龟年至岐王宅，闻琴，曰：'此秦声。'良久，又曰：'此楚声。'主人入问之，则前弹者陇西沉妍，后弹者扬州薛满。二妓大服。"[②] 李龟年对秦声表演进行规范和加工，吸收了梨园法曲、大曲的音乐结构。使单曲有了多种板式变化和旋律变化，适合表现不同的情感。在统治者和诸多音乐家的推动下，"声秦声，舞秦舞"成为当时的社会潮流。

《秦王破阵乐》即《秦王破阵舞》，又名《七德舞》，是唐代著名的歌舞大曲。公元620年，秦王李世民打败了叛军刘武周，巩固了刚建立的唐政权。将士们遂以旧曲《破阵乐》填入新词歌颂秦王丰功伟绩，在军中传唱。李世民登基后诏魏徵等增撰歌词7首，吕才协律度曲，在原有的曲调中揉进了龟兹的音调，婉转而动听，高昂而且极富号召力。同时有大型的宫廷乐队伴奏，鼓乐喧天，气势雄浑，定名为《秦王破阵乐》。李龟年把秦声表演融入《秦王破阵乐》中，称为秦王腔，简称"秦腔"。时人评价李龟

[①] 黄永年.二十四史全译·新唐书：第一卷[M].上海：汉语大辞典出版社，2012：380.
[②] 张岱.夜航船：下[M].杭州：浙江文艺出版社，2018：41

年演唱《秦王破阵曲》："调入正宫，音协黄钟，宽音大嗓，直起直落。"[①] 这种演唱特点和方法，也正是秦腔至今都在传承效法的正宗腔调。

唐代很多诗人都记载了当时盛行的"声秦声，舞秦舞"社会文化现象。如李白《观胡人吹笛》："胡人吹玉笛，一半是秦声。"《古风其五十五》："齐瑟弹东吟，秦弦弄西音。"白居易《筝》："楚艳为门阀，秦声是女工。"刘禹锡《伤秦姝行》："长安二月花满城，插花女儿弹银筝。南宫仙郎下朝晚，曲头驻马闻新声。"

唐代佛教文学中经变、变文的兴盛推动了秦声的发展，变文的韵句一般用七字句，间或杂有三言、五言、六言句式。散文多为浅近的文言和四六骈语，也有使用口语白话的。变文韵散相间的行文方式为秦腔的唱词和说白提供了技术规范。秦腔唱词以七字句和十字句为基础就是因袭变文的行文规则。

南宋杂剧兴盛，一部戏由四套曲和一个楔子构成。而长安附近依然沿袭唐代传统，演唱七子或十字的秦声戏剧。秦声戏剧不用曲牌，无需联套，只用上下句的曲词，运用上下句的变奏，就可自由变化和发声，称为"西腔""西调"，戏剧理论家称之为"北曲别派"。

蒙古灭金战争中，1227年蒙古军进攻金人治下的关中地区，十二月，蒙古军队攻入京兆（长安），南下商州。商州百姓扶老携幼，向东逃难以避战祸。陕西坊州（黄陵）人雷琯有感于百姓的惨状，创作了《商州十歌》，之所以叫"歌"不叫诗，是因为仿照陕西人途中唱秦声而撰写的唱词。诗人元好问和雷琯均为金朝国史院编修，因此《商州十歌》被元好问编入金朝诗歌集《中州集》。

商州十歌[②]

扶桑西距若华东，尽在天王职贡中。一自秦原有烽火，年年选将戍河潼。

春明门前灞水滨，年年此地送行频。今年送客不复返，卷土东来避战尘。

尽室东行且未归，临行重自锁门扉。为语画梁双燕子，春来秋去傍谁飞。

灞水河边杨柳春，柔条折尽为行人。只愁落日悲笳里，吹断东风不到秦。

累累老稚自相携，侧耳西风听马嘶。百死才能到关下，仰看犹似上天梯。

---

① 陈彦.秦腔是一种生命呐喊DB/OL.（2023-01-18）.https：//cul.sohu.com/a/631913363_638785.
② 元好问.中州集：卷七[M].刻本.虞山：毛氏汲古阁，1496（明弘治九年）：56-58.

上得关来似得生，关头行客唱歌行。虚岩远壑互相应，转见离乡去国情。
前歌未停后迭呼，歌词激烈声呜呜。天下可能无健者，不挽天河洗八区。
折来灞水桥边柳，尽向商于道上栽。明年三月花如雪，会有好风吹汝回。
行人十步九盘桓，岩壑萦回行路难。忽到商颜最高处，一时挥泪望长安。
西来迁客莫回首，一望令人一断魂。正使长安近于日，烟尘满目北风昏。

（三）秦腔时期

明万历年间，东南沿海传奇剧本《钵中莲》抄本第十四出收录了秦腔小戏《王大娘钉缸》，注明用《西秦腔二犯》唱腔演唱。唱词都是上下句的七言体，与现在的秦腔唱词基本相同（见图5.2）。"西秦腔二犯"的记录说明秦腔唱腔已经成熟，秦腔的名称也已经定型。不仅如此，秦腔还分化出"西秦腔"等两种以上的声腔流派，秦腔艺术已经达到了比较高的成就。因为在当时交通极度不便的情况下，秦腔已经渡过黄河、长江，流传到江浙一带，而且被当地戏曲吸收借鉴。陕西本地有据可查的最早的秦腔戏班是明代周至人创办的华庆班，曾驰名甘、陕一带。清人陆次云在《圆圆传》中记载：李自成入北京，召陈圆圆歌唱，自成不惯听吴歌，遂命群姬唱'西调'，操阮筝、琥珀，自成拍掌和之，繁音激楚，热耳酸心。"[1] 说明到明代末年，秦腔已经广为流传、妇孺皆知。

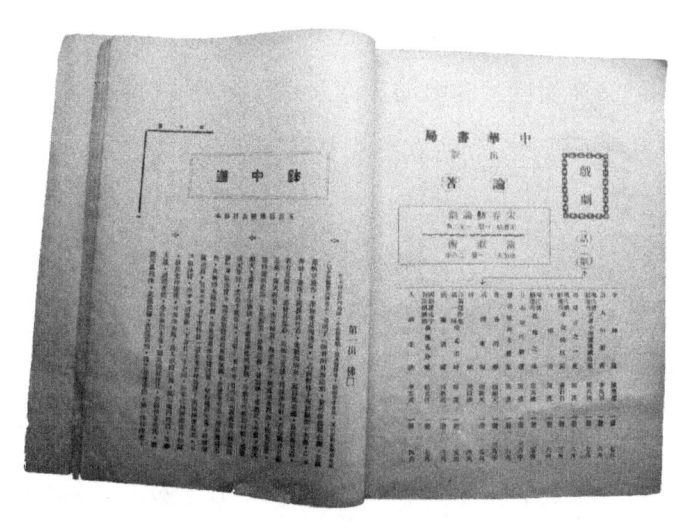

图5.2 《钵中莲》剧本（1933年《剧学月刊》第2卷第4期）
（资料来源：中国秦腔艺术博物馆）

---

[1] 知虫天子.香艳丛书[M].西宁：青海人民出版社，1999：311.

秦腔真正站上中国戏曲剧种的巅峰是在清朝乾隆年间。清初，北京戏曲舞台最盛行的是昆腔与京腔（高腔）。乾隆年间社会稳定、经济繁荣，各省的地方戏曲借着给皇家祝寿的名义纷纷进京献艺。戏曲开始被分为"花""雅"两大部分。"雅部"专指流行在北京、受到统治者认可的昆腔，"花部"指昆腔以外各地方戏曲剧种。"花部"以京腔最为盛行，王府戏班皆演京腔。乾隆三十九年（1774年），秦腔名家魏长生率领秦腔戏班初入京师，魏长生《背娃进府》《滚楼》等秦腔剧目在北京一炮走红，冠绝京师。秦腔的唱腔征服了听惯了昆腔和京腔的百姓，不管王公贵族还是平头百姓都被秦腔所折服，魏长生无形中成了北京戏剧界的盟主。秦腔在北京的成功不仅让雅部昆腔日趋没落，也让长期盛行的京腔相形见绌。这些演出团体门可罗雀，甚至有些演员演出完毕后潜入秦腔戏班偷学秦腔的唱腔。"秦腔适至，六大班伶人失业，争附入秦班觅食，以免冻饿而已。"①

木秀于林，风必摧之。秦腔在梨园独占鳌头的行为遭到很多人的忌恨，原先风光无限的昆腔、高腔戏班的后台多为皇室贵族，他们视京腔、昆腔为正统，秦腔的盛行让他们感到不安，因此不断对秦腔进行诬陷和进谗。终于，秦腔惹怒了统治者。乾隆五十年（1785年）由步军统领五城出告示禁止秦腔演出。"概令改昆、弋两腔，如不愿者，听其另谋生理。倘于怙恶不遵者，交该衙门查拿惩治，递解回籍。"② 就这样，风头不二的秦腔在统治者的干扰下陷入了低谷，备受打击。乾隆五十三年（1788年），魏长生在北京无法容身，只身去了扬州。

魏长生到扬州后，又使秦腔风靡扬州。清人李斗《扬州画舫录》记载了魏长生在扬州受欢迎的程度，魏长生到扬州后投靠盐商江鹤亭，在春台戏班演出："演戏一出，赠以千金。尝泛舟湖上，一时闻风，妓舸尽出，画桨相击，湖水乱香。长生举止自若，意态苍凉。"③ 秦腔的风靡让附近各省市、各剧种的演员，纷纷涌至扬州，一睹魏长生的丰姿，观摩他在春台班里的演出，请魏长生传授技艺。甚至昆班弟子亦有背师而学者，如安庆名旦郝天秀，曾学过魏长生《滚楼》《送枕头》等。苏州戏班邀请他到昆曲发祥

---

① 戴璐.藤阴杂记.[M].上海：上海古籍出版社，1985：64.
② 托津，等.钦定大清会典事例：卷一千三十九[M].刻本.京师：武英殿，1820（清嘉庆二十五年）：10605.
③ 李斗撰.扬州画舫录[M].北京：中华书局，1980：132.

地苏州演出。魏长生所创的西秦腔,"徽伶尽习之",并对一百年后形成的京剧艺术起到了催生作用。

魏长生离开北京后的第三年,也就是清乾隆五十五年(1790年),朝廷征调徽班进京为高宗弘历祝寿。徽班进京后大量吸收秦腔剧目、声腔、表演各方面的精华,同时拉拢秦腔艺人来充实自己。嘉庆、道光年间,汉调(又称楚调)进京参加徽班演出。徽班又兼习楚调之长,汇合二黄、西皮、昆、秦诸腔,形成皮黄戏。民国初年,皮黄戏改名京剧。

1912年7月1日,陕西同盟会会员李桐轩、孙仁玉等160多名热心戏曲改良的开明绅士,创建了我国第一个集戏曲教育和演出为一体的新型艺术团体——陕西易俗社,以"辅助社会教育,启迪民智,移风易俗"为宗旨(见图5.3)。易俗社与莫斯科大剧院、英国皇家剧院并称为世界艺坛三大古老剧社。

图5.3 西安易俗社

易俗社的戏曲改良引起了社会各界的重视,多次受到政府的表彰。1920年国民政府教育部颁布训令,赞扬易俗社编演的剧本"命题取材,均有可取,不失改良戏剧之本旨",并颁发"金色褒奖"。1932年,蒋介石通过陈果夫奖励易俗社大洋一千元。1924年,在国民政府教育部社会教育司(戏剧主管部门)任职的鲁迅先生来西安讲学。7月16日,鲁迅先生应陕西省地方邀请到易俗社观看秦腔《双锦衣(上)》,先生观后意犹未尽,第二天又来观看《双锦衣(下)》,看完还不过瘾,第三天又来易俗社观看秦腔《大孝传》。7月26日，先生又来观看《人月圆》。8月3日，先生离开陕西前一日再次来到易俗社观看秦腔。鲁迅认为在交通不便的西安，能有这样一个以提倡社会教育为宗旨的剧社，移风易俗，实属难能可贵。鲁迅先生不仅给易俗社捐款50元，而且亲笔题"古调独弹"四字，并制成匾额一块赠于易俗社（见图5.4）。鲁迅先生和秦腔的不解之缘证明了易俗社的精神内涵与新文化运动思想的紧密结合。

图5.4　鲁迅等人赠予易俗社的牌匾

（资料来源：易俗社百年博物馆）

易俗社不仅在秦腔剧种改良、人才培养方面功不可没，甚至在中国革命史上也有浓墨重彩的一笔。1936年12月11日，也就是"西安事变"的前一夜，张学良、杨虎城两将军通过请随蒋介石来西安的军政大员在西安易俗社看戏的方式对他们进行控制，随后发动兵谏，逼迫蒋介石接受"停止内战、一致抗日"的爱国主张，促成了抗日民族统一战线的建立。新中国成立以后，易俗社由政府接办，多次进京演出。《三滴血》《游西湖》《游龟山》《柜中缘》《三回头》《看女》《西安事变》等优秀剧目享誉全国。

三、秦腔的特点

秦腔在清代已成为在全国有重大影响的戏曲剧种，不仅受到陕西人的喜爱，而且几乎传遍全国，直接影响到京剧的形成。清末，广东的"西秦腔"漂洋过海，传播到新加坡、印度尼西亚等东南亚国家。因为秦腔对中国戏曲作出了重要贡献，所以和昆山腔、弋阳腔、柳子腔一起被誉为中国戏曲"四大声腔"，史称"南昆、北弋、东柳、西梆"。

明清时代，秦腔就以陕西为中心分为东西两路进行传播，很多省份地方戏剧的形成都和秦腔有关。秦腔向东传播到山西形成晋剧，到河南形成豫剧（明末秦腔与蒲州梆子传入河南后与当地民歌、小调相结合而形成），在河北成为梆子（清朝时山陕梆子演变而成）。秦腔向西传播到四川形成川剧（清朝汉调二黄和同州梆子与当地灯戏、方言演变而成）。秦腔先后传播到津、鲁、皖、浙、赣、湘、鄂、粤、桂、滇、青、宁、新、藏等省区，1949年随蒋介石兵溃传至台湾省，域外远达吉尔吉斯斯坦。

秦腔在陕西省内又发展成东、西、中、南、北四路，每一路分支都是国家级非物质文化遗产。东路秦腔流行于关中东部渭南地区的大荔、蒲城一带，即同州梆子；西路秦腔即西府秦腔（现已失传），流行于陕西宝鸡一带；南路秦腔演变为汉调桄桄，流行于汉中各县区，并流传到安康、湖北、川北、陇东等地；北路秦腔演变为阿宫腔，流传于关中北部礼泉、咸阳、泾阳、高陵、临潼、铜川、富平等市县；中路秦腔是西安乱弹，流传在西安附近，在易俗社的大力推动下发扬光大，即今通常所称的秦腔。陕西省很多民间歌舞、地方小戏也在漫长的历史长河中逐渐向秦腔靠近，演变成秦腔的一部分，如陕南花鼓演变成陕南花鼓戏，道情演变成道情戏，迷胡曲子演变成迷胡戏等。

秦腔唱词句式基本上可归纳为十字句、七字句、五字句、散文句等。常见的有十字句和七字句。秦腔的唱腔为板式变化体，也就是以一个曲调为基调，通过节拍、节奏、旋律、速度等的变化而形成一系列不同的板式。秦腔唱腔包括"板路"和"彩腔"两部分，板路有二六板、慢板、箭板、二倒板、带板、滚板等六类基本板式。彩腔，俗称"二音"，音高八度，多用在人物感情激荡，剧情发展起伏跌宕之处。秦腔用假嗓唱出，其中的拖腔必须归入"安"韵，一句下来酣畅淋漓，极富表现力。秦腔的板路和彩腔每部分均有欢音和苦音之分。苦音腔最能代表秦腔特色，深沉哀婉慷慨激昂，适合悲愤、怀念、凄哀的感情。欢音腔欢乐明快，刚健有力，擅长表达喜悦、明朗的感情。秦腔宽音大嗓，直起直落，既有浑厚深沉、悲壮高昂、慷慨激越的风格，同时又兼具缠绵悱恻、细腻柔和、轻快活泼的特点，凄切委婉，优美动听，为广大群众所喜爱。

秦腔曲牌分弦乐、唢呐、海笛、笙管、昆曲、套曲六类，主要为弦乐和唢呐曲牌。秦腔的音乐伴奏向称四大件，以板胡为主奏，人称秦腔之"胆"。秦腔的伴奏分文场和武场。所用的乐器，文场以板胡为主，辅以笛、三弦、月琴、唢呐等；武场基本使用打击乐器，有暴鼓、干鼓、堂鼓、勾锣、小锣、马锣、铙钹、铰子、梆子等。秦腔的角色分为"十三门二十八类"，角色有四生、六净、二旦、一丑等13门，又称"十三头网子"，"头网子"原意是发型工具。13门又可细分为28类。演唱时，须生、青衣、老旦、花脸等多角重唱，所以也叫"唱乱弹"。秦腔的绝活常用的有趟马、拉架子、吐火、扑跌、扫灯花、耍火棍、耍枪背、顶灯、咬牙转椅等。

秦腔剧目丰富，已抄存的共2748本（见图5.5）。代表剧目有：《春秋笔》《八义图》《紫霞宫》《和氏璧》《孔雀胆》《帝王珠》《宇宙锋》《惠凤扇》《玉虎坠》《赵氏孤儿》《麟骨床》《鸳鸯被》《射九阳》《哭长城》《伐董卓》《白蛇传》《梵王宫》《法门寺》《铁公鸡》《长坂坡》《卖华山》《临潼山》《斩单童》《四贤册》《取洛阳》《三娘教子》《大登殿》《柜中缘》《反延安》《破洪州》《三上殿》《献西川》《祝福》《王贵与李香香》等。

图5.5　中国秦腔艺术博物馆收藏的易俗社抄存秦腔剧本

第三节　皮影戏和木偶戏

皮影戏和木偶戏统称"傀儡戏"，因为剧中人物均为演员所操纵，所以得名。

一、皮影戏

皮影戏又叫灯影戏，以在灯光照射下用兽皮刻制的人物演戏而得名。表演时艺人们躲在白色的幕布（俗称亮子）后面一边操纵皮影人物表演，一边用当地流行的曲调演唱故事，同时配上有地方特色的音乐，如打击乐器和弦乐，有鲜明的地域特色和浓厚的乡土气息。皮影戏在中国流传范围很广，根据艺人演唱声腔不同分为不同的流派。明清时期，皮影戏形成秦晋影戏、滦州影戏、山东影戏、杭州影戏、川鄂滇影戏、湘赣影戏、潮州影戏等"七大流派",陕西皮影戏属于秦晋影戏。陕西皮影戏深得陕西人民的喜爱,在全省各个地市都有皮影戏的传承。根据流传区域和唱腔的不同可分为华县皮影戏、华阴老腔皮影戏、阿宫腔皮影戏、弦板腔皮影戏、灯盏头碗碗腔皮影戏、扶风碗碗腔皮影戏、商州皮影戏、同朝皮影戏、汉阴皮影戏、洋县皮影戏、周至皮影戏、关中道情皮影戏、旬阳道情皮影戏、定边道情皮影戏等,其中华县皮影戏是陕西皮影戏中的佼佼者。2011年,华县皮影戏被联合国教科文组织列入"世界人类非物质文化遗产代表作名录"。

皮影戏源自秦汉魏晋南北朝时期的方士、道士弄影术。秦汉之时,巫觋之风盛行,方士、道士认为皮影戏具有除煞、酬神和送神的功能,因此把皮影戏视为招魂秘术,成为行业的最高机密。为了防止秘密外泄,轻易不在人前表演,只在帝王面前表演,成为实现政治目的、功利目的的手段。宋岳珂《桯史》记载:"秦始皇作曼延、鱼龙、水戏,汉武益以幻眼、走索、寻橦、舞轮、弄碗、影戏"[1]。《汉书·外戚传》:"上思念李夫人不已,方士齐人少翁言能致其神。乃夜张灯烛,设帷帐,陈酒肉,而令上居他帐,遥望见好女如李夫人之貌,还幄坐而步。又不得就视,上愈益相思悲感,为作诗曰'是邪,非邪。立而望之,偏何姗姗其来迟',令乐府诸音家弦歌之。"[2] 华县民间皮影艺人中流传着汉文帝时期宫女安抚小太子的顺口溜证明了华县皮影的源头:"汉抱妃子宫前耍,巧剪桐叶照窗纱。文帝治国平天下,制乐传入百姓家。"

唐朝时期国力强盛、佛教盛行,促进了皮影的发展,形成皮影戏。孙楷第先生认为皮影戏是在为佛法服务过程中成熟的,僧侣进行俗讲时利用皮影戏更好宣讲佛教教义。"俗讲有图像设备,图像为讲说而设""僧徒夜讲,或有装屏设像之事"。[3]

13世纪皮影随蒙古军队传入中亚西亚,14世纪传入波斯(伊朗),15世纪明代成化年间皮影传入了埃及,17世纪初明万历年间又传入土耳其等国家。土耳其人吸收了皮影的演出形式发展为本国的皮影戏,创造了深受土耳其人民喜爱的皮影人物"卡拉格兹",因此土耳其皮影戏也叫"卡拉格兹"。1767年法国传教士居阿罗德把皮影戏的整个操作方法和制作过程带回法国,在此基础上创造了法国的皮影戏。皮影戏到

---

[1] 武永贵,武永虎.孝义皮影[J].文史月刊,2004(1):58-60.
[2] 班固.汉书[M].北京:中华书局,1962:3952.
[3] 孙楷第.近世戏曲源出宋傀儡戏影戏考[M].上海:上海杂志出版社,1952:62-64.

1776年又间接传入英国，被称为"中国影灯"。1774年，德国大诗人歌德把中国皮影带入德国。1975年，美国艺术家乔·亨弗莱女士在纽约创立了"悦龙皮影剧团"。

陕西皮影戏根据流传区域分为东、西、南、北、中五路流派。几路皮影戏的表演形式基本相同，不同的是皮影戏的唱腔因地域而异，皮影人物也大同小异，形制尺寸和造型上略有不同。东路一派主要流行在西安以东的华阴、渭南、大荔一带，以碗碗腔皮影戏、老腔皮影戏为代表。皮影人物高28厘米左右，男性角色多豹头深目，女性角色则妖媚秀丽。西路一派分布在咸阳以西的宝鸡、陇县一带，以弦板腔皮影戏为代表。皮影人物形制较大，约40厘米高，头脸多刻通天鼻梁。西路皮影中值得一提的是咸阳泾阳县"安吴寡妇"灰皮皮影，可谓陕西西路皮影一绝。普通皮影的制皮工艺是将牛皮浸泡一段时间，再刮掉毛和肉质，留下中间的胶质晒干即可。灰皮皮影要把牛皮先用一种以石灰、火碱、硫酸等混合配制的药剂浸泡，然后以特制工具刮皮。制成后，牛皮透亮，呈乳白色，皮板子薄厚匀称，硬且韧。用灰皮刻制的皮影即使卷成卷，展开后也会平展如初。因为皮影制作工艺主要采用了石灰等配方，所以得名"灰皮"。灰皮皮影成品皮色洁白晶莹，手感柔和，雕刻细致精到，纹路细如毛丝，排列整齐，刀路流畅多变，图案纹饰高雅。南路一派皮影戏主要流传在陕南地区商洛、安康、汉中等地，陕南皮影戏的唱腔以道情为主，陕南皮影戏以商洛皮影戏为代表。陕南皮影人物形制介乎东西路之间，一般为24厘米左右。北路皮影流行于礼泉、富平、三原、高陵、铜川、临潼、陕北等地，以阿宫腔皮影戏为代表，皮影人物形制和东路皮影相同。中路皮影戏是流传在西安及周边的周至、临潼、兴平、泾阳、咸阳等地，以关中道情皮影戏和周至皮影戏为代表。略有不同的是，关中道情皮影戏剧种发源于韩湘子出家的终南山，因此关中道情皮影戏的原版戏都是韩门戏，如《韩湘子拜寿》《韩湘子度林英》《韩湘子二堂接母》等。清同治年间，祖籍商县的关中道情皮影戏班主李世忠吸收了商洛花鼓道情皮影戏的相关成果，结合关中的地域特征和风俗，创造了关中道情皮影戏。

皮影戏的表演形式全国基本相同。表演时，先找好场地，再搭好台子、撑好"亮子"，然后借助灯火，以竹签挑拨用皮革雕成的人物进行舞台表演。皮影班的班主一般由箱主担任，后来逐渐由说戏的担任。

皮影戏戏班一般由五人组成，因此也叫"五人忙"。分别为前手、签手、后槽、板胡手（上档）、坐挡。前手也叫"前首""说戏的""叮本的"，主要负责说唱全本台词，弹月琴，并司战鼓、板鼓、手锣等，兼协调全班人员，一般也是皮影戏的戏班班主。签手也叫"捉签子的""拦门的"，坐在戏台前排正中的亮子下面，负责操作全场皮影表演和帮腔（见图5.6）。后槽也叫"打后台""打后槽"，坐在戏台后排中间，主奏马锣、勾锣、梆子和碗碗，武打中还要呐喊助威、拉坡（帮唱）。板胡手位于戏台的左后角，负责板胡、大铰子、小铰子、长号，主奏唱腔过门，兼奏小铙、喇叭，助威帮唱、吹哨。坐挡也叫"下档""贴档""帮档""择签子的"，根据剧情进展，提前安装皮影人物道具，随时供签手使用。并帮签手"绕朵子"，排兵对打、拍惊木、呐喊助威，并司长号。

图5.6　签手操控皮影表演

陕西各地皮影戏表演风格根据选择唱腔不同有不同的特点。老腔皮影戏的特点是唱腔豪放激昂、铿锵有力，具有阳刚雄浑的韵致；演出中时常出现呐喊助威、帮唱（拉坡）的唱法，因此也被称为"满台吼"；在双方对打及紧要时刻，用惊堂木击板伴奏，以增强气氛，即"拉坡号子冲破天，枣木一击鬼神惊"。弦板腔皮影的最大特征是音乐唱腔优美愉悦，具有激情，长于表达剧中人物感情，展示喜怒哀乐等多种情感。它不仅具有我国北方戏剧豪迈刚健的特点，也具有我国南方戏剧委婉细腻的特点。阿宫腔皮影戏属板式变化体音乐，声腔分欢音与苦音。

二、木偶戏

陕西木偶戏主要有麟游木偶戏、泾阳木偶戏、陕西杖头木偶戏、周至大玉木偶戏、洋县杖头木偶戏和合阳提线木偶戏。根据木偶的制作方法和表演方式不同，陕西木偶戏可以分成杖头木偶戏和提线木偶戏两种。除了合阳提线木偶戏外，陕西其他地方的木偶戏基本都是杖头木偶戏。

合阳提线木偶的制作，一般选用优质柳木或桐木为原料。偶头制作是提线木偶的核心技艺，手工艺人选好坯料、砍出粗样，然后雕刻出偶头和脖颈。然后锯开偶头把后部掏空，设置机关。机关可使偶人眼球转动，嘴巴巧妙张合。机关设置完毕用木楔固定，以便日后维修。之后仔细打磨光滑偶头，刷上底漆，用鸡蛋清和铅粉或瓷漆打底，再用油画颜料画上眉眼。制作好的偶头具有明显的"唐俑风格"，尤其是旦角，面部丰腴，鼻子浑圆如胆，口小巧而内含，有隋唐佛雕风格。

提线木偶戏的表演主要是靠提线控制。演出时，演员站在布帐后的木台上，通过拴在木偶身上的细线手提控制木偶在帐前表演。提偶的线根据角色的不同，分别为五到十根不等。旦角线最多，除了头、耳、手、腰、脚之外，还有腹、肘、膝等关节处的加线，有十七八根之多，最长的线有三四米。表演者巧妙地运用提、拨、勾、挑、扭、抢、闪、摇等技巧，悬控高 80—90 厘米、重 3.5—5 千克的偶人做出走、跑、跳、坐、骑马、坐轿、舞枪弄棒、腾云驾雾、抢水袖、踢纱帽、闪官翅、摇纺车等难易不等的动作（见图 5.7）。因为合阳提线木偶戏依靠拴在木偶身上的细线进行表演，因此合阳木偶戏也叫线戏，唱腔称为线腔。线腔带有浓郁的地方音调，悲怆苍凉而不失激情，委婉细腻而不失刚烈，颇具秦人秦地的风韵和特点。合阳线戏演出的大都是传统剧目，如《李彦贵卖水》《三滴血》《借伞》等。

图 5.7　合阳提线木偶戏

杖头木偶戏是以木棍举托操纵木偶、做出各种造型动作的一种戏剧形式。杖头木偶根据操纵杆在木偶服装里边和外边分为内操纵杖头木偶和外操纵杖头木偶两种，陕西的杖头木偶戏基本采用的是内操纵杖头木偶。

杖头木偶由偶头、手、脚和操纵系统构成。偶头的制作工艺基本和提线木偶偶头制作类似。杖头木偶的技术核心是操纵系统，操纵系统由命杆、手杆、肩牌构成。命杆用圆木或竹竿制作，与木偶头固定连接。各地区杖头木偶命杆长短不尽相同，陕西杖头木偶的命杆与木偶身躯等高。手杆用质地坚硬的木棍或箭竹制成，与木偶手连接。其结合部位各地区略有不同，湖南手杆连接在木偶手腕至肘部3寸处，陕西手杆连接在木偶的手腕处。陕西杖头木偶的手竿是在木偶衣服里面的，限制了木偶胸部塑造的随意性，因此采用固定肩牌或在木偶后颈悬挂肩牌的方法架衣代身（见图5.8）。陕西丑角木偶，其椭圆形肩板下，装有V形操纵把，命杆通过肩板脖腔圆孔握在表演者手中，即表演者可以同时握住肩板操纵把和命杆，另一只手操纵手杆进行表演，也可以放下手杆，一手持肩板操纵把，一手持命杆进行表演，使木偶作出伸头探脑、缩脖端肩等动作。

陕西各地的杖头木偶戏都有自己的绝活。如洋县木偶可以在艺人操控下完成担水换肩、喷火、耍纱帽、武官脱帽、文官脱帽、脱衣服、耍梢子、耍靴子、吹胡子等高难度动作。麟游县木偶戏表演可以完成摆口条、甩梢子、闪单翅、翻跟头、提袍、甩袖、吹胡子、瞪眼、亮靴底等动作。

图5.8 杖头木偶戏

陕西木偶戏的唱腔基本以秦腔为主，洋县木偶戏是秦腔和汉调桄桄两种唱腔并存。各地木偶戏都有代表性的剧目。周至大玉木偶戏代表剧目有《白叮本》《春秋传》《下河东》《兴汉图》《四贤册》《斩李广》《金沙滩》等30多部。麟游木偶戏代表性剧目主要有《十大案》《张义卖桃》《大报仇》《白玉楼》《打镇台》等。泾阳木偶戏代表作品有《周仁回府》《下河东》《斩李广》《白叮本》《杨家将》《红灯记》《沙家浜》等。洋县木偶戏代表剧目有《李彦贵卖水》《竹子山》《蔡伦》《搜杯》《唐玄宗醉酒》《观阵》《三家店吊拷》《醉擒梁芳》等。

本章小结

陕西省传统戏剧有26个地方剧种，包括秦腔、汉调桄桄、弦板腔、阿宫腔等。关中地区最为发达，其次是陕南地区，再次是陕北地区。陕南地方戏剧中汉调桄桄、汉调二黄、商洛花鼓、弦子腔影响最大。关中地区的西府秦腔已经灭绝，主要流行秦腔、眉户、碗碗腔等，其中国家级非物质文化遗产的弦板腔目前濒临失传。东府地区有强烈地域特色的戏曲种类为同州梆子、阿宫腔和跳戏。秦腔是陕西戏曲中传播范围最广的，影响最大的地方戏剧，经历了秦风、秦声、秦腔的演变过程。洋县杖头木偶戏、阿宫腔皮影戏、弦板腔皮影戏、老腔皮影戏是陕西傀儡戏的代表，各有绝活。

思考练习题

1. 陕西省传统戏剧的地域分布是怎样的？
2. 陕西的简称"秦"是怎么来的？
3. 秦腔是怎样演变形成的？
4. 秦腔的特点是什么？
5. 请简述皮影戏的传播过程。
6. 陕西各地皮影戏有什么区别？
7. 杖头木偶和提线木偶构成方式和操作方式有什么不同？

第六章
陕西省民俗

民俗是民间民众的风俗生活文化的统称,是一个国家、民族或社会群体在长期的生产实践和社会生活中创造并传承、共享、稳定的文化事项,可以简单概括为在普通人民群众中流传的、约定俗成的、共享的生活方式,具有自发性、地域性、共享性、稳定性等特点。陕西省民俗活动丰富多彩,涵盖了物质生活、精神生活和社会生活等多个层面。陕西省民俗源远流长,是陕西省历史文化的重要载体;是我们了解过去、认识现在的重要途径。保护和传承陕西民俗不仅能促进陕西儿女的历史文化自信,提升民族凝聚力,还是带动地方经济繁荣、维系睦邻友好关系、形成良好社会氛围、实现群众自我治理,构建和谐社会的有效手段。

第一节 陕西省民俗概论

一、非物质文化遗产民俗概念的产生过程

民俗学作为一门独立的学科产生于 19 世纪初的欧洲。英国民俗学家威廉姆·汤普森根据英语中的 folklore 创造了"民俗"一词,开创了民俗学研究的先河。"民俗"的原本含义是"民众的知识"或"民间的智慧",最为科学的名称可以直译为"关于民众知识的科学"。民俗学是针对某个地域内民众的风俗习惯、口承文学、传统技艺、生

活文化及其思考模式进行研究，阐明这些民俗现象在时空中流变意义的学科。目前学界对民俗学的分类采用了纲目式和平列式两种方法、纲目式代表人物以法国的学者山狄夫和英国班恩女士为代表。山狄夫在著作《民俗学概论》中把民俗分为三类：物质生活类、精神生活类、社会生活类。瑞士的霍夫曼·克莱耶则是平列式的代表。他在《民俗学文献录》一书中列举了民俗的18种类型：乡村、建筑物（房屋、礼拜堂及其他）、用具、象征物（如福、禄、寿象征及其他）、技艺与一般艺术（如染织、雕刻等）、人民心理现象、惯习及其原物（如首饰等）、饮料及食物、惯性（如仪式过程、会社、游戏等）、民族法律、信仰（神话、崇拜等）、家庭医药、民间诗歌（如民歌、叙事诗等）、民间故事（幻想故事、笑话、传说等）、民间戏剧、历法历书等、民间语言（如谜语、谚语、俗语等）、名号（如地名、人名、神名、动植物名等）。中国民俗学界沿用了这两种分类方法。乌丙安在著作《中国民俗学》中把民俗分为四大类：经济的民俗、社会的民俗、信仰的民俗、游艺的民俗。张紫晨在著作《中国民俗与民俗学》中采用平列式方法把中国民俗分为十类：巫术民俗、信仰民俗、服饰饮食居住之民俗、建筑民俗、制度民俗、生产民俗、岁时节令民俗、人生仪礼民俗、商业贸易民俗、游艺民俗等。还有很多民俗学者的理论就不一一列举，但不外乎是这两种分法的延伸和发展。

从中外民俗学家的理论可以看出，广义的民俗概念包罗万象，几乎涵盖了非物质文化遗产的所有分类。截至2020年12月20日，陕西省人民政府共公布了七批次陕西省非物质文化遗产名录，陕西省省级非物质文化遗产民俗共有92项。截至2021年6月10日，国务院共公布了五批次国家级非物质文化遗产名录及扩展名录，陕西省入选国家级民俗非物质文化遗产名录的共有黄陵黄帝陵祭典、宝鸡民间社火、铜川药王山庙会、宝鸡炎帝祭典（扩展名录）、洋县悬台社火（扩展名录）、彬县灯山会（扩展名录）、鄠邑迎城隍（扩展名录）、徐村司马迁祭祀（扩展名录）、蓝田吕氏乡约乡仪（扩展名录）等9项。

笔者通过对陕西省非物质文化遗产名录中民俗和国务院国家级非物质文化遗产名录的详细梳理，结合民俗学家关于民俗的分类的相关理论，对陕西省非物质文化遗产中的民俗进行详细分类。陕西省非物质文化遗产中的民俗可以分为物质生活民俗、社会生活民俗和精神生活民俗三大类。在这三大类中，社会生活民俗和精神生活民俗占据主导地位，物质生活民俗濒临消失。农业生产是中国封建时期经济的基础，在过去生产力不够发达，物质资料匮乏，人民群众把对美好生活的向往寄托在朴素的民间信仰之上。人民群众希冀通过祭祀（包括庙会）、仪式、礼俗等活动与神明达成协议，以期来年风调雨顺、河清海晏，生活质量得到明显改善。民俗就是这样产生的。

随着社会生产力的快速提升、科学技术的快速普及、城镇化的快速推进、人民生活水平的快速提高，源于提升社会生产力水平并嵌入人民生活结构的民俗文化被解构和重构。社会生活民俗和精神生活民俗得到了重新定义，不再是和神明沟通的桥梁，而是传承历史记忆、弘扬民族精神、促进文化交流和推动经济发展的有效手段。物质生活民俗很多是关于农业、渔业、采掘、捕猎、养殖等落后生产活动的记录和延续，自然逐渐萎缩。如黄龙狩猎习俗在陕西省黄龙县传承已久，狩猎既保留了原始的技法，又在发展中创新出箭射、个人伏击、多人围捕、猎狗助猎等新技法。现在生产生活水平提高，狩猎不再是生活必需技能。尊重自然、顺应自然、保护自然、建设人与自然和谐共生的现代化理念正在普及，政府禁枪禁猎政策的全面实施，让这项民俗失去了原先的意义。然而，黄龙人和自然抗争不服输的品质、不屈不挠的性格却没有消失。

二、陕西省民俗活动的分类

（一）物质生活民俗

物质生活民俗是指人们在长期的社会实践中形成的创造物质财富，满足人类物质生活需要的活动。通过这种反复的、模式化的活动来满足人类的某种功利需求。如食料、衣饰、居屋、运输方法等初级生产活动，不同种族、民族生存方式的延续以及人类物质生产获得盈利与财富的运行模式。

陕西省民俗活动中物质生活民俗表现的是陕西人为满足生活需要而组织的各种物质初级生产方式。如黄龙狩猎、渭北细狗撵兔、吴堡黄河古渡、渭南跑骡车、定边县赛驴会、武功镇东河滩会和柞水十三花等。

黄龙狩猎和渭北细狗撵兔是过去生产力不发达，食物、衣物短缺情况下，陕西人通过组织狩猎活动获取生存必需的食物和衣物（动物毛皮），满足生存需要的生产活动。

渭北名犬蒲城细狗，黄瓜嘴，羊鼻梁，四蹄如蒜；腰似弓，腿似箭，耳垂卷。渭北细狗撵兔源自古代的狩猎活动，现在演变为农闲时节渭北人民休闲的节目。狩猎时，周边省市如西安市、韩城市、铜川市、甘肃省、山西省、河南省的细狗爱好者云集西安，细狗驰骋追逐，围观群众数以万计，场面山呼海啸、蔚为壮观。随着城镇化步伐加快，基本农田数量锐减，细狗撵兔这项民俗逐渐失去其生存土壤。

吴堡黄河古渡是陕西人对过去落后的运输方式的革新，通过组织大规模的生活物资跨区域运输，实现财富增值的生产活动。

吴堡县为秦晋交通要冲之地，同时也是古代战争中的兵家必争之处。吴堡县共形成了总长度为47.5千米的黄河运输航道。在这段河道之中还存在着几个古老而又重要的渡口，如川口渡、龟戏渡、下山畔渡、横沟渡、李家沟渡、城东下渡、宋家川渡（官菜园渡）、杨家店渡等，其中以宋家川渡（官菜园渡）最为著名。

古时候，生产力极为不发达，交通业相对落后。居住在黄河两岸的居民，或是因为经商，或是因为赶路，都会在黄河之间穿梭，而承载他们行路的正是黄河岸边的古渡船。自传说中轩辕黄帝当年西渡黄河来到吴堡传授农耕技术以来，5000年来吴堡县各古渡一直都有艄公在此撑船，在黄河两岸靠摆渡客人与货物为生。在吴堡县古渡中，宋家川古渡口最为繁华，昔日"渡口风尘人不息，岸头车马日相催"[①]，繁忙的渡运让宋家川形成一个商业重镇。每月逢二、逢五、逢七、逢十日都是宋家川集会日，耍猴卖艺的、刮脸修脚的、卖油打醋的、说书弹唱的云集于此，热闹异常。家庭用品、五金工具、土产日杂等供应一应俱全。宋家川古渡口最繁华时有五六条大船，一条船就能载重数吨货物，几十名船工轮流值班运送货物。

黄河水流湍急且风浪激烈，想在黄河上平稳行船绝非易事。古时行船都要由年纪稍长的老艄公带队，老艄公负责行船掌舵，而小艄公则专门负责划桨，为行船提供动力。吴堡渡口摆渡船使用的是古老的木船，原先木船还要从外地购置。明朝时期，吴堡人根据本地的水域状况，开始自己制造木船。吴堡摆渡木船共分为大、中、小三种，光是中船的体型，就有12米长、4.5米宽、1米高的规格，载重量达10吨以上，大船的体型更是令人叹为观止。不管大、中、小船，动力都主要依靠人力划桨。吴堡摆渡船载重量大且船体设计合理，最令人惊叹的是，船的动力来源并不是风帆，而是纯人

[①] 出自明代杜汝亮描述荥阳氾水玉门古渡《渡口》一诗：一河流出两山开，西接黄河天上来。渡口风尘人不息，岸头车马日相催。

力划桨。吴堡渡也为中国革命作出了奉献。解放战争期间，党和国家领导人毛泽东、周恩来、朱德、任弼时等人从这里东渡黄河前往华北。1969年年底，宋家川—军渡黄河大桥建成通车，陆运代替水运，吴堡渡风光不再，只留下川口、拐上、横沟等渡口不定期零星摆渡。

2011年吴堡县黄河流域突然涨水，一夜之间吴堡渡口的渡船被全部冲走，其中就包括历史遗留的诸多古木船。古渡文化是黄河文化中不可缺失的一环，它的存在是对古老文明的另一种诠释，也是现代文明内涵的重要体现。当地政府出于保护吴堡古渡非物质文化遗产的目的，想恢复吴堡渡船。政府在前期调研时发现了一个严峻的现实，仅存的艄公当时只有11位，均已年过古稀，古渡文化濒临消失。

畜力运输又称动物运输、驮运，是一种利用经过驯化的动物进行运输的方式。在人类使用机械运输之前，畜力运输对于人类生产活动意义重大，驾驭动物的技能就显得尤为重要。渭南跑骡车和定边赛驴会的初衷就是通过比赛刺激车把式提高驾驭驮运动物的技能，更好地为生产活动服务。

渭南跑骡车由二至多辆骡车组成。骡车大都是皮轮马车或胶轮马车和四匹骡子构成。一匹骡子驾辕，三匹骡子挂梢，骡子都项系铜铃，头挂彩色叉子，挂梢的骡子背上还插有五面彩色小旗。每辆车都有4个车把式——1个吆骡子，1个坐辕，2个马童，车上拉着6个敲锣鼓的。出发时，吆骡人鞭子一甩，骡子则在宽广的大道上恣意狂奔。锣鼓声、马嘶声、铜铃声和成千上万观众的欢呼声、喝彩声响成一片，如急风暴雨、山呼海啸。当骡车跑到目的地时，他们会在一片平坦的场地上表演"璞鸽翘窝"等绝活，车上锣鼓队尽情表演，整齐威武，场面热闹喜庆。

定边县位于四省（区）八县（旗）的交汇处，地理位置独特，商贸发达，素有"旱码头"之称。定边县盐湖群是陕西省唯一的湖盐产区，秦汉时期的"戎盐"，隋唐时期的"乌池"，明清时期的"花马池"都指定边县盐场堡镇盐湖。数千年来，盐湖的食盐用骆驼和小毛驴驮运至四面八方，毛驴对定边县的经济发展功不可没。不仅如此，毛驴还是过去定边人主要的交通工具和耕作伙伴，定边人在日常生活中离不开毛驴，定边人赛毛驴体现了对毛驴的喜爱。定边县民俗赛驴会，是定边县以安边镇为中心的一种民俗文化活动。每年农历四月初八、七月十五、九月初九、十月初一等传统集会日，定边县都会举行赛驴活动。定边县赛驴项目经历数百年的变迁和发展，最早是比赛驴子的走和跑的速度以及参赛选手乘骑和驾驭毛驴的技巧；现在新增加了驴拔河、趣味骑驴，骑驴接力赛，夫妻赶驴，驴驮重、驴拉重比赛等观赏性较强的项目。比赛规模也由原来的安边镇周边八个乡镇发展到全县各乡镇，参与人数也急剧增加，拥有良好的群众基础。在激烈的竞技赛驴活动外，还有传统的毛驴彩绘活动，通过给毛驴彩绘各种图案，表现出定边人和毛驴的和谐关系。活动内容也从单纯的娱乐活动，逐渐演变为一种集商贸、旅游、观赏、娱乐为一体的民俗文化品牌。

现在陕北传统的农耕文化逐渐被新型机械化取代，毛驴逐渐退出了定边人的生产活动。但是定边人仍不舍弃这祖辈相依为伴的牲灵，定边赛驴会传承了历史的记忆，赛驴会已逐渐成为带动定边经济、社会、文化发展的特色民间体育活动。

物资交流会是在过去物资短缺、信息闭塞的环境下由群众自发组织或由政府牵头组织领导的物资交流大会和技术交流大会。交易的货品主要是农业生产用具、家庭生活用具、农副产品和生活用品等有形物资和先进的种植技术、畜牧技术和小商品生产技术等无形资产。陕西地区物资交流会曾经遍地开花，如定边县九月物资交流大会、西安市周至县集贤镇物资交流会、陇县二月二物资交流会、渭南市华州区柳枝镇张桥村农历二月初八"权耙会"、岐山县枣林镇"权耙会"、西安长乐坊"忙笼会"和八仙宫"权耙会"，都是久负盛名的物资交流会。物资交流会在经济不发达时期，对促进农副业生产发展、活跃城乡交流、便利群众生产生活、促进农民增收和农业农村发展起到了积极的作用。现在随着经济的飞速发展，物资繁荣，乡村物质和文化生活发生了翻天覆地的变化，农贸市场、专业市场、电子商务等各种形式的商品交流模式逐渐成为主流，而原来的一些物资交流会由于现场秩序难以管理、产品质量参差不齐等问题不断出现，原有功能逐步被弱化，最终消失。陕西省非物质文化遗产中的物资交流会也只有武功县东河滩物资交流大会硕果仅存。

武功县东河滩物资交流大会迄今已有四千多年历史。相传上古时期每年春季，农业始祖后稷在教稼台（今天咸阳市武功县武功镇）前教农稼穑，授民农耕技术。武功县东河滩物资交流大会就是人们为纪念后稷而举行的古会。每年农历十一月初七至十七日共十一天，在教稼台前漆水河滩上举行。河滩会最初是人们取得丰收后，把多余的物产如粮食、水果、牲畜、家禽等拿到河滩进行展示和交流，以物易物，互通有无，逐渐演变成享誉西北五省乃至全国的武功县冬季物资交流大会，因主会场在河滩，俗称"河滩会"（见图6.1）。

图 6.1　2023 年武功河滩会

现在武功河滩古会是陕西省民间最大的物资交流大会。在政府的引导和指导下，武功河滩会规模宏大，功能齐全，集物资交流、休闲娱乐、文化传播、非遗传承等诸多功能为一体。武功县东河滩会设有电商产品、商品百货、特色美食、农业机械等 12 个展区，1200 多个展位，其间还有文化文艺展演活动，如秦腔表演等。值得一提的是，武功县把东河滩会和非物质文化遗产保护传承结合起来。在武功河滩会上可以看到举行纪念后稷活动和后稷传说演讲赛等系列活动，传承保护"农业始祖后稷传说"这一非物质文化遗产项目。不仅如此，在东河滩会上还可以看到"武功土织布技艺"展演、"苏蕙织锦回文与武功民间送手绢风俗"推广等活动。可以买到武功土织布、苏蕙织锦回文手绢等非物质文化遗产产品，还可以品尝到旗花面、普集烧鸡等非遗衍生品。

柞水十三花是陕西柞水地区招待贵宾的宴席，之所以把柞水十三花列入物质生活民俗，是因为它体现了人类和自然灾害的斗争历程。人类通过自己的智慧征服了自然灾害，保存了社会生产力。柞水县志记载，658 年，柞水儿童痢疾盛行，隐居在药王村的名医孙思邈利用十三种中草药，配合当地产的萝卜、豆腐、石腊菜、香椿等煎熬成十三种菜看治好了病童，阻止了痢疾的大规模传播。当地百姓于清朝末年在药王村修建了药王庙祭祀孙思邈，庙会期间庙中则置办十三花宴席供朝拜者食用，之后流传于民间。十三花宴席开席前要在桌上摆出四荤、四素、四干果和一个"花开富贵"的拼盘共十三道菜品。开席后以"鸡、蹄、肘、肚"四道菜为大炒、小炒。蒸碗子为辅，先后要上十三道菜，不包括中间四道衬盘。上主食时，撤下桌面十三道菜，重新上四个凉菜、四个蒸碗、一个汤，主食为米饭。

（二）社会生活民俗

社会生活民俗是指人们在日常生活和社会交往中，通过长期的历史积淀形成并传承下来的各种行为习惯、风俗传统和社会关系的惯制。这些民俗事象通常反映了人民的社会生活、人际关系、时间空间观念以及对自然和宇宙的理解。社会生活民俗包括传统岁时节日民俗、婚丧礼俗、社会组织民俗（如血缘组织、地缘组织、业缘组织）和社会制度民俗（如人生礼仪）等。

岁时节日民俗是人民群众在传统节日中自发形成的民俗活动。如：骊山女娲风俗、蒋村正月民俗活动、蒲城罕井秋千民俗、华阴司家秋千会、上巳节风俗、重阳追节送花糕、大荔乞巧节、志丹过大年、神木火判官、铜川义兴燎疳、石泉庖汤会、安塞转九曲、彬县灯山会、洛川灯会（庆祝元宵节）、长安砲里年节花灯习俗、镇安元宵灯会和社火。

女娲是华夏民族的始祖，相传骊山是人文始祖女娲氏炼石补天的地方。姜寨遗址出土了中国最早的彩陶，上面的蛙（鱼）纹图案就是中华始祖女娲氏的"娲（蛙）腾图"。在临潼区骊山一带（延伸到整个关中）至今保留着一些与女娲有关的古老的风俗文化，主要表现在节日风俗、婚俗以及生活习俗等方面。

陕西骊山和女娲相关的节日风俗覆盖了整年，最开始流行于骊山周围，最后覆盖陕西关中全境。农历正月二十，百姓要过"补天补地节"，这一天要吃"补天饼"，如煎饼、烙饼、蒸饼等圆形薄饼。吃饭前要举行简单的仪式，由家里的主妇撕饼抛向房顶象征"补天"，然后扔向井中或者地上，象征"补地"。刚出嫁的女儿回娘家拜年要敬献矩形油角子两个，大至一斤多重。娘家送"长命灯"，连送三年。头年送长命灯，第二三年添烛火，如今演变成台灯、手电，以后添灯、电池。女儿生子后娘家的兄弟逐年送灯至十二岁（虚十三岁），最后一次称为"完灯"。端午节娘家给出嫁的女儿送"端阳礼"，俗称"送裹肚儿"，代表物是一件绣有蛤蟆蛙的花裹肚儿和面塑礼品，"端阳礼"以女儿婚后第一年最为隆重。除此之外还有吃粽子、喝雄黄酒、插蒲艾、割百草、送香包等风俗。农历八月初五到中秋节前女儿要给娘家奉送月饼。八月十五之夜，群众要用瓜果香烛拜月、祭月，祭祀过后，由家长分给全家老小月饼，寓意年年平安如意。重阳节送糕（高）从九月初一起到九月初九重阳节，娘家要给女儿、外孙送糕。糕是米糕，取其谐音有步步登高之意。因关中缺米，后来演变成面塑宝塔，上饰青蛙、鸟、鱼、小龙等动物形象。

陕西骊山和女娲相关的婚俗主要是考究女孩的女红。在骊山婚俗中，新娘子轿前充作护轿符又当作嫁妆的是一对绣花裹肚儿，一幅有花边嵌底，是赠给女婿的礼物；另一幅则是绣着大蛤蟆娃的花裹肚儿，寓意"女娲娘娘在此，百神让道"。更重要的是，它是新娘子针线活水平的标志，又叫"嫁妆望子"。新婚闹洞房还有一种很别致的"审新娘"风俗。新媳妇揭开盖头洗脸之后，姨、婶、嫂、姐们照例围着要看新媳妇的花裹肚儿，实际还是在考察女孩的女红。现在机器大工业生产来临，女孩大多不会做针线活。这种民俗形式大于内容，只是群众表达美好愿望的方式。

彬州灯山会在唐代贞观年间已经兴盛，明代在原有灯山基础上整修扩建，形成了今天的规模。如今这项民俗已成为彬州市水帘村村民庆祝春节、元宵节的娱乐方式。每年正月十二，由当年的灯山会会长带领15名男性村民上山点灯山，正月十七才能下山，在这期间要集体在山上同吃同住，只能吃素。上山前，点灯山村民要忌口、沐浴，夫妻不得同房，上山的男性村民要求从正月十二开始斋戒忌口。正月十二开始搭架（搭架用具平日存放在石窟中）。正月十三，通过滑轮向山上运送所需的生活用品及花炮、清油等物资。点山人在山上石窟中安床铺、垒锅灶，晚上大家坐在一起搓油灯捻子、洗油灯碗，为点山做准备。"点山人"在山上居住之地是石窟最开阔之处，里面近十个洞窟相连，称为"大殿"，也是点山村民的供奉祈福之地。从正月十三晚上开始逐渐点山灯，先点亮的是通往各处的路灯，正月十四晚八点，点山仪式正式开启。再扩点"轿顶"和"北斗七星"两处图案。村民三人为一组，手持火把，首先点燃灯光菩萨殿前的会长灯，然后依次点燃北斗七星、轿顶、寺院、宝塔等，远望满山灯火通明，各穴灯火如同发光的珠子。点山完成后燃放烟花爆竹，灯山会正式完成。正月十五元宵节当天，山上白天有剧团唱秦腔，还有社火表演，村民聚集在一起庆祝春节、元宵节，热闹非凡。

在陕西岁时节日民俗中，社火是数量最多的一种，几乎覆盖陕西境内的所有区县。民俗学家顾颉刚先生在《古史辨·第一册自序》中是这样记述社的："社是土地之神，从天子到庶民立有各等的社。"[1] 社火源自远古时的图腾崇拜和原始歌舞。原始社会的人们每逢祭祀的时候，会在身上绘制图腾图案或戴上图腾面具，边击打劳动工具，边跳着模拟图腾物的舞蹈，狂呼狂舞，祈望所崇拜的图腾能给予他们一种神奇的力量。到了商周时期，宫廷里就有了逐鬼的祭祀仪式，周代称之为"大傩"，是一种带有巫术

---

[1] 顾颉刚.古史辨[M].石家庄：河北教育出版社，2000年：89.

性质的舞蹈。《论语疏》称傩为"逐疫鬼也"。后来驱傩由宫廷传入民间，逐渐形成规模宏大的民俗礼仪活动，演变为乡村祭神、娱神、迎神的赛会，并加进杂戏表演，称为"社火"。"社"也从土地之神转化为在祭祀或节日里迎神赛会上表演各种杂戏、杂耍的民间团体，"火"具有红火、热闹之意。汉代王充《论衡·祭意篇》中记载"炎帝作火，死而为灶"，社火体现了陕西人民崇拜土地、崇拜火神炎帝的朴素情感。社火在陕西也叫射虎，这种叫法源自长安区灵沼街办。据说唐朝名将李存孝16岁时入涝峪沟砍柴，见一猛虎祸害百姓，即拔箭射之，虎应声而亡。当地群众把李存孝射虎的形象装扮成社火芯子，彰其勇猛。"射虎"一词便成为社火的代名词。之所以用"射虎"指代社火，还有一层特殊的原因。社火是靠静态的扮相讲述民间故事，通过人物的造型和人物之间的关系猜测故事是陕西人观看社火表演的一大乐趣。陕西人先通过对社火的整体观察，包括扮相、道具、人物脸谱，判断造型的故事来源，再通过社火水牌验证判断是否正确，整个过程类似于射虎的过程，因此得名。

陕西社火种类繁多，形态多样。包括地社火，顾名思义是在"地上"表演的社火；背社火，是靠人力背起来的社火造型，往往是父背子（女）；抬社火，是靠人力抬起表演的社火，一般为四人抬起一张桌子，桌子上有社火造型，如果社火造型复杂，人数可以酌情增加；车社火，是用车拉的社火；马社火，是在马背上表演的社火，表演者扮好后，不能在马上乱动；高芯社火，是一种难度最高的社火造型，往往分为多层，依靠特殊的机关营造出上天入地、悬空倒立等惊悚造型，扮演者少则两人，多则十多人；高跷社火是在高跷上耍社火；血社火和血故事是利用血淋淋的扮相来教育民众的社火类型；山社火是大型社火，社火的底盘如山一样庞大，国庆节天安门广场的花车表演就是山社火；唱社火，是在表演过程中伴有唱腔，一般是秦腔；丑社火是以扮丑逗乐群众的社火。随着文化的传递和交流，陕西社火借鉴了南方社火文化中的优秀元素，如舞狮子、划旱船、跑龙舟等，结合陕西本土的一些民俗，如扭秧歌、打腰鼓等，形成了匠心独运的陕西社火体系。陕西的社火包括踩高跷、耍狮子、扭秧歌、跑旱船、铁芯子、打铁花、耍腰鼓、骑竹马等。

陕西社火生命力旺盛，在陕西覆盖面广。具体有侯官寨牛老爷迎春社火、栎阳马踏青器山社火、鄠邑社火、宝鸡民间社火、陇州社火、铁里芯子、蒲城血故事特技、洋县悬台社火艺术、西安大白杨社火、南郑区协税镇社火高跷、丹凤高台芯子、大荔血故事、华山红社火、蒲城芯子、船张芯子、麟游地台社火、太白高芯社火、合阳红社火、华阴天芯子、周至社火、冯村射虎、肖家坡社火、耀州火亭子、东庄神楼、安塞沿门子、礼泉西王禹村纸台、蜀河太平灯、黄陵北村撂灯山等。

陕西各地社火中都有自己的绝技和秘法。如牛老爷社火是长安区杨庄街办侯官寨村村民祖祖辈辈坚守着的迎春民俗，因为春倌牛老爷的存在而得名（见图6.2）。牛老爷社火源自明代，盛于清代，延续至今。清同治四年（1865年），陕西巡抚刘蓉观看侯官寨社火后，觉得秩序很乱，遂将该村的春官封为牛老爷，权限仅限于祭春、耍社火时组织领导及维持秩序。过去牛老爷在社火表演时要现场审理案件，惩恶扬善。现在主要以扮演故事的形式审理案件，村民在欢歌笑语中得到教育。栎阳马踏青器山社火主要造型是纸马和戏剧人物站在青花瓷盘做成的大山顶上，社火巡游过程中，风吹瓷盘相互碰撞，叮咚作响，却怎么也碰不碎。

图6.2　侯官寨村牛老爷社火·平台社火

洋县悬台社火是戏剧人物站在高台梁架上进行表演，梁架以槐木制成多层高台框架，框架各层设置不同的角色，配置不同的道具，展示不同的戏剧情节（见图6.3）。洋县悬台社火又分为小芯悬台、大芯悬台、转芯悬台、挂芯悬台、单芯悬台、双芯悬台。角色站位为上下2层，一般为小芯悬台。大芯悬台则有6层，高度可达12米以上。转芯悬台制作与小芯悬台、大芯悬台基本相同，但须在下部另加曲轴和盘旋拉绳以使悬台可灵活转动。挂芯悬台则是在芯子上生出分叉，将角色挂附在芯子上。单芯悬台是指悬台框架中竖起单根槐木作主梁，而双芯悬台是指主梁为2根槐木形成对称的形式。表演形式以人抬肩扛为运载形式，一台5层的悬台要用48名青壮年抬。社火造型高悬、巧妙、奇绝，令人惊心动魄。

图 6.3　悬台社火

麟游地台社火属于地社火，有文、武之分。文社火以文戏内容为主，武社火以历史征战武打戏为主。麟游地台社火打破了社火静态表演的窠臼，演员表演吸收了戏曲和武术动作，表演者时而龙腾虎跃，时而蹭蹭步跑圆场。

韩城东庄神楼被誉为"社火之王"，也是全国独一无二的社火奇葩。正月十五，西庄八社迎神于村，清明节则送神还庙。神楼是祭祀活动时抬神的器物，有文武之分，文神楼即"法王神楼"，楼中的神灵是韩城历史上的名医、被宋仁宗封为"法王"的房寅。神楼规模宏大，4尺见方，高约6尺，金碧辉煌，内塑法王神像，十六人抬，威武庄严。武神楼即"祈雨神楼"，楼中的神灵则是"黑虎""灵官"，武神楼建制较小，长宽均为1.8尺、高4.5尺。四人抬，既耍且舞，剽悍勇武。二台武神楼（黑虎、灵官）护卫一台文神楼（法王神楼）为一套标准建置。表演时，十六台法王神楼被千百人簇拥着前进，神楼周围吊有千百铜环，抬神楼之人手足戴有串串铜铃、铜环，叮当作响，与锣鼓声相呼应。开道的"武神楼"左摇右摆，忽如脱缰之马，左冲右突，铜环声扣人心弦，呐喊声震谷裂川。

兴起于明末嘉靖年间的安康蜀河太平灯，俗称蜀河"火狮子""烧狮子"。核心内容是围观群众用"花子（自制烟花）"喷射沿街巡演的狮子，"花子"是人们采用柳树炭、炭灰、硝、火药、生铁粉等原料按严格比例自制而成。舞狮者多为强悍利落的小伙子，穿短裤斗严寒，抹蛋清防火烧。两只狮子也要全身洒满水，防止燃烧。狮子在表演同时还要不断躲避人群的追赶和焰火喷射。狮子的胡须被人们视为神符，狮子到家门口时，主人都要剪点胡须缝在小孩身上或是挂在家里，以求辟邪免灾。蜀河太平灯传习至今，是秦巴山间、汉水流域民间民俗文化的生动反映，体现了陕南人民的火崇拜。

武功苏蕙织锦回文与武功民间送手绢风俗流传至今约一千七百年。该习俗源自前秦苻坚永兴元年（公元357年）的武功人苏蕙。苏蕙嫁给了能骑善射、武艺高强的窦滔，婚后窦滔忤逆前秦国君苻坚被发配到流沙（今甘肃敦煌一带）。公元375年苻坚启用窦滔为安南将军镇守襄阳。赴任时窦滔带上了新欢赵阳台，苏蕙宁愿留在家中侍奉年迈的婆婆也不愿与赵阳台共侍一夫。为表达悲痛，苏蕙用丝线织成长宽为8寸，共841字的《回文璇玑图》，不论左右、上下、巡回诵读，皆成诗篇（见图6.4）。窦滔得知，心生惭愧，于是将赵阳台送回扶风家中安置，与苏蕙和好如初。苏蕙的织锦回文诗对后世影响极大，由织锦回文璇玑图起源的小手绢成为爱情的象征，武功乃至关中至今保留着结婚当日抢手绢的民间风俗。

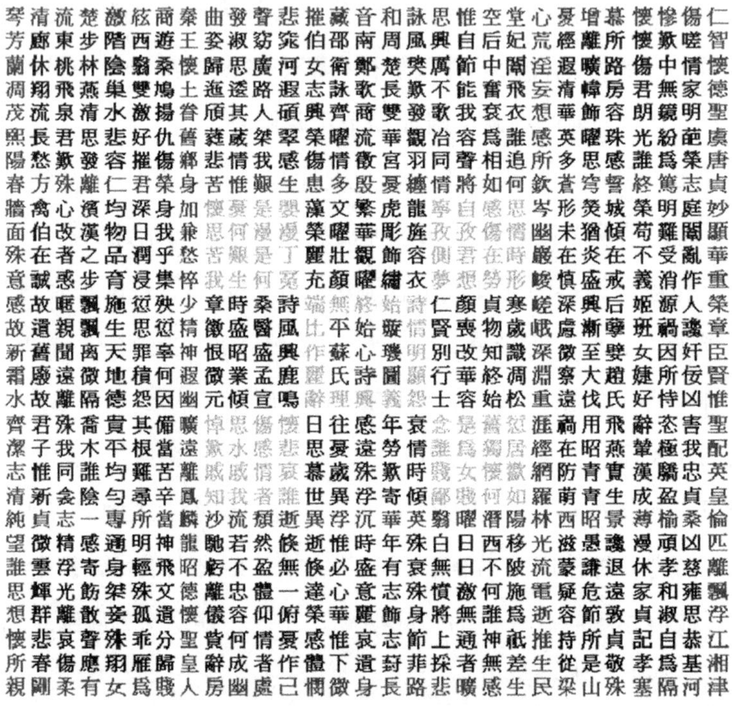

图6.4 苏蕙《织锦回文璇玑图》

第六章 陕西省民俗

婚丧礼俗也是陕西民俗一个重要组成部分。结婚和死亡是人生最重要的两个临界点。结婚标志着一个人生理上、心理上的真正成熟，是一种获得社会认可和尊重的行为，结婚后组织了新的家庭意味着要承担相应的家庭责任。死亡是一个人生命的终点，体面地告别曾经深爱的人、深爱的社会是中国人追求的最后目标，因此中国人非常注重婚礼和葬礼的仪式，陕西的婚丧礼俗就这样形成了。陕西省的婚丧礼俗很多，列入陕西省非物质文化遗产的有关中丧葬风俗礼仪、东峪孝歌、陕北丧葬习俗、洛川婚俗、周至二曲礼仪等。

关中过去实行土葬，丧葬风俗礼仪主要有以下内容：小殓、报丧、奔丧、大殓、移灵位、祭献、成服、披红、招魂、安神、报鼓、三献礼、以乐侑食、点主、过金银桥、朝祖拜望、门祭、过三关、孝歌、奠酒、迎礼、转饭、午献、迁柩、扫墓、送葬、路祭、下葬、祭墓、祭后土、谢纸、宴请、安家灵、打怕、奠酒、过七、过百日、过三年等。

陕北的丧葬习俗和关中大同小异。大的流程基本不变，有些地方有所增添，体现了陕北文化的特色。如下葬前一天晚上娘家人"下话"的礼俗。娘家人进了村，孝子们在大门外路两旁跪接，吹手在前迎接。接到娘家人的下榻处，总管置酒席，酒斟满。乡党挤满围观，看娘家人下话。孝子跪在地上诉说死者生前病因、医治情况及葬礼安排。如孝子对老人孝顺，娘舅把酒一喝，让孝子平身。如儿女对老人平时不孝顺，娘舅就要批评外甥。娘舅不满意，不喝酒，孝子还得长跪，后面的仪式无法正常进行。这个环节是不孝子最头痛的事，必须接受批评和数落，竭力得到娘舅谅解。因为此风俗是对不孝子女进行现场教育，对观礼者也有教育意义故流传至今。

洛川地处陕北与关中的交汇地带，并且位于陕西东西最狭窄的地段，西接甘肃，东临山西。洛川民间传统文化吸收了陕西关中文化和陕北文化的精髓，融合了甘肃文化和山西文化的营养，形成了自己独有的民俗风情，尤其以婚俗最为突出。洛川婚俗从周代的六礼"纳采、问名、纳吉、纳征、请期、亲迎"演变而来，俗称提亲、合八字、小定、送聘礼、择日（商量话）、迎娶等规程。洛川婚俗中最具有特色的是迎娶时的"拉枣枝"和"拜雁"礼。"拉枣枝"俗称拉花头。新娘下轿后，由族中儿女双全的女眷送上两只面斗，并帮新娘一手各携一只。一个面斗中插着铜镜，意为照妖辟邪、祈福；一个面斗上插尺子、戥子（或秤），暗喻财富斗量。姐夫、姑夫或同辈亲朋中一口齿伶俐者，手执栽满面兔、核桃、大枣的枣枝和栽满纸花的扫帚，高声咏唱拉枣枝歌，引领新人至大堂前行拜雁（拜天地）大礼。入洞房后，枣枝扫把要放在洞房的东南角，一般要经过一年才可取掉。拉枣枝歌描述了两人结婚的整个过程，祖辈留下的《拉枣枝歌》是这样的："荞麦三棱麦子尖，十里乡俗不一般。桌子翻过腿朝天，红布蓝布围一圈。红顶子，绿绰檐，轿穗子，裤腿子翻，桌子仡佬入麦秸，麦秸上头铺绵毡，绵毡头起坐一个女貂婵。四个兔儿四角站，公母鸡红绳拴。竹子杆，绑两边，四个轿夫抬的欢。走一岭，转一湾，苏铃响，马叫唤，不知不觉到门前……""拜雁礼"源自《周礼》，古人认为大雁象征忠贞不渝的爱情，洛川民间一直沿承着"拜雁"这一古老习俗，现在因大雁受到保护，所以用鸡代替。拜"双雁"一般是在红纸上用墨或金粉写出相向而对的两个雁字，衔首交尾；也有用整张红纸剪成雁字，周围饰以牡丹富贵，莲生贵子等求子求福的吉祥图案，张挂于正堂前，下置香案，香案上放置双雁（鸡）。新郎新娘对着双雁交拜，至此婚礼大成。鸿雁是天上追逐太阳的鸟，洛川民间对雁鸟的崇拜也遗留着洛川原始生殖崇拜和太阳崇拜的影子。

周至二曲礼仪，兴于清初，盛于康乾盛世，是《周礼》《仪礼》《礼记》与周至民俗活动相结合的产物。二曲礼仪始创者李二曲，本名李颙（yóng），字中孚，周至人。清初与浙江黄宗羲、河北孙奇逢并称"海内三大名儒"，康熙皇帝曾赐"关中大儒""操志高洁"匾牌。二曲礼仪，主要用于城乡民众的婚嫁、寿诞、丧葬三周年、节庆等红白喜事中，基本内容包括执礼者、受礼者、行礼者、祭品、礼文、仪注等。执礼者由二、四、八人组成。分别称启赞、通赞、引赞、哑赞。启赞为礼仪总指挥，由年长有经验者担任，位置在右上方。通赞负责全盘唱礼责任。启赞开启礼仪项目，通赞接替唱礼。位置在左上方。引赞唱引主祭者等应行的礼仪动作。位置在右下方。哑赞协助引赞，引导主祭者赴里返外，读《祭文》，位置在左下方。受礼者（接受礼的对象、或偶像、牌位等）行礼一开始，就得请出，安座。行礼者（祭主、主祭者）是参拜受礼者的主角，行使鞠躬、跪、兴、叩拜礼。仪注（程序、仪程、仪式）主要介绍《祭礼》。

陕西省非物质文化遗产中的社会组织民俗最具有代表性的是蓝田吕氏乡约乡仪。蓝田吕氏乡约乡仪产生于北宋时期。关学创始人之一的蓝田人吕大均为了教化乡俗民风，在其兄弟吕大忠、吕大防、吕大临的协助下，制定《乡规乡仪》条文，并带领乡邻施行。后经南宋理学家朱熹修订阐释，逐渐在全国推广施行。明代理学家蓝田人王之士，在继承吕氏乡约的基础上，订立了"乡约"12条向乡民宣传讲解，规劝履行，并率宗族人身体力行。清末关学代表人物牛兆濂，不遗余力"传礼教""正风俗"。民国时期，以"四吕"故居乔村为中心的十八个村子组成乡约组织并延续至今，宣传孝老爱亲、节俭过事、文明礼仪和调解邻里间矛盾纠纷等。

《吕氏乡约》由乡约（组织架构）、乡仪（礼俗交往）两部分组成。乡约包括"德业相劝""过失相规""礼俗相交""患难相恤"四大部分。乡仪部分是在乡约"礼俗相交"内容基础上制定的，包括宾仪（15条）、吉仪（4条）、嘉仪（2条）、凶仪（2条）等内容。"四吕"作为关中理学的代表人物，师从张载。《吕氏乡约》继承了张载"学贵致用"和"躬行礼教"的思想。《吕氏乡约》作为中国乡村治理的成功典范，不仅对推动后世基层社区的发展功不可没，而且对今天大力开展农村精神文明建设，推动社会主义核心价值观在农村落地生根具有借鉴作用。

（三）精神生活民俗

精神生活民俗是指一个民族或地区民众在长期的物质文化基础上形成的，反映民族和地区民众共同心理、情感、信仰和价值观的精神意识形态方面的民俗。精神生活民俗体现了一个民族或地区民众的集体意识，通过特定的行为方式加以展示并世代传承。精神生活民俗是民族认同的重要标志，通过弘扬精神生活民俗，维护民族团结、促进经济发展、增强民族凝聚力和向心力。精神生活民俗包括庙会和古会习俗、祭祖习俗、竞技习俗和民间信仰习俗。

庙会是非物质文化遗产中重要的民俗活动之一。"庙会亦称'庙市'，中国的市集形式之一，唐代已经存在，在寺庙节日或规定日期举行。一般设在寺庙内或寺庙附近，故称'庙会'。《北京风俗类征·市肆》引《妙香室丛话》：'京师隆福寺，每月九日，百货云集，谓之庙会。'"[1] 中国的庙会最早可追溯到上古的"社祭"。《论语·先进》："宗庙会同，非诸侯而何"[2]，这里的庙会指的是在宗庙举行诸侯会盟。可见此时"庙"和"会"是两个词语，是官方的政治和外交活动，参与者是王公贵族。严格地说，"先秦时期庙会指的就是官方的大型祭祀，是官方在某些特定日期对先祖举行大规模的祭祀活动，是后世庙会的渊源，后世庙会中宗教祭祀的内容就源自早期的官方祭祀，这可以看作是庙会的最初起源。"[3] 东汉时期，随着道教的诞生，以宫观为载体的大型宗教

---

[1] 辞海编辑委员会.辞海[M].上海：上海辞书出版社，1999：2419.
[2] 杨伯峻.论语译注[M].北京：中华书局，2006：173.
[3] 李蓬勃，张始峰.西岳庙会由来及嬗变[J].兰台世界，2012（11）：60.

活动大量涌现并注入了更多的文化元素。如傩舞、跳神、杂耍等，"至南北朝时，统治者信仰佛教，大造寺庙，菩萨诞辰、佛像开光之类盛会乃应运而生，商贩为供应游人信徒，百货云集，遂成庙市"①。这个时期，四方的乡民借"庙祭"之机，携带农副产品进行交换，各行各业之士也借机开展商业活动。于是便由"庙祭"变成了"庙市"，也就是真正意义上的庙会。大约到唐朝时，庙会制度基本定型，宋元之后，转入鼎盛。宋代孟元老《东京梦华录·相国寺内万姓交易》就描述了相国寺庙会的繁荣景象。"相国寺每月五次开放，万姓交易。大三门上皆是飞禽猫犬之类，珍禽奇兽，无所不有。第二、三门皆动用什物。庭中设彩幕露屋义铺，卖蒲合簟席、屏帏洗漱、鞍辔弓剑、时果、脯腊之类。近佛殿，孟家道冠、王道人蜜煎、赵文秀笔，及潘谷墨。占定两廊，皆诸寺师姑卖绣作、领抹、花朵、珠翠、头面、生色销金花样、幞头、帽子、特髻冠子、绦线之类。殿后资圣门前，皆书籍、玩好图画及诸路罢任官员土物香药之类。后廊皆日者货术、传神之类。"②

陕西省文化底蕴深厚，是中华文化的发源地。作为十三朝古都、古丝绸之路的起点，陕西遍布全省的道观、佛寺为庙会文化的繁荣提供了合适的土壤；历史上，汉族、藏族、维吾尔族等众多民族的融合，使西安地区的宗教信仰呈现多元化的局面，这些为庙会文化的发展提供了物质基础。从明代开始，庙会的宗教意义开始弱化，许多庙会已经开始向大型市集的性质转变。普通群众逛庙会大多数是游玩观光或购买商品，真正进行祭祀或拜谒的人并不多。现阶段，随着社会经济的发展，人们对于精神生活的追求也逐渐提高，庙会已经完全从宗教活动转向了集信仰、商贸、娱乐、旅游、休闲、探亲、会友于一体的民间盛会，成为中国民俗文化的重要组成部分。庙会以社会大规模群体活动的模式传播中华传统文化，以大型集体活动完成一定范围内的年度社交礼仪。这是一种仪式感，不是单个个体可以完成的，是一种民众集体的狂欢。民众走出家门、在异于平日的庙会环境中参与集体活动，满足群众休闲娱乐、购物交流的情感诉求。庙会通过人民群众的集体参与和合作，营造出欢乐、祥和和团结的庆典氛围，彰显出中华民族的文化底蕴和精神追求，对构建和谐社会意义重大。

陕西省的庙会活动包括武帝庙会、槐塬正月二十六古庙会、地母庙会、恩义寺庙会、华山庙会、尧山圣母庙会、铜川药王山庙会、白云山庙会、咸阳市渭城区二月二

---

① 方龄皖.穿越一甲子老庙会重现[N].三峡晚报，2013-01-05（12）.
② 孟元老.东京梦华录[M].王永宽，注译.郑州：中州古籍出版社，2011（2）：58.

古庙会、姜嫄庙会、灵山庙会、龙门洞庙会、大荔县二月二庙会、无量山莲云寺庙会、延安太和山庙会、彬县大佛寺三月八庙会生、横山牛王会、西安都城隍庙民俗、宁陕城隍庙会、鱼河堡府城隍庙庙会、蕴空山庙会、医陶始祖与雷公庙会、香山庙会、白草寺庙会、午子山三月三庙会、漫川古镇双戏楼庙会、绥德定仙墕娘娘庙花会等。

铜川药王山庙会是纪念药王孙思邈而产生的，北宋时已在药王山孙思邈隐居地南庵（位于药王山升仙台，因地处北洞南侧，和北洞隔沟相望，俗称南庵）静明宫举行，明嘉靖时中心道场开始移向北洞。清末至民国期间，会期改为十天，即由农历二月初二起会，初六开始演戏，十一日结束。中华人民共和国成立后，随着文物保护工作的开展和药王山的全面修建，庙会文化得到了很好的传承。2008年，铜川药王山庙会被列入国家级非物质文化遗产名录，铜川药王山庙会活动更加精彩，内涵更加丰富。铜川药王山庙会从农历二月二开始，持续到农历二月十五结束。政府对传统庙会从社会组织与管理的层面进行改造，让铜川药王山庙会成为促进地方经济发展的抓手，不仅丰富了人民群众的精神生活和物质生活，也是对民众实行教化的文化空间。

铜川药王山庙会设置了丰富多彩的民俗活动。随着社会的发展，如今的庙会体量越来越大，可以体验参与的内容也越来越多。庙会期间，钟磬齐鸣，鼓乐喧天。药王山处处张灯结彩，各大民俗活动有序上演。"路畔灯""社火""狮子""龙灯""太极拳""花火""锣鼓""秧歌""天明戏"等表演活动此起彼伏，数以万计的群众从四方云集，摩肩接踵，共享喜乐氛围。国家级非遗项目耀州窑陶瓷烧制技艺，省级非遗项目宜君剪纸、耀州刺绣、耀州雪花糖等10余项铜川非物质文化遗产项目，在广场上依次排开展览，呈现了一场蔚为大观的非遗饕餮大餐。人民群众可以亲自动手体验烙画、拓片、陶瓷拉胚等内容，体验非物质文化遗产的魅力。

古会也在陕西人民群众心里占据着重要位置。陕西古会的源头是群众在过去交通闭塞、信息交换不畅而举行的信息交流大会，以渭河南忙罢古会为代表。忙罢古会是不祭祀任何神灵和祖先的传统节日，但其重要性及隆重程度毫不亚于春节。

渭河南忙罢古会是渭河进入咸阳市秦都区区域，渭河南岸87个自然村之间约定俗成的一种民间风俗活动。其实，忙罢古会不仅在渭南，整个关中地区都有过忙罢会的习俗。忙罢会，又称为过会，一般以村为单位，每个村一个日子，从农历六月初开始，一直到七八月份，持续两三个月。每个村子过会的具体日期是固定的，每年不变，以单日为主，偶有双日。忙罢会是一种草根文化，在陕西明清地方志中并没有记载。忙罢会是过去交通闭塞、信息交流困难的产物。过去因为户籍制度、经济落后、交通限制等原因，陕西农民的通婚圈往往是以村庄所在地为中心，方圆不超过十公里，很少有远娶和远嫁的现象。亲戚之间互通有无，信息交换就变得非常重要。为了解决这个问题，忙罢会就产生了。在每年夏收之后，农民们互相走亲访友。古会很隆重，所有的亲戚不管贫富、老幼、男女，必须在村子规定的会期齐聚一堂，无故缺席的亲戚会被视为对主家不够重视，可以绝交，俗称"不走动"。亲戚聚在一起，询问当年收成、交流生产经验、为适龄男女牵线保媒、亲戚之间扶贫帮困、互通有无。之所以集中在这个时间段，是因为农历六七月农民刚刚经历了紧张的三夏大忙，需要休息和调整。忙罢会就是一个很好的休整方式。过会之日，亲戚朋友带着礼品，穿着节日盛装，携妻带子，喜气洋洋地走亲戚，主人以酒菜热情招待。过去古会走亲戚带的礼品就是礼馍，因此古会也叫"蒸馍会"。用"蒸馍"作礼品反映了过去生产力不发达、农村口粮短缺的状况，粮食是农民最珍贵的财物，也是家家户户最容易筹到的物资。

忙罢会的另一个重要议程是待客吃饭。传统的讲究是主人招待客人吃两顿饭，这个略有不同。长安区农村过会吃午饭和晚饭。午饭是十二点左右吃，一般为四凉菜、臊子面。晚饭是四点到六点之间，晚饭是吃席面。吃完晚饭，客人就要回家，关系非常近的可以留宿。夏天天长，最远的亲朋正常回家刚好太阳落山。东府和西府是"早汤午席"两顿饭，早饭是臊子面，大概九点到十点吃，午饭是吃席面。席面丰简程度依据主人的家境和财力而定，但是一定是主人能拿得出的最高标准。

过会是村子里头等大事，一般来说村委会会出钱请戏班唱戏或者晚上放映电影增加古会的热闹气氛。小点的村子几个村子合起来请一个戏班子，大村子往往请两个戏班子，对台同唱一出戏，哪边唱得好，观众就涌向哪边，不但为之披红挂彩，还给塞红包。过去小商贩对各村过会的日子非常熟悉，挨个村子推销商品，俗称"赶会"。过会往往能在村里掀起一个购销两旺的高潮。一些有经济头脑的村干部，常趁过会的机会，在村里举办商品交易会，不仅能吸引小商小贩，甚至能吸引来城里的大商场、大公司参与。民间艺人也纷纷到场献艺，有吹糖人、捏面人、做冰糖葫芦、做棉花糖、杂耍以及各种游艺活动等。

如今，古会的形式和内容都发生了改变，原来的两顿饭待客礼仪也逐渐向二合一的招待筵席过渡；以血缘为纽带的嫡亲关系被削弱和淡化，社会文化因素的交往改变着传统的宾客结构。随着工业化进程的发展，陕西省的各自然村也逐步瓦解，以农耕文化为基础，以自然村落为结构催生的古会面临着生存的挑战。

祭祖习俗源自古人的鬼神崇拜。虞舜时期，舜即天子位，祭拜天地。商人把鬼神分为天神、地神和祖神三类。认为祖先虽死，灵魂不灭。祖神可以降祸、赐福于子孙，因此古人规定日程虔诚祭祀，祈求和报答他们的庇护和保佑。《史记·礼书》记载："上事天，下事地，尊先祖而隆君师，是礼之三本也。"[1]这种崇拜祖先的观念一直延续到现今，形成我国祭祖文化的特色。中国各民族的祭祖习俗各有千秋，形成风格多元化的祭祖文化。陕西祭祖习俗主要是祭祀中华民族人文始祖和历史上为人类作出贡献的英雄伟人。陕西省的祭祖习俗已经超越了简单的鬼神崇拜，上升为维系民族团结、促进祖国统一、振奋民族精神、激励爱国热情、强化民族情感和文化认同的仪式活动，祭祖仪式成为传承中华文化，凝聚民族情感的重要载体。

陕西省祭祖习俗有黄帝陵祭典、炎帝陵祭典、农神后稷祭祀、周公祭典、白水县谷雨祭祀文祖仓颉典礼、洛南县谷雨公祭仓颉仪式、楼观台祭祀老子礼仪、徐村司马迁祭祀、勉县武侯墓清明祭祀活动、马援祠祭祖、张骞（墓）清明祭祀典等，其中黄帝陵祭典、炎帝祭典和徐村司马迁祭祀已经成为国家级非物质文化遗产。

黄帝是远古时期的部落首领，以其文治武功统一了当时的各个氏族部落，是中华民族最早的一位领袖人物，开创了中华民族灿烂文化的先河，被尊为中华民族的人文初祖。中华儿女为了表达对黄帝丰功伟绩的感激和怀念，举行黄帝陵祭祀活动。据《礼记》记载，虞、夏、商、周都祭祀黄帝。黄帝陵祭祀活动一直延续到今天，历经数千年而不衰，反映了中华民族对先祖"报功崇德""继志述事""慎终追远""民德归厚"民族精神和情操的传承。黄帝陵祭典受到海内外华夏儿女的重视，黄帝陵祭典分为公祭和民祭两种形式。公祭活动一般在清明节期间举行，国家领导人和陕西省委、省政府主要领导都会参加。

黄帝陵公祭活动神圣庄严，祭祀礼仪程式代表着国家形象。因此在祭祀物品、仪仗、乐队等方面有严格的规定。

炎帝和黄帝一样是中华民族的伟大始祖。以神农氏炎帝为首的姜炎族，为中华文明的兴起和中华民族的统一作出了突出的贡献。宝鸡是炎帝故里，是姜炎文化的发祥地。宝鸡地区的炎帝祭祀活动可追溯至黄帝。约在5000年前，黄帝听闻炎帝因误尝

---

[1] 司马迁.史记[M].兰州：甘肃民族出版社，1997：157.

"断肠草"而逝，从姬水急速赶往天台山祭奠，之后开启了炎帝陵祭祀的先河，延续至今。炎帝陵祭祀也是国家级非物质文化遗产（扩展名录）。每年的清明节、炎帝忌日，分别由宝鸡市政府和渭滨区政府在炎帝祠、炎帝陵举行规模宏大的祭祀典礼。祭祀程序包括：全体肃立、鸣钟、奏乐、敬献祭品、奠酒、敬献花篮、主祭人读祭文、向炎帝行礼、礼毕。宝鸡炎帝祭典活动以一种文化的典礼"追中华文化之根，缅先祖功业之德"，传播同根同祖的民族观念，弘扬爱国主义精神，这对于宣传民族文化、促进海峡两岸的统一及世界各地炎黄子孙感情交流起着不可磨灭的影响和作用。

徐村司马迁祭祀是陕西韩城徐村司马迁后裔特有的祭祀先祖史圣司马迁的习俗。北宋年间，韩城民间就有了盛大的司马迁庙会，明万历年间司马迁庙会祭仪已升格至正祀（县祭）。2014年，徐村司马迁祭祀入选国家级非物质文化遗产代表性项目名录扩展项目名录。

汉武帝时候司马迁因为李陵案受牵连惨遭腐刑，怕牵连子孙，司马迁后人把"司马"复姓一分为二。长门在"马"字旁加两点，改姓"冯"；次门在"司"字旁加一竖，改姓"同"，隐居到韩城，取村名"续村"，表示"高门之续"。担心被官家识破，取同音字为"徐村"。"徐""续"同音，又有"余村双人"寓意，暗指司马迁有两个儿子，即长门司马临，次子司马观。如今，徐村半个村的村民姓冯，半个村的村民姓同。两姓族人一直有着"冯同一家""冯同不分""冯同不婚"的规矩。清明祭祀，两姓同进一家祠堂，供奉一个祖先，供司马迁为"司马爷"。

徐村司马迁祭祀活动最具特色的是唱"跑台子戏"。清明前夜，徐村冯同两姓族人在村西司马迁真骨墓旁搭台唱戏、敬神祭祖。忽然戏台上灯火全灭，鼓乐骤停，演员、村民向村东九郎庙狂奔。等候在此的乐人一见众人跑进，立即鼓乐齐鸣，演员跑上戏台，大戏接着在九郎庙开演。这个习俗源自司马迁悲惨的命运。汉宣帝时，司马迁后人于清明前夕在村西真骨墓悄悄祭祖，忽传京城钦差直奔徐村而来。族人惊恐万状，狂奔逃命。逃至村东九郎庙，才知是司马迁外孙杨恽因汉宣帝准许《史记》付梓特回乡扫墓。徐村族人转惊为喜，敲锣打鼓，以示庆贺。以后，清明节徐村人用唱"跑台子戏"纪念《史记》重见天日的这一天。

民间竞技，是以竞赛体力、技巧、技艺为内容的娱乐活动，其源头可以上溯到远古先民的采集狩猎生活，以及部落攻占技艺的演习。陕西省竞技习俗以汉滨区龙舟风俗为代表。

位于汉水中游的安康是"巴文化"的发祥地之一，汉水巴族特别崇拜"龙型"器物。东汉时龙舟竞渡传至安康后，便被安康先民接受，形成了以安康城区为中心，辐射和影响周边地区的龙舟竞渡民俗活动。随着时代的演变，龙舟竞渡成为安康百姓广泛参与和热爱的活动。龙舟竞渡开始定形制、定人数，且出现由龙舟竞渡而增设的其他游乐竞标项目。

龙舟竞渡集祭祀、祈福、竞技、斗志、争荣誉为一体，有一整套程式与比赛办法。龙舟竞渡是群众自发组织的民间习俗，费用由集资而来。集资者由当地的"龙头儿"等组织者或族长担任，大伙有钱出钱，有力出力。比赛前要祭龙舟，安康龙舟有自己的特点，宽而短，跷头跷尾圆底、俗称"黄瓜底子"，不同于其他地域窄而长的龙舟造型。祭龙舟分两种方式，一种是有老龙头的先在放龙头的庙里祭祀。祭祀前三日，要求所有划手先"净身"。祭祀程序一般为先开锣鼓道场，然后由"龙头儿"敬三炷香，众划手依次敬香完，行三叩九拜礼。"龙头儿"或"乡绅"念祭文，祭文念完由划手唱花鼓词护龙头游街、下江。另一种是将新龙头安装好进行祭龙。程序一样，增加了一个环节，即头一年胜出的龙舟接受输家划手敬拜，敬拜后本龙舟的划手要绕船三六九，然后带上艾蒲头圈，再抬上龙舟游街下江。龙舟下水仪式非常隆重，要设香案祭祀。香案上有猪头、羊头、苍蒲、粽子和时令瓜果。先是鼓乐钟鸣，然后是礼炮，之后宰杀一只大公鸡，让鸡血流过香案滴到江水中，叫"鸡降"，取意"吉祥"。"龙头儿"喊完下水号子，众划手把龙舟推下水，下水仪式完成。龙舟竞赛形式多样，主要分为"夺标赛"和"划对头"两类，现代比赛增设有铙手，铙手边指挥边表演，集号令指挥与观赏美感于一体。"夺标赛"分为上水赛、下水赛、对岸赛、环绕赛、夺标赛、抢鸭赛、抢猪尿泡赛七种。如抢鸭赛，把鸭子头顶的毛拔掉，撒上盐后把鸭子投入江中，鸭子负痛就朝水里钻，选手下水抢鸭子，谁抢得多谁为勇士，哪只船抢得多哪只船为胜。"划对头"是选手挑战一个对手对划，比出输赢为止。安康民间有俗语"宁荒三年田，不输一年船"，可见龙舟选手对于挑战从不认输的精神气势。挑战总有输赢，输家认赌服输，要给赢家唱颂歌、叩头、作揖或道歉，还要向赢家的龙舟敬拜。赢家则趾高气扬地接受拜贺，约定来年再比，然后双方互拜言和。近年来，安康大力倡导发掘龙舟文化、弘扬汉水文化，龙舟风俗成为安康民俗文化的亮点。

民间信仰习俗即民俗信仰，是根植于民间传统和习俗的一种信仰体系。民间信仰承袭了原始信仰"万物有灵"的朴素自然观，是民众中自发产生的有关神灵崇拜的观念、行为、禁忌、仪式等习俗惯制，深深地影响着人们的日常生活、精神世界和道德观。民间信仰习俗不同于封建迷信，它是民间自发的一种俗神信仰，没有麻醉性和社会危害性。民间信仰习俗能够驱使人们共同应对不幸和灾难，促成整个社会相互支持，对个人情绪的调整、社会稳定和谐都有一定的积极作用。

民间信仰习俗具有自发性、多元性、功利性等特点。多元性是指神灵来源广，有自然神，如山神、土地、雷公、电母等；有职业神，这些神灵往往是某个行业的祖师爷或者对行业做出重要贡献的人。如木匠、石匠、瓦匠供奉鲁班，铁匠供奉太上老君，染坊供奉梅、葛二仙，酒坊供奉杜康，梨园行供奉唐明皇等；有人神，是在历史发展过程中对民族、对国家做出巨大贡献的圣贤，如关羽、岳飞、纪信、周公等。功利性是供奉者通过供奉获得某种利益。在民间信仰行为中有人神之间"许愿""还愿"的功利交换，如人们求子时许下"黄袍加身"的祈愿，得子后必定为神像举行加披黄袍的还愿礼。乡民求雨时许下"唱戏三天"的诺言，降雨后唱大戏三天以谢龙神。拜财神者祈求发大财，拜文昌者祈求学业有成，拜城隍者希望国泰民安，拜行业神者希望行业健康发展、事事顺利等，无不打上了功利的烙印。

陕西省民间信仰习俗包括终南山钟馗信仰民俗、鄠邑北乡迎祭城隍民俗活动、长安王曲城隍庙祭祀和庙会、长武庙宇泥塑礼仪、华夏财神故里祭祀活动、陈炉窑神庙春秋祭祀礼仪等。

钟馗文化源远流长，世界上有华人的地方，就有钟馗信仰。钟馗所代表的正气、正义和福气，是构建和谐社会的精神基础。钟馗是中国传统文化中的"赐福镇宅圣君"，是传统诸神中唯一的万应之神，有求必应。相传唐玄宗李隆基天宝年间在临潼骊山病卧，梦见名为"虚耗"的小鬼偷去玉笛和杨贵妃的绣番囊，在大殿内奔走放肆。忽然看见一相貌奇伟之大汉，捉住小鬼剜出眼珠后一口吞掉。大汉自称是高祖时"殿试不中进士钟馗"。玄宗皇帝梦醒后病即愈，命吴道子画出梦中钟馗捉鬼情景，悬于宫中避邪镇妖。由于唐玄宗的提倡，道教尊钟馗为门神，封钟馗为驱鬼逐恶的判官，封其为"赐福镇宅圣君"。

陈炉窑神庙春秋祭祀礼仪从唐贞观二年至今已经传承千年。陈炉窑神庙春秋祭祀礼仪源自人们对未知力量的恐慌。陶瓷行业受很多未知因素的影响质量很难得到保障，即使科技发展的今天，陶瓷的质量还是依靠经验和运气。陶工们多日辛劳，是否成功完全取决于烧窑情况。因此，祭祀窑神就成为他们一种不可或缺的精神寄托。窑神庙每年正月二十（民间传说为窑神生日）到八月十五有两次社祭活动，每次三天，礼仪既庄重肃穆，又热闹非凡。陈炉东三社和西八社居民敲锣打鼓，抬着猪、羊等贡品分批祭祀，在鞭炮声中，由主持人宣读祭文，按礼仪上香、焚表、三叩首，祈祷窑神保佑陈炉陶业兴旺，万民安康。社祭之后，陶工个人三两成群上香祭祀，保持祭祀香火不断。每次社祭，大戏连演三天三夜，各村社均有各具特色的社火表演以娱神。窑神庙供奉的神灵有舜、老子、土神、山神、雷公、牛王、马王等。舜是陶瓷业的鼻祖，土神和山神主管陶瓷原料；雷公主管烧造陶瓷的天气；老子掌握"火候"，被敬为陶宗；牛马是动力和运输工具，其王也不可不敬。陶工认为，一炉陶瓷是否能烧制成功完全取决于这些神灵的保佑，因此祭祀窑神才能四季平安、生意兴隆。陈炉的敬窑神又和别的窑场不同，舜王被铁链子拴在庙中。据陶工们祖辈传说，这位"神"脾气不好，一旦离去，烧窑必然失败，窑神是按王、公、侯、伯的品级排列祀奉的，只需拴住品级最高的舜王，其他神仙才不敢离开。陶工对窑神的态度是又敬又怕，除了平时的诚心祭祀外，每年还要给窑神过会，让窑神高兴。庙会期间的陶瓷交易是必不可少的，至于社火和大戏，名义上是"作乐而酬神"，实际上是辛苦劳作的陶工对自己的慰劳。

陈炉窑神庙春秋祭祀传承和保护有助于陶民精简团结，励精于瓷业发展。对弘扬陶业，发展旅游，促进古镇的经济文化发展大有裨益。

第二节　血社火（血故事）

血社火（血故事）是社火中的一种特殊形态，血社火艺术来源于上古先民们以血祭祀、镇妖祛邪的"血祭"风俗。血故事（蒲城血故事）产生于北宋，在清朝进入成熟期，在中华人民共和国成立初期有一定发展。"文革"期间被冷落、沉寂甚至破坏，党的十一届三中全会后复苏繁荣。血社火（血故事）多取材于凶杀格斗的传统武戏、神鬼传说，把铡头、挖眼、腰斩、剖腹、剁手脚、刀劈锯锯等血淋淋的场面用"特写"表现方式夸张地展现给观众，用血的教训教育群众要遵纪守法、多行善举、不做恶事，弘扬正气、打击邪恶。血社火流行于陕西西府宝鸡陈仓区，血故事流行于陕西东府大荔县和渭南蒲城县。

宝鸡社火源自古陈仓，是从祭祀炎帝、庆祝丰收的活动发展而来的。宝鸡社火几乎涵盖了所有的社火类型，可分为造型社火和表演社火两类。造型社火有步社火、背社火、马社火、车社火、高芯社火、山社火、面具社火等，表演社火有地台社火、高跷社火等。与社火同时游演的还有西秦百面锣鼓、刁鼓、西府唢呐、舞龙、舞狮、秧歌、腰鼓、竹马、旱船、赶犟驴、二鬼摔跤、张公背张婆、哑哥背妹、大头娃娃、面具舞蹈、喜剧表演等，其中赤沙镇三寺村的血社火无疑是最具有震撼力的社火类型。

宝鸡血社火又叫快活、扎快活，每逢闰年表演一次。赤沙镇血社火和别的社火表演不同，只有一个主题，就是水浒中武松杀西门庆为武大报仇。表演内容主要以斧子、铡刀、剪刀、链刀、锥子等器具刺入西门庆和其他坏人头部，使社火的内容恐怖血腥且十分逼真，故叫血社火。清朝末年，一位串乡打铁的匠人，病倒在三寺村村头，被村里一位叫吴穷汉的人接到家里救助。为了感谢救命之恩，铁匠打造特制的剪刀、锥子等十多件农家生产、生活常用工具，在元宵节这天，把村民们打扮一番，在村里游行表演，村民争先恐后围观。铁匠离开前，将这套道具留在村里，并将化妆技术教给村民。陕西省非物质文化遗产项目血社火第七代传承人吴福来就是吴穷汉的后人。大荔血故事的社火造型和宝鸡血社火基本相同，只是大荔血故事的题材更为丰富，常见的题材有斩张驴、忠韩琦、枪挑小梁王、长坂坡、三打祝家庄、铡美案、小鬼推磨、锯裂分身等。血社火（血故事）都把化妆技术视为绝密，技术核心由传承人代代相传。为防技术外泄，传男不传女。装扮和卸妆时候，都是在一个隐秘的环境中进行，过去是古庙，现在多为临时搭建场所，现场有专人把守不允许无关人员进场。血社火（血故事）扮演者从装扮的开始到社火表演结束必须闭眼，一旦睁眼不仅会给表演者带来厄运，甚至还把厄运扩散到目光所至之处。大荔血故事甚至还有专门的仪式，如不许女人靠近装扮现场，不得触摸装扮道具和造型，装扮的传承人前一天沐浴净身后单独隔离在装扮现场，鸡鸣时分，杀猪宰羊取心、肝、肠、肚、肺等器官盖上红布备用等。装扮前，道具须先过火，再用黄纸擦拭；表演结束，用酒清洗，后用清水洗涮，黄纸擦拭，最后过火，外用黄布或红布包裹严紧，待来年再用。其实这些做法和仪式对于社火表演并无裨益，主要是防止核心技术外泄、故意营造陌生感和神秘感，让社火表演者闭眼也许是防止表演者偷学技术。表演者认真表演血社火新年会好运连连，不认真表演新的一年则会厄运缠身。为了强化这种威慑，波及"目光所至之处"，表演者看到谁谁就会灾星高照。这些繁杂而琐碎的禁忌旨在营造神秘感，给所有参与社火表演的人强烈的心理暗示。在这种暗示下，装扮技术才能严格保密，代代相传。

蒲城血故事也叫马故事、车故事，流传于陕西省渭南市蒲城县苏坊镇姚古村。北宋建隆元年（960年），雷氏宗族由山西洪洞县迁至蒲城县姚古村，将血故事特技带到此地。清朝同治年间，血故事的传承人雷长庚、雷应史创立了颇具规模的"姚公镇西沟血故事社火会"。并立有会训："非正直人不传，非本族人不传。"蒲城血故事第十八代传承人雷德运就是雷氏后人。

蒲城血故事每逢正月十五、正月二十三和农历二月二举行表演，目的是为村人"除秽气，求平安，树正气，肃族风"。在举行血故事艺术表演前，须举行祭神祭祖活动，由会长聚族人于庙前焚香叩拜，以求槽头兴旺，吉祥平安。庙中同时供奉牛王、马王和药王神位，是因为过去牛、马是中国农民重要的生产工具，村民希望牛马获得神灵的保佑不病不灾，药王神可以保佑村民全年健康。蒲城血故事和大荔血故事、宝鸡血社火最大的区别是演员没有老人小孩，均为身强力壮的小伙子。蒲城血故事的表演为了凸显造型效果，大多需赤裸上身。蒲城血故事的表演时间正是春寒料峭的时候，普通人还身着棉衣，表演者却赤裸身体表演，时间长达半天，老人和孩子身体无法承受。表演血故事的青年人，赤裸上身，身上涂抹红色血浆，表演出或被铡刀腰斩、或被兵器穿肠破肚，或被利器刺穿身体等造型。村民踊跃参与的原因除了发自心底对血社火的热爱而热情高涨外，血故事民俗许给年轻人的功利也是村民积极参与的原因。按村民说法，参与血故事的表演可以祛秽免灾，在新年里平安吉祥、五福临门。祭神后，族人分长幼有序排列，由血故事社火会会长率众套车、骑马到村外先人坟茔进行春祭活动，然后鸣锣鼓、列仪仗，开始绕村一周的血故事艺术表演。蒲城血故事除了扮相惊悚外，还有一个拿手绝活就是动态表演。宝鸡血社火和大荔血故事都是血淋淋的静态造型，蒲城血故事可以现场表演对演员切割，这从视觉效果上明显上了一个档次。蒲城血故事演员装扮好之后上街巡游，巡游到人聚集最多的地方，突然对角色刀劈斧砍，表演现场鲜血四溅，在围观群众的惊呼声中完成表演。如《十字坡》中，孙二娘直接表演用菜刀把角色拦腰切断，然后给观众展示切开的两半肢体，视觉效果异常震撼。

血社火（血故事）是陕西关中地区人民群众特有的节日活动，是关中民俗的重要组成部分和研究资料。血社火（血故事）制作技艺精湛，表演极其诡秘，道具制作独特，鲜血配制方法代代单传，造型表演栩栩如生、细腻逼真、惊险异常，足可以以假乱真，令人触目惊心，经久难忘。血社火（血故事）以其朴素的正义理念，通过内容丰富、技艺精湛的血故事艺术造型，来反映人民群众祈求平安、槽头兴旺的愿望，颂扬"除暴安良""扶正压邪""反腐倡廉"的正义心声。血社火（血故事）表演可以对当今社会的丑恶现象如贪腐行为进行威慑，起到教育、感化的积极作用，有利于社会稳定。血社火（血故事）是群众自娱自乐的活动，具有强大的凝聚力，能够增强群众团结、互助的精神，可以营造安定、祥和的氛围，激发蓬勃向上的勇气，促进构建和谐社会的发展。传承血社火（血故事）艺术，不仅可以有效保护我们传统的非物质文化遗产，而且对丰富群众的业余文化生活有着很重要的作用。

第三节　民间城隍信仰

一、民间城隍信仰的流变

城隍是道教中守护城池之神。古时候中国建造城市都建有城墙，城墙外挖掘阻挡敌人的护城河就叫"隍"，城墙和"城隍"构成了城市最基础的军事防御系统。班固《两都赋序》："京师修宫室，浚城隍。"城隍信仰兴起于南北朝时期，当时城隍是保护一方水土平安的神灵。《北齐书·慕容俨传》载，北齐文宣帝天保六年（555年），慕容俨镇守郢城，被南朝梁军包围，梁军以荻洪截断水路供应，形势危急。慕容俨"于是顺士卒之心，乃相率祈请，冀获冥佑。须臾，冲风歘起，惊涛涌激，漂断荻洪"[1]，这是关于城隍神显灵护城的最早记载。随着历史发展，城隍信仰在民间越演越烈。明清时期，城隍信仰达到了巅峰，城隍神由原来的城池守护神演变成政府派遣的"阴官"，负责地区的大小阴间事务。城隍不光是供奉在香案上的神灵，而且是政府在册的公务人员，享有对应爵位和官职品级，拥有政府颁发的官印和相应的衮章冕旒。各地的城

---

[1] 李百药.北齐书[M].北京：中华书局，1972：281.

隍由不同的人出任，有的是政府任命，有的是百姓自发选出，选择的标准或是殉国而死的忠烈之士，或是造福一方的历史人物。

西安的城隍纪信就是汉高祖刘邦钦封的汉朝名将，荥阳之战中纪信为救刘邦被项羽烧死。上海城隍庙素有"一庙二城隍"之称，后殿供奉的是明初政府任命的上海城隍神秦裕伯，前殿供奉的老城隍霍光是吴王孙皓任命的。北京大学图书馆藏明抄本《云间志》记载："大将军霍光，自汉室既衰，旧庙亦毁。一日吴王皓染疾甚，忽于宫庭附黄门小竖曰：'国主封界，华亭谷极东南，有金山咸塘，风激重潮，海水为害，非人力能防。金山北，古之海盐县，一旦陷没为湖，无大神力护也。臣汉之功臣霍光也，臣部党有力，可立庙于咸塘，臣当统部属以镇之。'遂立庙，岁以祀之。"[1]福建省都城隍周苛也是汉王刘邦手下名将，柳州城隍柳宗元是唐代文坛领袖，柳宗元死在柳州刺史任上，柳州人民因感恩推举他为柳州城隍。南昌城隍灌婴，汉代名将。灌婴大军在进驻豫章郡时，为昌盛南方夯土建城，取名灌城（南昌），于是南昌人便奉灌婴为南昌城隍。苏州城隍春申君黄歇原为战国四公子之一，吴越之战后，重建被战争摧残的苏州城，疏通了古城的水道，苏州百姓拥戴其为城隍。杭州城隍文天祥、周新。文天祥是宋朝丞相，因不降元而死，百姓感其忠贞，拥戴其为城隍（北京城隍也是文天祥）。周新是明成祖时期官员，刚直不阿，善断案。成祖因听信谗言错杀了周新，后封周新为杭州城隍。此外，还有和县城隍范增、谷城城隍萧何、安徽青阳城隍海瑞、遂昌城隍史可法、定远城隍包拯、郾城城隍岳飞等，可见城隍是对忠义之士最高褒扬。

唐代信仰城隍神已成习俗。《太平广记》载"吴俗畏鬼，每州县必有城隍神"[2]。唐代祭祀城隍为求晴祈雨、招福避祸、禳灾诸事，通过祭城隍文与城隍精心沟通。唐代很多文人都写过祭城隍文，可见城隍祭祀的盛行。公元 717 年（开元五年），时任右羽林将军，兼检校幽州都督的张说（公元 711、725、729 年，张说三度拜相）首撰《祭城隍文》，其后张九龄、许远、韩愈、杜牧、李商隐等先后撰写过祭城隍文。武功城隍神是全国最早被唐太宗李世民敕封为"辅德王"的神灵，头戴王帽，因而武功城隍庙也被称为都城隍府（见图 6.5）。

---

[1] 杨潜. 云间志[M]. 刻本. 明抄宋绍熙本. 29.
[2] 李昉，等. 太平广记[M]. 中华书局，1961：2400.

图 6.5　陕西武功都城隍庙

宋代城隍神信仰已纳入国家祀典。"自开宝、皇佑以来，凡天下名在地志，功及生民，宫观陵庙，名山大川能兴云雨者，并加崇饰，增入祀典……其他州县狱渎、城隍、仙佛、山神、龙神……皆由祷祈感应，而封赐之多，不能尽录云"[1]。宋代，城隍信仰已经被道教所吸收，道教模仿政府授予官员官印的做法，为城隍神制作了印章，通过城隍庙的管理者替城隍神行使职权，体现了宋代道教对城隍信仰的控制，于无形中把民间城隍信众纳入道教信徒行列。这种做法既扩大了道教的影响，又强化了对信众的控制。宋代地方官员在地方政务活动中也和城隍信仰有密切的交集。宋代有"到官三日，例须谒庙"[2]的传统，通过这种方式祈求施政得到城隍的帮助。尤其是民众遭遇冤假错案，悬疑案件、死无对证案件，则须诉至城隍处裁断。官员借助城隍显灵裁决案件，实则是利用城隍信仰的威慑心理。道教的传播和宋代市民阶层的兴起以及地方官员对城隍的笃信，使城隍信仰蓬勃发展。宋代社会仿效地方政权分级，把城隍分为都、府、州、县四个等级，都城隍、府城隍、州城隍、县城隍，分别赋予不同的治理权限。明代城隍神信仰趋于极盛，明太祖册封京都、府、州、县四级城隍，各级城隍神都有不同爵位和服饰，各地最高官员需定期主祭。洪武二年（1369年），明太祖封京都城隍为承天鉴国司民升福明灵王，开封、临濠、太平、和州、滁州城隍亦封为王，秩正一品；

---

[1] 脱脱. 宋史[M]. 北京：中华书局，1977：2561-2562.
[2] 程颢，程颐. 二程集：第一册[M]. 王孝鱼，点校. 北京：中华书局，1981：295.

其余府为鉴察司民城隍威灵公，秩正二品；州为灵佑侯，秩三品；县为显佑伯，秩四品，都、府、州、县城隍各赐王、公、侯、伯之号。及至清代，祭城隍同样被列入祀典，城隍的地位更高。但凡新官到任前需到城隍庙斋宿；上任日，更须在城隍前完成祭礼才能就任。一是向城隍神表示忠君爱民之心，二是表示在职期间行为愿意接受城隍神的监督。由此观之，城隍的职能随时代变迁，已由起初有求必应的神明转变为地位超然的国家和地方守护神。

二、长安王曲城隍庙祭祀和庙会

据《长安县志》记载："相传楚汉荥阳之战中，汉将纪信假扮成汉王，解救刘邦出围，致被项羽烧死。刘邦得天下后，封纪信为十三省总城隍，在长安王曲建庙立祠，每年农历二月初八祭祀，后遂成庙会。"①纪信为刘邦而死，刘邦称帝后，念及纪信的功劳，赐黄袍加身，追封纪信为主持阴曹地府的"地皇"。还选择上林苑自己打猎休息之地（今王曲镇）修建大型庙堂，在每年农历二月初八纪信生日这天进行祭祀。文、景二帝时期，为了顺应民心、强化统治，遂将供奉的纪信封为城隍神，成为长安城的保护神。由史料记载来看，王曲城隍祭祀纪信距今已有两千余年的历史。

三国、两晋、南北朝时期，城隍信仰不断增强。进入唐代，城隍祭祀在各地已经蔚然成风。王曲城隍紧邻唐长安城，更成为官府及民众祭祀的对象。宋代城隍神被正式列入祀典，这是借用神明的威力来管制官吏。王曲城隍纪信也被封为"忠祐安汉公"，元代时追封为"辅德显忠康济王"。明太祖朱元璋大封天下城隍，并完善了祭祀城隍的制度。城隍神与现世行政机构相对应，但其职能高于现世行政长官，由此来达到对地方官吏和百姓的精神统治。王曲城隍被明王朝封为"忠烈侯"，享正三品待遇，祭祀活动更显重要和隆重。清代沿用明代制。

历史上王曲城隍庙建筑古雅宏伟，规模宏大，东西长460多米，南北宽320多米，占地221亩，可容数千人祭拜，两侧还有厢房供其他省份的善男信女举行祭拜活动。在供奉总城隍神像周围的墙壁上，凿有十三座壁龛，里面供奉着明代十三省的城隍神像，善男信女们不仅要拜总城隍神，还要拜他们自己所在省的城隍神，以祈福求安。庙前有一南北长19米高18米雕花精美的避水神壁，民间相传内有避水神珠一颗，能

---

①长安县地方志编纂委员会.长安县志[M].陕西：陕西人民教育出版社，1999：824.

阻挡滈河水冲进城隍庙。实际上，滈河水不能冲进城隍庙和所谓的避水神珠没有关系，而是和城隍庙的选址有很大关系。城隍庙建立在神禾塬半塬之上，滈河水再大也不能涨到半塬上，城隍庙自然不会受到洪水冲击。1938年5月，胡宗南将黄埔军校第七分校的总部从凤翔迁到王曲城隍庙，拆除了部分城隍庙的房舍建设第七分校，当时黄埔军校第七分校校门就是王曲城隍庙大门。1950年，西北军事政治大学以及后来的军干校又把王曲城隍庙作为校本部，此时城隍庙的古建筑还有很多。1978年前后西安通讯学院在王曲建院，拆除了王曲城隍庙的剩余建筑，如影壁、山门、戏楼、钟楼、鼓楼、前殿、中殿、后殿和两侧的配殿等主体建筑，王曲城隍庙被彻底拆毁。后来，王曲当地农民在城隍庙故址旁建起了三间大殿祭祀城隍，如今的王曲城隍庙就是在这三间大殿基础上翻修的。

王曲城隍庙的祭祀程序相对简单，围绕城隍庙的庙会活动才是大众最为关心的活动。祭祀时首先摆香案，香案上供奉城隍神位、印玺、文房四宝、签簿等物。其次是主祭人恭读祭文，感谢城隍一年的保佑。然后摆上祭品，祭品一般分为七类，每类五种，土、牲、卜、炸、海、干、树等。土是粮食谷物类祭品，牲是五牲类祭品，卜是点心类祭品，炸是油炸面食类祭品，海是海产品类祭品，干是干果类祭品，树是水果类祭品。随后善男信女祭拜纳贡，执事记祭功德，分发带有"神气"的红丝线，以示神恩广被。最后一项是泼羊。祭祀人员拉来一头羊，用开水泼向羊身，如果羊受到刺激打颤就说明城隍接受了民众的祭祀，祭祀礼成。陕西民俗中的"泼羊"，也叫"淋羊"，是古羌族的羊图腾崇拜的延续。古羌族是中华民族发展史中一个重要的族群，后来分化演变成汉族、藏族、彝族、纳西族、白族、哈尼族、傈僳族、普米族、景颇族、拉祜族、基诺族等。古羌族以羊为图腾，"羌"字由"羊"和"儿"构成，意思是赶羊的人。古时羌、姜不分，羌族在母系社会以姜为部落名，代表掌权者是女人；父系社会以羌为部落名，代表掌权者是男人。周人始祖后稷之母姜嫄就是古羌族女子。陕西人基本都是古羌人的后代，从"泼羊"礼依稀可以看出古羌人羊图腾崇拜的影子。

三、鄠邑区北乡迎城隍

鄠邑区北乡迎城隍活动是陕西省西安市鄠邑区北部乡村古老的地方传统民俗活动，它迥异于遍及我国大江南北的城隍信仰方式，城隍神没有固定的祭祀神庙，由各村轮流迎祭，这在中国城隍信仰中最为独特，对研究我国古代城隍信仰和宗教文化极具学术价值。鄠邑区北乡迎城隍活动鼎盛于明清，民国三十七年（1948年）废止。1953年二城隍像毁于真花硙村，1956年大城隍像毁于付村，1957年至1983年间鄠邑区（当时称户县）北乡迎城隍被以封建迷信活动为名终止，1984年后得以恢复。2014年，鄠邑区迎城隍活动入选国家级非物质文化遗产代表性项目名录扩展项目名录。

鄠邑区北乡迎城隍活动在历史中按地缘形成了三个城隍社，在社内轮流祭祀着三个姓名不同的城隍神。渭河南岸凿齿村、康王村、渭曲坊、王守村一带19村为一社，奉纪信为城隍，称为大城隍。往南，大官路东西牙道村、待诏村、韩旗寨、野口村、孝义坊、东韩村一带21村为一社，奉韩成为城隍神，称二城隍。县城附近，涝河东西两岸六老庵、三旗村、皇甫村一带13村为一社，奉周苛为城隍神，称三城隍。三个社迎祭城隍的规矩和形式基本相同，其规矩是社内各村按固定次序接城隍，城隍神在每个村子享祀一年，每年正月十五前后，由下一个村子迎至本村祭祀。在城隍驻村期间，全村各户要轮流"守爷"，即每天派出一个村民侍奉城隍起居，当然是形式大于内容。农历十月十五前后，该村要举祭会，叫"十月会"，也叫"会城隍"，通过这种形式通知下一个村子做好"迎城隍"的准备。三个社都有"前村不会，后村不接"的规矩。

大城隍纪信是鄠邑区王守村人，荥阳之战因保卫汉王刘邦，死于烈火，后被刘邦封为"都府城隍"。二城隍韩成，鄠邑区甘亭韩村人，是明太祖朱元璋爱将。1368年阳湖战役中，朱元璋战船搁浅，被陈友谅二十万大军团团包围。韩成穿上朱元璋蟒袍跳水自尽，陈友谅的手下争夺"朱元璋"尸体，朱元璋乘机逃脱。据说朱元璋登基后却忘了韩成，被韩成母亲拦骂，朱元璋才追封韩成为高阳侯。三城隍周苛，刘邦麾下重臣。项羽攻破荥阳，周苛宁死不屈，被烹杀。按照全国城隍信仰的惯制，县级以下不设城隍，县级以下城隍职能赋予当地土地管理，鄠邑区北乡迎城隍打破了这个惯例，几个乡镇设置了大小三个城隍，这在中国大江南北都是独一无二的。这些城隍都是历史上的忠臣义士，体现了鄠邑人民对传统文化中舍生取义精神的褒扬。

北乡迎城隍有盛大的迎神队伍和隆重的交接祭祀仪式，轮值村一般要在前三日向城隍总会和19个片村及所属的48个行政村下请柬，邀请观看和送香火，每年的正月十五清晨六点钟，迎城隍的队伍就要出发，中午十二点前到达送城隍村，该村的锣鼓仪仗早在村口等候多时。

迎城隍俗称"接爷"，队伍组织严密有序。迎神行列中有骑高头大马，身背黄包袱，插长尾雉羽，头上裹花毛巾、眼戴墨镜担任开道联络工作的"报马"二人；有彩旗仪仗，以前采用八卦旗，中华人民共和国成立后，八卦旗改变为龙旗和彩旗。有抡火流球、耍春秋刀的武术队；有大敲大打的锣鼓队；有浩浩荡荡的神职队伍，有高达8米左右，装饰华美的彩亭，每座彩亭都需要12人抬。在彩亭后面是城隍的仪仗队，仪仗队根据王爷出行的规格，有开道大锣、肃静回避牌、金瓜、钺斧、朝天镫、龙木、杀威棒等。其后是抬城隍夫妇雕像的都府城隍神轿、城隍奶奶神轿，每顶神轿需要24人抬。神像后边紧跟着两个泥塑的红、黑小鬼。下来就是文武祭官。再后有马21匹，城隍坐骑1匹，马队20匹，每队按颜色排列。骑马的人，有的拿签簿，有的抱签筒，还有一人为城隍背着被褥。接着有数人抬着约2米见方的神龛，这是经常流动的城隍夫妇的栖息之所。再后面就是自愿跟随的群众掬香队伍。走在迎神队伍最后的是社火队，包括扭秧歌、打钱杆、扇子舞、伞舞、狮子舞、高跷、社火等，载歌载舞，喜庆热烈。迎城隍的队伍庞大，往往迎神村的村民全体参与都不能满足人数要求，这时候就需要社中其他村子村民的支持和积极参与，形成了社中村子间互助的传统。"接爷"后，还有"守爷"，为城隍夫妇办生日等活动，演戏庆祝一至三天。

城隍的接交仪式也很隆重，送神村也是全村出动。交接祭祀礼仪由八位礼宾组成，其中有文祭官，武祭官，司仪，正引，配引，正通，配通，政读，配读。八位礼宾由村里德高望重、贡献突出的人担任，各司其职。

交接仪式主要内容有报官入庙，燃烛上香（见图6.8）；路神乌梢开道，鸣炮三响，乌梢鞭东西南北各挥打三下；礼乐起奏，礼宾进庙或上供神的高台就位；送神村举行恭送仪式，恭送城隍的仪程也很复杂，先由送别村代表致欢迎词。其次鸣炮三响，恭禀尊神准备起驾。擂鼓三通，鸣金三点，长号三声，奏乐。再为神像拂尘，洗漱。然后燃香烛，焚黄钱，文武祭官献茶献羹。主祭人诵祭文和诵祝词。最后由众礼宾代表全体村民拜别尊神，请迎村举行恭迎仪式。轮值村司仪唱"某某村恭迎都府城隍仪式现在开始"，拉开迎神仪式序幕，文祭官、武祭官就位，拱揖。礼乐三通、主祭官正冠整衣燃烛上香，拱揖，三叩首，祭酒三盅，复位献茶献羹。主祭官就位，拱揖、献茶、献羹、诵祭文、焚文。两个村子移交城隍物品。迎神村致答谢辞。起神柱，文祭官报柱于怀，移柱于亭。抬神像上轿，鼓乐先行，鸣炮起身，城隍金身起驾（见图6.6）。

第六章　陕西省民俗

图 6.6　鄠邑区北乡迎城隍接交仪式

迎接城隍本就是一个隆重和神圣的活动，加之每个城隍社有十到二十多个村子不等，也就是说每个村要等十几年甚至二十几年才能轮到一次迎城隍的机会，因此十分珍惜，各村会极尽所能把迎城隍的活动搞得隆重热烈，除了表示虔诚，也是为了抓住这个难得的机会展示本村的文化、精神风貌以及实力（见图 6.7）。

图 6.7　鄠邑北乡迎城隍

鄠邑区北乡迎城隍活动不仅是一种民俗文化活动，也是当地农民的狂欢节。每逢赛会，迎送的村社全体动员，老少齐上阵，有钱出钱，有力出力。接神当天，数万民众跑前跟后，围观助兴，热闹非凡。鄠邑人采用这种既庄严肃穆又热情奔放的形式，弘扬中华民族忠勇刚烈的浩然正气，宣泄劳动之余的快乐心情。迎城隍活动从最初祈求城隍保佑的民俗活动转化为鄠邑人民的狂欢节。迎城隍活动是古老的地方民间艺术的重要载体，不仅古老的锣鼓表演、梆子舞、夹板舞、马社火、血社火以及各种杂耍

243

都在迎城隍活动中保留下来，而且包容并蓄，不断吸收各种新的文化艺术形式。在迎祭城隍民俗活动中，数村形成一个城隍社，三个城隍社逐渐形成三个独特的文化圈，一社之内，往来非常密切，具有很高的社会学和文化人类学研究价值。群众的广泛参与强化了人民群众团结互助精神、集体主义精神、爱国主义精神的培养，是乡村文化建设的重要推手，也是构建和谐社会的有效手段。

本章小结

陕西省非物质文化遗产中的民俗可以分为物质生活民俗、社会生活民俗和精神生活民俗三大类。在这三大类中，社会生活民俗和精神生活民俗占据主导地位，物质生活民俗很多是关于农业、渔业、采掘、捕猎、养殖等落后生产活动的记录和延续，濒临失传。社会生活民俗包括岁时节日民俗、婚丧礼俗、社会组织民俗等。精神生活民俗，包括庙会和古会习俗、祭祖习俗、竞技习俗和民间信仰习俗。在陕西省社会生活民俗中，源自远古时的图腾崇拜和原始歌舞的社火数量最多，几乎覆盖陕西境内的所有区县。精神生活民俗中庙会习俗、祭祖习俗和民间信仰习俗分量最大。

思考练习题

1. 陕西民俗可以分为哪几类？

2. 陕西民俗中物质生活民俗有哪些？为什么物质生活民俗濒临失传？

3. 陕西民俗中社火民俗的起源是什么？社火分为哪些类型？

4. 陕西民俗中古会民俗是怎么产生和演变的？古会民俗的意义是什么？

5. 血故事和血社火的区别是什么？在现代社会中，血故事和血社火的现实意义是什么？

6. 在陕西民俗中，城隍信仰是怎么嬗变的？城隍的职能是什么？鄠邑区游城隍的社会意义是什么？

第七章
陕西民间美术

民间美术是相对于学院美术而言的，是由普通群众创作的美术形式。民间美术的创作主体大多没有受过正规美术训练，但掌握了既定传统风格和表现技巧。民间美术是劳动者为满足自己的生活需求和审美需求而创造的艺术，与民俗活动关系极为密切，很多民间美术都是源自民俗活动，如剪纸、面塑、木版年画、社火脸谱等。民间美术是组成各民族美术传统的重要因素，为一切美术形式的源泉。

第一节 陕西民间美术概述

一、陕西民间美术产生的条件

陕西是中华民族文化的摇篮，早在原始时代，就有人类在这里生息繁衍。而陕西地区在历史上相当长的时期内，曾是全国的政治中心和文化艺术最发达的地区。民间艺术家用自己的智慧和才华构筑了陕西民间美术的审美体系。陕西民间美术源远流长，可以追溯到新石器时代。陕西宝鸡市北首岭遗址出土的陶塑人面像，西安市半坡遗址出土的人面鱼纹盆、尖底瓶，城固泥塑等都是陕西民间美术最早期的代表性作品，尤其是城固泥塑从新石器时代延续至今，陕西人用黄土塑造喜爱的动物、人物，以增加生活乐趣，寄托理想和愿望。青铜器是红铜和铅、锡等金属的合金，古时候被称为

"金""吉金"。新铸青铜器呈现金色，随着时间流逝因为氧化反应产生青绿色锈蚀，被称为青铜。世界上最早的青铜器实物是在土耳其东部的卡萤泰佩遗址发现的一批权杖头等自然铜制品，距今约一万年。中国发现最早的铜制品是陕西姜寨遗址出土的经过冶炼的黄铜残片和铜管，据碳14检测显示距今约6700年的历史。甘肃马家窑文化遗址出土的单刃青铜刀是已知的中国最早青铜器，也是世界上最早的青铜刀，距今约5000年。西周时期是青铜器发展的鼎盛时期，花纹繁复、器型多样且制作精美的青铜器是周朝陕西民间美术的巅峰之作。西周十大青铜器均出土在陕西。1976年在西安市临潼区零口镇出土的利簋（guǐ）现收藏在中国国家博物馆，是最早的西周青铜器。簋腹内底铸铭文4行33字，记录着武王伐纣的事迹。除此之外、虎父乙鼎、何尊、大盂鼎、毛公鼎、大克鼎、虢季子白盘、散氏盘、伯晨鼎、天亡簋等都是青铜器中的珍品，这些青铜器的铭文是研究西周历史最重要的史料。1978年6月，西安市临潼区秦陵封土西侧出土的秦铜车马是秦代青铜器的扛鼎之作，被誉为"世界第八奇迹"的秦兵马俑是秦代民间美术代表作品之一。汉代民间美术的代表作品是壁画和画像砖（石），如1980年陕西省秦咸阳宫遗址出土的《车马出行图》，西安交通大学附小出土的西汉墓室壁画、陕西千阳县汉墓壁画、陕西省靖边县杨桥畔镇杨一村东汉墓室壁画，出土于陕西省平利县老县镇锦屏社区东汉龙虎纹画像砖、陕西绥德县出土的《主客赘见、杂技表演、孔子见老子》画像砖（见图7.1）等。陕西民间美术的剪纸和皮影也源自汉代。隋唐时期，佛教日益兴盛，佛教造像达到了新的高度，鎏金、镂空、透视等技法被大量运用。莫高窟的南、北大佛分别高26米和35.5米，为了让佛像看起来庄严肃穆，消解远小近大的视觉错觉，唐代的民间艺人巧妙地调整了佛像头部和身体的比例，南大佛通高26米，仅佛头就高达7米，这种调整解决了礼佛者仰视大佛所造成的头小体大的视差，使瞻仰者在仰视的情况下，仍然能清晰地看到佛像面部的表情。陕西最大的佛像是彬县大佛寺的阿弥陀佛，高20米，侍立大佛东西两侧的观世音菩萨和大势至菩萨，均身高15.6米，佛像造型肃穆端庄，俊雅恬静。西安市雁塔区八里村出土的隋开皇四年（584年）董钦造鎏金铜弥陀佛像（见图7.2）和西安市莲湖区土门李家村出土的鎏金铜西方三圣造像，体现了鎏金技术和镂空技术在佛像造像上的运用。这些在美术史上都具有典范性的艺术作品，无不凝聚着古代民间工匠的智慧和才能。

第七章　陕西民间美术

图7.1　汉画像砖《主客赘见、杂技表演、孔子见老子》·西安碑林博物馆藏

图7.2　邮票小型张·隋董钦造鎏金铜弥陀佛像

民间美术的功能是装饰和美化环境。半坡遗址的人面鱼纹盆体现了原始人朴素的审美观，人面鱼纹图形、双头鱼纹饰体现了上古时期人们对生活用品的装饰。青铜器的纹样和铭文也是为了装饰而产生，著名的饕餮纹、夔纹、凤纹、兽纹既反映出奴隶主的权势神威，也是人类祈求吉祥的美术标志。秦汉之后的画像砖、壁画、陶俑同样是一种装饰，这种装饰受到贵族的青睐并广泛运用到日常环境中，唯有阴宅（墓室）装饰经历住时间侵蚀而保留下来。唐永泰公主墓、章怀太子墓、懿德太子墓中的200幅壁画，是唐代壁画艺术杰作。章怀太子墓壁画《观鸟捕蝉图》描绘三个宫女在花园嬉戏。《打马球图》描绘宫内驱马打球的体育活动。《客使图》描绘中外友好往来的场面。懿德太子墓中的巨幅壁画《阙楼仪仗队》，描绘太子大朝时的仪仗，196人组成的盛大仪仗队（车辇、步队、骑队）在雕梁画栋的高大阙楼下列队，气势恢宏。这些壁画皆出自唐朝廷"右校署"工匠之手。

普通百姓财力有限，但也有美化环境的愿望，只能就地取材对生活环境进行美化，剪纸、木版画（含木版年画）、刺绣、民间绘画、服装缝制、泥塑等美术形式应运

而生。

民间美术和民俗活动密不可分。陕西省民俗活动丰富，民间美术是民俗文化的视觉形象载体。民间美术在物质生活民俗中的应用体现在民居、服饰等方面。安塞民间绘画、澄城手绘门帘、绥德炕头石狮子、商洛木雕、蒲城砖雕、黄陵木雕、绿蓝草古建彩绘都是陕西民间美术在民居上的运用，而遍布三秦大地的刺绣工艺则是民间美术在服饰上的应用。如西秦刺绣、洛川刺绣、穿罗绣、子长刺绣、商南绒绣等。在社会民俗中产生的民间美术既有审美的需求，又体现了陕西人民对生活的理解。剪纸中的连年有余、抓髻娃娃、鹰搏兔、骑猪娃娃等题材体现了陕西人期盼多子多孙的生殖崇拜；鄠邑区民间布艺老虎体现了长辈对晚辈浓浓的爱，陕西各地面塑应用场合广泛，陕西人从生到死都离不开面塑，送面塑礼仪体现了陕西人民对美好生活的向往和祈福。孩子出生送面塑希望孩子祛病免灾，舅家给外甥送面塑祝福外甥聪明伶俐，娘家给女儿送面塑祝愿女儿生活过得红红火火，结婚送新人希望新人衣食无忧，大寿送面塑希望寿星健康长寿，丧事送面塑希望亡者灵魂安康。精神生活民俗包括宗教、信仰、巫术、游艺、竞技等，这些活动为民间美术的展示提供了多姿多彩的舞台。木版年画中的门神、天官赐福、灶爷灶马等希冀用神力来镇鬼祛疫，保佑生活顺利。社火脸谱绘制则是希望建立人神之间沟通的桥梁。佳县庙宇木雕雕刻技艺反映了原始的鬼神崇拜。

二、陕西民间美术的特征

陕西民间美术首要特征是其自然性和自发性。民间艺术家以这些艺术作品来表现陕西地区的生活民俗。凭借他们的直觉、印象、记忆和对生活的体验和理解把握对象，用塑造出的艺术形象来反映理想的社会形态和对社会生活的认知。中国古人认为多子多福，于是陕西剪纸大量的题材都表现了生殖崇拜。被誉为"剪花娘子"的库淑兰是旬邑彩贴剪纸的代表性人物，也是联合国教科文组织认定的"杰出中国民间艺术大师"。库淑兰的一生过得很苦，丈夫是个具有强烈大男子主义的农村愚顽汉子。夫家经济条件差，家庭暴力常年伴随着这个苦命的女子，库淑兰先后生养过13个孩子，最后只养大两男一女，只能从剪纸艺术中寻找一丝安慰。她把自己对世界的理解、对美好生活的向往通过剪纸作品表现出来。在库淑兰的剪纸世界中，男耕女织、家庭和谐、衣食无忧是永恒的题材。她的作品中高屋大房、牛羊猪狗、花草树木无一不活灵活现、自然生动。《江娃拉马梅香骑》体现了她向往的夫妻生活，这种夫妻恩爱和互相敬重却是她生活中最缺失的。库淑兰认为女人最大的幸福是穿着漂亮的衣服、生活在优美的环境中主宰自己的命运。她后期的"剪花娘子"系列作品就是阐述这种朴素的理想，剪纸作品中美丽的花朵、随处可见的小猫小狗、漂亮的衣服、宽敞的居所都体现了她对幸福的理解。收藏于陕西省历史博物馆的汉代绿釉带厕陶猪圈（见图7.3）反映了古代陕西人的家庭观念和生活理想。猪是财富的象征，家里有猪圈说明家庭经济条件殷实。厕所建立在猪圈上方，人的排泄物直接坠落到猪圈中，猪吃了人的排泄物转化成猪肉和猪粪便，猪粪便又是优质的农家肥料，促进农作物的产量提高，就这样形成了一个简单的物质循环过程，体现了陕西人的天人合一的思想。长安泥塑题材大多表现的是关中民风民俗和劳动生产场景，如夏收、看大戏、娶亲、赶集、建房、闹社火等集体活动，场面浩大，人物最多达到千人。民间美术师把关中农村生活场景用泥巴塑造成一个个微缩世界，体现了艺术家心中的"乡愁"，是对关中民俗文化的原始记录。

图7.3 汉代绿釉带厕陶猪圈·陕西历史博物馆藏

其次，陕西民间美术追求神似而非形似，所以塑造的艺术形象和自然形象有很大区别。如凤翔泥塑和凤翔木版年画就采用了夸张的技法，改变了艺术造型的比例，有意识地夸大头部的比例。不管是人物还是动物，脑袋都占据形象的二分之一强。这种夸张的技法拉近了受众和形象之间的距离，使艺术造型憨态可掬、呆萌可爱。长安泥塑中对人物的五官都进行了夸张，大鼻头、竖耳朵、深皱纹，尤其嘴巴的处理更是夸张，闭嘴的人物嘴巴很大，张嘴的人物不管是吃面、唱戏还是吆喝，嘴巴张开角度都很大，而且几乎所有张嘴的人物不是缺齿就是龅牙。这种处理不仅没有丑化人物，反而让人物更接地气。

最后，陕西民间美术在色彩的运用上非常大胆，喜欢用大红大绿和黄色等跳跃性的颜色。俗话说："红配绿，丑得哭。"但是陕西民间美术却反其道而行之，喜欢用大红大绿作为配色，以黑墨勾线和简练笔法涂染，色彩对比强烈。比如凤翔木版年画和凤翔泥塑的用色，旬邑彩贴剪纸的用色、面花的配色、刺绣的配色都是这样。陕西民间美术色彩运用的根本原因是追求色彩的寓意性，传统的民间美术表现出的审美观念，以表达求生、趋利、避害等功利意义为主。因此色彩与自然，色彩和人生观念、色彩与社会认知相关联，被老百姓赋予特殊意义。如红色可以辟邪、代表喜庆和红红火火。绿色生机勃勃，代表生命和希望。黄色厚重尊贵，代表土地和丰收。这些色彩提供了一种积极的、热烈的视觉、心理反应，同时也是吉祥、喜庆的象征性语言。民间美术的功利性让老百姓选择了这些喜庆、热闹的颜色，用这些对比强烈色彩表达对幸福和美好生活的渴望，也恰恰说明了民间美术源自民间的真理。

三、陕西民间美术的分类

陕西民间美术从古至今，都在不断探求自强的民族之魂和民族素质，表现了炎黄子孙豁达包容的精神。民间美术作品涵盖了人民群众衣、食、住、行各个方面，为广大群众所喜闻乐见。这些艺术品不仅给人以美的欣赏，有娱乐和实用功能，还包含了深刻的艺术哲理，在人们的心灵深处种下美的种子。

陕西省公布的七批省级非物质文化遗产名录中民间美术共有76项，其中剪纸艺术12项21种（因为有的剪纸艺术是多地联合申报，所以多种计算为一项，下同），刺绣12项14种，民间绘画14项，雕刻13项，面塑7项10种，泥塑5项，脸谱绘制5项，木版画4项，玩具2项，秦石艺术1项、商州花灯1项。

剪纸艺术因其材料易得、成本低廉、效果立见、适应面广而深受陕西人民的喜爱，在全省各区县都有剪纸分布。陕北有安塞剪纸、定边剪纸、洛川剪纸、黄陵剪纸、佳县剪纸、靖边剪纸、绥德剪纸、延长剪纸、延川剪纸、宜君剪纸、富县剪纸等；关中有旬邑彩贴剪纸、永寿民间剪纸、周至剪纸、朝邑剪纸、陇县染色剪纸、岐山剪纸、千阳剪纸、西安剪纸、兴平剪纸等；陕南有洛南剪纸等。

陕西剪纸有"活化石"之称，较完整地传承了中华民族阴阳哲学思想与生殖繁衍崇拜的观念。如古老的造型纹样"鱼身人面""狮身人面""抓髻娃娃"，仿照阴山岩画的"鹿衔草"，与汉画像相似的"牛耕图"等。

陕西剪纸因地区不同而风格各异。陕北剪纸的风格古朴、淳厚、明朗，纹路多采用大写意手法，注重神情个性的夸张和变化。剪纹与东汉画像纹路相近，构图完整。陕北著名剪纸艺人有延喜芳、高如兰、李桂莲、白凤莲、张林召、李秀芳、王占兰、胡凤莲、白凤兰等。关中剪纸线条粗似针尖，风格别致；大荔剪纸以戏文和神话故事人物为主，造型动态近乎皮影；周至剪纸多戏人或染色戏人；长安一带多花鸟；富平一带多剧角色、花鸟和吉祥物；凤翔多花鸟博古；岐山多烟格花（窗格不糊纸，直接贴上剪纸窗花进行排烟换气）；三原剪纸以花卉为主，结构简单，色彩对比强烈；富平剪纸剪纹流利，明暗适调。关中传统建筑是木格窗户，窗户一般为16格，最大的为32格。眉县有些村民喜欢将窗花摆贴成八卦形式，称"八卦窗"。总的来看，陕西剪纸造型古拙、风格粗犷、寓意明朗、形式多样，包含着浓郁的泥土气息和鲜明的地域特色。关中著名剪纸艺人有旬邑县的库淑兰、曹佃祥等。

陕西刺绣是民间妇女把实用性与民俗生活相结合的手工艺术品。陕西民间刺绣分陕北刺绣、关中刺绣和陕南刺绣，录入陕西省非物质文化遗产名录的有11项14种。陕北刺绣有洛川刺绣、延川布堆花、子长刺绣、志丹刺绣等，关中刺绣有西秦刺绣、澄城刺绣、乾州布玩具、武功刺绣、耀州刺绣、鄠邑民间布艺老虎等。陕南刺绣有城固架花、苗乡刺绣、宁强羌族刺绣、商南绒绣等。陕西刺绣作品根据实用性可分为服饰类、生活用品类、民俗玩具类或嫁妆类及礼仪祭祀类四种。服饰类刺绣有虎头帽、虎头鞋、裹肚、钱袋荷包、褶裙带、绣花盖头、披肩、四季花裙、绣鞋、鞋垫等（见图7.4）。鄠邑民间布艺老虎的最初功能是驱邪逐疫、保佑孩子健康成长，在此基础上逐渐发展出服饰装饰功能，有老虎枕、老虎帽、老虎鞋、老虎套袖、虎头裹肚等，鄠邑民间布艺老虎装饰纹样以蛇、蜈蚣、蝎子、壁虎和蟾蜍等"五毒"元素为主，寓意以毒攻毒，达到驱除霉运的目的，装饰采用刺绣手法。

图 7.4　陕西西府刺绣·童鞋

民间布艺老虎没有统一的规格式样。手工艺人依手头材料的不同，随自己的审美观念创造形态迥异的老虎形象。布老虎制作包括剪、缝、装瓤、绣、扎、画等复杂的工序，是一种经过长期实践方可学会的技艺（见图7.5）。鄠邑布艺老虎不仅具有审美价值，还有很高的实用价值。布虎枕可当枕头来垫，还可以给孩子做玩具。虎头帽、虎头鞋不仅可以辟邪，也可以御寒保暖。生活用品类刺绣有枕顶花、信袋花、各类形式烟荷包、针扎套袋、竹篮盖巾、桌椅裙绣、插瓶绣挂件（宝鸡称"火罐"绣）、铜灯罩花绣件（紫阳）、瓷罐盖顶花、棉补花（用彩布织饰成各种立体动物花鸟，下有网络缀珠，用于蚊帐四角）、发卡绣等。民俗玩具或嫁妆类刺绣有绣花布老虎、香包、青蛙五毒耳枕、布猴、布马、新婚帐帘、门帘绣等。礼仪祭祀类刺绣有寿帐、百花帐、寿鸡（兴平）、寿枕（陕北、关中）、万民伞等。陕北刺绣想象丰富，造型古朴，装饰图纹很多取自东汉画像石，追求神似，不完全按客观物象造型，装饰纹样夸张而合理。关中刺绣一般重于写实。陕南刺绣受多种文化熏陶，风格多样，图纹题材繁多、想象丰富。

图 7.5　陕西省布老虎省级非遗传承人刘随军制作布老虎

陕西刺绣的题材内容主要有表现远古生殖崇拜、吉祥物崇拜和祈福等三种。表现生殖崇拜的图案有鱼戏莲、并蒂莲、鸳鸯戏水、龙凤、早生贵子、麒麟送子、瓜迭绵绵等，寓意男欢女爱、多子多孙，这些刺绣作品大多绣在枕顶、裹肚和其他服饰部分。表现吉祥物崇拜的图案有老虎、狮子、八宝（宝珠、方胜、磬、犀角、贯钱、菱镜、艾叶、书本）、八吉祥（舍利壶、法轮、空伞、莲花、金鱼、海螺、天盖、吉祥结）等。祈福刺绣作品表达人民心中美好的愿望，主要围绕福、禄、寿、财、喜等主题设计图案，常见的图案有蝙蝠（福）、鹿（禄）、桃（寿）、贯钱（富）、牡丹、喜鹊登梅（喜上眉梢）、鹿鹤同春等。

雕塑是一种造型艺术，以物质材料和艺术手段塑造三维空间形象的视觉艺术。雕塑最早主要是使用雕（通过减除材料来造型）及塑（通过叠加材料来造型）的方式，运用石、金属、木、陶瓷等材料来创作。陕西非物质文化遗产的雕塑，在材料及创造手法上都有创新，不光有对传统雕塑材料的继承，而且还创新性地使用了纸、蜡、兽皮、面粉、泥巴等雕塑材料。石雕有绥德炕头石狮子、周至石刻。炕头石狮子也叫拴娃娃狮子。陕北历史上战乱频繁，天灾不断，人口数量动辄大减，再加上医疗条件极差，儿童成活率低。陕北人认为孩子灵魂不全容易被鬼差勾走，因此采用石雕狮子护佑小孩。狮子从汉代传入中国后，和中国文化中龙的儿子"狻猊"形象结合，被赋予了镇宅辟邪的功能。陕北炕头石狮子从娃娃满月拴在身，一直拴到十二岁孩子魂魄长全，其佑护娃娃的使命才算完成。陕北炕头石狮子追求神似，因为工匠们大多没见过真狮子，雕刻狮子一般都以石取势，大胆想象，造型夸张。绥德工匠雕刻石狮子的口诀是"十斤狮子九斤头，两只眼睛一张口"，抓住狮子鬣毛凸眼、阔口獠牙的特点，硕大的头颅让冰冷的石头化生出形态各异、夸张多变的狮子形象。现在孩子成活率大幅提升，炕头石狮子保护孩子的观念开始淡化，炕头石狮子成为孩子的玩具和防止孩子从炕上跌落的器物。周至石刻技艺以线雕为主，多表现在意识形态领域的文化传递，有关治学、励志兴业、养生等方面内容与诗、书、画等有机结合，如花鸟、动物、民间神话为题材的中堂、条屏等。蒲城砖雕使用青砖进行雕刻，被广泛用于门楼、门套、门楣、屋檐、屋顶、屋瓴等处，是一种古老的建筑装饰艺术。蒲城砖雕以具有吉祥象征意义的花卉和飞禽走兽等题材居多，承载着普通百姓对家庭兴旺的企盼，对富裕、美好生活的向往。

木雕以木材作为雕刻工具，陕西民间美术中的木雕包括佳县庙宇木雕雕刻技艺、黄陵木雕、合阳雷氏木雕艺术、栎阳木刻、商洛木雕等。佳县庙宇木雕分布在佳县境内的云岩寺、香炉寺、兴隆寺、佛堂寺等庙宇中，题材有龙凤、飞禽、走兽、花卉、人物、吉祥图案及神话故事等，是我国明代木雕的杰出代表。黄陵木雕使用柏木、枣木、梨木、核桃木等材质坚硬的木料作原料，有木雕家具、木雕玩具、宗教用品和建筑工艺品等。合阳木雕最早应用于建筑上的龙凤、缠花、须草、连方、万字等装饰图案及寿材、屏风等，后发展为以观赏为主的艺术品。栎（yuè）阳木刻工艺起源于秦朝的木制农具，现在走上了工艺品的道路。栎阳木刻材料主要使用桃木，因为桃木可以辟邪。主要有屏风、木刻字体、水车、纺线车、独轮车、犁耙农具、戈矛兵器、历史人物缩小雕像、凤凰、麒麟等，题材有历史典故、神话传说、风景花卉等。商州因为地理环境独特，木雕产品既有北方的粗犷，又有南方的细腻，木雕题材丰富，种类繁多，主要是建筑装饰、窗子、门、桌子、椅子、画框、插屏、灯笼、屏风、中堂楹联、摆件、棺材档、祭品盒子等。作品图案以龙凤云、花鸟鱼、人物为主，内容有吉祥图案、民间故事、文学作品情节等。

面雕也叫面塑、面花、礼馍、花糕等，是遍布三秦大地的传统技艺。列入陕西省非物质文化遗产名录的面雕有7项10种，分别是黄陵面花、华州面花、澄城面花（见图7.6）、神木面花、合阳面花、洛川面花、耀州面塑、子洲面花、鄠邑面塑、莲湖精巧面塑等。陕西面雕材料为优质面粉、糯米粉和少许食盐。面雕产品是陕西人民联结亲友关系的信物和纽带，体现了陕西人民尊重粮食、敬惜粮食的人生态度。面塑艺术产生于古代的宗教祭祀风俗。在唐代，面塑被普遍用于祭祀亡灵。随着社会的发展，面塑应用范围逐渐扩大。现在面塑的运用贯穿于一年四季、四时八节和人生礼仪的全过程，是陕西省使用最广泛的民俗礼品。陕西省各地的面塑大同小异，造型大多是牡丹、荷花、莲花、石榴、桃子、松柏、鱼、老虎、狮子、龙、神话人物等代表吉庆的符号。特别值得一提的是鄠邑面塑和华州面花。鄠邑面塑应用比较单纯，以祭祀献饭为主，没有延伸。面塑题材有《八仙上寿》《二十四孝》《全家福》《放饭》《唐王祭灵》《三娘教子》《赵匡胤》《杨门女将》《白蛇传》《藏舟》《耍落草》《游龟山》等。一般是把八碗组成一个故事或一出戏。华州面花和别的地方的面花比起来，有着自己突出的特点，一般不着色，保持了面食那种自然的白、香、甜，造型质朴厚重、大胆夸张追求神似。

图 7.6　澄城面花

泥塑是以泥巴作为塑形材料的雕塑艺术。陕西省非物质文化遗产名录中收录的有凤翔泥塑、城固泥塑、陈仓泥塑、长安泥塑和绥德民间泥塑、东龙山狗娃咪泥哨 6 项。凤翔泥塑产地主要集中在宝鸡市凤翔区城关镇六营村，这里的农户几乎家家从事泥塑生产。凤翔泥塑采用黏性很强的"板板土"，兑水和泥，制模，捏泥人、泥动物、泥器物，并施以彩绘，当作泥玩具出售。城固泥塑技艺起源于新石器时代，主要分布在汉中市城固县宝山镇陈村一带。城固泥塑按内容可分为人物造像、动物造像、生活用品和装饰品等，城固泥塑材料是江汉盆地的含沙量少的黏性黄泥。陈仓民俗泥塑是以传统的道教佛教人物和陕西关中西部民间民俗为题材，主要包含道教佛教神像、关中民俗人物塑像、十二生肖及动物塑像等三个方面内容。陈仓泥塑以本地的黄土和红紫土、棉花、麻丝、水、米汤、面糊为基本材料，辅之木料、钢筋、铁丝、稻草等。城固泥塑和陈仓泥塑的共性是都以为庙宇塑造神佛塑像为主要业务。长安泥塑历史比较短暂，可追溯到清光绪初年，当时长安王曲镇新庄人刘建勋、刘建东兄弟以给庙里塑神像为生，后传给其子刘学良。20世纪70年代后期，长安区郭杜镇周家庄人苗春生师从刘学良，成为长安泥塑第三代传人。苗春生在继承师授的基础上，结合关中民俗进行创作，擅长大场面的群塑，自成一绝。长安泥塑作品生活画面感极强，再现了20世纪90年代前关中农村的劳动生活及民俗活动场景（见图7.7）。绥德泥塑取材于陕北群众的日常生活，作品大多反映陕北传统文化或劳动场景，这点和长安泥塑类似。绥德泥塑采用陕北的黄土为塑形材料，由于陕北黄土质地松散、粘性不够，工匠在和泥过程中添加蜂蜜、食用油和棉花，用来增加黄土的粘度和韧性。绥德泥塑和长安泥塑均不染色，作品呈现黄土本色。狗娃咪，也称狗娃哨，是商州地区用胶泥烧制而成的一种儿童玩具。20世纪80年代之前，东龙山狗娃咪泥哨是当地儿童主要玩具，当地有民谣"龙山双塔耸入天，龙梁上面高架板。男女老少坐一滩，狗娃咪咪吹得欢"，可以看出狗娃咪受欢迎程度。东龙山狗娃咪的造型多为小狗、小猫、小鸟、小狮、小猴、人骑狮、人骑狗、猴骑狮、狗骑狮，以及整套的十二生肖等。狗娃咪泥哨制作分为制泥坯、捏制、烧制上釉色三个工序，泥哨形制小巧，通体乌黑锃亮，一抹艳红点缀其上，形象稚趣可爱，极具乡土气息。

图7.7 长安泥塑·集市（局部）

第七章　陕西民间美术

合阳纸塑窗花、镇安蜡花、金台马氏瓷刻、渭北葫芦和礼泉皮影采用的雕塑材料分别是纸、蜡、瓷盘、葫芦和兽皮。特别是陕西皮影更是陕西民间美术的佼佼者，不但皮影的雕刻技艺是非物质文化遗产，而且皮影戏也是非物质文化遗产。华县皮影戏、华阴老腔皮影戏、阿宫腔皮影戏、弦板腔皮影戏都入选第一批国家级非物质文化遗产名录，其中华县皮影戏入选联合国教科文组织"人类非物质文化遗产名录"。礼泉皮影雕刻材料是牛皮，礼泉皮影属于西路皮影，人物形制较大，高约40厘米，头脸多为通天鼻梁，具有粗犷的感觉。礼泉皮影中的精品当属灰皮影，但是目前已经失传。"《陕西皮影珍赏》一书中记载：明清时期的灰皮制作技术以礼泉县北屯镇为最好。灰皮制作技术是我国皮影制作史上的一项绝技，以制作的皮子色泽好、质地好、上色好而著称。"[1]

绘画也是民间美术的一个重要分支，陕西省非物质文化遗产名录收录的绘画共18项。和学院绘画不同的是，陕西省民间美术的绘画材料、载体不拘一格。学院美术的绘画作品载体多为纸张和墙壁（壁画）。在民间绘画中，房屋、家具、墙壁、大厅、门窗、碗架、瓷盘、门帘、柜子、炕围、灶台等目之所及的物体表面都可以是民间绘画的载体。学院绘画对画笔和颜料要求严格，画笔有毛笔、钢笔、铅笔、碳条等，颜料有国画颜料、水粉颜料、油画颜料、丙烯颜料等。民间绘画则因地取材，画笔主要是毛笔和刷子，颜料以油漆为主，甚至利用烧火棍和所选材料本身的颜色来创造图案和色彩。学院绘画讲究的是独创性和不可复制性（版画除外），不适合批量传播。民间绘画不关注这些，图案和纹理在不同作品中可以反复出现，如庙宇的藻井、横梁的装饰，有时候作品还可以批量复制，如富县熏画、凤翔罩金漆器制作技艺、夹板门帘都是采用流水生产的同一作品。总的来说，学院绘画需要一定的技巧和表现力，如构图、用色、透视、比例、笔法等，追求雅致和韵味，适合装饰和欣赏。民间绘画完全凭借民间艺人对生活的理解，表现他们认知的世界，绘画技巧退居次要位置，取而代之的是民间艺人的情感认知。民间绘画追求色彩艳丽和图案通俗易懂，虽然也用来装饰，但更强调被装饰物体的实用性。

民间绘画中最常见的绘画类型是油漆画。陕北民间匠作画艺、吴起油漆画、金台

---

[1] 礼泉皮影DB/OL.https：//www.ichshaanxi.cn/fyccxm/detail/317.shtml.

罗氏彩塑彩绘、绿蓝草古建彩绘、鄠邑漆画、凤翔罩金漆器制作技艺等都是利用油漆作画。陕北民间匠作画艺包括炕围画、箱柜画和建筑彩绘等形式。吴起油漆画经常用于家具、墙壁、大厅、门窗以及生活用具的装饰，不仅美观，而且防晒防潮，可以有效保护其表面不受破坏。金台罗氏彩塑彩绘技艺主要分布于宝鸡市金台区、渭滨区、陈仓区等地，在宁夏、甘肃部分地区也享有盛誉，这一技艺广泛应用于寺庙、道观等古建筑的彩塑彩绘。绿蓝草古建彩绘流行于陕西宝鸡市扶风县及周边地区，也应用于寺庙、道观等古建彩绘。所谓"绿蓝草"就是以绿、蓝相间形成块和面的构图样式。彩绘时，各段落区分或衔接用绿蓝草来间隔。在实际应用中，分为"硬草""软草"两种样式。"硬草"为直线、直角组成的图案，"软草"则用曲线来表现，"软硬"兼施，变化多端，多彩多姿。鄠邑漆画，顾名思义是用生漆作画，曾经广泛应用于建筑、家具、器物等装饰，近些年漆画的使用属性被淡化，转型为收藏品和艺术品。凤翔罩金漆器有屏风、桌、柜等十八个品种，用于装饰客厅、书房等。凤翔罩金漆器制作工艺精细独特，先在成型物上处理底灰底漆，再以银箔按纹样轮廓摊贴，然后以毛笔描画渲染，最后刷上透明漆罩之，这时银底转呈金色。罩金漆器正是由此得名。

富县薰花（画）是民间原生态艺术品种，是在当地传统碗架云子（碗架前装饰、遮灰挡尘的帘子）的基础上形成的。它别出心裁地使用烟熏形成的黑色作为骨架，再进行填色处理。当地农家妇女每逢年节过喜事都要制作一套全新碗架薰画。先用一张长方形的纸剪出图案，然后点燃煤油灯或桦树皮在纸上熏，待纸被浓烟薰至黢黑时，取下纸即成为黑白分明的云子花。然后用刺绣中的配色方法填充，色彩艳而不媚。

安塞民间绘画是吸收了陕北地区民间剪纸、刺绣、布玩等艺术形式和表现方法的一种民间美术形式，以农村妇女为创作主体，她们有着深厚的剪纸功底，很多时候都是用剪刀剪出轮廓，然后涂色。安塞民间绘画最初来自民间的箱柜画和寺庙壁画，后来发展为记录安塞农民日常生活。安塞民间绘画构思奇特，造型夸张，色彩浓烈，意境欢快，题材和图案反映原始的生殖崇拜和农民的幸福生活。画面有强烈的视觉效果和个性色彩，具有鲜明的剪纸特点。

蒲城麦秆画是蒲城县县城以西的苏坊镇大联村、封村特有的美术项目，植根于关中深厚的农耕文化土壤之中，源于陕西农民对粮食的崇拜。蒲城麦秆画以麦秆为原材料，集剪、粘、烙、刻、雕、染、熏、漆、绘、镶、嵌等多道艺术工序于一体，原始古朴。

碑林布糊画的工艺母体是清代宫廷补花，制作技法集绘画、雕塑、刺绣、堆绣、唐卡、裱糊、剪纸、景泰蓝、建筑等众多工艺之大成。布糊画选材以真丝面料为主，做工精细严格、色彩绚丽、画面逼真，既有油画透视之效果，又有立体雕刻之观感，被誉为"华夏一绝"。

大荔县夹板门帘和澄城手绘门帘是用门帘作为画布的一种民间美术形态。在陕西，门帘是必需的陪嫁品，新人结婚时，由新娘的弟弟挂在新房，代表着和合之意。夹板门帘是大荔县特产，寄托着父母对女儿的深厚情感。因为夹板门帘是父母送给女儿的嫁妆，艺人们做起来也是非常用心。先把白布浆洗四五次，捶打，晒干，直到白布光滑平整。用处理好的白布缝制门帘，画门帘芯子，再缝上飘带，装上夹板。画门帘芯子是制作夹板门帘关键一环。艺人们先在白布上用铅笔画好底稿，然后用毛笔蘸墨汁勾线、描摹，再用淡墨进行晕染。除了手绘之外，大荔夹板门帘中还有刻印技法的运用。构图上大荔夹板门帘显著的特点就是构图饱满，画的沿沿边边都有，用圆和方组成夹板门帘的构图分块，传承了天圆地方的玄学原理。夹板门帘常用的图案是麒麟送子、俊男美女等，寓意着人丁兴旺、琴瑟和谐。有时候还会点缀花瓶、宝瓶，意味着平平安安。花鸟大部分画的都是喜上梅梢、鱼戏莲、鸳鸯戏水等图案，寓意婚姻生活美满幸福。澄城县手绘门帘也是用传统水墨画的手法在特制的粗布门帘上绘画，画面布局分为三大部分，上下两部分均为对称的人物图案，中间用一组花鸟图案，把两组人物画面隔开，上部以圆形画面表现形式，意为天圆，下部则用方形画面表现，意为地方，上部圆形四角配以各类花卉、蝴蝶等角隅纹样，两边常用对称的二方连续或四方连续的花卉图案装饰镶边。画时同样先用浓墨勾勒轮廓，再用墨色晕染。图案多以连生贵子、五子登科、二十四孝、鸳鸯戏水等来表达对美好生活的向往。

锦灰堆又名八破图，以残破的文物片段堆积构成画面，包括集破、集珍、打翻字纸篓等方式。绘制"锦灰堆"必须选用熟宣纸和中国画颜料等用具。画面内容是古代文人雅士书房中常见杂物的无序堆积，古旧字画、废旧拓片、青铜器拓片、瓦当拓片、虫蛀的古书、废弃的画稿以及扇面信札等。这些物件在画面中呈现出破碎、撕裂、火烧、玷污、破旧不堪的形状。锦灰堆布局奇特，看似杂乱无章，实则井然有序，有中国画的疏密聚散、浓淡干湿等特点。绘制锦灰堆要求非常严苛，要求艺术家必须精通各种画法，能工笔、擅写意，花鸟、山水、人物以及连环画等画法都能掌握；必须善书真、草、隶、篆等各种字体以及模仿名家字体，必须能篆刻各类印章。只有这样才能做到惟妙惟肖、形神兼备，在二维空间中营造出三维视觉艺术效果。

内画是以鼻烟壶内壁作为绘画载体的绘画形式。明末清初传入中国的鼻烟已经被香烟所替代，鼻烟壶却作为一种精美的艺术品流传了下来。现代内画艺术源于京派，并分为京、冀、鲁、粤、秦五大流派，工艺美术大师张铁山早年师承"冀派"内画艺术创始人王习三，在继承传统京派与冀派内画的基础之上，创立了以润、透、精、雅为特点的"秦派"内画艺术。

版画入选陕西省非物质文化遗产名录的有凤翔木版年画、汉中民间木版图画、兴镇传统木板图画、旬阳传统木刻版画。版画的制作工序大同小异，都是源自传统的雕版印刷。用来雕版的木材必须纹理清晰细腻、易于雕刻和保存，多选经过处理的杜梨木、红木、黄花梨木等名贵硬木。用这些木材雕刻出主线版，再用不同颜色分出色版，套色印刷，就可以得到一张木版画。

脸谱绘画包括秦腔脸谱绘画和社火脸谱绘画两大类。秦腔脸谱绘画是秦腔艺术的重要组成部分，是舞台演出中使用的一种化妆造型艺术。演员用各种色彩在面部勾画成一定的图案，通过夸张、变形、象征等手法反映人物的类型、性格、品质、身份、年龄以及生活特点、绝技特长等综合特征。秦腔脸谱不仅是对角色外貌的塑造，更是对角色性格和命运的隐喻。通过脸谱的颜色和图案，观众可以快速识别角色的善恶、忠奸等属性。脸谱颜色有红忠、白奸、黑耿直、蓝勇猛、绿草莽、黄暴横、金神鬼的普遍认知。秦腔脸谱包括整脸、三块瓦脸、四大块脸、五花脸、斜旋脸等多种形式。

整脸通常使用单一的颜色（如红、白、黑）勾勒出人物的眉、眼、鼻、口的轮廓，面部色彩较为鲜艳，如关羽的红脸、包公的黑脸等。三块瓦脸：使用黑色勾勒出眉、眼窝、鼻嘴窝的轮廓，使得面部呈现类似三块瓦的结构，如常遇春的脸谱。四大块脸通过鼻梁中间至头顶的线条勾画出"通天柱""冲天纹"，将前额分为两半，再加上眉毛和两侧的面颊，形成四个部分，如张飞的脸部结构。五花脸由三种以上的颜色构成复杂的图案,有的还带有动物图案,用以象征角色的特殊身份或能力。两颊以红色为主的称"红花脸",如《辕门斩子》中的孟良。两颊以黑色为主的称"黑花脸";两颊以绿色(或蓝色)为主的称"绿花脸",如《玉虎坠》中的马武。以鼻梁为分界线,两边构图对称的又叫"碎脸",如《四平山》中的李元霸,《封神榜》中的郑伦、陈奇;两边不对称,造成脸形扭曲的称"歪脸""斜旋脸""破脸",最能代表秦腔脸谱特色。在眉心额头斜着画不一样的旋。歪脸利用人物额头上不同的斜旋图案来塑造角色,如《游西湖》中的廖寅,《斩单童》中的单雄信等。通天柱脸是在整脸脑门上画上"通天柱"的构图,如《五典坡》中的魏虎。老脸仅以黑白两色勾画出面部肌肉纹,如《黑叮本》中的徐彦昭(见图7.8)。

图 7.8　秦腔《黑叮本》徐彦昭脸谱

宝鸡社火脸谱,不仅有周文化"大傩"涂脸的遗痕,而且吸收了殷商青铜器上的饕餮、夔龙、夔凤等图案,在布局、设色、绘画、修整等诸多方面,都已形成一整套成熟技艺和相对固定的程式,并且日臻精细和完美。社火脸谱的绘制分对脸、破脸、悬脸、碎脸、转脸、定脸等。对脸是用相对的色块、花纹图案组成,是脸谱中主要程式,如无敌将军廉颇、徐彦昭、秦明等;破脸打破对脸规格,按性格特征表现,如蚩尤、盖苏文、窦尔敦、单雄信等;碎脸表现凶猛、勇敢、顽强,用皱纹刻画表现,如杨七郎、秦英等;悬脸表现罕见的凶恶神奇形象,根据想象刻画,如李元霸、夏侯惇、朱粲、杨藩等；转脸为重点脸谱外可顶替的脸谱，如武天赐、金兀术、庞涓、屠岸贾、晋槐王等都是红花脸；定脸是重点固定脸谱，色彩、花纹图案固定，不可互相代用，如包文正、阮小七、王彦章、姜维、赵公明、闻太师、张飞等。社火脸谱采用的色彩分为黑、红、黄、绿、白五种，暗合五行明辨忠奸，也是表现社火脸谱人物角色性格的基本色彩和语言。宝鸡市陇州社火疙瘩脸谱绘制技艺多了一个贴疙瘩程序，将鸡蛋壳彩绘成角色需要的疙瘩，然后粘贴在彩绘好脸谱的社火角色脸上，形成别出心裁的陇州社火疙瘩脸谱。

第二节 凤翔彩绘泥塑

凤翔彩绘泥塑是陕西省宝鸡市凤翔区的一种传统民间艺术，当地人俗称泥货。凤翔境内出土的春秋战国及汉唐墓葬中均有泥塑的陪葬陶俑，"有各种形态的动物、人物陶俑，如虎、牛、鸽、猪、狗、羊、独角兽、骆驼等，其形制相似今日之泥塑"[①]。可见其泥塑工艺历史之久。当地老乡购泥塑置于家中，用以祈子、护生、辟邪、镇宅、纳福。

凤翔彩绘泥塑主要分布在宝鸡市凤翔区城关镇六营村及周边地区。据说洪武初年（1368年），明太祖朱元璋曾派部将李文忠在雍水河畔"屯兵"。李文忠部第六营兵士屯扎于此。六营士兵很多来自江西景德镇，闲暇无事，就和土为泥，捏制各种形态的泥活儿当作玩具，并且彩绘示人。洪武二十年（1387年），朝廷撤销了屯田，六营士兵就地安业，从事农业生产，"六营"村名因此而来。兵士转为地方居民后，其中部分人重操入伍前的陶瓷制作手艺，利用当地黏性很强的"板板土"，和泥捏塑泥人，制模做泥偶彩绘，然后到各大庙会出售。

一、凤翔彩绘泥塑溯源

在凤翔彩绘泥塑中，老虎是最主要的造型，有虎头挂片、蹲虎、坐虎，六营村凤

---

① 陕西省凤翔县志编纂委员会.凤翔县志[M].陕西人民出版社1991：725.

翔泥塑文化广场的标志性建筑就是一个大型坐虎挂片（见图7.9），可见凤翔人民对老虎的喜爱。

图7.9　凤翔泥塑文化广场标志性建筑·坐虎挂片

老虎是古羌族部落的图腾之一。古羌族并不是现在生活在四川岷江和涪江流域的少数民族羌族，而是活跃在欧亚大陆上的一个古老东方大族，甚至是中华民族数十个民族的共同祖先，这些民族很多都沿袭着老虎图腾。西王母是天帝之女，居住在昆仑山。《山海经·西山经》记载："又西三百五十里，曰玉山，是西王母所居也。西王母其状如人，豹尾虎齿而善啸，蓬发戴胜，是司天之厉及五残。"[①]"司天之厉及五残"，郭璞注曰"主知灾厉五刑残杀之气"[②]，即司瘟疫、刑法之神。可以看出先秦时候西王母的形象是带有兽形的外部特征的人，是典型的图腾崇拜的标记。因为西王母是"豹尾虎齿而善啸"，因而自然成为古羌族的图腾。周人的远祖首领后稷，其母亲就是有邰氏女，叫姜嫄。有邰氏是羌人的一个支系，姜姓，故称太姜。古羌族由于较早进入了农耕文明，掌握着先进的技术，能养活更多的人口，势力非常强大，首领被称为"炎帝"，就是神农氏。《周穆王传》里提到的西王母国就是一个古羌国，距今5000—3000年，西王母（非昆仑西王母）正是古羌族的一位女性首领。周代更加崇拜老虎图

[①] 方韬.山海经[M].北京：中华书局，2009：41.
[②] 郭璞.山海经[M].郑煟，校刻.刻本.闽格古斋，1600（明万历二十八年）.

腾。殷商卜辞中有"虎方"的记载,《周礼》中也载有"虎方",虎方即以老虎为氏族图腾的国家。当时还有虢(guó)国、大荔、貙(chū)戎,都是以虎为图腾的氏族国家。宝鸡也叫"周原",是周人崛起的宝地。《周礼·地官·师氏》记载:师氏"居虎门之左,司王朝。"①朱申注"虎门":"天子路寝之门,画虎以明勇猛。"②这句话意思是周王处理政事的路寝之门称为虎门,门外画的是虎像。因此凤翔泥塑老虎造型源自古老的图腾崇拜。

图腾是原始人类的一种宗教信仰,随着人类社会文明程度的提高而逐渐消失。但是陕西民间对老虎的喜爱并没有淡化,在民间美术中老虎的造型比比皆是,反映了民间广泛流行的老虎信仰。究其原因,不外乎以下三点。

首先,汉末道教兴起,"西王母"被方士、道教所吸收和改造,纳入到道教神仙体系中,成为所有女仙及天地间一切阴气的首领,护佑婚姻和生儿育女之事的女神。西王母被奉为送子娘娘,因而得到老百姓喜爱。其次,民间认为,老虎有纯阳之力,专吃恶鬼。"汉旧仪曰《山海经》称东海之中度朔山,山上有大桃木,屈蟠三千里,东北间百鬼所出入也。上有二神人,一曰神荼,二曰郁垒,主领万鬼。恶害之鬼,执以苇索以食虎。"③可以看出,老虎对害人之鬼有天然的血脉压制。最后,老虎雄健威武而有胆魄,刚强勇猛而有活力,被称作兽中之王,在民间被视为阳刚的象征。古人认为老虎力量强大不易战胜,由敬畏而产生崇拜,希冀得到老虎的佑护。在中国道教文化中,白虎是四方神之一,镇守西方。道教祖师张天师的坐骑即为黑虎,道教信仰的武财神赵公明坐骑也是黑虎;道教神系中地位尊崇的西王母被称为"黑虎女神",据说她的使者和坐骑也是老虎。民间信仰中,土地爷的坐骑也是老虎。因为老虎八面威风、四方雄震,具有勇猛刚健的独特气质,所以被道教和民间尊崇为护法神、保护神,以镇邪扶正,护卫四方。

汉代狮子进入传统文化,替代了老虎成为新的百兽之王。《博物志》记载汉武帝时大苑之北胡人进献一猛兽(狮子),"帝见之,怪其细小。及出苑中,欲使虎狼食之。

---

① 朱申.周礼句解:十二卷[M].刻本.宋.蔡扬金刊本.1556(明嘉靖三十五年).
② 朱申.周礼句解:十二卷[M].刻本.宋.蔡扬金刊本.1556(明嘉靖三十五年).
③ 李昉,李穆,徐铉.太平预览[M].北京:中华书局,1960:4289.

虎见此兽即低头着地，帝为反观，见虎如此，欲谓下头作势，起搏杀之。而此兽见虎甚喜，舐唇摇尾，径往虎头上立，因搦虎面，虎乃闭目低头，匍匐不敢动，搦鼻下去，下去之后，虎尾下头起，此兽顾之，虎辄闭目……来至洛阳，三十里鸡犬皆伏，无鸣吠。"[1]从考古发现来看，西汉时已有了狮子工艺品。20世纪80年代初，汉元帝渭陵寝殿遗址内出土了狮子玉雕。《后汉书·章帝纪》中有第一次进贡狮子的记载："西域长史班超击莎车，大破之。月氏国遣使献扶拔、狮子。"[2]狮子威风的形象通常与权威和尊严联系在一起，成为王室贵族的新宠。狻猊是中国古代神话中的神兽，也传说是龙的第五子。《穆天子传·卷一》曰："名兽使足走千里，狻猊、野马走五百里。"[3]晋郭璞注曰："狻猊，狮子。亦食虎豹。"就这样，上古神兽狻猊和狮子建立了联系，成为皇家专属的象征物，民间不能僭用。但是在民间，老虎还是深受百姓喜爱的。

二、凤翔彩绘泥塑的类型

凤翔彩绘泥塑共有170多个花色品种，其中有半人高的巨型蹲虎、虎挂片，也有小到方寸的小兔、小狮。凤翔泥塑制作使用黑黏土、大白粉、皮胶等材料，用模具定型。凤翔彩绘泥塑造型洗练、夸张，装饰华美富繁，色彩艳丽喜庆，形态稚拙可爱，在全国众多的民间泥塑中独树一帜。

2002年，国家级非物质文化遗产保护项目凤翔泥塑代表性传承人胡深和胡新明创作的泥塑作品"平安马"荣登国家邮政局发行的壬午年生肖邮票主图（见图7.10）；2003年，胡新民创作的彩绘泥塑"富贵羊"再次入选癸未年生肖邮票主图（见图7.11）；2007年，胡新民创作的彩绘泥塑"福寿猪"第三次入选丁亥年生肖邮票主图原型（见图7.12）；2017年，胡新民创作的泥塑产品"凤尾鸡"入选丁酉年春晚吉祥物。

---

[1] 张华，等.博物志：外七种[M].王根林，校点.上海：上海古籍出版社，2012：16.
[2] 范晔撰.后汉书：第一册[M].北京：中华书局，1965：158.
[3] 张华，等.博物志：外七种[M].王根林，校点.上海：上海古籍出版社，2012：16.

图 7.10　壬午年（2002）生肖邮票主图凤翔泥塑"平安马" 　　图 7.11　癸未年（2003）生肖邮票主图凤翔泥塑"富贵羊" 　　图 7.12　丁亥年（2007）生肖邮票主图（原型为凤翔泥塑"福寿猪"）

凤翔彩绘泥塑根据作品形态可以分为下面五类。

（一）圆雕坐虎、坐狮

凤翔彩绘泥塑最常见的造型为圆雕坐虎、坐狮。狮虎造型体现了陕西民间对狮虎的宠爱。坐虎、坐狮主要用于家庭陈设，规格大小成系列，大者高 2 米左右，小的只有几厘米高。坐虎、坐狮放置在家中，取镇宅护幼之意。

（二）浮雕挂片

艺人称为"片子"，浮雕挂片以虎头挂片、狮头挂片为主，规格多样。最大 70 厘米，最小 7 厘米。其次有牛头、脸谱、神仙人物（如福禄寿三星、孙悟空、天官赐福、八仙过海、哪吒闹海等）、历史人物（如花木兰、关羽、嫦娥等）、麒麟送子等。

（三）圆雕立人

主要为中国民间传说及历史故事中的人物造像，如四大名著人物、神话故事人物、历史人物、诸天神佛等。

（四）杂货类

以动物造型为主，多塑十二生肖形象、龙凤、娘娘庙的泥娃娃等。

（五）耍活类

关中地区把儿童玩具俗称"耍活子"。有各种常见造型，从鸟兽虫鱼到四季瓜果，再到儿童嬉戏场景，如骑牛娃娃、骑虎（狮）娃娃、抱莲娃娃、戏鱼娃娃、爬树娃娃、石榴娃娃等。

三、凤翔彩绘泥塑的作用

（一）镇宅，辟邪

凤翔彩绘泥塑中的造型都是深受人们喜爱的神仙和灵物。诸天神佛、菩萨土地、文圣武圣、各路英雄都是老百姓笃信的俗神形象，把他们供奉在家里，保佑家宅平安，财源广进。凤翔泥塑中的动物形象都是有神力的灵物。猪马牛羊泥像都能让家庭鸡鸭满院、猪羊满圈、槽头兴旺。如在牛马等大牲畜的食槽下放置泥青牛，因为青牛是太上老君的坐骑，具有无上的神力。放置青牛象征"安槽"，借用青牛的神力逼退邪祟。或者放置泥猴，因为猴子是弼马温，可以避马瘟。随着社会文化水平的提升，人们也明白了幸福生活是靠辛勤劳动换来的，和这些俗神没有太大的关联，但是供奉俗神已经成为生活中的仪式，形式大于意义。

（二）护幼，祈子

过去人们生活条件艰苦、医疗卫生条件落后，导致孩子成活率低。老百姓认为小孩子魂魄没有长全，容易被恶鬼勾走。老虎、狮子、石敢当是恶鬼天生克星，把娃娃的命运托付给老虎、狮子照看，恶鬼自然不敢来。因此凤翔泥塑有了拴娃狮虎、拴娃石。宝鸡地区祈子习俗是膜拜岐山周公庙的"送子娘娘"姜嫄，姜嫄是农神后稷之母，传说是踩巨人脚印而受孕。农历三月初十至十五周公庙举办规模盛大的祈嗣庙会，十里八乡想生孩子的男女都来庙里"偷娃娃"。在庙祝引导下先纳上贡品，焚香祭拜之后，默念祈嗣词，词没有固定套路和内容，主要是告诉神灵自己对子嗣的要求。念完后庙祝会给童鞋一双、泥娃娃一个，意思是神灵接受求嗣者的请求。如果想要男孩，求嗣者必须拔下神像怀里的泥娃娃的生殖器吞下（求女孩者无此要求），庙祝身上备有面块，遂拔遂镶。之后，求嗣者怀揣泥像直接回家，路上不能开口说话，否则求到的孩子会跟说话人跑掉。回家后把红线绑在事先准备的泥塑老虎身上，让老虎守护求来的子嗣。孩子12岁时要去周公庙还愿，还愿礼是羊一只，泥娃娃12个，寓意一岁一个。

（三）纳福求吉祥

凤翔彩绘泥塑中的造型经过几百年的筛选全部都代表吉祥如意。如福禄寿三星可以赐福、添禄、增寿；寿桃、麻姑、鹿（禄）都是喜庆、吉祥的象征；刘海戏金蟾、马上封侯、狮子滚绣球、莲（连）年有鱼（余）、葫芦（福禄）、石榴（寓多子）等造型体现了老百姓希望财运滚滚、子孙绵绵、四季平安的美好愿望。尤其是泥塑老虎，不仅有镇宅、辟邪的功能，因为它是道教武财神赵公明的坐骑，老百姓爱屋及乌，认为老虎能运财，因此在宝鸡地区有婆婆在庙会上给媳妇买老虎的传统，希望小两口的日子红红火火。有几个儿媳妇就买几个老虎。最神奇的是岐山周公庙的泥塑老虎，据说每年都有一只老虎是受到神灵特别加持的"灵虎"，谁家有幸买到，一年之内必然心想事成、万事如意。

（四）庙会泥货

凤翔县境内庙会由来已久，名目繁多。春、秋两季尤盛，方便百姓农闲祈祷平安，进行庆贺岁丰的集体娱乐和物资交流。泥货是庙会最抢手的商品，庙会内容确定泥塑产品类型的畅销程度，过去商贩会根据庙会的性质确定不同造型泥塑出售。如柳林镇农历正月初九上九会热销的泥塑产品是诸天神佛、各路菩萨、神话人物；农历四月初一灵山会是祈子主题，下山老虎和泥娃娃卖得最火。农历四月十五为横水麦王会，主题是夏收前的物资交流活动。农历三月二十五日为县城城关镇最大庙会府城隍会。届时有大戏、灯影、江湖、西府小曲等文艺节目演出，邻近各县群众都来参会，接踵摩肩，络绎不绝。这两个庙会各种造型的泥塑都很畅销，群众各取所需。

四、凤翔彩绘泥塑的特点

（一）凤翔彩绘泥塑制作方法简便易行，造型简练

凤翔彩绘泥塑追求神似。泥塑艺人往往根据自己的认知对泥塑进行取舍，舍弃了塑像繁琐复杂的细节营造，塑造人物动物的典型动作。泥塑细节通过彩绘来完善，造型质朴简练，具有鲜明的乡村风格。凤翔彩绘泥塑采用模具制作进行批量化生产，模具一旦成型，泥塑的规格、形态就完全确立，下面就是流水线生产。艺人工作就是泥塑脱模后对浮雕进行修饰、对圆雕合模，晾干彩绘。凤翔彩绘泥塑的艺术水准体现在模具制作和后期的彩绘基本功上，因此制作简便易行。

（二）色彩对比强烈

凤翔彩绘泥塑以大红大绿和黄色为主，以黑墨勾线和简练笔法涂染，对比强烈。凤翔彩绘泥塑迎合了老百姓喜欢喜庆、热闹的特点，颜色使用大胆、朴实，图案花团

锦簇，通过大色块的对比表现和谐，具有强烈的视觉冲击。和学院美术作品不同，凤翔彩绘泥塑的色彩特点可以用艳丽和通俗来总结，这也恰恰是民间美术的特点。

（三）凤翔彩绘泥塑创作手法夸张变形，夸大头部，追求神似

凤翔彩绘泥塑特别强调脑袋的塑造，不管是人物还是动物，脑袋的比例都出奇的大，经常占到造型的二分之一或三分之一，具有强烈的视觉冲击力。虎头挂片、狮头挂片和牛头挂片只塑造脑袋，这些挂片的花纹吸收了青铜器饕餮纹样、虎头纹、兽面纹的造型特征，威风凛凛。但是仔细看这些挂片的花纹，发现还隐藏着其他装饰纹样。所有挂片基本都头顶牡丹花，虎角和虎眉隐藏着小青龙，鼻梁的牡丹花、铜钱纹，脸颊的桃子、石榴等水果图案都让挂片充满生活气息。挂片和圆雕坐虎、坐狮，眼睛瞪得溜溜圆，头上戴着花，身上绘有牡丹花和铜钱构成的纹饰，身上的纹饰也应用在圆雕人物身上。圆雕老虎、狮子都是大蒜鼻头，咧嘴豁牙，造型呆萌，完全没有百兽之王的凶狠和暴戾之气，其他泥塑造型也都通过不同程度的变形和调整肢体的比例而显得平易近人和温顺。如孙悟空、关羽、花木兰等人物和其他神佛菩萨都大脑袋，没有脖子，胖乎乎的短腿短胳膊，身上装饰各种花朵，强调了他们的可爱（见图7.13）。凤翔泥塑艺人偏爱塑造动物胖乎乎的短腿，如羊、猪，公鸡，有意夸大脑袋和身体，做出各种呆萌的造型。

图7.13 凤翔泥塑作品·花木兰和孙悟空

五、凤翔彩绘泥塑的制作

凤翔六营村几乎家家户户都从事泥塑制作和销售行业，长期以来形成了前店后坊

的生产格局。院落前面的房子改造成商品陈列区和销售区，后面的院子就是生活区和泥塑作坊。游客可以随意进入院落参观泥塑产品的整个制作流程（见图7.14）。

图7.14　游客参观凤翔六营村泥塑家庭作坊

（一）采土

凤翔彩绘泥塑主要原料是六营村东边万泉沟内的"板板土"，俗称"观音土"，土质细腻，油性足，在饥荒年代曾经被饥民当做充饥食物，饥民食后因为无法消化最后坠胀而死。"板板土"土质细腻油性足，遇水柔软好塑型，干后不龟裂、不起皮、不变色，因此是制作泥塑的上好材料。

（二）砸泥

将采集的原始土放在石板上，用"木骨朵"（一种原始农具）砸碎研细，撒上清水，过一至二个时辰，待土湿透后，再往泥内加入适量纤维，如麻纸和棉花纤维，反复捶打制成韧性强的纸筋泥。砸好后用塑料纸包裹严实，醒发三天后使用，泥的韧性更强，使用起来得心应手。

（三）造型

造型是区别艺人手艺高低的分水岭，艺人们称为"出楔子"。艺人常常根据自己的审美要求，先用手捏塑出大概形象，再借助于尖、圆、扁、方、斜、凹、凸和多齿等大小不同的泥塑工具，通过点、按、挑、刻、划等手法和小泥团、泥条的堆积，塑造形体，晾干后即成模型（楔子）。

（四）制模

制模是将创作的作品制成翻坯用的模具。把纸筋泥擀成指头厚的泥片，盖在涂了植物油的模型上，双手用力挤捏，使其凹凸结合紧密，然后用草木灰脱模。圆雕作品模具从中间部位切割成为两半。过去艺人使用泥巴模具制作方法，现在大量使用石膏模具。

（五）翻坯

纸筋泥揉成泥饼覆于凹陷的模具中压实，去掉边沿多余泥饼。制作大型坐虎、坐狮圆雕，须在捏腿时候插入竹片或木片起到加固作用。晾晒至七成干后脱模，然后插上弹簧和铁丝，安装头花等装饰部件。

（六）合坯

圆雕泥塑是空腔，是用两个半片合在一起。合坯时候要用湿软的泥条粘于原坯边沿，对茬黏合，最后用泥片封住下部，封口前给腔内放置几粒泥豆豆，成品摇动时就会发出清脆的响声。牛角、耳朵、尾巴等部件都是后期贴上去的，黏合还是用湿润的泥条，黏合时可以对雕塑进行微调，要注意成品的天衣无缝、神态自若。

（七）粉洗

先用清水搓洗泥坯，使表面湿透，清除泥坯上的砂眼和浮尘，再用白粉汤浇灌，然后用细砂纸打磨三次，使表面光润白亮。粉洗所用白粉是凤翔县城西边灵山脚下出产的白垩土。白垩土干后呈现白色，因此过去农村常用白垩土浆粉刷泥墙。将白垩土采来后砸细，过筛加入熬制稀释的胶液中，搅拌均匀揉制成面团，用洗面筋的手法制成白粉汤。这样的白粉汤没有沙粒，颗粒细腻，附着性强。

（八）彩绘

彩绘特别重要，先绘样再上彩。绘样也称勾线，即用墨线勾勒出作品的形象与神态。泥塑艺人的美术功底通过勾线一览无余。若勾线线条流畅、粗细匀称、一气呵成，说明艺人水平较高，作品成品质量明显高很多；反之，如勾线歪歪扭扭、忽粗忽细、多出残留明显接头，说明艺人水平一般、作品一般。勾线分彩绘和素绘两种：素绘需要在全白的泥胎上一墨到底，除了勾出轮廓线外，还需要用墨线描绘出作品的细节和装饰符号，技艺要求较高；彩绘只需要勾出作品轮廓，分别填充色块。凤翔艺人多用色彩为黑、白、红、青、黄五行正色，代表金、木、水、火、土。

（九）上清漆

上清漆是凤翔彩绘泥塑最后一个步骤。作品完成后，待颜色干透，需要在彩绘表面薄薄刷上一层清漆，过去使用桐油。特别要注意的是，清漆一定要覆盖所有色块，白处不涂。这样能保证颜色不被水溶，耐摩擦，保留时间长也不变色。白处若是涂了清漆颜色不亮反暗，因此不涂。

第三节 凤翔木版年画

凤翔木版年画是中国八大木版年画之一，是中国历史悠久的传统民间艺术形式。凤翔木版年画源于宋金，成熟于明初，盛行于清朝，中华人民共和国成立前夕衰落，被国外收藏家赞誉为"东方智慧的结晶"。在世界各著名博物馆皆有收藏。数百年间，凤翔木版年画常盛不衰，其产品销售范围包括陕西、甘肃、宁夏、青海、新疆及四川、河南、河北部分地区。2006年5月20日，入选第一批国家级非物质文化遗产名录。

一、凤翔木版年画的历史

凤翔木版年画主要产地在陕西省宝鸡市凤翔区南、北肖里村和陈村镇一带。凤翔木版年画有文字可查的历史见于邰家的西凤世兴画局家谱。据凤翔区南肖里村邰氏祖案记载，至明正德二年（1507年）前，邰氏家族已有八户从事年画生产，至今传承延续了20代。"1973年整修西安碑林石台孝经，发现宋金时代套色版画《东方朔偷桃图》（载《文物》1979年第5期）；《杨柳青年画集》第93页"三星图"（朱刻，明代）上题有关中赵希献写。"[1]可见陕西木版刻画在宋金时期已经出现。明末清初，该村有10多户人家开办作坊，印制年画。清乾隆五十五年（1790年），邰顺继承祖传画业，经营万顺画局。道光十五年（1835年），邰正荣改万顺画局为荣兴画局。同期，北肖里、陈村镇亦有画局30多家，年产各种年画10余万张，远销关中西部和甘肃、宁夏、青海等地。凤翔木版年画在民国时期最兴旺，"清末，凤翔从事木版年画的有一百四五十

---

[1]陕西省志编纂委员会.陕西省志·文化艺术志[M].陕西人民出版社，2005：422.

户，并组织有世兴、忠兴、树德等画局7个。各局少则10多人，多则30人。"①"民国十八年（1929年），凤翔县从事木版年画产业的工坊有六七十家，其中南小（肖）里的'世兴画局''忠兴画局''树德画局'，北小里的'复盛画局''兴盛画局''新盛画局'，陈村镇的张记、李记、郝记等画局，均具规模。年画种类日趋丰富，大小门神40多种，有的组画一套多达30余幅。民国二十五年（1936年），木版年画工艺鼎盛，仅'世兴局'一家年内印刷420多万张。"②"清光绪年间，宝鸡庙画艺人苏氏创作的'金三裁'（工笔重彩印金描银）手工敷色，由原来的20多家发展至百余家。"③民国初年，年画作坊多为有钱人家操纵，城市商人贪图暴利，减少套印、粗制滥造，群众称为"土三裁"，抗日战争时期才恢复原貌。民国后期，各画局逐步解体，生产下降。

中华人民共和国成立前，北肖里村和陈村镇的年画业便中断了，南肖里村尚存。20世纪50年代初，国家搞年画改革，传统画版被当成"四旧"破坏掉。二十世纪六七十年代，为抢救凤翔木版年画，南、北肖里组织百余人的年画会，年产300万张。1970年，创作新门画40多种。1978年，成立"南小（肖）里木版年画研究会"，参加者有30多人。年画品种逐年增多，有象征驱邪逐恶的门画"秦琼""敬德"；寄托美好祝愿的"吉祥如意""状元进宝"；富于生产、生活气息的"女十忙""四时报喜"；有反映戏剧故事的"二堂献杯""单刀赴会""天仙配""西游记"等；有反映戏剧故事的"二堂献怀""单刀赴会"；有神话传说"天仙配""西游记"等，含意幽默的讽刺画"东头吹胀、西头捏塌"等200多种，并珍藏明代一幅"雄鹰镇宅"的巨型刻板，其画与著名画家林良的墨鹰有些相似，形神兼备，表现出一种强悍庄重的气势。凤翔木版年画内容丰富，题材广泛。年画套色由五种增至10多种，采用工笔重彩手法，刷天染地，上象粉，开红光，套银描金。构图丰满传神，线条刚劲有力，色调古朴淳厚，具有鲜明的西部文化特色。至1980年，共研制年画新版70多种，如"男女都一样""娃娃少而康"等，年产150余万张。1983年，年画产量增至700多万张。1983年后，年画生产的集体性组织和印刷车间解散，凤翔木板年画制作转为家庭生产，春节前各自向外推销。

---

①宝鸡市地方志编纂委员会.宝鸡市志（下）[M].三秦出版社，1998：1868.
②陕西省凤翔县志编纂委员会.凤翔县志[M].陕西人民出版社，1991：725.
③陕西省地方志编纂委员会.陕西省志·文化艺术志[M].陕西人民出版社，2005：422.

1978年后,"西凤世兴画局"第三代传承人邰怡主持成立了凤怡年画社,对流散民间的版画古样进行挖掘、整理、研究和复制,重新恢复了凤翔木版年画这一古老的民间传统艺术。20世纪80年代前期是传统年画的黄金期,因为残留的画版较少,年画供不应求,仅南肖里的家庭作坊就恢复了80多家,但这些作坊规模都不大,没有字号。

1984年后,邰怡长子邰立平开始经营凤怡年画社,继续为抢救、保护凤翔木版年画。经过邰立平的努力,《凤翔木版年画选》两卷册得以整理出版。

20世纪90年代后,先进印刷技术战胜传统印刷工艺,胶印年画由于画质细腻逼真且价格低廉迅速占据了民间年画市场。凤翔木版年画失去了市场,生产力萎缩、生产中断,做木版年画的人寥寥无几,传承乏人。现在凤翔木版年画市场在国家的扶持下蓬勃发展,走上了收藏品等高端路线。

二、凤翔木版年画的分类

凤翔木板年画的分类没有统一的说法。凤翔木版年画国家级传承人邰立平认为可以分为门画、十美图、风俗画、戏剧故事、窗花、家宅六神等六大类,也可把十美图归入风俗画。《陕西省志·文化艺术志》把凤翔木板年画分为神类、门画、节气画、生产风俗民俗画、戏文类、吉庆娃娃、历史画、顶棚画、木版窗花等九大类。我们对这两种说法进行综合,把十美图、吉庆娃娃归入风俗画;历史画因为存世画版极少,不再考虑。顶棚画是结婚时候贴在顶棚上,现在钢筋混凝土的楼房也失去了顶棚画的生存土壤,但是它作为一种民俗曾经存在过,因此归类为生产风俗民俗类。于是形成了神画、门画、节气画、生产风俗民俗画、戏文类、木版窗花等六大类的分法。

神画:家宅六神,包括灶神(分单、双、全家福)、龙王(水神)、天地神(老天爷)、土地神(福德正神)、仓神和牛马王,此外还有财神、神判(张天师、钟馗)等。

门画:主要是门神。武门神有方弼与方相、神荼与郁垒、站秦琼与敬德、坐秦琼与敬德、骑马秦琼与敬德、执锏秦琼与执鞭敬德、坐虎敬德与骑马秦琼;文门神为魏徵,又叫天官;有加官进爵与加官进禄、国泰民安与风调雨顺、天官赐福与加官进禄、加官进禄与鹿鹤同春、天官赐福与吉祥如意等,文门神还有刘海撒金钱和刘海戏金蟾,还有蒙古族贴在帐篷上的骑马门判。门神按尺寸可分为全开的四对八张大门神、三开的中门神和小门神三种规格。除了门神外，门画类还有：娃娃骑虎（该版被中国美术馆买走）、花卉博古、三元报喜、端桃献寿等（贴于老人房门上）、倩女寻梅、爱菊佳人等（贴于媳妇门上）；蟾宫折桂（中秋贴于门）、刘海戏蟾（贴于商贾门上）等。

节气画：适应各种节气张贴的年画。有春牛图（年节贴的农历图）、鸡吃蝎（谷雨画，上题：谷雨日、谷再晨，奉请谷雨大将军，化三盏、酒四尊，送蝎千里化灰尘）等。

生产风俗民俗画：有十美图，十个美人一套，共五对，寓意十全十美，还有渔樵耕读（世兴局）、男十忙（世兴局）、女十忙（陈镇家祀）、碾米磨面（陈镇兴顺画局）、驱鼠图（陈镇李记）、打兔狩猎图（陈镇李记）、各显其能（陈镇李记）、买卖发财回家来（世兴局）、渔家乐（世兴局）、三元报喜（世兴局）、讽刺小人画（世兴局）、四星报喜（世兴局）、吉庆有余（世兴局）、招财进宝（世兴局）、祖孙乐（世兴局）、大吉利（世兴局）、凤戏牡丹（世兴局）、布袋和尚（陈镇）、善财童子（陈镇）、莲（连）年有鱼（余）（新兴局）、戟（吉）磬（庆）有鱼（余）（世兴局）、金童玉女（世兴局）（见图 7.15）等。

图 7.15　凤翔木版年画·金童玉女 世兴局出品

戏文类：多数成组成套，共 100 余种，全的时候有两百多幅，有《白蛇传》《西游记》《水浒传》《三国演义》《杨家将》《封神榜》等主题，流传下来的只有几十幅。世兴局有游湖借伞、穆瓜寨、水淹金山寺、王喜同投亲、广泰庄、黄河阵、全家福、三义寨大交兵、李逵夺鱼、无底洞、求真经、六月亮经、蝎子洞、狮子洞、三盗芭蕉扇、鸳鸯扇等。

木版窗花：北方过去家家户户都是小格子窗户，木版年画商专门设计了贴在窗户上的年画，销量很大，全的时候将近100个品种，后来只剩二十四幅四十格。世兴局有花开四季、花开富贵。1980年后，南肖里邰逸、邰立平新刻吹箫引凤、嫦娥奔月等10余种，避免了木版窗花濒临失传的命运。

三、凤翔木版年画的制作流程

起稿：进行设计，画出墨线稿（工笔画）。初稿描绘好之后需要合理安排人物和背景，然后反复修改。

备版：墨线稿设计出来以后，就要备版。刻年画版采用梨木，梨木纹理细腻，硬度适中，吸水性好。梨木料破成一块块版材，一般都要放三年，使其自然阴干，适应当地的空气湿度，否则刻出的版子容易开裂。晾干的梨木版要经过合缝子（拼版）、刨版、切版、打磨等几道工序后才可拿来贴版。

贴版：贴版也叫落墨，贴之前把墨线稿扣到版上，用尺子打好直线，定好位置，有的样稿一粘浆糊纸张收缩不一致，整体形状不方正，所以贴版前还要在版面上搞一次设计。

站版：修稿完了后开始站版，就是把大空挖掉，只留有墨线的那条棱。站好版后，留下的墨线要用菜油浸一遍，这个程序叫浸版，也叫渗油、渗版。渗油可使画版上的墨线变得非常清晰，同时版变松了刻起来省力。

刻版：刻墨线版（母版）最重要。刻版是和线条打交道，追求流畅匀称、变化和美感，手上功夫必须到家。线条刻好之后要修，必须把大底凿平，边缘地带有些不到位的地方还需要重新弄整齐，要不然挡颜色不好印，容易弄脏画面。

洗版：刻好的版要清洗、阴干。洗版是必要环节，上面的浆糊、墨线、木头渣、纸胎还有菜籽油都要洗干净。

号色：用洗干净的裸版印出墨线画，在上面设颜色，做套色版，这就是号色或者填颜色。一般同时填三到四个颜色，都是手填，不同部位尝试不同颜色，最后选出一张最理想的拿去分色。分色就是在墨线稿上把颜色一种一种定下来。分色确认无误后便可每个颜色逐一贴版，跟做墨线版的程序一样。

印刷：有了版，调好色，夹好纸，就可以印画了。印制木版年画的纸在新中国成立之前用的都是四川手工制作的竹纸。竹纸白净，容易吸颜色，印出的画非常艳，对比强烈。20世纪80年代末开始用宣纸代替，以川宣、徽宣为主。

上色：凤翔年画以套版印刷为主，手绘填色较少，套色的顺序通常是由浅至深，即黄、红、紫、绿，所有颜色套完之后，才套金套银，最后印二墨。凤翔年画最早用植物颜料，自己熬制，比较透明，后来熬颜料手艺失传，中华人民共和国成立后一度使用化学颜料。现在邰立平用国画颜料代替化学颜料，颜色能越放越艳。

四、凤翔木版年画的艺术特色

（一）凤翔木版年画保存了艺术的独立性，具有浓郁的地域特色

凤翔木版年画发源地南肖里村地理位置偏僻，虽然处在关中平原，但远离城市，距离宝鸡市约40千米，距离凤翔县城约7千米，环境比较封闭。凤翔木版年画根植于民间，乡村生活为其提供了充分的营养和深厚的生存土壤，很少受其他地区年画风格影响，充分反映了陕西西部农村的民俗风情，具有浓郁的地方民间美术特色，也是研究陕西宝鸡农村生活和文化风貌的珍贵艺术资料。

（二）凤翔木版年画继承的是中国最早的木刻技法

凤翔木版年画社仅存的世兴局一直秉承印刷墨线手工染色的传统。线稿功力深厚，线条刚劲有力，简明质朴，生动大方。不填色的墨线稿本身就是线刻木版画。

（三）凤翔木版年画的造型比较夸张

凤翔木版年画和凤翔彩绘泥塑一样，故意调整人物各部位的比例，人物的头部占整个身体的1/4到1/3以上，人物形象粗犷威猛，画面拙朴（如图7.16）。

图 7.16　凤翔木版年画·世兴局出品

（四）凤翔木版年画是彩印与手绘相结合

色彩以红、绿、黄、紫为主，用色多用大红大绿，色彩夸张。过去经济条件普遍不好，农村更是艰苦。辛苦劳作的农民就喜欢大红大绿的视觉冲击，用喜庆吉祥的图案来缓解劳动的疲劳。凤翔木版年画就是为装饰农民生活而诞生的美术形式，非常贴近农村的审美水准。凤翔木版年画"金三裁"就是为了满足这种审美而创造的，采用局部手工填染、工笔重彩印金描银等手段。世兴局把这种技法发扬光大，年画色彩对比强烈且图形造型饱满夸张，保留了古版年画古朴自然的艺术风格。

第四节　陕西剪纸

剪纸是通过用剪刀或刻刀在纸上剪出镂空花纹来塑造艺术形象的一种民间美术形式。剪纸的材料简单易得，造价低廉，因此深受老百姓的喜爱。剪纸的艺术材料主要是各种纸张，采用镂空雕刻的造型手法。实际上，镂空雕刻的造型手法在西汉纸张发明之前就已经流行，当时人们创作的艺术材料是各种薄片，如金银箔、皮革、布帛、树叶、树皮等。《史记》中"桐叶封弟"记载了周成王用梧桐叶剪成"圭"形封其弟姬虞到唐为侯。《木兰诗》中"对镜贴花黄"的"花黄"就是用黄色花瓣剪成的各种图案，晋唐时期盛行"镂金作胜"，"胜"就是剪出的花式纹样（几何形称"方胜"，花草形称"华胜"，人形称"人胜"）。南朝梁宗懔《荆楚岁时记》有"正月七日为人日，以七种菜为羹；剪彩为人，或镂金箔为人，以贴屏风，亦戴之头鬓；又造华胜以相遗"[1]的记载。纸张发明后，因为纸张轻薄易得，使用纸张进行镂空雕刻造型迅速流行起来，人们称其为"剪纸"。我国最早的剪纸作品实物是1967年新疆阿斯塔那古北朝墓群中出土的"团花剪纸""人形剪纸"，采用的是麻料纸，使用重复折叠的创作方式，与今天的民间团花剪纸极其相似。

陕西剪纸艺术特别普及，关中、陕南、陕北各区县都有剪纸艺术，陕西剪纸艺术在全国的民间美术中都占有很重要的位置。安塞剪纸、延川剪纸、旬邑彩贴剪纸均入选国家级非物质文化遗产，旬邑彩贴剪纸被联合国教科文组织认定为"人类非物质文化遗产"。

一、旬邑彩贴剪纸

（一）旬邑彩贴剪纸的历史

旬邑剪纸相传起源于汉代，流传于陕西省关中地区最北部旬邑县境内的中塬张洪镇、太村镇、职田镇和赤道乡等地。清代末年，旬邑剪纸由单色剪纸发展演变为彩贴剪纸。旬邑彩贴剪纸源自旬邑单色剪纸，是当地妇女必须掌握的技能。旬邑剪纸与原始图腾文化相联系，与招魂、送病、镇宅、祈雨等多种民俗活动相关。旬邑位于陕西省中西部渭北旱塬西北丘陵地区，古称"豳"。周族先祖公刘在此立国兴业，是中华农耕文化的发源地，《诗经·豳风》就是收录此地的民间歌谣。旬邑剪纸依附于民众生活，剪纸的内在涵义和外在艺术造型，都和旬邑人民的人生观、世界观、审美观紧密相连，反映着以人为本的传统文化精神。旬邑过去自然条件恶劣、土地贫瘠，妇女社会地位低下。剪纸作为当地妇女为数不多的休闲娱乐方式被传承下来。"世界级工艺美术大师"库淑兰婚后生活非常困苦，剪纸成为她忘却世俗烦恼、逃离现实苦难的唯一乐趣。

---

[1] 张华.博物志：外七种[M].王根林，校点.上海古籍出版社，2012：156.

彩贴剪纸最早称"窗花"。由于过去旬邑生活水平低下，居住条件简陋。花花绿绿的剪纸可以有效掩盖生活的贫困，给苦难生活增加希望和亮色，这是旬邑剪纸存续发展的丰厚土壤和艺术源泉。旬邑农村嫁女、娶妻、逢年过节，家家都要剪彩贴剪纸，张贴于室内显著位置，以增加节日喜庆气氛。在日常生活中，逢年过节要剪窗花、墙画，婚丧嫁娶要剪仪帐，新居装饰要剪顶棚花、炕围花，以及服装刺绣的底样、盖在花馍上的花样以及迎神送鬼的仪程等。

（二）旬邑彩贴剪纸代表人物库淑兰

旬邑彩贴剪纸以彩色有光纸为材料，经剪、贴、衬等多种手法处理来组成画面，作品构图饱满充实，色彩和谐灿烂，情趣盎然。旬邑彩贴剪纸的画面可大可小，其最大尺幅达4米以上，而且每一幅作品都有相对应的歌谣。剪纸艺人在剪纸时，一边创作一边唱，其内容多为当地民间流传的戏曲故事、神仙传说等。

旬邑彩贴剪纸以"世界工艺美术大师"剪花娘子库淑兰为代表。库淑兰作品纯朴自然，将原始民俗题材和个人生命体验相交织，流露着绚丽的自我遐想。库淑兰剪纸时常常边剪边唱，用旬邑当地流行的民歌将画面内容唱出来，绚丽的剪纸图案和淳朴的关中民歌相衬，使得库淑兰剪纸更加灵活生动。

《剪花娘子》歌词

剪花娘子把言传，爬沟遛渠在外边，没有庙院实难堪。热哩来了树梢钻，冷哩来了烤暖暖。进了库淑兰家里边，清清闲闲真好看，好似庙院把外观。叫来童子把花剪，把你名誉往外传。人家剪的琴棋书画、八宝如意，我剪花娘子铰的是红纸绿圈圈。

《空空树》歌词

正月里，二月中，我到菜园去壅葱。菜园有个空空树，空空树，树空空。空空树里一窝蜂，蜂蜇我，我蜇蜂，蜂把我蜇哩虚腾腾。

《狮子娃》歌词

狮子娃，面貌恶，塌塌鼻子深眼窝。帽盖子一揭臭虮窝，捶头子就像二钵钵。

《一树松柏一树花》歌词

一树松柏一树花,花笑松柏不如它。有一日降浓霜鹅毛下,只见松柏不见花。

《采花调》歌词

前山要采灵芝草咧,后山的又采牡丹花。正月采花无花哟采,二月里要采花没开。三月采花桃花红似火,四月采花淡梅子墙上开。五月采花石榴树树满树红,六月采花黄瓜开花一身刺。七月采花茄子开花滴溜溜,八月采花玫瑰花开红艳艳。九月采花菊花开花人人爱,十月采花松柏花儿层层开。十冬腊月花开败哟!蜡梅花花开惹人爱。哥哥说得巧呀!妹妹对得妙!妙儿,妙儿,花儿都开了!

《江娃拉马梅香骑》歌词

鹐(qiān)鸨(bǎo)鸨,鹐树皮。江娃拉马梅香骑,江娃拿哩花鞭子,打了梅香脚尖子。梅香"嗯呀嗯呀我疼哩,看把我梅香能成哩",揭地照逼土(田地边角),照下我倩倩好走手!

2009年,旬邑彩贴剪纸作为中国剪纸的子项目被列入联合国教科文组织"人类非物质文化遗产代表作名录",2011年旬邑彩贴剪纸被列入第三批国家级非物质文化遗产名录。2018年中国邮政总局发行《中国剪纸(一)》特种邮票,共四张。分别是《芦花荡》《牧羊图》《江娃拉马梅香骑》《小别母》,作者分别来自河北、内蒙古、陕西、山西四地。第三张《江娃拉马梅香骑》就是库淑兰的代表作之一(见图7.17)。

图7.17 2018年《中国剪纸(一)》特种邮票

(三)旬邑彩贴剪纸的特点

1. 库淑兰创造了一种新的剪纸方式：贴花

中国传统的民间剪纸一般都是同色的剪纸，并且大多数选用中国红。库淑兰对剪纸艺术进行大胆创新，以富丽堂皇、神秘诡谲、浪漫夸张的手法，采用剪、贴、衬三种工艺把五颜六色的彩色有光纸进行粘拼、点缀，辅助以歌谣相互呼应完成作品创作。从库淑兰开始，旬邑剪纸色彩绚丽，多层次、多色彩，花而不繁、艳而不俗，创造了彩贴剪纸的艺术流派。

2. 彩贴剪纸是陕西西部民风民俗的记录和升华

总结"剪花娘子"的造型特征能发现：首先，"剪花娘子"的服饰造型与历史即周围的环境是分不开的。自春秋战国到秦汉时期，镂空艺术逐渐发展成贴花、胜、透雕等形式，出现在服饰等上面的叫贴绣花，贴在脸上的叫贴面花。库淑兰作品中女子都身着高领的棉袄，这种服饰都与当地的文化以及历史上流行的服饰有关，造型、色彩、形式等都与当地的姑娘出嫁时的嫁衣极其相似，衣服上的装饰图案大多是花的变形，可见"剪花娘子"的服饰造型的基本原型来源于库淑兰的生活。其次，"剪花娘子"的头饰五颜六色极其炫耀夺目，都是由小花组成，一圈一圈以鼻子为中心呈放射状分开排列，极其豪华艳丽。事实上，在古代关中新婚嫁娶时，新嫁娘都会在头上戴上很多这种头饰。从这个方面来讲，剪花娘子更像一个古代出嫁的姑娘。第三，旬邑彩贴剪纸中的点缀物，如牛羊猪狗、花草树木、房舍农具等，都体现了农耕文化的影响，是旬邑人心中对幸福的诠释。最后，旬邑彩贴剪纸都配有创作歌谣，或欢快酣畅，或辛酸讥讽，或风趣诙谐。这些歌谣有的颂扬人生善恶，有的表现生活哲理，有的述说文化感悟，同时也是对作品最完美的解释。

3. 旬邑彩贴剪纸采用先剪后贴的创作手法，作品造型随心所欲

旬邑彩贴剪纸带有强烈的主观性和随意性，内容表现简练洒脱，超越了自然，体现的是创作者的内在精神世界。旬邑彩贴剪纸画面上点、线、面的结合使用，吸收了刺绣、年画等元素，表现了旬邑彩贴剪纸的丰满醇厚。剪纸人物刻画都以正面圆脸为主要内容特征，动物表现多以侧身，正脸为主，具有生动形象、纯朴刚正之美。库淑兰的"剪花娘子"基本是采取对称构图、左右对称的方式，这种技法在剪纸中是很普遍的，左右对称的图形给人均衡稳定的视觉感受。库淑兰的作品里，往往剪花娘子是画面的中心和重点，占据了画面一半的大小，周围还剪贴着其他的一些装饰图案，装饰图形稚拙而天真，夸张而温馨。这样的均衡和周围图形的变化的完美结合，使整个画面给人稳定并且富有变化的视觉感受（如图7.18）。

图 7.18　库淑兰剪纸作品·剪花娘子

二、安塞剪纸

（一）安塞剪纸的历史

安塞地处西北内陆黄土高原腹地，鄂尔多斯盆地边缘。"安塞县处于以仰韶文化为代表的中原民族文化向北发展，以阴山岩画文化为代表的北方民族文化向南发展的文化融合地带。经过历代文化变迁，形成了自己的艺术体系和造型体系。其中，安塞剪纸不仅保留了丰富的古代历史文化和民俗，而且发展和形成了当代的民间艺术风格和完整的艺术造型体系。"[1] 安塞剪纸继承了原始图腾造型艺术和汉唐时期艺术造型粗犷淳

---

[1] 安塞县志地方志编纂委员会.安塞县志[M].西安：陕西人民出版社，1993：593.

朴、夸张变形的开阔气象。安塞剪纸作品出现人首蛇身、狮身人首、鱼身人首以及鹰身狮首人面等，农家门楣上贴的《瓜子娃娃》与青海省大通县上孙家寨出土的新石器时代彩陶盆舞蹈纹样很相似；安塞剪纸的经典造型《倒照鹿》和内蒙古阴山岩画《倒照鹿》高度相似；安塞剪纸《抓髻娃娃》与故宫博物院收藏的商代青玉女佩完全一样。安塞白凤兰的剪纸作品《牛耕图》《禽》和安塞区出土汉墓画像砖上的造型如出一辙。可以看出，安塞剪纸和中国传统文化在民间艺术造型上有着继承关系。

剪纸，安塞人称窗花，其历史悠久，是安塞民间靠妇女口传心授保留下来的一种民间美术形式。安塞剪纸的主要创作者是农村妇女，在民间自然形成了家族血统传承的方式。过去安塞人民判断女子是否聪慧能干的一个重要指标就是女红，因为在相对封闭、自给自足的小农经济时代，女红好不仅满足家庭穿衣盖被的需求，还可以用女红技能补贴家用。20世纪70年代以前，安塞乡俗给儿子定亲有"不问人哈（坏）好，只要手儿巧""生女子，要巧的，石榴牡丹冒（随意）铰的"的说法，就是要看女方的女红能力。安塞剪纸多以农村礼俗活动如节日庆典、婚事、丧葬、祭祀等使用的传统纹样为主要内容和形式。陕北著名剪纸艺人有延喜芳、高如兰、李桂莲、白凤莲、张林召、李秀芳、王占兰、胡凤莲、白凤兰等。

2020年2月8日，中国邮政总局发行《中国剪纸（二）》特种邮票1套4枚（见图7.19）。内容分别是山东胶东《三娘教子》、陕西安塞《腰鼓贺春》）、河北献县《王小赶脚》、吉林通化《吉祥采参路》。

图7.19　2020年《中国剪纸（二）》特种邮票

(二)安塞剪纸的分类和应用环境

安塞剪纸按照形式分类可分为窗花、转花（圆形窗花）、角花、窗云子、窑顶花（结婚时称坐帐花）、炕围花、吊窗（门檐挂帘）、枕花、鞋花、碗柜花、门神花、灶花（鹿马挂帘）等。

安塞剪纸按照内容分类可分为家禽和蔬菜类，包括牛、马、羊、鸡、猪、狗、兔，白菜、南瓜、萝卜等；瑞兽吉鸟类，包括龙、凤、狮、虎、鹿等；民间俗神类，有抓髻娃娃等；动物情趣类，包括老鼠抱蛋、蛇盘兔、鹰抓兔、羊顶架、狮子滚绣球、鱼戏莲、猴子吃烟、猴子吃桃、猴骑羊、猴骑马、猴骑骆驼等；民俗故事类，包括老鼠嫁女、鹊桥会、八仙过海、卧冰求鲤等；民俗风情类，包括回娘家、骑驴婆姨赶驴的汉、娶媳妇、扭秧歌、打腰鼓等；反映延安时期群众生活类，有兄妹开荒、送哥当红军、六畜兴旺等；装饰图纹类，包括云儿（云纹图案）、翻天云儿、椒刺刺狗牙（剪纸主要图案纹路之一）、梅花、双葫芦、砖包城、八宝、蛇盘九颗蛋、万字不断头、双贯钱等。

安塞剪纸的应用环境非常广泛，几乎涵盖了安塞人民生活的各个方面，从红白喜事到节日庆典，从宗教活动到生产生活，处处都有安塞剪纸的存在。

1. 春节用于美化环境

春节是安塞妇女显示技艺的最佳时节，不少家户住室就成了剪纸展览室，剪纸内容多为吉祥如意、六畜兴旺、五谷丰登、保平安等，镇邪恶的老虎、狮子是必不可少的内容。

2. 装饰洞房

安塞人民用于嫁娶时装饰洞房的剪纸最有讲究。寓意最深、最有趣的是窗子中间的"喜花"和窑顶的"坐帐花"。安塞把洞房称为"帐房"，新娘子娶回家进入"帐房"后，揭去盖头，面向装着五谷的麸（福）斗而坐，称"坐帐""坐福"。窑洞顶棚或新娘背后的墙壁上贴有寓意多子多福的剪纸，称为"坐帐花"。安塞民间用牛象征男性，用田地、莲花象征女性，"坐帐花"中的"牛揭地"暗喻男女交合，娃娃踩莲花象征生孩子。所以安塞民谚有"娃娃踩莲花，两口子结缘法"。安塞剪纸用娃娃、莲花、牛、田地、笙（生）、石榴、万字等意象构成了坐帐花的主要内容。

3. 用于宗教礼仪活动的装饰

过去陕北人民过年都要给神龛上剪个门帘贴上。图案内容上，常用的有贯钱、福连万字、云头、鸡、鱼、猪、灶狗等，还有门补、镇宅老虎等。

4. 手工艺品底样

用于制作刺绣、布玩具的底样，同样也是一幅幅独立的剪纸艺术品，常见的有枕花样、鞋花样、针扎样、裹肚花样等。

（三）安塞剪纸的造型

1. 动物造型

安塞剪纸大量出现动物造型，如马、牛、羊、鸡、鸭、鹅、猪等家禽、家畜造型，反映了安塞农耕文化的沿袭。除此之外，安塞剪纸还有大量的瑞兽造型，如虎、狮、鹿、龙、凤、麒麟等，体现了安塞人民对美好生活的向往。安塞剪纸的动物造型传承了古代动物造型的基因，具有"活化石"的价值。

安塞剪纸中倒照鹿的形象就源自内蒙古阴山岩画中的倒照鹿（见图7.20）。鹿在中国传统文化中被视为神兽，神鹿作为仙人的坐骑往往口衔仙草，治病救人，逐渐有了独立的人格。此外，鹿谐音"禄"，因此鹿的形象在安塞剪纸中举不胜举，有鹿衔莲花、鹿衔草、鹿鹤同春、鹿头花等（见图7.21）。

图7.20　内蒙古阴山岩画·倒照鹿　　　　图7.21　安塞剪纸·倒照鹿

安塞剪纸除了鹿的形象，老虎、狮子的形象也非常受欢迎。老虎、狮子在民间有镇宅、辟邪的功能，象征着家庭和谐、人丁兴旺。在安塞民间有"对对狮子对对莲，二十三四儿女全"的说法。安塞剪纸艺人高金爱爱剪虎，也最善剪虎，其代表作《艾虎》（见图7.22）已成为中国民间剪纸中的代表作之一。民间认为艾虎是一种比老虎更凶猛的动物，高金爱把艾虎变成了爱虎。胖乎乎的身材、有力的小短腿、粗壮的尾巴竖在背上，头部没有老虎的"王"字，用锯齿状线条镂空表现老虎的面部特征，肚皮上还有三只小老虎活灵活现，体现了老虎"护幼"的本能。曹佃祥剪纸作品狮子没有考虑狮子身上的毛发和斑纹的表现，而是用抽象的纹理表现对狮子的理解（见图7.23）。

图7.22　高金爱剪纸作品·艾虎　　　图7.23　曹佃祥剪纸作品·狮子

公鸡在民俗中也有辟鬼怪、祛病瘟的功用。在陕北，凡有小孩的人家都会在窗户上贴上大公鸡的剪纸。安塞人民认为魑魅魍魉会从窗户入室，侵害娃娃的魂魄。有大公鸡的守护，鬼怪就不敢入室。在端午节，陕北人们还剪"抓鸡（髻）娃娃"贴在炕墙之上，抓鸡娃娃手里、肩膀上都有大公鸡。高金爱的"抓鸡娃娃"把一个女性变形为一只母鸡，腿脚变形为鸡爪子，肚子上的花纹寓意着怀孕有娃娃，肩膀上站着两只威风凛凛的大公鸡，以防五毒虫跑进家门侵害娃娃（见图7.24）。曹佃祥的"鸡衔蝎子"造型是一只威武的大公鸡站在花丛中，嘴里叼着一只大蝎子，用公鸡对毒虫的天然压制表达让孩子免受毒虫袭扰的愿望（见图7.25）。

图7.24　高金爱剪纸作品·抓髻娃娃　　　　图7.25　曹佃祥剪纸作品·鸡衔蝎子

安塞剪纸动物造型除了这些造型外，还有十二生肖、喜鹊、猫头鹰等。

2. 人物造型

安塞剪纸中的人物造型有抓髻娃娃、连（莲）年有余（鱼）、娃娃骑动物、安塞人民的劳动场景、生活场景和娱乐场景等。"娃"即"娲（蛙）"，抓髻娃娃实际是中华民族的始祖、生育繁衍之神女娲。这点在黄河东岸吉县柿子滩遗址、广西左江花山、内蒙古阿拉善曼德拉山等处的岩画上可以得到体现。距今1.6万—1万年前柿子滩遗址岩画展示的女娲头梳双髻，双乳下垂，两臂上举，两腿叉开呈分娩姿势，又像一只青蛙。广西左江花山岩画可以追溯到春秋战国时期，崖壁上用红色颜料密密麻麻画满了小人，约1800多个。小人造型和吉县柿子滩遗址有些相似，高举双手，岔开双腿（见图7.26）。这些都可以视为"抓髻娃娃"的原型。抓髻娃娃是典型的祖先崇拜与生殖崇拜的结合，因为女娲造人，抓髻娃娃象征子孙繁衍、生命绵延。陕西民间用鸡指代男性生殖器官，抓髻（鸡）娃娃暗喻男女交合。孙殿珍剪纸作品抓髻娃娃盘腿而坐，肩膀上两只大公鸡，肚子里怀了个小孩，体现了陕西民间的生殖崇拜（见图7.27）。安塞剪纸中抓髻娃娃常以金瓜、番瓜、石榴、葫芦等这类多籽（子）的植物果实象征人类的生育，抓娃髻娃坐莲盆、抓髻娃娃坐石榴花盆体现原始的生殖崇拜（见图7.28）。安塞农家贴在门楣上的瓜子娃娃（用六颗南瓜子分别作头、腹、两臂和两腿，再用六颗黑豆分别组成双髻、双手和双脚，贴在黄纸上，手绘五官，彩纸剪裹肚）也是祈祷多子多孙。在安塞抓髻娃娃最初的功能是祈祷生殖繁衍，之后再赋予驱鬼、辟邪、招魂等综合性功能。因此安塞的抓髻娃娃有很多变身，如手拿扫帚、扫天止雨的"扫晴娘娘"；五个手拉手、驱邪招魂的"五道娃娃"；二方连续、四方连续的疗病消灾的"燎疳娃娃"；以骑马人、飞人造型出现能快速送鬼除病的"送病娃娃"等。在安塞，神通广大的抓髻娃娃几乎包揽了人们禳灾祛厄的一切需求，成为陕北人民仰赖的全能保护神。

图 7.26　广西左江花山岩画（战国至东汉期间）

图 7.27　孙殿珍剪纸作品·抓髻娃娃　　　图 7.28　侯雪昭剪纸作品·抓髻娃娃

娃娃骑动物造型很多，有骑鱼娃娃、骑虎（狮）娃娃、骑牛娃娃、骑猪娃娃等。骑鱼娃娃经常被称为连（莲）年有余（鱼），用莲花、鱼和童子形象组合成图案。因为莲子和鱼都多子，寓意生活富裕、子孙绵延。安塞剪纸艺人白凤莲创造性地把中国远古的"鱼身人面"的造型纹样运用到剪纸中来,创造了"娃娃鱼"的剪纸作品(见图7.29)。安塞剪纸艺人曹佃祥创作的骑猪娃娃一手举着一只鸟,鸟代表男性;一手举个蝎子,蝎子代表女性,娃娃就是男女交合的产物。猪在中国古代代表财富,这从汉字"家"的构造就可以看出:宝盖头代表房子,豕就是猪,意思是有猪(财富)才有家。曹佃祥的骑猪娃娃还是寓意着生殖崇拜(见图7.30)。

图 7.29　白凤莲剪纸作品·娃娃鱼 　　　　图 7.30　曹佃祥剪纸作品·骑猪娃娃

反映安塞人民劳动场景最经典的作品是白凤兰创作的"牛耕图"。这幅作品和绥德县汉墓中出土的东汉画像石《牛耕图》(见图7.31)构图高度相似,白凤兰老人不识字,当然也就不可能从一些史料上看到汉代画像砖拓片。她的作品和汉画像砖作品高度相似,说明安塞农耕文化是中国古代农耕文化的直接传承。剪纸中人与牛之间的花木,就是传统的鹿头花纹样。画面背景的花瓶是鹿头造型,上面装饰着凤凰戏牡丹。作品不仅强调了农业生产的重要性,更暗含着阴阳相生的生命繁衍观(见图7.32)。

图 7.31　东汉画像砖·牛耕图　西安碑林博物馆藏 　　图 7.32　白凤莲剪纸作品·牛耕图

安塞地理环境山高谷深、沟壑纵横,自然环境的恶劣和单调没有磨灭安塞人对生

活的热情，反而激发了他们生命本体中对精神世界的追求。安塞人民热爱生活、享受生活，民俗活动多姿多彩。安塞人用剪纸记录他们有滋有味的生活。王西安剪纸作品《骑驴婆姨赶驴汉》勾勒了回娘家或者赶集中的夫妻像。婆姨骑在驴上，男人跟在后面抽着旱烟，两人有一句每一句聊着家长里短，这就是安塞人的幸福（见图7.33）。高金芳作品《打腰鼓》用一个安塞汉子打腰鼓的经典动作展示陕北黄土高原农民朴素而豪放的性格、不屈而张扬的生命呐喊（见图7.34）。

图 7.33　王西安剪纸作品·骑驴婆姨赶驴汉　　　图 7.34　高金芳剪纸作品·打腰鼓

3. 花草造型

安塞剪纸中花草的造型都是生活中耳熟能详的种类，有牡丹、石榴、莲花、菊花、兰花、梅花等代表富贵、生殖、喜庆、祥瑞的符号，也有白菜、玉米、小麦、谷子等代表财富的符号。

牡丹，雍容华贵，牡丹图案单用代表富贵，牡丹与莲花、菊花、梅花等图案组合，代表"四季平安"。安塞剪纸的牡丹花大多剪成石榴和牡丹的复合体，人们称为"石榴坐牡丹"，寓意男女和合、生命繁衍（见图7.35）。安塞民间有"石榴坐牡丹，生下一铺滩"的古语。莲花纹样多用于洞房喜花，莲花图案和鱼组合，寓意连（莲）年有余（鱼）。"鱼戏莲"，莲花图案和童子相结合，寓意连（莲）生贵子等。梅花图案经常和喜鹊图案组合，寓意喜上眉（梅）梢。白菜谐音"百财"，寓意四方来财，安塞剪纸中白菜也是常见造型（见图7.36）。小麦、谷子、玉米等是安塞最重要的农产品，图案代表着财富。

图 7.35　姚建珍剪纸作品·石榴　　　　图 7.36　李秀芳剪纸作品·鸭子吃白菜

从诸多花草纹样可以看出，安塞剪纸实际上表达了多子多孙、富贵满堂的理念，这也是农耕时代对幸福生活的解释。

本章小结

民间美术是相对于学院美术而言的，是由普通群众创作的美术形式。民间美术的创作主体大多没有受过正规的美术训练，但掌握了既定传统风格和表现技巧。民间艺术家用自己的智慧和才能构筑了陕西民间美术的审美体系。民间美术的功能是装饰和美化环境，和陕西丰富的民俗活动密不可分，民间美术是民俗文化的视觉形象载体。陕西民间美术首要特征是其自然性和自发性。民间艺术家以这些艺术作品来表现陕西地区人民的生活。凭借他们的直觉、印象、记忆和对生活的体验和理解，去把握对象，用塑造出的艺术形象来反映他们心中理想的社会形态和对社会生活的认知。陕西民间美术追求神似而非形似，所以塑造的艺术形象和自然形象有很大区别。陕西民间美术在色彩的运用上非常大胆，喜欢用大红大绿和黄色等跳跃性的颜色，非常符合民间的审美特征。

思考练习题

1. 什么是民间美术？
2. 陕西省民间美术的产生条件是什么？
3. 陕西省民间美术的特征是什么？

4. 请在陕西省民间美术中选择一种你喜爱的非物质文化遗产，并说说喜欢它的原因。

5. 为什么说凤翔彩绘泥塑起源于古老的图腾崇拜？凤翔彩绘泥塑有什么特点？

6. 凤翔木版年画的艺术特色是什么？

7. 旬邑彩贴剪纸的特点是什么？

8. 安塞剪纸的应用环境是什么？

第八章
陕西省传统手工技艺

第一节 陕西省传统手工技艺概况

传统手工技艺是我国传统文化的重要组成部分。手工技艺是指以手工劳动为媒介对自然和社会进行改造，通过一系列的工艺历程，生产出具有实用性和审美属性的产品。传统手工技艺有别于以大工业机械化方式批量生产规格化日用品、工艺品的工艺流程。传统手工技艺制作的具有实用价值的产品被称为日用品，具有审美价值的产品被称为传统手工艺品。

传统手工技艺代表着一个社会、一个群体在特定历史时期的科技发展水平。传统手工技艺的产生源自人类的各种需求，因此传统手工技艺首先要满足人类的各种实用需求，为人类繁衍生息服务。在此基础上，传统手工技艺需要满足人类的审美需求，为美化人类生活服务。传统手工技艺涵盖人类社会衣、食、住、行、娱乐、审美等各个领域，为人类社会健康发展提供服务。

陕西省历史悠久、文化底蕴深厚，是中华民族和华夏文明重要发祥地之一。陕西省地理条件优越，土地肥沃、物产丰富、生活富庶，关中平原被誉为"天府之国"。各种手工技艺在陕西都得到了很好的发展和传承。入选陕西省省级非物质文化遗产名录的手工技艺250项，全面展示了陕西在各个历史阶段的科技文化水平。在这些手工技艺中，有生产生产资料的手工技艺，如传统杆秤制作技艺、传统打铁技艺、木轮大车制作技艺、龙骨水车营造技艺、石坎梯田修造技艺、古法养蜂技艺等，这些手工技艺通过制作生产资料来提高社会生产力水平。满足人们生活基本属性的手工技艺有陕北窑洞建造技艺、渭北地坑式窑洞建筑技艺、关中传统民居营造技艺、华州传统木工技艺、吴起窑洞门窗制作技艺、长安瓦当制作技艺、关中木构古建营造技艺等，这些手工技艺满足人们的基本居住需求。土织布技艺、洋县蓑衣编织技艺、定边二毛皮制作技艺、陕北裘皮制作技艺、兴平土布扎染技艺等手工技艺满足人们基本的穿衣需求。北张村传统造纸技艺、洋县传统造纸技艺、汉中张氏摩崖石刻拓印技艺、杏坪皮纸制作技艺、宣纸传统造纸技艺、毛笔制作技艺、刻字制作技艺满足人们的学习需求。狄寨徐文岳泥哨制作技艺、豆村大腊制作技艺及民俗、蒲城杆火技艺、华县皮影制作技艺、合阳提线木偶制作技艺、张氏风筝制作技艺、高陵民间花灯纸扎技艺、传统乐器手工制作技艺、鄠邑民间缯鼓制作技艺、洋县龙亭蔡家灯影制作技艺、泥叫叫制作技艺、民间竹扎技艺、古琴制作艺术、古筝制作技艺、戏剧盔帽制作技艺、秦腔板胡手工制作技艺、陇州社火头帽制作技艺满足人们的娱乐需求。凤翔草编技艺、澄城尧头陶瓷烧制技艺、绥德石雕雕刻技艺、吴起泥塑技艺、陈仓银器传统制作技艺、延安木器装饰雕刻技艺、古琴断纹髹漆技艺、唐三彩烧纸技艺、锔瓷技艺、古典插花、陇县花灯制作技艺、岐山油漆绘画技艺、秦源影雕黑陶、关中葫芦刻画技艺等满足人们的审美需求。在传统手工技艺中，最多的是关于饮食的手工技艺，体现了中华文化中"民以食为天""食不厌精，脍不厌细"的饮食理念和饮食传统。如中华老字号西安饭庄陕菜和陕西风味小吃制作技艺、中华老字号西凤酒酿造技艺、谢村黄酒酿造技艺、泾阳茯砖茶制作技艺、长安沣峪口老油坊榨油技艺、泾城老樊家烧鸡制作技艺、乾州酱辣子制作技艺、永寿沙棘醋制作技艺、葫芦头泡馍技艺、韩城大红袍花椒传统种植技艺等数不胜数。

传统手工艺的衰落是现代社会转型的必然产物。机器化大生产解放了生产力，提高了劳动效率，是社会的进步。机器被普遍采用以后，劳动过程发生了重大变化。机器生产改变了劳动过程的技术条件，自然科学被自觉地应用于生产，使劳动生产率大大提高。不仅如此，机器生产还改变了社会劳动的组织和劳动协作的性质。原先劳动者之间的劳动协作，表现为机器的协作，大大提高了劳动社会化的程度。工业化生产手段可以达到大规模、低成本、高效率的目的，使工业产品具有标准化、单一化的特征。中国目前正处于从农业社会到工业社会、从以物质消费为中心到以文化消费为中心的转型期。整个社会的经济结构、文化形态、价值观念等都发生了深刻变化。

机器化产品的质量稳定、同质，有严格的工业生产标准，可以进行大批量的复制，最关键是物美价廉，因此很快占据了市场。传统手工技艺的生产力低、质量的掌控完全靠手工艺者的操作经验，生产成本高。低价格的工业产品逐渐取代传统手工艺产品是不可避免的，费时笨重、乡土味浓厚的手工制作技艺濒临淘汰。但是以生产审美价值为目的的手工艺品的生产技艺却能直面机器生产的冲击，产品质量的不可控性、手工艺人美学素养的高低不同、经验不同导致每个产品都是独一无二的，带有手工艺者审美态度和烙印。这种手工艺品的附加值让传统的手工艺产品在激烈的市场竞争中夺得一席之地。

从二十世纪六七十年代起，西方就开始了范围广泛的"手工艺复兴运动"。虽然手工艺的复兴作为文化上的一种思潮，不可能从根本上改变社会化生产的大趋势，但充分肯定了手工艺品在人们生活中的地位和作用，同时启发人们思考如何避免工业化对社会文化环境带来的危害。

虽然传统手工技艺存在着诸多致命的缺陷，但是不可否认它是民族文化发展史"活"的体现，体现了民族科技的发展过程，因此对传统手工艺的保护体现了人类的文化自觉，保护了这种文化就保护了民族文化的尊严。我国社会主义现代化建设，离不开本民族优秀传统文化的根基。否则就会迷失方向，丧失民族精神支柱。

对传统手工技艺的保护必须解决以下几个问题。

首先，传统手工技艺不能躺在历史的故纸堆里逃避现实，必须直面现代工艺的冲击。传统手工技艺要和现代生活相结合，满足和适应现代生活的需要。响应时代需求，不断"推陈出新"，生产出符合社会需求的产品。

其次，对传统手工技艺的保护要强调自身的"造血"功能，不能一味地进行"输血"。传统手工技艺的生存不能单靠政府的补贴，应该进行生产性保护。传统手工技艺的产品要想方设法进入市场流通，通过市场来"回血"，实现传统手工技艺的健康发展和传承。

再者，要利用现代科技手段，加快传统手工艺品的不断创新。艺术的生命力在于创新，传统工艺的创新具有必然性。目前。传统手工技艺都已形成定式，有的手工技艺已经脱离现实成为一种历史文化现象，有的手工技艺只满足于传统技艺而不愿对技艺进行更新，呈停滞状态。随着时代的发展，消费者的市场需求、审美情趣、消费行为等都会发生变化。传统手工技艺必须与现代要素的重新组合，才能融入现代社会。

最后，必须重塑工匠精神，传统手工艺品的劣势就是它的优势，传统手工艺品的独特性是打败机器工业生产的法宝。传统手工艺品的生产必须树立精品意识，增加产品的文化附加值。既要生产满足一般群众审美娱乐需求的低端产品，也要审时度势，根据具有文化自觉性的文化精英的要求，走精品化、高端化的发展路线，要兼顾高端用户和普通用户的消费需求，让效益实现最大化。

第二节 古法造纸

造纸术是人类发明史上最杰出的发明之一，是中国对世界文明传播和文化交流作出的重要贡献。1925年，美国学者卡特在其出版的《中国印刷术的发明和它的西传》一书的序言中首次提出中国"四大发明说"。卡特在"序论"中指出："欧洲文艺复兴初期四种伟大发明的传入流播，对现代世界的形成，曾起重大的作用。造纸和印刷术，替宗教改革开了先路，并使推广民众教育成为可能。火药的发明，消除了封建制度，创立了国民军制。指南针的发明，导致发现美洲，因而使全世界，而不再是欧洲成为历史的舞台。这四种以及其他的发明，中国人都居重要地位。"[1]1943年，"四大发明说"经过英国汉学家李约瑟的强调，轰动了整个世界，增强了中国人的民族自豪感。然而在中华民俗崛起的关键时刻，西方试图通过否定中国文化来打乱中国崛起的步伐，对中国古代"四大发明"质疑，否认造纸术是中国人的发明，理由是2016年埃及博物馆展出了一批埃及古王国第四王朝胡夫法老时期的纸莎草文献，这批文献以"《梅勒日志》残篇"为代表，距今约4500年。此论调一出，国内一些学者也跟着响应。这种情况非常危险，会动摇中华民族的文化自信。因此必须正本溯源，通过对古埃及莎草纸和中国古法造纸进行比照，论证造纸术源自中国。陕西非物质文化遗产中的北张村传统造纸技艺、洋县传统造纸技艺、周至起良村造纸制作技艺都以"活化石"的形式向

---

[1] 卡特.中国印刷术的发明和它的西传[M].吴泽炎，译.上海：商务印书馆，1957：9.

世界宣布造纸术源自中国。

一、埃及莎草纸的前世今生

（一）埃及莎草纸的制作工艺

埃及莎草纸是用莎草为主要原料制作的"纸张"。莎草是类似芦苇的水生莎草科植物，草叶呈三角形，古代主要生长于埃及的沼泽和池塘之中，现在只分布于埃及哈图姆地区北部的尼罗河谷地。莎草茎高可达 3 米多，粗细与人的手腕相当，茎部富含纤维。

埃及莎草纸的制作工艺是先用小刀剥去莎草的绿色外皮，留下髓部。然后把草髓割成薄片，放入水中浸泡几天，捞出后用木槌敲打，压去水分，重复多次，直至敲打成薄片。把薄片两端切齐，一条条横向并排铺开，然后再在上面纵向铺一层，用石块压紧，挤出薄片中的糖质和黏液，利用物理的方式使草片相互粘结成大片。晾干后，用象牙或贝壳磨平草片的表面，可以书写的莎草纸就制作完成。成品莎草纸正面呈水平纤维状，反面则呈垂直纤维状。

成品的莎草纸根据规格和质量的不同，大致分为五个等级：

一等为上品，长约 24.03 厘米。

二等为次上品，长约 16.63 厘米，后来由名为凡尼乌斯的人对其改良，纸增长至 18.48 厘米。

三等为良品，产于尼罗河三角洲的塞易斯，其质量较差，长 12.96 厘米至 14.78 厘米。

四等为中品，质地坚韧，较厚，规格和三等品一样。

五等为末品，长 11.09 厘米，主要用于包装。

从莎草纸的规格和等级可以看出，评价莎草纸质量的两个重要指标是纸张大小和纸张厚度，越大越薄的纸质量越高。这和莎草纸的制作方法有关。纸张越大，依靠物理方式让莎草薄片粘连在一起的难度越高，即使粘连在一起也容易散开；纸张越薄，说明上下两层的莎草薄片粘贴越紧，不容易散开。

起初古埃及莎草纸的生产制作基本是在神庙组织管理下进行的，古埃及是一个政教合一的国家，莎草纸的生产在神庙的管理下其实就是国家垄断，后来才逐渐传入民间。

（二）埃及莎草纸的传播

公元前 8 世纪前后，莎草纸制作方法由地中海东岸的港城 Byblos 传到古代希腊和罗马，古希腊作家希罗多德以该城的名字 Byblos 来命名莎草纸，后来，byblos 一词又演变为 bible，而且英语的 book 一词也由此衍生而出。在希腊语中关于莎草纸的单词的原始含义是 pa-per-aa（属于国王的），揭示出希腊时代莎草纸的生产很有可能是被王室垄断的。

埃及托勒密王朝时期，莎草由人工栽培，一年四季可以收割，莎草种植被王室垄断，莎草纸实行调控销售。最好的纸由国家以固定价格收购，质量差的可以在民间销售。公元前 250 年后，罗马向东方扩张，把大量文献搬运回罗马。公元前 168 年，希腊马其顿王朝末代国王佩尔修斯战败之后，罗马保民官保卢斯把佩尔修斯的图书馆整体搬到了罗马。苏拉此前已把提亚斯的阿波林图书馆搬到罗马，还把亚里士多德和泰奥夫拉斯托斯的著作从雅典运回罗马。

罗马帝国屋大维时期，莎草的种植和莎草纸制造及销售都掌握在私人手里，罗马是莎草纸的主要进口地。大量莎草纸的需求刺激了莎草纸产业的繁荣。莎草纸的生产从小村落移到重要城市，手工工匠成为工坊的工人。尼罗河三角洲的泥沼地提供了方便书写、价格合理的莎草纸原料，不列颠岛两河流域的广袤疆域里都使用莎草纸。

伊斯兰教兴起后，埃及的许多城市、乡村都有生产莎草纸的工坊。伊斯兰远征军领袖阿穆尔征服埃及后，下令保留所有造纸工坊，以满足宫廷、哈里发官邸以及外省对书写用纸的需求。那时埃及生产的纸张出口到世界许多国家，是埃及的主要收入来源。

相比泥板、竹片等书写材料而言，莎草纸轻便、柔软、易于书写。但是莎草纸也有缺陷，一是原料产地只局限于尼罗河三角洲地区，莎草纸的制作场所也局限在生长莎草的沼泽边，因而极易形成垄断。二是质地薄脆易碎，稍微折叠就会破损，这使其难以承受陆路转运的长途颠簸，只能通过水路运输，大大增加了莎草纸的成本。根据普林尼在《自然史》中的记载，前 2 世纪，帕加马国王欧迈尼斯二世热衷收集和抄写图书，需要从埃及进口大量的莎草纸。为了遏制帕加马图书馆的充实，埃及托勒密五世下令将造纸方法列为国家机密，并严格限制向帕加马出口。欧迈尼斯二世只得用羊皮纸来替代莎草纸。羊皮纸是绵羊、山羊或其他动物的皮制成的书写材料的统称，死胎羊羔皮和牛犊皮更是被誉为羊皮纸的绝品。

羊皮纸质地更坚固、平滑、耐用，且羊皮纸生产无法进行垄断。羊皮纸尽管成本昂贵，抄写一部《圣经》就要用两、三百张羊皮或小牛皮，但与从埃及进口莎草纸的费用比起来，还是便宜了不少。公元4—5世纪，羊皮纸开始替代莎草纸。欧洲早期的僧侣们的主要工作之一就是把文献转抄到羊皮纸上。在基督教会掌管文化教育的情况下重新抄写实际上是一个严格审查的过程。《圣经》之外的著作、异教著作、和《圣经》相悖的著作统统被忽视、被毁灭。

莎草纸不易保存，会因时间、环境因素损毁，为了更好地保存文献，人们不得不反复抄写。例如，罗马皇帝泰西德斯为了妥善保管好记载先人事迹的历史著作，曾命令官方抄写员每年抄写10个副本，然后送到图书馆收藏。

阿拉伯世界莎草纸的使命也在公元8世纪中叶阿拔斯王朝基本终结。"唐朝纸"也传遍中亚西亚各地，八世纪中叶，哈伦·阿尔·拉希德执政时阿拉伯帝国正式立法，要求政府文献必须用中国纸来书写，大规模地进行莎草人工种植和莎草纸生产就这样暂时退出历史舞台。20世纪70年代，埃及首任驻华大使哈桑·拉加卜参观了中国造纸厂以及故宫古旧书画修复后深受启发，回国复原了莎草纸的制作工艺。现在莎草纸工艺品已经成为埃及旅游产业的支柱产业，成千上万的埃及人以此谋生。

（三）埃及莎草纸为什么不是"纸"

埃及莎草纸虽然在世界文化的传播和交流中做出过巨大贡献，但是莎草纸并不是真正意义上的"纸"。从莎草纸的制作流程可知，莎草纸是把莎草茎秆去皮槌成薄片再利用自身的条件粘连成片状的书写材料，整个过程只有物理变化，没有任何的化学变化。如果天然材料经过简单物理变化形成书写材料就可以称为"纸"，那么竹简、羊皮是不是也可以称为"纸"？从莎草纸的传播过程来看，莎草纸最大的缺点是质地薄脆易碎，颠簸或存放环境不当（过于干燥和潮湿）都会让莎草纸散架成原始的薄片状态，更不能遇水。因此，莎草纸充其量只能称为一种书写材料，不能称为真正意义的"纸"。

而真正的"纸"是利用化学变化去除杂质，仅利用植物纤维构成的新型书写材料。"纸"的结构具有稳定性，可以任意折叠。纸富有张力，能很好对抗时间的侵蚀。纸张具有一定的强度和弹性，使得它能够在一定条件下保持形状。纸张的存放环境相对宽松，遇水后也不会立即破碎，及时处理依然能恢复纸的状态。纸张吸墨性好，书写时墨汁可以渗入纤维深处，字迹保存时间久。中国古代造纸术造出的纸张完全符合上面的要求，即使应用了高科技的现代造纸业，造纸的原理和基本程序也和两千多年前的中国古代造纸术完全一致，只是在程序上有所优化。因此，造纸的源头在中国，中国古代造纸术是世界造纸术的鼻祖。

二、楮皮纸制作技艺

（一）北张村楮皮纸的生产历史

中国是世界上最早养蚕缫丝的国家。缫丝时，上等的蚕茧抽丝织绸，劣等的蚕茧用漂絮法制成丝绵，用作高等棉衣或棉被的填充物。漂絮的次数多了，漂絮用的篾席上会残留一层薄薄的纤维片，纤维薄片晾晒后剥离下来，成为最原始的动物纤维纸。只不过这种漂絮的副产品数量不多，不能批量生产，在古书上称它为"赫蹏（hè tí）"或"方絮"。方絮制造成本高而稀缺，所以只被上层阶级所掌握和使用。无独有偶，在大河边生活的古人发现有时候河岸边、水草丛中也有类似的可以用来书写的纤维薄片。原来是河边的草木掉入河水中腐烂之后木质纤维被水推到岸边，日积月累，风吹日晒也形成了最原始的纸张。这些现象启发了中国古人发明了造纸术。东汉蔡伦根据方絮的产生方式改进了造纸术，从此以植物纤维为主的纸张代替了动物丝纤维的方絮，使得纸张的制造成本大幅下降，为纸张的普及提供了技术支持。

东汉蔡伦改进造纸术后，中国造纸术迅猛发展，纸价相对便宜，但仍不是普通人能接受的。唐宋时代的纸张，特别是"高档纸张"，价格其实还很昂贵，大文豪欧阳修都曾感叹"学书费纸，尤胜饮酒费钱"。宋代官府的公文用纸，更是价格不菲，甚至还有人靠"卖官府废纸"赚钱。比如宋代文化名人苏舜钦与王象之，就都在"卖废纸"这事儿上栽了跟头，落得罢官甚至入狱的悲惨下场。

明清时，随着中国古代造纸技术的更加成熟，纸的成本也更"亲民"。明清时代的中国造纸业，已经形成了多个产地，其浸解—洗涤—抄造—压榨—焙干的流程，几乎与现代造纸产业无二。纸的产量质量空前提高，明朝万历年间，2000张"抬连纸"的价格，只相当于一匹麻布，五十张上好"大呈文纸"价格，也不过能换一斤香油。明清时代繁荣的市民文化，火热的图书出版，都靠纸张的"亲民价"来助推。

北张村属于陕西省西安市长安区，位于西安市区的西南方位，是沣河东岸鄠邑区秦镇与长安区兴隆乡结合部的一个村庄，距西安市区30千米。汉武帝时期，是皇家狩猎场所在。汉武帝在狩猎时遵循"上天有好生之德"的理念，在猎场的北边或南边不布置猎网，猎物能否逃脱完全取决于运气，成语"网开一面"即来自这个典故，北张村、南张村的名字因此得名。据说东汉蔡伦因逃避朝廷问责在封地龙亭县服毒自尽，蔡伦族人四处逃命藏匿，其中一部分人逃至安康，经子午古道翻越秦岭，将当时最先进的植物纤维造纸技术传授给北张村。北张村背靠秦岭，秦岭提供了取之不尽、用之不竭的楮树，而楮树皮正是造纸的绝佳原料。造纸需要用大量的水，北张村处在沣河沿岸，滔滔的沣河为北张村提供了造纸需要的水源。在这两个有利条件的加持下，北张村的造纸业得以繁荣。北宋以后，西安的造纸业由官办转到民间，成为农村传统手工业组成部分。长安县（现长安区）和洋县迅速发展成为陕西两大造纸业中心。明朝后期北张村造纸业发展迅猛，经济发展也很快，"北张里"也改名为"北张镇"。中华人民共和国成立后，手工造纸业受到了工业造纸的严重冲击并渐渐消失，而北张镇受到周围秦镇、细柳等镇的经济发展排挤，复改镇为村，也就是现在的北张村，2018年北张村因长安区棚户区改造项目整体拆迁。

  造纸业自古以来就是北张村的支柱产业。古法造纸又苦又累，两腿常年浸泡在沣河水里。在长安民间，素有"有女不嫁北张村，早晨起来站墙根""人多地少没有钱，全靠造纸度饥寒"的说法，这些都证明了古法造纸的辛苦。"站墙根"指的是北张村妇女每天早上在墙上晒纸。唐代时候，北张村生产的纸张已经远销日本、朝鲜等国，北张村的宣纸是唐代宫廷御用纸张。中华人民共和国成立前，北张村生产的白麻纸大量地被西安地区和延安地区的报社选用。"城南30里的北张村，居民300余户皆操纸业，村中男女老幼均为造纸工人或助手，以南山所产楮树皮为原料，年产纸2000余万张。"[1] 中华人民共和国成立后，北张村的造纸业一度辉煌，"1950年1月，沣惠乡北张村造纸生产合作社有634户3312人，全村户户从业，有纸浆槽430合，年产土纸2971万张。"[2] 随着机器化大工业的发展，农村合作社解散，北张村造纸业的经营模式又恢复到家庭生产经营模式，传统手工纸的市场急剧萎缩，北张村古老的手工造纸技术面临着十分尴尬的局面。2014年北张村仅剩6户手工作坊。2019年，北张村整体拆迁，古法造纸技术传承岌岌可危，目前北张村古法造纸技艺由国家级传承人张逢学和省级传

---

[1] 西安市地方志编纂委员会.西安市志卷三·经济（上）[M].西安：西安出版社，2003：10.
[2] 长安县志编纂委员会.长安县志[M].西安：陕西人民教育出版社，1999：277.

承人马松胜两位老先生苦苦支撑。

（二）北张村楮皮纸的生产工艺流程

北张村制造的楮皮纸是纸中精品，纸张坚韧耐储存，吸墨性好，特别适合高级书画用，深受文人们的喜爱，"楮"这个字有时竟成高级纸的代称。北张村的楮皮纸制作技艺采用一帘多纸的抄纸方法，传统的造纸工艺全部由手工完成。楮皮纸的制造工艺使用工具简单，但操作工序复杂，生产一张成品纸需要经过18道大工序、72道小工序和繁重的体力劳动。

北张村楮皮纸的制作工艺包括以下主要工序。

1. 采皮

秦岭山脉和沣河两岸盛产楮树（又称构树、构桃树），楮树皮正好是造纸的上好原材料。不同季节采集的树皮品质不一，春季采集的树皮嫩易取，纤维发白，造出的纸称白皮纸，冬季采集的树皮质老、表皮发黑，纤维难采，造出的纸称黑皮纸。

2. 蒸皮

把整理捆扎好的楮树皮放入河水浸泡使其自然软化，然后投入蒸锅（俗称皮锅）进行蒸煮12小时，目的是把树皮上黑色、质地较硬、不含纤维的表皮分离去掉。

3. 揉瓤

用手把漂洗过的瓤皮在石头上搓揉，除去非纤维的杂质。

4. 踏碓

利用杠杆原理对瓤皮纤维进行反复砸压，细化纤维，形成扁平状、厚约1厘米，宽30厘米，长70厘米的纤维片，俗称"幡子"（见图8.1）。

图8.1　踏碓·楮皮纸制作技艺陕西省非遗传承人马松胜（右）

5. 切幡

把幡子折叠后一层层放在切幡凳上，用特制幡刀把幡子切成碎块。这是古法造纸的关键环节之一，也是一项核心技术（见图8.2）。

图8.2 切幡·楮皮纸制作技艺陕西省非遗传承人马松胜

6. 捣浆

把幡子倒入石臼中，用木槌反复捶打成柔软的纸筋团。

7. 仗槽（也称打飞、飞槽）

把纸筋倒入纸涵，用飞棍等工具搅拌，现在多用电钻辅助，直到纸浆团散开，纤维在水中均匀分布形成纸浆。

8. 抄纸

用纸帘在纸浆中捞纸。这是造纸的主要环节，把纸浆纤维均匀分布在纸帘上形成湿纸，再把湿纸从纸帘上翻置到纸床上，形成沓子（见图8.3）。这道工序非常考验手艺人的功力，纸的厚薄、匀称无漏洞以及捞纸速度全凭手艺人的经验。

图8.3 抄纸·楮皮纸制作技艺陕西省非遗传承人马松胜

9. 压杠

在成沓的湿纸上盖上木板，以此为着力点，利用杠杆施压，压出湿纸中的大量水分，便于揭裱，晾晒。

10. 晾晒

就是俗称的"站墙根"，把湿纸一张一张揭下，贴在墙上晾晒。撕开整理后就可打包上市。

（三）北张村楮皮纸制作技艺目前存在的问题

1. 传统生产方式难以迎合现代化需求

北张村手工造纸，自古以来一直保持着家庭作坊的生产模式，20世纪50年代成立"北张村造纸生产合作社"，极大地促进了北张村纸业的发展。随着工业的迅速发展，农村合作社解散，北张村造纸业的经营模式又恢复到家庭生产经营模式。新时代城镇化的速度加快，北张村整体拆迁，楮皮纸制作工艺失去了生产的土壤，濒临灭绝。

北张村造纸一直沿袭蔡伦的古法造纸，以构树皮为原料，经过采皮、扎捆、泡皮、蒸皮、碾压、灌浆、蒸瓤、漂洗、揉瓤、踏碓、切幡、捣浆、洗浆、打飞、抄纸、晾晒、揭纸、打包这18道大工序和其他72道小工序，每天每个作坊的产量大约为十三四刀（一百张为一刀），这种高成本、高人力、低效益的手工制作难以满足市场化的需求。

2. 造纸术传承出现断层现象

北张村古法造纸工艺历史悠久，掌握这一古老技艺的大多是村里的老一辈，随着老艺人年龄的增大或离世，北张村古法造纸陷入断代的尴尬境地。世人素有"万般皆下品，唯有读书高"的观念意识，认为唯有读书上大学才是好出路，因此没人鼓励孩子学习造纸。北张村的楮皮纸制作技艺非常辛苦，是一种超重体力劳动，过去是穷人谋生的手段。现在经济条件大幅提升，传统的楮皮纸制作劳动强度大、经济效益差，年轻人不愿意从事这个行业，这也导致传统的楮皮纸制作工艺传承出现断层。

（四）北张村楮皮纸制作技艺传承的意义

1. 楮皮纸有不可比拟的优势

纸张作为传递信息的物质载体在我国中华文明延续千年的过程中功不可没，书法、字画、古籍的传承都离不开纸张的作用。中国传统造纸术与现代造纸术相比更为环保、纸张更易保存。北张村手工纸原材料是楮树皮，制作过程无污染。传统手工造纸除了绿色环保、纸张保存时间久的优势外，在书法绘画用纸、古籍古画的修复方面也有不可替代的作用。楮皮纸纸面柔和，吸水性强，利于毛笔的发挥。成品楮皮纸强度较高，耐老化性极佳，非常适合书法绘画用纸。这些优势是机器纸所不能替代的。

2. 北张村古法造纸具有文化教育意义

非物质文化遗产是根植于民族土壤里的"活态"文化，是中国历史时期科技水平的"活物证"。楮皮纸制作技艺是陕西农民在千百年的历史长河中创造的文化。楮皮纸制作过程复原了两千年前东汉的造纸过程。楮皮纸的制作技艺是中国发明纸张的最直接证据，因此有"世界纸根在中国，中国纸根在长安"的说法。试想一下，如果楮皮纸的制作技艺失传了，我们用什么来证明造纸术源自中国？北张村古法造纸可以让中国人尤其是青少年记住历史，坚定文化自信，增强家国情怀。

第三节　古法榨油技艺

一、古法榨油的历史

上古时期，中国人就会用油料烹饪食物。商周时代，没有"油"字，"油"被称为"膏""脂"，主要指动物油脂。有角者提炼出来的称"脂"，无角者提炼出来的称"膏"。牛油羊油称"脂"，猪油称"膏"。古人食用油脂也很考究，不同季节使用不同的油脂。《周礼·天官·庖人》中记述掌管天子膳食的官员，根据不同的季节，使用不同的油煎制肉食。"凡用禽兽，春行羔豚，膳膏香；夏行腒鱐，膳膏臊；秋行犊麛，膳膏腥；冬行鲜羽，膳膏膻"。[1]意思是春天用牛油煎小羊、乳猪，夏天用狗油煎野鸡和鱼干，秋天用猪油煎小牛和小鹿，冬天则用羊油煎鲜鱼和大雁。

汉代以后，开始出现植物油，但不能食用，只用于工业上使用。刘熙《释名》有"柰油，捣实和以涂缯上，燥而发之形似油也。杏油亦如之"[2]。意思是用野苹果油和杏核油来涂抹丝织物令其油光发亮。《三国志·魏志》："权自将号十万，至合肥新城，宠

---

[1] 李学勤.十三经注疏·周礼注疏（上、下）[M].北京：北京大学出版社，1999：88.
[2] 刘熙.释名[M].北京：中华书局，1985：66.

驰往赴，募壮士数十人，折松为炬，灌以麻油，从上风放火，烧贼攻具。"[1]这里以芝麻油作为照明燃料。中国最早食用植物油的记载见于《北堂书钞》引用晋朝的《博物志》："外国有豆豉法，以苦酒浸豆，暴令极燥，以麻油蒸讫，复暴三过乃止。然后细捣椒屑，随多少合之，中国谓之康伯。"[2]这是芝麻油用于饮食的最早记录，距今已有1600多年。北魏贾思勰在《齐民要术》记载了芝麻油炒鸡蛋的做法："炒鸡子法：打破，著铜铛中，搅令黄白相杂。细军葱白，下盐米，浑豉。麻油炒之。甚香美。"[3]说明南北朝时期中国已经开始食用植物油。中国关于榨油最早的文献记录是元代皇庆二年（1313年）王祯的《农书通诀》。从《农书》现存最早的版本1530年的明嘉靖本插图（见图8.4）上看到，当时称为"横榨"，说白了就是大木横置，塞油饼的开口在上方，榨油者用大木槌在上方击打，大木下方有孔，油从下方流出。

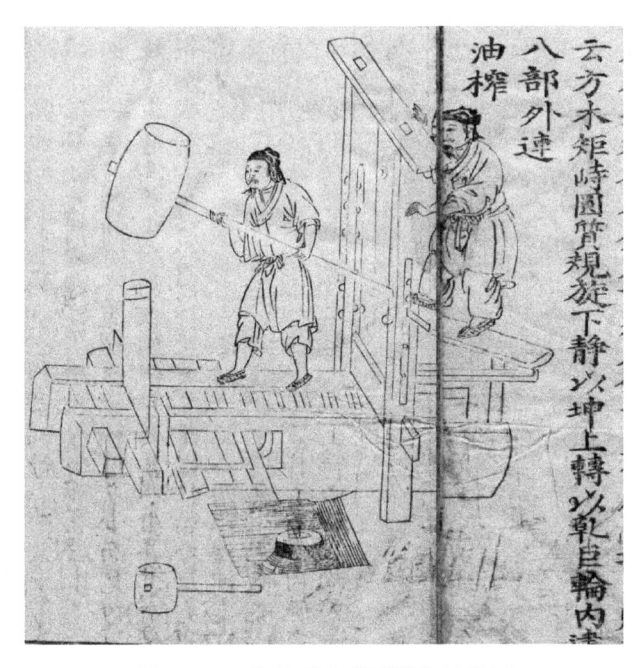

图8.4 王祯的《农书通诀》榨油图

明代宋应星《天工开物》膏液第十二卷介绍了古法榨油工艺的四种方法：水煮法、磨法、舂法和撞榨法。这四种榨油方法延续到今天，今天的大工业时代榨油的原理不外乎这四种，如表8.1。

---

[1] 陈寿撰.三国志[M].北京：中华书局，1999：539.
[2] 虞世南.北堂书钞[M].陳禹謨，校注.明刻本：600.
[3] 贾思勰.齐民要术[M].石声汉，译.北京：中华书局，2015：747.

表 8.1　四种榨油方法

方法	基本原理	备注
水煮法	根据油料中非油物质对油与水的亲和力的不同，以及油水密度的不同而将油分离出来	常用，现称水代法
磨法	芝麻等高含油油料经磨碎后装入粗麻布袋扭绞，使油从料饼中分离出来	
舂法	借助于外力在瞬间猛力作用下将油料中油脂挤压出来	朝鲜常用
撞榨法	属于楔式榨，经破碎蒸炒等预处理使油料组织结构中油路畅通，用外力挤压油料将油脂榨出	最常用

资料来源：明宋应星著《天工开物》。

长安区沣峪口老油坊榨油技艺、永寿土梁油制作技艺、神木传统榨油技艺、岐山传统榨油技艺、三原小磨香油制作技艺等五种传统榨油工艺入选陕西省非物质文化遗产名录。在这几种榨油工艺中，长安区沣峪口老油坊榨油技艺、永寿土梁油制作技艺、神木传统榨油技艺、岐山传统榨油技艺都是采用撞榨法，三原小磨香油制作技艺采用的是磨法。

二、长安区沣峪口老油坊榨油技艺

长安区沣峪口老油坊榨油技艺源自西安市沣峪口村创建于清朝光绪十三年（1887年）传承百年的老油坊。老油坊创始人为齐益礼先生，至今已有张倍亮、董振友、郭吉善、安世英、高让让高飞父子等七代传承人。沣峪口紧邻沣河，水资源丰富，自古便是沟通关中巴蜀的交通要道。沣峪口老油坊传统榨油技艺以河水为动力，运用杠杆原理，变换支点进行压榨，匠心独运；其核心工具是长 15 米、直径近 50 厘米的油梁。从采集原料、压榨至沉淀成油，历经三十多道工序，不使用任何现代机械设备，是秦人聪明才智的体现。2012 年，因为沣峪口村被列入城市规划需要拆迁，百年老油坊整体搬迁到滦镇街道西留堡村。离开了沣河水，榨油无法再借用水力。老油坊因地制宜，利用杠杆加上配重（油梁末尾吊碌碡）的方式调整了榨油的动力，保证了油坊的正常生产和经营。

老油坊古法榨油主要流程如下。

（1）选料

长安区沣峪口老油坊以压榨菜籽油为主。榨油的菜籽最好是当年的优质新菜籽，过去以关中菜籽为主。这几年,关中城市化速度加快,菜籽的种植呈现减少趋势,已经不能满足老油坊榨油的需求,因此现在老油坊的菜籽都选用汉中的优质菜籽。陕西汉中地区气候温润、土地肥沃,非常适合油菜的生长。汉中油菜籽的油脂含量高,平均达到40%,榨出的菜油色泽黄亮、口感香醇,是压制菜籽油的最佳选择。菜籽收购回来后要进行晾晒、去尘、去杂,剔除混在原料中的土石块和秕子。

(2)炒料

选料之后要进行炒料。炒料的目的是预热并进一步降低菜籽料中的水分。通过加热使蛋白质变性,便于碾碎,提高原料出油率。炒料的技术要领是在平底锅中"文火慢炒",关键是掌握好火候,炒至菜籽"透出香气"为止,立即出锅晾晒。

(3)碾料

碾料也叫"破碎",目的是通过石磨碾压破坏菜籽的油料细胞,便于蒸炒时原料吃气、受热均匀。具体操作要领是把炒熟的菜籽在石磨中反复研磨,菜籽要磨碎呈泥状,越细腻出油率越高。碾碎的菜籽由于出油的原因紧紧挤在一起形成片状,称之为"油坯"。

(4)焙料

焙料也叫"蒸料""蒸坯",把碾碎的坯料放入大锅蒸制,目的是使坯料蛋白质变性,破坏菜油细胞,同时调节坯料水分和温度,使坯料适宜压榨。具体操作是把坯料放入蒸锅,用木杵摊平后高温蒸制约30分钟,要求"蒸汽腾足",见蒸汽但坯料不能熟透(见图8.5)。蒸料时把油草覆盖在坯料上,既能保温保湿,同时蒸热油草为下一步包坨做准备。

图8.5 焙料·古法榨油陕西省级传承人高让让

（5）包坨

包坨就是把蒸好的坯料用油草包成坨子准备压榨。油草是榨油非常重要的工具之一。油草的作用是在压榨的过程中束缚住坯料，保证菜油从油草缝隙中渗出。油草最初选用的是秦岭特有的龙须草，后来改用蒲草，现在用稻草。选择高度约100—120厘米，无霉变、腐烂的稻草，经过沸水浸泡处理晾成半干，使其具有良好的韧性，拉力约1吨左右。油草不是一次性消耗品，可以反复使用。把蒸过的油草理顺，嵌入油圈中（竹皮编制，直径50厘米，高10厘米的圈状物，中心部向外凸出，用铁圈加箍），将蒸好的菜籽胚装入其中，用"木拐"（用硬杂木制作成榔头状的工具）夯实，用油草将菜籽胚上部包裹严实，踩实（见图8.6）。包坨须"疾倾疾裹而疾箍之"，不能让油料热气散尽，油料越热出油率越高。

图8.6　包坨

（6）榨油

用轮盘绞车将油梁吊起，将包好的油坨垒好放到榨槽里，榨槽两侧加木楔以防跑坯。第一次放入四个坨，将最上和最下两个坨上的圈拿掉，将剩下的两个圈放在总高度的平均位置，用四个立柱将其固定，给最上面放置盖板，盖板上放置支架（即油梁的支点），逐渐松开滑车，用油梁加压榨出坯料中的油分（见图8.7）。为了让压力更大，提高出油率，老油坊使用给油梁末端增加配重的方式增加压力，给油梁末端挂上上千斤重的碌碡。榨油要诀是"紧包坨，慢使梁"，依靠物理压力使油汁浸出流尽。

坯料压榨后经过粉碎，蒸煮、包坨进行二次压榨，两次压榨才能将坨内的油料彻底压榨干净。

图 8.7　榨油

（7）沉淀分离

榨出的油经油坨下的石槽流入油缸内，将油过滤、沉淀 15—30 天，让杂质与油分离。现在为了节约时间，利用离心机对采油进行杂质分离，分离更为彻底，提高了成品油的品质。分离后的油品就可以进行包装出售。

三、古法榨油类非物质文化遗产的保护和传承

古法榨油虽然生产效率与油产量均远远落后于现代榨油工艺，但作为中国古代科技活的"物证"，有着不可取代的意义。如长安沣峪口的老油坊已经传承百年，是目前最完整的一座仍在工作的清代立榨式榨油作坊。油坊是古文物，是物质文化遗产，榨油工艺被誉为"民间手工技艺的活化石"，是传承民族记忆的非物质文化遗产。古法榨油技艺的保护和传承不仅延续的是世代相传的手艺，更是流淌在陕西人血脉和骨子里的勤劳和坚守，其历史价值、文化价值和经济价值不可估量。

古法榨油类非物质文化遗产的保护和传承有着其独有的优势，食用油是人类不可或缺的生活物资，市场非常庞大。因此对古法榨油类非物质文化遗产可以进行生产性保护。所谓"生产性保护"，是指"在具有生产性质的实践过程中，以保持非物质文化遗

产的真实性、整体性和传承性为核心，以有效传承非物质文化遗产技艺为前提，借助生产、流通、销售等手段，将非物质文化遗产及其资源转化为文化产品的保护方式"[①]。

古法榨油类非物质文化遗产的保护和传承的具体思路如下。

（一）促进古法榨油类非物质文化遗产的市场化，对市场进行精准定位

利用古法工艺榨出的菜油色泽鲜亮、香味浓郁，口感绵香四溢，有浓浓的乡土味道。现在不少人不放心或不愿吃现代工业食用油，仍喜欢古法压榨的油。古法榨油最终是以"物化（油脂）"的形式参与市场经济，具备非物质文化遗产自我造血的能力和发展潜力。其保护和传承不仅维护了中国传统文化血脉的传承，也促进了文化资源到经济资源的转化。

（二）深挖传统榨油工艺的技术内涵，提升技艺水平，让传统榨油工艺在现代社会"活"起来

古法榨油类非物质文化遗产是物质文明与精神文明结合的产物。古法榨油发展性、活态性的特性决定了古法榨油类非物质文化遗产不可能只在博物馆里以供展览，必须与当代社会结合进行可持续生产，盘活古法榨油技艺。与时俱进，改进古法榨油的工艺，提升油品的质量和产量，此外生产的油品必须符合国家标准。

（三）建立制油工艺与传统文化的关联，打好油品的"非物质文化遗产"牌

古法榨油类非物质文化遗产只有在市场流通中才能真正实现其产品价值。打好"非物质文化遗产"牌，既可以适应多元化市场需求，又能通过自身带动古法榨油类非遗文化的推广与宣传。古法榨油类非物质文化遗产蕴含丰富的社会信息、文化信息、历史信息，在保护的基础上进行合理利用，可以促进非物质文化遗产融入社会、融入生活、融入群众，在滋养当代人的精神生活、推动经济社会协调发展方面发挥重要作用。

在这个方面，长安百年老油坊已经探索出一条行之有效的出路。长安老油坊一直坚持用古法榨油工艺生产菜籽油，培养出稳定的客户群体。油坊的主人高飞紧跟时代

[①] 文化部关于加强非物质文化遗产生产性保护的指导意见.2012.[EB/OL].2012.https：//www.mct.gov.cn/whzx/bnsj/fwzwhycs/201202/t20120214_765156.htm

发展的脉搏，抓住自媒体的红利，很早就利用短视频平台发布短视频、进行网络直播等形式全方位宣传老油坊榨油工艺。不仅强化了古法榨油类非物质文化遗产的宣传和普及，而且有效地扩大了客户群体，把古法榨油技艺的最终产品菜油推向更多人的餐桌，取得良好的经济效益。此外，高飞还在老油坊旁边建立了古法榨油博物馆，无偿向社会开放。随着老油坊的知名度逐年提高，慕名参观老油坊的游客逐年增多。游客参观完古法榨油博物馆，对古法榨油技艺有了全面的认识，自然会到老油坊购买菜油作纪念。这样，既宣传了非物质文化遗产古法榨油技艺、带动了老油坊的知名度，又提高了老油坊油品的销量，实现了双赢效果。

（四）做好传承人的扶持与培养工作

传承人是传统技艺继承与发展的关键要素。古法榨油技艺既是手艺，又是繁重的体力劳动。古法榨油既劳累经济效益又不高，年轻人从事这个行业的积极性不高。目前古法榨油技艺面临后继无人的困境，政府应当利用制定保护法规、给予精神与物质奖励、减免税收、设立专项资金、出台优惠政策等手段鼓励更多的年轻人从事这一行业，扶持古法榨油的传承。

第四节　传统杆秤制作技艺

手工秤作为我国传统的计量衡器，曾在商品流通中担当了不可替代的角色。手工制秤工艺伴随着商品经济的出现已经在我国流传了几千年，手工秤的发明者已经不可考。中国古代一直有"功归圣人"的传统，手工秤的发明者有范蠡说和鲁班说两种。之所以选择这两人，是因为这两人都和手工秤有重要的关系。范蠡退出官场成为商贾巨富，被称为商界祖先，做生意必然离不开计量衡器手工秤。鲁班是木匠的祖师爷，也是古代能工巧匠的杰出代表，秤杆是手工秤的主要部件，绝大多数用木头制成，因此古人认为只有鲁班才有如此聪明才智。陕西省非物质文化遗产名录中，手工秤的制作技艺有汉中传统杆秤制作技艺和秦镇杨氏木杆秤制作技艺两种。

一、杆秤的发展历史

中国最早的计量重量的衡器是天平，天平利用杠杆原理进行称重。目前最早的天平砝码在商代已经出现，实物藏于湖南省博物院，砝码一套七个。最大的砝码直径2.3厘米，最小的直径0.75厘米。战国中期在楚中一带已广泛使用天平和砝码称量黄金，在湖南长沙东郊楚墓出土的公元前700年前的文物中的天秤实物是有力的证明。这套天秤和环权包括一个木衡杆、2个青铜盘和9个大小不一的环形青铜权。衡有刻线，中心有提钮孔，两端也有系挂青铜盘的孔。这套楚国衡器中的九个青铜环权相当于9个砝码，经测量，其重量分别为0.6克、2.1克、4.6克、8克、15.6克、31.3克、61.82克、125克（见图8.8）。据专家研究，这些相当于当时的一铢、二铢、三铢、六铢、十二铢、一两、二两、四两、八两，由此推测当时的一斤约为250克。

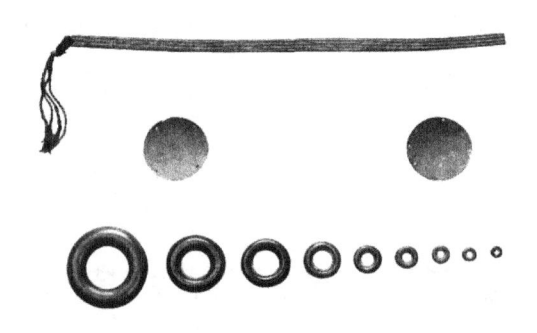

图 8.8　天秤和环权·中国国家博物馆藏

公元前221年，秦始皇统一中国。为解决天下计量标准混乱不一的问题，秦始皇在全国范围内颁布了统一度量衡诏书，并把诏书刻在颁行天下各地的标准权量上面："廿六年，皇帝尽并兼天下诸侯，黔首大安，立号为皇帝。乃诏丞相状、绾，法度量则不壹歉疑者，皆明壹之。"意思是他继位二十六年后，兼并了各地诸侯王国，百姓得到安居乐业，自立皇帝封号。下诏书命令丞相隗状、王绾制定统一度量衡的法令，将混乱的度量衡统一起来。秦始皇以法律的形式统一了度量衡标准，我国河南、陕西、山西、江苏、山东、辽宁、河北、甘肃等地大量出土的秦始皇铜版诏书和秦权就证明了这点。现存于甘肃省镇原县博物馆的秦始皇二十六年铜诏版就是历史见证（见图8.9）。1964年西安市阿房宫遗址出土的高奴铜禾石权就是称量谷物的铜制秤锤。"禾石"表明此权系专用以称一石重谷物的标准衡器。权重 30 750 克，现藏于陕西历史博物馆（见图 8.10）。

图 8.9　铜版秦诏书·甘肃省镇原县博物馆藏图　　　8.10　秦高奴权·陕西历史博物馆藏

从陕西历史博物馆的藏品高奴铜禾石权可知道，木杆秤在秦朝已经出现，而且广泛地运用到人们的生产生活中。

民国十八年（1929 年）2 月，民国政府颁布了中国历史上第一部度量衡法《中华民国度量衡法》，规定 1930 年 1 月 1 日起，面向全国推广十两一斤的十进制，但是收效甚微。民间还是沿袭了十六两一斤制度。1959 年 6 月 25 日，中华人民共和国国务院发布《关于统一我国计量制度的命令》，命令规定，在全国范围内推广国际公市制，原定 16 两 1 斤的旧称制，因折算麻烦，应当一律改为十两一斤，一斤为 500 克。中医处方用药，为防止计算差错，可以继续使用原有计量单位。1984 年 2 月 27 日，中华人民共和国国务院颁布《国务院关于在我国统一实行法定计量单位的命令》，命令规定在全国范围内只准生产、购买和销售法定计量单位的千克秤。1985 年 9 月 6 日，第六届全国人民代表大会常务委员会第十二次会议通过《中华人民共和国计量法》并颁布执行，十六两杆秤彻底废止。

汉中市位于陕西省西南部，北部为秦岭南坡地带，南部为大巴山系北部，位于千里汉水之上游，居鱼米丰饶之盆地。20 世纪 30 年代抗日战争时期成为大后方重地。大量难民为避战祸移民汉中，湖北汉口传统制秤业也被难民带来汉中并在汉中得以扎根繁荣。1939年，14岁的刘德福逃避国民党抓壮丁从城固县逃到汉中，拜张兆金为师学习制秤手艺，学成后与师傅一同经营衡器店。张兆金20世纪80年代去世后，刘德福成为汉中市也是陕西省手工制秤业里资历最老、技术成就最高的制秤匠师。

鄠邑区秦渡镇是个以凉皮而驰名省内外的古镇，公元401年后秦皇帝姚兴迎天竺高僧鸠摩罗什来鄠邑区草堂寺讲经，因在沣河设立渡口而得名。清光绪年间，秦渡镇商贸已经非常发达，秦渡镇就有了高福秤铺，20世纪20年代，杨逢吉师从高福学得制秤手艺后开设杨氏秤铺，杨氏秤铺代代相传，秦渡镇集市上和商铺里用的木杆秤大都出自杨氏之手。如今的掌柜杨卫斌已经是杨氏木杆秤制作技艺第四代传承人。

20世纪90年代后期以来，由于电子秤和磅秤逐渐普及，使用木杆秤的人越来越少，如今木杆秤基本从市场消失。秤铺生意日渐清淡，做秤已很难维持生计。秦镇杨氏木杆秤陕西省非物质文化遗产传承人杨卫斌被迫进工厂打工，只能利用业余时间做秤。木杆秤制作这门手艺已无法依靠市场自我生存，濒危状况十分严重。

二、传统杆秤制作流程

杆秤制作是极其精细和严谨的手工活，包括做秤杆、上秤钩和提钮、校称和标划刻度、镶铜花和秤杆染色等五道大工序，三四十道小工序。每一道工序都有严格的规矩和制作技巧，都用祖传的专用工具进行手工制作。校秤和标划刻度是其技艺核心，利用杠杆原理和数学定律，体现和传承了我国古代的科学精神和智慧。

杆秤的秤杆一般选用坚硬的红木或桃木做秤杆。中华人民共和国成立前杆秤为单提绳一排花，20世纪70年代后，改为双提绳，两排花。80年代，在国家计量管理部门统一要求下，改提绳为提钮。90年代改为公斤秤。

杆秤的制作流程如下。

（一）做秤杆

大号秤一般选择楠木，中小号的秤多数使用秦巴山中阳坡所产的"红桐子"木。木材需阴干一年以上，让木头含水率适应当地的气候环境，否则使用过程中会开裂。然后根据制作杆秤具体要求用锯截成适当的长度，把秤杆刨成一头细一头粗的圆台形，将毛刺处理干净。

（二）上秤钩和提钮，俗称安"叨子"

先要定"叨口"，用墨斗在秤杆上弹出几条纵向等分墨线。经过测量在秤杆上找出三个"叨子"的位置；将秤杆固定，在杆身安装"叨子"的部位分别打出垂直的穿孔并试装三个"叨子"，秤钩（秤盘）和两个提钮（见图8.11）。然后对秤杆两头包上铜皮，为了美观，包铜皮前先对拟包裹铜皮的部位加工，使其直径略小于其余部位。将预先剪裁出的铜皮滚成圆形，套在秤杆的端头焊接或用小钉固定。最后用钣锉打磨，使其光滑不划手。

图8.11　安"叨子"·杨氏木杆秤陕西省非遗传承人杨卫斌

（三）校称和标划刻度

用"叨子"将秤悬提，秤盘中依次放上不同重量的砝码，在秤杆上测定其距离，以两脚规分割并仔细标出星花位置。

（四）镶铜花

按照上一步骤所标记的位置用皮带手钻在秤杆做好的记号上打眼，这道工序要平心静气，一旦将星眼打歪将前功尽弃。打眼结束后，秤匠在钻洞中以细铜丝嵌插而后割断、锤实、锉平，便形成了一个个秤星（见图8.12）。秤星图案也成了每位秤匠辨认自己产品的标识。

图 8.12　镶铜花

（五）秤杆染色

最后使用钢锉、油石沿纵向将秤杆进一步打磨光滑，给刚做好的秤杆均匀地刷上一层石灰水以去除油污。楠木秤杆利用其自然的木质颜色即可，红栒子木秤杆则在石灰水清理后刷上一层皂矾液，晾干后均匀地刷上事先调制好的五倍子液使其完全干透。最后要对秤杆进行再次抛光，让秤杆光润、"铜花"更易辨识。

我国传统杆秤制作技艺利用杠杆原理进行称量，体现了中国古人的智慧。杆秤的制作技艺经历了千年的传承，凝结了大量手工艺人精巧的工艺。杆秤的制作和广泛使用，直观地反映了我国衡器演变历程。在传承过程中，衍生了大量的语言遗产，形成了独有的民俗文化，具有重要的文化价值。

比如"权衡"这个词语，衡本意是秤，权本意是秤砣，现在意思是全面考虑的意思。"定盘星"，原来指的是秤杆上第一颗星，现在的意思是非常重要的人或事。"定秤"，原来是准确称量，现在的意思是这个事情已经办成，或者不能改变。"心里要有一杆秤"寓意要对事情保持公正之心。

木杆秤在生活中不仅是计量衡器，在民俗中还代表着吉祥如意。如新婚的"喜秤"，是新郎挑起新娘盖头的工具，寓意新婚称心如意。乔迁新居时买一把木杆秤，寓意着家庭平安和精打细算过日子。逢年过节，生意人用红纸卷贴于杆秤的头上，以保财气兴旺。大型秤杆形状像龙，有辟邪祛祟功能，过去被普通人供奉于堂屋。

本章小结

传统手工技艺以手工劳动为媒介对自然和社会进行改造，通过一系列的工艺历程，生产出具有实用性和审美属性的产品。传统手工技艺体现了民族文化的发展史，体现了民族科技的发展过程。保护和传承传统手工技艺不可能从根本上改变社会化大生产的大趋势，但却体现了人类的文化自觉，维护民族文化的尊严。对传统手工技艺的保护必须直面现代化的冲击，应该进行生产性保护，要将传统手工技艺和时代需求相结合，加快传统手工艺品的不断创新，把传统手工技艺的劣势转化为优势，以工匠精神打造手工艺精品，实现社会效益和经济效益的最大化。

思考练习题

1. 什么是传统手工技艺？保护传统手工技艺需要从哪些方面入手？
2. 古埃及莎草纸的制作流程是什么？为什么说古埃及莎草纸不是"纸"？
3. 楮皮纸的制作流程是什么？保护和传承楮皮纸生产技艺的意义是什么？
4. 古法榨油有哪些方法？
5. 传统杆秤的发展过程是什么？传统杆秤衍生的语言遗产和民俗文化有哪些？